RECORDS OF ENGLISH COURT MUSIC

Volume IX (INDEX)

Compiled by
Andrew Ashbee

LONDON AND NEW YORK

First published 1996 by Ashgate Publishing

2 Park Square, Milton Park, Abingdon, Oxon OX14 4RN
711 Third Avenue, New York, NY 10017, USA

Routledge is an imprint of the Taylor & Francis Group, an informa business

First issued in paperback 2016

Copyright © 1996 **Andrew Ashbee**

All rights reserved. No part of this book may be reprinted or reproduced or utilised in any form or by any electronic, mechanical, or other means, now known or hereafter invented, including photocopying and recording, or in any information storage or retrieval system, without permission in writing from the publishers.

Notice:
Product or corporate names may be trademarks or registered trademarks, and are used only for identification and explanation without intent to infringe.

Transcripts/Translations of Crown-copyright records in the Public Record Office appear by permission of the Controller of H.M. Stationery Office.

British Library Cataloguing in Publication Data

Records of English court music - Vol. IX:
 1. Wages—England—Musicians—Indexes 2. Musicians—Salaries, etc.—England—Indexes 3. Music—England—Indexes
 I. Ashbee, Andrew
 331.2′ 8178′ 0942

Library of Congress Cataloging-in-Publication Data

Ashbee, Andrew.
 Records of English court music. - Vol. IX:
 Includes indexes.
 1. Great Britain. Public Record Office—Catalogs. 2. Music—England—Chronology.
 3. Great Britain—Court and courtiers.
 I. Title.
 ML286.A8 1986 780′.942 87-132345

ISBN 978-1-85928-274-8 (hbk)
ISBN 978-1-138-26748-0 (pbk)

CONTENTS

INTRODUCTION	v
ACKNOWLEDGEMENTS	vi
LIST OF SOURCES	1
LIST OF BOOKS CITED	14
SUBJECT INDEX	21
INDEX OF NAMES: PERSONS AND PLACES	76
CORRECTIONS	231
LIST OF VOLUMES IN THIS SERIES	237

INTRODUCTION

The evolution of Records of English Court Music has resulted in an arrangement which is not as ordered as one would wish. If a revised edition is ever produced (perhaps in an electronic as well as a printed medium), the opportunity can then be taken to re-structure the whole enterprise. It is my aim to continue to monitor the material, revising, correcting and expanding it as circumstances allow.

In the meantime, it is hoped that this cumulative index will simplify searches. To take account of chronology, as far as is practicable, entries are compiled using the following sequence of volumes: VII, VI, IV, III, I, II, V, VIII. The Subject Index has undergone considerable revision and re-assessment, but it is never easy to meet all requirements. Places and persons have been combined in a single index. Most of the longer entries here have been broken down under subject headings, but in the course of work on these I came to the conclusion that the exercise was something of a mixed blessing and scaled down my original intentions. Nevertheless, in these cases the current arrangement is probably more helpful than multiple lines consisting only of figures.

The opportunity has been taken to present a full list of all errors currently known, and I am grateful to friends and colleagues for notifying me of many of these. I have made two separate lists: (a) errors in the text (excluding minor typing slips resulting merely in mis-spellings or wrong use of upper/lower case); (b) errors in the index pages. The (b) corrections have been incorporated in the present volume. In taking account of all volumes, occasional re-assessment has been made regarding the indexing of some persons, and frequently [I] [II] etc. has had to be added to identify people with the same name.

ACKNOWLEDGEMENTS

I cannot conclude this enterprise without expressing again my warmest thanks to all those who have laboured in the various repositories and libraries to provide the raw material for the search, and to my many friends and colleagues who have supported and encouraged me on the way.

My special thanks to the splendid team at Scolar Press: to Nigel Farrow and Brian Last who bravely took the venture under their wing (and at the same time relieved me of the burden of storing and selling the early volumes I-IV); to Sarah Noble for all her help in marketing the series, and to Ellen Keeling and Rachel Lynch for their great care and efficiency in editing and producing the volumes. I am most grateful to all of them for their ready and friendly help.

SOURCES

PUBLIC RECORD OFFICE

Audit Office

AO1/393/66-77 : Declared Accounts of the Treasurer of the Chamber, 1627-1642
AO1/397/90-24 *passim* : [The same], 1671-1685
AO1/404/124   : [The same], 1684-1685
AO1/405/127   : [The same], 1685-1686
AO1/405/130   : [The same], 1686-1687
AO1/406/133   : [The same], 1687-1688
AO1/406/135 - AO1/409/150 *passim* : [The same], 1694-1714

AO3/2367/140 : Liveries for the coronation of Charles II

Chancery

C47/3/38 : New Year's gifts, 1562/3
C47/3/39 : New Year's gifts, 1576/7
C47/3/40 : New Year's gifts, 1597/8
C47/3/41 : New Year's gifts, 1602/3
C47/3/54 : New Year's gifts, 1551/2

C66/561-2340: Patent Rolls [*passim*]*
C66/2692 : Patent for the Corporation of Musick, 1635
C66/2933-3226 *passim* : Patents [indexes only were searched]

C76/170-214: Treaty Rolls [*passim*]* [Hen. VIII - Ph&M]

C82/1-1056 : Warrants for the Gt Seal [*passim*]* [H. VIII - Ph&M]

C261/6-7 : Royal requests to grant corrodies and pensions to royal clerks [Hen. VII - Hen. VIII]
C270/6 : Answers to royal requests to grant corrodies and pensions to royal clerks, 1260-1529

Duchy of Lancaster

DL42/133: Signet Office: Docquet Book: 1541-3

Exchequer

E36/123: Teller's book [Robert Fowler]
E36/124: Teller's book 5-6 Hen. VII
E36/125: Teller's book [Thomas Stokes], 1-2 & 7-8 Hen. VII
E36/128: Teller's book [Robert Fowler], 4-26 Hen. VIII
E36/130: Teller's book [Thomas Stokes], 4-7 Hen. VII
E36/131: Teller's book [Thomas Stokes], 9-13 Hen. VII
E36/132: Teller's book, 21-23 Hen. VII
E36/139: Accounts of Thomas Cromwell
E36/141: Accounts of Thomas Cromwell

E36/143: Accounts of Thomas Cromwell
E36/209: Wardrobe Accounts, 14 Hen. VII
E36/210: Privy Purse Accounts of Elizabeth of York, 1502-3
E36/214: Treasurer of the Chamber accounts, 1505-1509
E36/216: Treasurer of the Chamber accounts 9-12 Hen. VIII
E36/217: Revels, 1-10 Hen. VIII
E36/219: Accounts, Household of Princess Mary, 1520-1
E36/222: Accounts, Household of Princess Mary, 1523-4
E36/224: Wardrobe Account, 1524-5
E36/231: 17th cent. copies of various household ordinances
E36/256: Accounts of Thomas Cromwell

E101/413/3 : Treasurer of the Chamber accounts, Hen. VII
E101/414/6 : Treasurer of the Chamber accounts, 6-8 Hen. VII
E101/414/8 : Original warrants to Great Wardrobe, 12-13 Hen. VII
E101/414/16 : Treasurer of the Chamber accounts, 13-15 Hen. VII
E101/415/3 : Treasurer of the Chamber accounts, 15-18 Hen. VII
E101/415/7 : Original warrants to Great Wardrobe, 17-18 Hen. VII
E101/415/10 : Wardrobe accounts, 18-19 Hen. VII
E101/417/2 : Warrants to Tr. of the Chamber, 1-11 Hen. VIII
E101/417/3 : Original warrants to Great Wardrobe, 1-34 Hen. VIII
E101/417/6 : Original warrants to Great Wardrobe, 3-4 Hen. VIII
E101/417/7 : Warrants to Treasurer of the Chamber, 3-4 Hen. VIII
E101/417/12 : Warrants to Tr. of the Chamber, 4-11 Hen. VIII
E101/418/1 : Original warrants to Great Wardrobe, 4-27 Hen. VIII
E101/418/5 : Warrants to Great Wardrobe, 6-8 Hen. VIII
E101/418/12 : Orig. warrants to Tr. of the Chamber, 10 Hen. VIII
E101/418/17 : [the same] 10-11 Hen. VIII
E101/419/20 : Wardrobe accounts, 18-19 Hen. VIII
E101/420/1 : Orig. warrants to Great Wardrobe, 18-35 Hen. VIII
E101/420/4 : New Year's Gifts: 1527/8 [19 Hen. VIII]
E101/420/11 : Accounts: Tr. of the Chamber [Oct 1528-April 1531]
E101/420/14 : Wardrobe accounts, 22-23 Hen. VIII
E101/421/3 : Wardrobe Accounts, 23-24 Hen. VIII
E101/421/16 : Wardrobe accounts, 25-26 Hen. VIII
E101/423/10 : Wardrobe accounts, 35-36 Hen. VIII
E101/423/11 : Orig. warrants to Great Wardrobe, 35-36 Hen. VIII
E101/423/12 : Wardrobe accounts, household of Q. Katherine Parr
E101/424/1 : Treasurer of the Chamber accounts, Ed. VI
E101/424/9 : Tr. of the Chamber certificates, 37 Hen. VIII - 2&3 Ph&Mary
E101/425/9 : Teller's book, 11-20 Hen. VIII [Henry Everard]
E101/425/10 : Teller's book, 17-18 Hen. VIII [William Gonson]
E101/425/11 : Teller's book, 7-11 Hen. VIII [Henry Everard]
E101/426/5 : Treasurer of the Chamber accounts, 1-2 Ed. VI
E101/426/6 : Treasurer of the Chamber accounts, 2-3 Ed. VI
E101/426/8 : Privy Purse accounts, 3-5 Ed. VI
E101/426/14 : Original warrants to Great Wardrobe, 6 Ed. VI
E101/427/3 : Debts owed to the Treasurer of the Chamber: 1546

E101/427/5	: Warrants: coronation of Queen Mary
E101/427/6	: Burial of Ed. VI [8 Aug. 1553]
E101/427/11	: Original warrants to Great Wardrobe: 1&2 Mary
E101/427/16	: Original warrants to Great Wardrobe: 1-3 Mary
E101/427/18	: Original warrants to Great Wardrobe: 1-6 Mary
E101/428/5	: Account of the Great Wardrobe: 1555-1557
E101/428/10	: Account of the Great Wardrobe: 1557-1558
E101/428/11	: Original warrants to Great Wardrobe: 5 Mary
E101/428/16	: Original warrants to Great Wardrobe: 5&6 Ph&Mary
E101/430/15	: Treasurer of the Chamber acquittance book, 1570/1
E101/433/8	: Privy Purse Accounts: Prince Henry: 1608-9
E101/433/15	: Debts of Prince Henry [= *AO1/2021/3]
E101/434/4	: Wardrobe Accounts: Prince Charles
E101/434/9	: Wardrobe Accounts: Prince Charles
E101/434/14	: Wardrobe Accounts: Prince Charles
E101/434/15	: Receiver General Accounts: Prince Charles
E101/435/4	: Wardrobe Accounts: Prince Charles
E101/435/5	: Receiver General Accounts: Prince Charles
E101/435/9	: Receiver General Accounts: Prince Charles
E101/435/12	: Receiver General Accounts: Prince Charles
E101/435/16	: Wardrobe Accounts: Prince Charles
E101/436/3	: Wardrobe Accounts: Prince Charles
E101/436/9	: Wardrobe Accounts: Prince Charles
E101/437/8	: Receiver General Accounts: Queen Anne [imperfect]
E101/438/4	: Henrietta Maria: accounts and establishment lists
E101/438/7	: [The same]
E101/438/11	: [The same]
E101/438/13	: [The same]
E101/438/14	: [The same]
E101/438/15	: [The same]
E101/439/3	: [The same]
E101/520/9	: Accounts of Wm. Parr, Earl of Northampton, 1552/3
E101/674/11	: Henrietta Maria: accounts and establishment lists
E179/67/71	: Privy Seal, subsidy discharge, 1623/4
E179/69/23	: Lay Subsidy Roll, 1524
E179/69/27	: Lay Subsidy Roll, c.1536
E179/69/29	: Lay Subsidy Roll, 4-11-1537
E179/69/31a	: The same for Pr. Edward's Household, 35 Hen. VIII
E179/69/35	: Lay Subsidy Roll, Nov. 1543
E179/69/36	: Lay Subsidy Roll, c.1543
E179/69/37	: Lay Subsidy Roll, c.1543
E179/69/40	: Lay Subsidy Roll, 10 November 1545
E179/69/43	: Lay Subsidy Roll, 3 April 1546
E179/69/50	: Lay Subsidy Roll, 1 April 1547
E179/69/56	: Lay Subsidy Roll, c.1546
E179/69/58	: Lay Subsidy Roll, Household, 30 April 1549
E179/69/60	: Lay Subsidy Roll, Household, 1 May 1551
E179/69/62	: Lay Subsidy Roll, 3 Ed. VI [1549]
E179/69/63	: Lay Subsidy Roll, 20 May 1550
E179/69/64	: Lay Subsidy Roll, Chamber, 4 April 1552
E179/69/81	: Lay Subsidy Roll, 1563/4
E179/69/82	: Lay Subsidy Roll, 1566/7

E179/70/117   : Lay Subsidy Roll, 1570/1
E179/69/93   : Lay Subsidy Roll, 1576
E179/266/13   : Lay Subsidy Roll, 1590
E179/70/107   : Lay Subsidy Roll, 1598
E179/70/115   : Lay Subsidy Roll, 1602
E179/70/121   : Lay Subsidy Roll, 1608
E179/70/122   : Lay Subsidy Roll, 1608
E179/70/123a : Lay Subsidy Roll, 1609/10
E179/70/131   : Lay Subsidy Roll, 1623/4
E179/70/134a : Privy Seal, subsidy discharge, 1623/4
E179/70/135   : Lay Subsidy Roll, 1623/4
E179/70/136   : Lay Subsidy Roll,
E179/70/141   : Lay Subsidy Roll, 1623/4
E179/70/144   : Lay Subsidy Roll,
E179/70/145   : Lay Subsidy Roll,
E179/70/146   : Lay Subsidy Roll,
E179/70/149   : Lay Subsidy Roll,
E179/70/150   : Lay Subsidy Roll,
E179/70/151   : Lay Subsidy Roll,
E179/141/113 : Lay Subsidy Roll, London, 1524?
E179/141/127 : Lay Subsidy Roll, Middlesex, 1541/2
E179/141/131 : Lay Subsidy Roll, Middlesex, 1540
E179/142/182A : Lay Subsidy, 1552
E179/144/92   : Lay Subsidy Roll, London, 1524/5?
E179/144/120 : Lay Subsidy Roll, London, 1541
E179/145/149 : Lay Subsidy Roll, London, 1547
E179/145/165 : Lay Subsidy Roll, London, 1546
E179/145/174 : Lay Subsidy Roll, London, 1549
E179/145/209 : Lay Subsidy Roll, Middlesex, 1565
E179/184/174 : Lay Subsidy Roll, Surrey, 1535
E179/185/266 : Lay Subsidy Roll, Surrey, 1551/2
E179/251/16   : Lay Subsidy Roll, London, 1582
E179/266/22   : Lay Subsidy Roll, 1663
E179/276/41B : Privy Seal, subsidy discharge, 1610

E315/107   : Receiver General Accts, Q. Anne of Denmark, 1615
E315/138   : Views of accts. of same, Q. Anne of Denmark
E315/160   : Inventory, Palace of Westminster, 1542/3
E315/213   : Enrolments: Court of Augmentations
E315/233   : Enrolments: Court of Augmentations
E315/248   : Issues: Court of Augmentations, 1539-1541
                [Yorkshire]
E315/249   : Issues: Court of Augmentations
E315/250   : Issues: Court of Augmentations
E315/251   : Issues: Court of Augmentations
E315/252   : Issues: Court of Augmentations
E315/253   : Issues: Court of Augmentations
E315/254   : Issues: Court of Augmentations
E315/255   : Issues: Court of Augmentations
E315/256-262 : Issues: Court of Augmentations: Ed. VI and 1 Mary.
E315/455   : Accounts of the Great Wardrobe: 1535-6
E315/456   : Accounts of the Great Wardrobe: 1538-9

E323/1/2	: Accounts: Court of Augmentations [not available]
E351/541	: Declared accounts of the Treasurer of the Chamber from Pipe Office, 1558-1579
E351/542	: [The same], 1579-1596
E351/543	: [The same], 1596-1612
E351/544	: [The same], 1612-1627
E351/545	: [The same], arrears, 1617-1623
E351/546-549	: [The same], 1660-1671
E351/550-566	: [The same], 1692-1714
E351/1811	: Various wardrobe accounts
E351/2714-2716	: Accounts for Henrietta Maria, deceased, 1669-73
E351/2792	: Privy Purse Accounts, 1603-5
E351/2793	: Receiver General Accounts, Prince Henry
E351/2794	: Privy Purse Accounts, Prince Henry, 1610-1612
E351/2801-2	: Journey from England to Germany of the Lady Elizabeth and the Elector Palatine, 1613
E351/3419	: Buildings & Works: organ repairs, 1637-8
E403/858-862	: Issue Rolls (Eliz.)
E403/882;908-9	: Issue Rolls (Jas. I)
E403/929	: Issue Roll (Chas. I)
E403/1693-1698	: Enrolments and Registers of Issues (Eliz.)
E403/1699-1735	: Enrolments and Registers of Issues (Jas. I)
E403/1736-1754	: Enrolments and Registers of Issues (Chas. I)
E403/1758-1803	: Enrolments and Registers of Issues (Chas. II)
E403/1806-1810	: Enrolments and Registers of Issues [arrears due to Charles II's musicians], 1685-1692
E403/1814-1815	: [The same]
E403/1818	: [The same]
E403/1821	: [The same]
E403/2186-2198	: Auditors Debenture Books
E403/2199-2201	: Auditors Debenture Books (Chas. II)
E403/2259-2284	: Tellers Views of Accounts (Eliz.)
E403/2452-2453	: Patent Books (Eliz.)
E403/2454-2455	: Patent Books (Jas. I)
E403/2456-2459	: Patent Books (Chas. I)
E403/2460-2467	: Patent Books (Chas. II)
E403/2512-2513	: Patent Books (Eliz.)
E403/2558	: Calendar of Writs under Great Seal and Privy Seal, 1 Hen. VII to 14 Hen. VIII.
E403/2597	: Privy Seal Book: Pells Inrolment, 1597-1603
E403/2598-2599	: Privy Seal Books: Pells Inrolment (Jas. I) [remainder of this series not searched]
E403/2604	: Pensions
E403/2730;2732	: Pells Order Books [remainder not searched]
E403/3085-3086	: Warrants to pay arrears to Chas. II's servants
E404/79-110	: Writs and warrants for Issues [sampled only]
E405/109-123	: Tellers' Rolls, 1538-1558
E405/124-130	: Tellers' Rolls, 1558-1569
E405/132-133	: Tellers' Rolls, 1572/3 and 1574/5
E405/141	: Tellers' Roll, 1582/3

E405/147	:	Tellers' Roll, 1588/9
E405/149-150	:	Tellers' Rolls, 1593-1595
E405/182	:	Teller's book [Jeremy Shelton]: 1553-5
E405/479	:	Lists of appointments and grants made by Henry VIII
E405/485	:	Teller's book: 38 Hen. VIII - 3 Ed. VI
E405/489	:	Rough Book of Receipts and Issues, 1-2 Ed. VI
E405/493	:	Teller's book: 1-3 Ed. VI
E405/495	:	Teller's book [Robert Dacknall]: 6 Ed. VI
E405/497	:	Rough Book of Receipts and Issues, 4-5 Ed. VI
E405/498	:	Rough Book of Receipts and Issues, 2-3 Ed. VI
E405/499	:	Rough Book of Receipts and Issues, 1-2 Mary
E405/507	:	Rough Book of Receipts and Issues, 1&2 Ph&M.
E405/508	:	Rough Book of Receipts and Issues, 3&4 Ph&M [Nicholas Brigham]
E405/510	:	Rough Book of Receipts and Issues, 3&4 Ph&M.
E405/543	:	Teller's Book
E406/45-51	:	Entries of Assignments, Wills and Letters of Administration (Jas. I - Chas. II)
E407/10	:	Teller's Book
E407/57/1	:	Expenses for masque, Christmas 1610
E407/57/2	:	Accounts, Princess Elizabeth, 1608
E407/80	:	Teller's Book
E407/93	:	Arrears due at death of William III
E407/193	:	Surrender of Letters Patent, 1685-6

Lord Chamberlain

LC2/1	:	Wardrobe: various funerals, 1500-1596
LC2/2	:	Wardrobe: Funeral of Henry VIII
LC2/3	:	Wardrobe: Coronation of Edward VI
LC2/4/1	:	Wardrobe: Funeral of Edward VI
LC2/4/2	:	Wardrobe: Funeral of Queen Mary
LC2/4/3	:	Wardrobe: Coronation of Queen Elizabeth
LC2/4/4	:	Wardrobe: Funeral of Queen Elizabeth
LC2/4/6	:	Wardrobe: Funeral of Henry, Prince of Wales
LC2/5	:	Wardrobe: Funeral of Queen Anne of Denmark
LC2/6	:	Wardrobe: Funeral of James I
LC3/1-6	:	Establishment Books
LC5/25-32	:	[The same]
LC3/33	:	Appointments, assignments, etc (Chas. II)
LC3/37-41	:	Arrears of salaries and liveries
LC3/53	:	Sign Manuals
LC3/56-57	:	Appointments, assignments, etc. (Chas. II)
LC3/61-62	:	[The same]
LC3/73	:	Establishment Book
LC3/85	:	Report on the Great Wardrobe

LC5/12-17	: Petitions and Lord Chamberlain's warrants
LC5/31	: Wardrobe warrants: Hen. VIII - Elizabeth
LC5/32	: Wardrobe warrants: Ph & Mary - Elizabeth
LC5/37	: Wardrobe warrants
LC5/38-42	: Entry Books of warrants
LC5/49-50	: Wardrobe warrants: Hen. VIII - Jas. I
LC5/51-3	: Wardrobe: Signet warrants dormant
LC5/60 & 63	: Warrants
LC5/78	: Warrants for the Stable
LC5/88	: Appointment and Certificate Books
LC5/101	: Box of papers
LC5/107-109	: Jewel House warrants
LC5/112	: Jewel House warrants
LC5/115-127	: Original warrants (not bound)
LC5/131	: Original warrants (not bound)
LC5/132-155	: Lord Chamberlain's warrants
LC5/166	: Admissions
LC5/178	: Household Ordinances: Henry VIII
LC5/180	: Household Ordinances: Charles I
LC5/182	: 1593 list of officers
LC5/183-192	: Petitions and warrants
LC5/193	: Feasts of the Order of St George, 1667-88
LC5/194	: Warrants
LC9/6	: Assignments
LC9/7	: Treasury Chamber, Fee Book
LC9/43-44	: Jewel House Books
LC9/46-47	: Jewel House Books
LC9/50	: Wardrobe warrants
LC9/53-92	: Annual accounts of the Great Wardrobe (Eliz.)
LC9/93-98	: Annual accounts of the Great Wardrobe (Jas. I)
LC9/99-103	: Annual accounts of the Great Wardrobe (Chas. I)
LC9/104-120	: Annual accounts of the Great Wardrobe (Chas. II)
LC9/121-123	: Annual accounts of the Great Wardrobe (Jas. II)
LC9/195-201	: Debenture Books for liveries (Chas. II)
LC9/202-205	: Debenture Books for liveries, 1689-1714
LC9/255	: Wardrobe accounts
LC9/256-9	: Acquittances, assignments, etc.
LC9/260	: Wardrobe accounts [?]
LC9/262	: Wardrobe accounts
LC9/340-2	: Assignments
LC9/375	: Wardrobe accounts
LC9/376/i	: [Box] Accounts of the Great Wardrobe
LC9/376/iii	: [Box] Accounts, Silkman's; debentures; entry book of warrants; Wardrobe fee book, 1666-1682
LC9/377-381	: Boxes of miscellaneous papers
LC9/386	: Box of miscellaneous papers
LC9/388-390	: Boxes of miscellaneous papers

Exchequer: Office of Auditors of Land Revenue

LR2/124	: Inventory of household goods of Charles I, 1649-50
LR5/57	: Establishment book of Q. Henrietta Maria, 1627-41

```
LR5/63-7      : Various documents for Q. Henrietta Maria, 1629-41
LR5/74-80     : [the same] for Q. Dowager Catherine of Braganza
LR5/95        : Establishment books of same, c.1687-1695
```

Lord Steward

```
LS1/5 & 15    : [Sample only] Cofferer's Accounts, 1663 & 1673
LS1/29-35     : [The same] 1685-1692

LS8/1-2       : [Sample] Creditors books for payment of boardwages

LS9/60, 68-72 : [Sample] Kitchen ledgers, payment of board wages

LS13/30       : Order Book of the Lord Steward
LS13/168-9    : Entry Books of Records
LS13/197-199  : Certificate Books of Admission
LS13/246-259  : Warrants of Appointment, etc.
```

Ministers and Receivers Accounts

```
SC6/Jas.I/1640 : Receiver Gen. accts., Q. Anne of Denmark
SC6/Jas.I/1646, 1648, 1650, 1653 & 1655 : [the same]
SC6/Jas.I/1680-1687   : Receiver General Accounts: Prince Charles
SC6/Chas.I/1630       : Receiver General Accounts: Prince Charles
SC6/Chas.I/1631-1646  : [The same], Charles I, 1625-1642
SC6/Chas.I/1661-1672  : [The same], Thomas Fauconberg, 1644-1654
SC6/Chas.I/1693-1705  : [The same], Henrietta Maria, 1626-1642
SC6/Chas.I/1707       : [The same], Henrietta Maria, 1665-6
```

Privy Council

PC2/ Acts of Privy Council [* Published]

Privy Seal Office

```
IND1/6743-4  : [Sample] Docquet Books, 1571-9 and 1601-3
PSO 2/1-10   : [Sample] Privy Seal bundles: Hen. VII - Ph&M
PSO 2/63     : 1625-6
```

Signet Office

```
SO1          : Signet Office warrants

SO3/1-2      : Docquet Books, 1585-1603
SO3/2-8      : Docquet Books, 1603-1625
SO3/8-12     : Docquet Books, 1625-1642
SO3/14-19    : Docquet Books, 1660-1685
```

State Paper Office

```
SP1/         : State Papers [passim] Hen. VIII
SP2/A, No.1  : Annuities granted by Hen. VIII
SP3/         : Lisle Papers [* Published]
```

SP4/1	:	Documents signed by Stamp: Hen. VIII
SP10/	:	State Papers: Edward VI [* *Published*]
SP11/7	:	State Papers: Queen Mary
SP12/	:	State Papers: Queen Elizabeth
SP14/	:	State Papers: James I
SP15/	:	State Papers: Addenda
SP16/	:	State Papers: Charles I
SP17/H	:	State Papers: Commonwealth, 1649-51
SP18/153	:	Petition of Cromwell's musicians, 1656
SP19/4	:	State Papers: Committee for the Advance of Money
SP25/	:	State Papers: Commonwealth
SP29/	:	State Papers: Charles I
SP32/	:	State Papers: William & Mary
SP34/	:	State Papers: Queen Anne
SP38/	:	State Papers: Docquets from the Signet Office
SP39/	:	State Papers: Sign Manual Books
SP40/	:	State Papers: Warrant Books
SP44/	:	State Papers: Entry Books
SP46/43	:	State Papers: (Subsidy Lists, 1593-4)
SP84/	:	Holland Correspondence

Treasury

T4/	:	References by persons to the Treasury Board
T11/1-2	:	Out Letters (Customs) (vols. 1-16)
T14/	:	Out Letters (Ireland) (vols. 1-9)
T27/	:	Out Letters (General) (vols. 1-21) [vol. 4 (1676-1679) is PRO 30/32/35]
T29/	:	Treasury Minute Books (vols. 1-22, 624-627) [vols. 5-6 are PRO 30/32/33-34]
T38/	:	Various accounts
T48/	:	Miscellanea (Lowndes Papers)
T51/	:	Miscellanea (warrants) (vols. 1-40)
T52/	:	King's/Queen's Warrant Books (vols. 1-25) [vols. 3-6 are PRO 30/32/41-44]
T53/	:	Warrants relating to Money (vols. 1-22)
T54/	:	Warrants not relating to Money (vols. 1-22) [vols. 6-7 are PRO 30/32/51-52]
T60/	:	Miscellanea: Order Books (vols. 1-8)
T61/	:	Miscellanea: Disposition Books (vols. 1-22)
PRO 30/32/7	:	Day Book
PRO 30/32/12	:	Money Book (Fees and Pensions)
PRO 30/32/13	:	Docquet Book [to August 1678]
PRO 30/32/14	:	Docquet Book [from August 1678]
PRO 30/32/36	:	Petitions [*c*.1677-8]
PRO 30/32/46	:	Money Book (General) [to 5 December 1676]
PRO 30/32/47	:	Money Book (General) [from 6 December 1676]
PRO 30/32/54	:	Enrty Book of Signed Warrants

BRITISH LIBRARY

Add. MS   4712   : various Court ceremonies; bouche of court.
Add. MS   4827   : New Year's gifts, 1575/6
Add. MS   5750   : Signet warrants
Add. MS   6113   : various Court ceremonies
Add. MS   7099   : Transcript of accounts for Henry VII's reign
Add. MS   8126   : New Year's gifts, 1605/6
Add. MS   8159   : New Year's gifts, 1587/8
Add. MS   9772   : New Year's gifts, 1566/7
Add. MS 14313   : List of fees, 1606/7
Add. MS 14407   : Chapel Establishment, 1702
Add. MS 15362   : Petition
Add. MS 15649   : New Year's gifts, 1603/4
Add. MS 15896   : Treasury Book
Add. MS 15897   : Catherine of Braganza: Establishment, 1677
Add. MS 18825   : Wardrobe warrants: 1496-1506
Add. MS 18826   : [the same] 1510-1514
Add. MS 18958   : Establishment of James, Duke of York, 1677
Add. MS 19038   : Ferrabosco acquittance, 6 Aug 1619
Add. MS 20030   : Privy Purse accounts: Henry VIII
Add. MS 21480   : Treasurer of the Chamber accounts, 1499-1505
Add. MS 21481   : Treasurer of the Chamber accounts: 1509-1518
Add. MS 21482   : Accquittance, 1651/2
Add. MS 21913   : Accounts, 1649/50
Add. MS 22924   : Tellers accounts, 1590-1592
Add. MS 24705   : 19th cent. copy of order book, 1609-1618
Add. MS 27227   : Warrant Book, 1679-1683
Add. MS 27404   : various accounts: 1545; Q. Anne of Denmark
Add. MSS 28074-7   : Treasury Books
Add. MS 31825   : Establishment list, 1610
Add. MS 33965   : Acquittances
Add. MS 34010   : List of offices, Edward VI
Add. MS 34015   : Persons coming from foreign parts, 1656
Add. MS 38011   : Accounts
Add. MS 38174   : ordinances of Hen. VII [1493]
Add. MS 41578   : Teller's book [William Hyricke], 1621/2
Add. MS 45131   : Descriptions of funerals
Add. MS 45716   : Household ordinances, 1539-44
Add. MS 48590   : Lupo acquittance, 2 Sept. 1618
Add. MS 58833   : Fees & annuities paid in the Exchequer, 1615
Add. MS 59899   : Accounts and memoranda, 1502-5
Add. MS 59900   : Treasurer of the Chamber accounts, Hen. VIII
Add. MS 64883   : Coke Papers, series I
Add. MSS 69918-9   : Coke Papers, series II [MS numbering provisional]

Arundel MS 97: Treasurer of the Chamber accounts, Hen. VIII

Cotton MS : Faust.E VII.6. Expenses, French campaign, 1513
Cotton MS : Galba.B.X.   Letter mentioning Miguel Mercator
Cotton MS : Jul.B.XII.   Various court ceremonies
Cotton MS : Otto.C.X.   Letters from Sir William Kingston
Cotton MS : Titus B.VII   Letters from musicians (Eliz.)

Cotton MS   : Vesp.C.XIV.   Hen. VIII's household charge; list 1565-6
Cotton MS   : Vit.B.III.   Letter from Duke of Ferrara to Hen. VIII

Egerton MS 806 : Accounts
Egerton MS 2159 : Payments and Receipts
Egerton MS 2396 : Crown grants, 1610-1631
Egerton MS 2543 : Nicholas Papers
Egerton MS 2604 : Establishment list, 1525/6
Egerton MS 2816 : New Year's gifts, 1626/7

Harley MS 239 : Privy Seals, Philip and Mary
Harley MS 252 : Establishment: Prince Henry (son of Jas. I)
Harley MS 542 : Chronicle of Calais to 1540
Harley MS 609 : Lord Steward's Book of Diets, 1576
Harley MS 620 : Chronicle of Calais to 1540 [* *Published*]
Harley MS 1419 : Inventory of the Guarderobes, etc, 1547 [* *Published*]
Harley MS 1641 : Treasurer of the Chamber accounts
Harley MS 1642 : Treasurer of the Chamber accounts
Harley MS 1644 : Treasurer of the Chamber accounts
Harley MS 1911 : Minute Book of the Corporation of Musick, 1664-
Harley MS 3504 : Various court ceremonies
Harley MS 6807 : Household of Princess Mary, 1533
Harley MS 7009 : Establishment, Prince Henry (son of Jas. I)

Harleian Roll AA23 : Privy Purse Accounts, 1558-1569
Harleian Roll V 18 : New Year's gifts, 1561/2

Lansdowne MS 3   : copy of Subsidy list, 1558
Lansdowne MS 4   : Journey into Scotland, 1560
Lansdowne MS 25 : Letter from Alfonso Ferrabosco [I]
Lansdowne MS 29 : accounts for liveries, 1580
Lansdowne MS 164 : Expenses, 1611/2
Lansdowne MS 202 : Aliens in London, 1568

Royal MS 7.C.XVI: Treasurer of the Chamber accounts, Ed. VI
Royal MS 14.B.XXXIX: Cofferer's accounts: 1501-2
Royal MS 17 B. XXVIII: Privy Purse Accounts of Princess Mary
Royal MS 18.C.XXIV: Signed bills: Edward VI
Royal MS App. 89:   Fees etc., granted to Anne Boleyn by Hen. VIII

RP 152(1) : Receipt by Andrea Lanier, 1649

Sloane MS 814 : New Year's gifts of jewels
Sloane MS 1991 : Illness of Estienne Nau

Stowe MS 146: Money given at Lille, 1513
Stowe MS 554: Treasurer of the Chamber accounts, Hen. VIII
Stowe MS 571: Establishment list, 1553

BEDFORD RECORD OFFICE

MSS DDTW 979 & 982 : Butler papers concerning William Child, 1647

CAMBRIDGE: FITZWILLIAM MUSEUM

Music MS FMK 3485 : O. Gibbons acquittance, 12 April 1618

CAMBRIDGE: ROWE MUSIC LIBRARY: KING'S COLLEGE

MS 335 : Letter from John Singleton, 1683

CAMBRIDGE: ST JOHN'S COLLEGE

D91.17,19-21 : Cofferer's and Treasurer's accts. for Margaret Beaufort
D102.1,2,6 : [the same, with Chamberlain's accounts]

ETON: THE COLLEGE LIBRARY

MS 192 : New Year's gifts, 1580/1

HATFIELD: HATFIELD HOUSE

Petition of Alfonso Ferrabosco [II], *c.*1600

LONDON: DULWICH COLLEGE, THE WODEHOUSE LIBRARY

MSS 177 and 179 : undated holograph letters by Jerome and Innocent
                  Lanier

LONDON: LIBRARY OF THE SOCIETY OF ANTIQUARIES

MS 125 : A book of fees and offices, 1-8-1553
MS 129 : Inventory of furniture and fittings, 1547[*] [part
         duplicate of British Library, Harley MS 1419]
MS 209 : 18th cent. copy of Exchequer accounts, 1550-1
MS 538 : New Year's gifts, 1567/8

LONDON: DUCHY OF CORNWALL OFFICE LIBRARY

D.C.O. Rolls series, Box 122A: Receiver General's accounts:
                Queen Anne, No. 742
                [The same], Box 122B, Nos. 743-5
                [The same], Box 122C, Nos. 746-8
                [The same], Box 122D, Nos. 750, 750A, 751
D.C.O. 539 :   Prince Henry's Patent Roll, 1610/11
D.C.O. Bound MSS, GM3, section 5 : list of Pr. Henry's household
D.C.O. Bound MSS :   Inrolments of Patents, etc., Pr. Charles, 1618-20

LONDON: ROYAL COLLEGE OF MUSIC LIBRARY

MS 2187 : O. Gibbons acquittance, 23 Feb. 1617/8

LONDON: WESTMINSTER ABBEY

Muniment 32364 : Account of William Bedell, 6th-8th Hen. VII
Muniment 33324 : Account of Jn. Islyppe, Abbot of Westminster, 1509-10

MAIDSTONE: CENTRE FOR KENTISH STUDIES

Sackville Papers: U.269/067/1-4

MANCHESTER: THE JOHN RYLANDS LIBRARY, UNIVERSITY OF MANCHESTER

English MS 117 : New Year's gifts, 1558/9

NEW HAVEN, CONNECTICUT: YALE UNIVERSITY: JOHN HERRICK JACKSON MUSIC LIBRARY

'Osborn Files: Blow': Letter from Lord Chamberlain, 1683
[no shelf mark] : Ferrabosco acquittance, 12 Aug. 1618
'Elizabethan Club' : Lupo acquittance

OXFORD: BODLEIAN LIBRARY

MS Ashmole 856   : Patent for serjeant trumpeter
MS Autog. b.7   : Letter from Lord High Treasurer, 1677
MS Autog. c.19   : various acquittances of musicians
MS Malone 44   : Copy of Privy Purse payments, 1666-9
Rawlinson MS A239   : Tr. of the Chamber accounts, 1604/5 and 1612/13
Rawlinson MS A306   : Secret Service Receipt Book, 1689-1691
Rawlinson MS B121   : payments to musicians at Oxford, 1643-6
Rawlinson MS C421   : Petition from Nicholas Staggins
Rawlinson MS D318   : Register of the Chapel Royal
Rawlinson MS D872   : Secret Service Cash Account [= PRO: T48/14]

PRIVATE OWNERSHIP

(a) *Dr. John Cockshoot*

   Ferrabosco acquittance, 23 March 1618/19

(b) *Christopher Hogwood*

   Receipt of Andrea Lanier, 1649

(c) Robert Spencer

    Acquittances of Prince Charles's musicians
    Grant to Nicholas Lanier [I]
    Warrant for John Smith, trumpeter, 1634

SAN MARINO, CALIFORNIA: THE HUNTINGDON LIBRARY

    HM 745 : A Wardrobe Account for the funeral of Henry VII*
       [duplicate of LC2/1]

WASHINGTON D.C.: THE FOLGER LIBRARY

    MS Z.d.11 : New Year's gifts, 1538/9
    MS Z.d.12 : New Year;s gifts, 1563/4
    MS Z.d.13 : New Year's gifts, 1564/5
    MS Z.d.14 : New Year's gifts, 1574/5
    MS Z.d.15 : New Year's gifts, 1578/9
    MS Z.d.16 : New Year's gifts, 1584/5

BOOKS CITED

APC	*Acts of the Privy Council*, New Series, ed. John Rose Dasent.	
I	Vol. I:	1542-1547 (1890)
II	Vol. II:	1547-1550 (1890)
III	Vol. III:	1550-1552 (1891)
IV	Vol. IV:	1552-1554 (1892)
VII	Vol. VII:	1558-1570 (1893)
VIII	Vol. VIII:	1571-1575 (1894)
IX	Vol. IX:	1575-1577 (1894)
X	Vol. X:	1577-1578 (1895)
XI	Vol. XI:	1578-1580 (1895)
XII	Vol. XII:	1580-1581 (1896)
XIII	Vol. XIII:	1581-1582 (1896)
XIV	Vol. XIV:	1586-1587 (1897)
XV	Vol. XV:	1587-1588 (1897)
XVI	Vol. XVI:	1588 (1897)
XXIX	Vol. XXIX:	1598-1599 (1905)
XXXI	Vol. XXXI:	1600-1601 (1906)
XXXII	Vol. XXXII:	1601-1604 (1907)
1615-16	Vol.	1615-1616 (1925)
1616-17	Vol.	1616-1617 (1927)
1617-19	Vol.	1617-1619 (1929)
1619-21	Vol.	1619-1621 (1930)
1621-3	Vol.	1621-1623 (1932)
1625-6	Vol.	1625-1626 (1934)
1627	Vol.	1627 (1938)
1627-8	Vol.	1627-1628 (1940)
1629-30	Vol.	1629-1630 (1960)

CPR	*Calendar of Patent Rolls*	
Hen. VII	Vol. I:	1485-1494 (1914)
	Vol. II:	1494-1509 (1916)
Ed. VI	Vol. I:	1547-1548 (1924)
	Vol. II:	1548-1549 (1924)
	Vol. III:	1549-1551 (1925)
	Vol. IV:	1551-1553 (1925)
	Vol. V:	1553 (1926)
Ph&M	Vol. I:	1553-1554 (1937)
	Vol. II:	1554-1555 (1936)
	Vol. III:	1555-1556 (1938)
	Vol. IV:	1557-1558 (1939)
Eliz.		
I	1558-1560 (1939)	
II	1560-1563 (1948)	
III	1563-1566 (1960)	
IV	1566-1569 (1964)	
V	1569-1572 (1966)	
VI	1572-1575 (1973)	
VII	1575-1578 (1982)	
VIII	1578-1580 (1986), ed. Margaret Frost	
IX	1581-1582 (1986), ed. Ann Morton	
Draft 1582-4	Draft: 1582-1584 (1990)	
Draft 1584-5	Draft: 1584-1585 (1990)	
CSPD Ed. VI	1547-1553 (HMSO, revised 1992)	
CSPD	*Calendar of State Papers, Domestic Series, of the reigns of Edward VI., Mary, Elizabeth, and James I.* Vols. I and II, ed. R. Lemon; vols. III - XII, ed. Mary Anne Everett Green.	
I	Vol. I:	1547-1580 (1857)
II	Vol. II:	1581-1590 (1858)
III	Vol. III:	1591-1594 (1858)
IV	Vol. IV:	1595-1597 (1859)
V	Vol. V:	1598-1601 (1869)
VI	Vol. VI:	1601-1603 and Addenda 1547-1565 (1870)
VII	Vol. VII:	Addenda, 1566-1579 (1871)
VIII	Vol. VIII:	1603-1610 (1857)
IX	Vol. IX:	1611-1618 (1858)
X	Vol. X:	1619-1623 (1858)
XI	Vol. XI:	1623-1625, and Addenda 1603-1625 (1859)
XII	Vol. XII:	Addenda 1580-1625 (1872)
CSPD Chas. I	*Calendar of State Papers, Domestic Series, of the reign of Charles I.* Vols. I - XII, ed. J. Bruce; vol. XIII, ed. J. Bruce and W. D. Hamilton; vols. XIV - XXII, ed. W. D. Hamilton; vol. XXIII, ed. W. D. Hamilton and Sophie C. Thomas.	

I	Vol. I:	1625-1626 (1858)
II	Vol. II:	1627-1628 (1858)
III	Vol. III:	1628-1629 (1859)
IV	Vol. IV:	1629-1631 (1860)
V	Vol. V:	1631-1633 (1862)
VI	Vol. VI:	1633-1634 (1863)
VII	Vol. VII:	1634-1635 (1864)
VIII	Vol. VIII:	1635 (1865)
IX	Vol. IX:	1635-1636 (1866)
X	Vol. X:	1636-1637 (1867)
XI	Vol. XI:	1637 (1868)
XII	Vol. XII:	1637-1638 (1869)
XIII	Vol. XIII:	1638-1639 (1871)
XIV	Vol. XIV:	1639 (1873)
XV	Vol. XV:	1639-1640 (1877)
XVI	Vol. XVI:	1640 (1880)
XVII	Vol. XVII:	1640-1641 (1882)
XVIII	Vol. XVIII:	1641-1643 (1887)
XIX	Vol. XIX:	1644 (1888)
XX	Vol. XX:	1644-1645 (1890)
XXI	Vol. XXI:	1645-1647 (1891)
XXII	Vol. XXII:	1648-1649 (1893)
XXIII	Vol. XXIII:	Addenda, 1625-1649 (1897)

Calendar of the Committee for the Advance of Money: 1642-1656, ed. Mary Ann Everett Green (1888)

Calendar of State Papers Domestic, ed. Mary Ann Everett Green

CSPD 1651	1651	(1877)
1654	1654	(1880)
1655	1655	(1881)
1656-7	1656-7	(1883)
1657-8	1657-8	(1884)
1658-9	1658-9	(1885)

CSPD Chas. II — *Calendar of State Papers, Domestic Series, of the reign of Charles II*. Vols. I - X, ed. Mary Anne Everett Green; vols. XI - XXIII, ed. F. H. B. Daniell; vols. XXIV-XXVI, ed. F. H. B. Daniell and F. Bickley.

I	Vol. I:	1660-1661 (1860)
II	Vol. II:	1661-1662 (1861)
III	Vol. III:	1663-1664 (1862)
IV	Vol. IV:	1664-1665 (1863)
V	Vol. V:	1665-1666 (1864)
VI	Vol. VI:	1666-1667 (1864)
VII	Vol. VII:	1667 (1866)
VIII	Vol. VIII:	1667-1668 (1893)
IX	Vol. IX:	1668-1669 (1894)

X	Vol. X:	1670, and Addenda, 1660-1670 (1895)
XI	Vol. XI:	1671 (1895)
XII	Vol. XII:	1671-1672 (1897)
XIII	Vol. XIII:	1672 (1899)
XIV	Vol. XIV:	1672-1673 (1901)
XV	Vol. XV:	1673 (1902)
XVI	Vol. XVI:	1673-1675 (1904)
XVII	Vol. XVII:	1675-1676 (1907)
XVIII	Vol. XVIII:	1676-1677 (1909)
XIX	Vol. XIX:	1677-1678 (1911)
XX	Vol. XX:	1678, and Addenda, 1674-1679 (1913)
XXI	Vol. XXI:	1679-1680 (1915)
XXII	Vol. XXII:	1680-1681 (1921)
XXIII	Vol. XXIII:	1682 (1932)
XXIV	Vol. XXIV:	1683 (1934) [two parts]
XXV	Vol. XXV:	1683-1684 (1938)
XXVI	Vol. XXVI:	Addenda 1680-1685 (1939)

CSPD Jas. II   *Calendar of State Papers, Domestic Series, of the reign of James II*

I	Vol. I:	1685-1686 (1960)
II	Vol. II:	1686-1687 (1964)
III	Vol. III:	1687-1689 (1972)

CSPD Wm&M   *Calendar of State Papers, Domestic Series, of the reign of William III. Vols. I - VIII ed. W. J. Hardy; vols. IX - XI ed. E. Bateson.*

I	Vol. I:	1689-1690 (1895)
II	Vol. II:	1690-1691 (1898)
III	Vol. III:	1691-1692 (1900)
IV	Vol. IV:	1693 (1903)
V	Vol. V:	1694-1695 (1906)
VI	Vol. VI:	1695, July-December; and Addenda, 1689-1695 (1908)
VII	Vol. VII:	1696 (1913)
VIII	Vol. VIII:	1697 (1927)
IX	Vol. IX:	1698 (1933)
X	Vol. X:	1699-1700 (1937)
XI	Vol. XI:	1700-1702 (1937)

CSPD Anne   *Calendar of State Papers, Domestic Series, of the reign of Queen Anne, ed. R. P. McLaffy*

I	Vol. I:	1702-1703 (1916)
II	Vol. II:	1703-1704 (1924)

CSPVen   *Calendar of State Papers and Manuscripts, relating to English Affairs, preserved in the Archives of Venice, etc., ed. Rawdon Brown*

	Vol. II:	1509-1519 (1867)
	Vol. XVII:	1621-1623 (1911)

CTB *Calendar of Treasury Books*, ed. [or prepared by] W. A. Shaw.

I	Vol. I:	1660-1667 (1904)
II	Vol. II:	1667-1668 (1905)
III	Vol. III:	1669-1672 (1908) [2 parts]
IV	Vol. IV:	1672-1675 (1909)
V	Vol. V:	1678-1679 (1911) [2 parts]
VI	Vol. VI:	1679-1680 (1913)
VII	Vol. VII:	1681-1685 (1916) [3 parts]
VIII	Vol. VIII:	1685-1689 (1923) [4 parts]
IX	Vol. IX:	1689-1692 (1931) [5 parts]
X	Vol. X:	1693-1696 (1935) [4 parts]
XI	Vol. XI:	1696-1697 (1933)
XII	Vol. XII:	1697 (1933)
XIII	Vol. XIII:	1697-1698 (1933)
XIV	Vol. XIV:	1698-1699 (1934)
XV	Vol. XV:	1699-1700 (1933)
XVI	Vol. XVI:	1700-1701 (1938)
XVII	Vol. XVII:	1702 (1939/1947) [2 parts]
XVIII	Vol. XVIII:	1703 (1936)
XIX	Vol. XIX:	1704-1704 (1938)
XX	Vol. XX:	1705-1706 (1952) [2 parts]
XXI	Vol. XXI:	1706-1707 (1952) [2 parts]
XXII	Vol. XXII:	1708 (1950/1952) [2 parts]
XXIII	Vol. XXIII:	1709 (1949) [2 parts]
XXIV	Vol. XXIV:	1710 (1952/1950) [2 parts]
XXV	Vol. XXV:	1711 (1952/1961) [2 parts]
XXVI	Vol. XXVI:	1712 (1954) [2 parts]
XXVII	Vol. XXVII:	1713 (1955) [2 parts]
XXVIII	Vol. XXVIII: 1714	(1955/1969) [2 parts]

CTP *Calendar of Treasury Papers*, ed. J. Redington.

I	Vol. I:	1557-1696 (1868)
II	Vol. II:	1697-1702 (1871)
III	Vol. III:	1702-1707 (1874)
IV	Vol. IV:	1708-1714 (1879)

Edward Chamberlayne *Angliae Notitiae: or The Present State of England*

1st ed.	1669		12th ed.	1679
2nd ed.	1669		13th ed.	[not seen]
3rd ed	1669		14th ed.	1682
4th ed.	[not seen]		15th ed.	1684
5th ed.	1671		16th ed.	1687
6th ed.	1672		17th ed.	1692
7th ed.	1673		18th ed.	1694
8th ed.	1674		19th ed.	1700
9th ed.	1676		20th ed.	1702

10th ed.	[not seen]	21st ed.	1704
11th ed.	[not seen]	22nd ed.	1707
22nd ed.	1708 [as *Magnae Britanniae Notitiae*]		
23rd ed.	1710 [as *Magnae Britanniae Notitiae*]		

Beschreibung der Reise: Empfahung dess Ritterlichen Ordens; Volbringung des Heyraths; und glücklicher Heimführung ... Des ... Friederichen dess Fünften ... mit ... Elisabethan ... (Heidelberg, 1613) [British Library Shelf-mark C.64.h.17]

Campbell Rev. William Campbell, *Materials for a History of the Reign of Henry VII* (London, 1877) [2 Vols.]

Ellis Henry Ellis, *Original Letters Illustrative of English History*, 3 series in 11 volumes (London, 1825, 1827, 1846)

Kirk, i-iii *Returns of Aliens Dwelling in the City, and Suburbs of London from the Reign of Henry VIII to that of James I*, eds. R.E.G. and E.F. Kirk (Publications of the Huguenot Society of London, vol. 10, i-iii, Aberdeen, 1900, 1902, 1907)

Hug/S *Returns of Strangers in the Metropolis 1593, 1627, 1635, 1639*, ed. Irene Scouloudi, (Huguenot Society, vol. 57, London, 1985)

KM Henry Cart de Lafontaine, *The King's Musick* (London, 1909)

Letters *The Letters of John Chamberlain*, ed. Norman E. McClure, (Philadelphia, 1939) [2 vols]

LP *Calendar of Letters and Papers, Foreign and Domestic, of the Reign of Henry VIII., preserved in the Public Record Office, the British Museum, and elsewhere in England*, ed. J. S. Brewer (Vols. 1-IV); J. Gairdner (Vols. V-XIII); J. Gairdner and R. H. Brodie (Vols. XIV-XXI) (London, 1862-1908)

The Musical Antiquary (London, 1909-1913; reprint Farnborough, 1970) [4 Vols.]

Nagel Willibald Nagel, *Annalen der englischen Hofmusik von der Zeit Heinrichs VIII, bis zum Tode Karls I. (1509-1649)* (Leipzig, 1894)

John Nicholas: *The Progresses and Public Processions of Queen Elizabeth ...* (London, 1823) [3 Vols.]

Nicholas Harris Nicolas, *The Privy Purse Expenses of Henry VIII from November 1529 to December 1532* (London, 1827)

Nicholas Harris Nicolas, *The Privy Purse Expenses of Elizabeth of York* ... (London, 1830)

Privy Purse Expenses of the Princess Mary from December 1536 to December 1554, ed. Frederick Madden (London, 1831)

'The Chronicle of Calais in the reigns of Henry VII and Henry VIII', ed. John Gough Nicholas (*Camden Society, Vol. 35*, 1846)

'Household Expenses of the Princess Elizabeth, 1551-2, during her residence at Hatfield', ed. Viscount Strangfield in *Camden Society, Miscellany 2* (London, 1853)

Rym.   Thomas Rymer, *Foedora* (ed. T. Hardy, Records Commissioners, 1816-69)

The Lisle Letters, ed. Muriel St Clare Byrne; 6 vols. (Chicago, 1981)

Cardinal Wolsey: Church, State and Art, ed. S. J. Gunn and P. G. Linley (Cambridge, 1991). Chapter 7: Roger Bowers, 'The cultivation and promotion of music in the household and orbit of Thomas Wolsey'.

SUBJECT INDEX

ALIEN [see FOREIGN MUSICIANS]

ANNE OF DENMARK, QUEEN

    IV/196-206
    Dancing instructor to: **IV**/163
    Drummers of: **IV**/200-1,203
    Dutch [*error for* Danish?] musicians of: **IV**/36
    Fife of: **IV**/201,203
    French musicians of: **IV**/36,49,52,201,203,204,205; **VIII**/74,75,80(2)
    -   reward to: **VIII**/82
    -   to train boys: **VIII**/85
    Grooms of the Queen's Privy Chamber [see BACHELOR, HALES, LUGARIO]:
        IV/16,35,48,51,197; **VIII**/66,71,72,74,75,80,85(3)
    Harper of: **IV**/204
    Musicians of: **IV**/49,51,208
    Privy Purse rewards to Queen's musicians: **IV**/208,214
    Servants of: **VIII**/71,74,80
    Trumpeters of: **IV**/48,201,203-4; **VIII**/80(2)

ANNE, LADY/PRINCESS (Later Queen Anne)

    Musicians to attend in Whitehall Chapel when she is present: **II**/15
    Musicians in household of: **II**/65,69,142; **V**/282,284,291

APPRENTICESHIP

    IV/173,174,177,183; **V**/269

ARREARS [see also PETITIONS; ASSIGNMENTS]

    of fees/wages: **IV**/213,234; **III**/23,25,26,27,31,44,45,46,47,50,64,65,
        116,121-7; **I**/289-90; **II**/10(2),23-4,32(2),36(2),41,46,70,202-218;
        V/2,4,9,38,39(4),40(2),41(5),41-2,46,47,50,53(),57,61,62,64,65
        (3),66,68(2),70,72(2),74,77,89,90,103-4,272; **VIII**/142,149,160,
        182,184,186-7,190,193,195-7,199-203,205-6,208-16,218-222,224-7,
        229-260,271-2,297-9,314,338
    during the Interregnum: **V**/20-25
    of liveries: **III**/27,28,31; **I**/284-290; **II**/6,11,160-1; **VIII**/298
    particulars to be supplied: **I**/171,290
    various: **II**/156-9

ARRESTS

    on musician's behalf: **I**/28(2),32,41,47,48,51,66,73,78(2),84,86,94(2),
        100,101,102,104,111; **II**/15
    of musicians: **III**/41,61,80,87; **I**/30,40,45(2),59,60(3),78,85,94,143,
        199,206; **II**/2
    for abusive language against court musicians: **III**/72-3

for disregarding court orders: **I**/28,57; **II**/2
for performing without licence
- from the Corporation of Music: **I**/49,55,56(2),9102,104,107,
    112,117,119,123-4,128
- from the Master of the Revels: **I**/46
- from the serjeant-trumpeter: **I**/19,26,53,86,91,99,106-7
for usurpation of the title of King's trumpeters: **III**/76

ASSIGNMENTS

    a deputy to receive all monies due to a musician: **I**/52,140,167(2),
    170,195,262; **II**/6,8,11,13,20,32(2),33,34,37,41,42,67,78,79,82,
    94,101,116
a deputy to receive all fees due to a musician: **I**/112,207,211-2;
    II/7,10(2),30,44
a deputy to receive all liveries due to a musician: **III**/85; **I**/261(6),
    262(3),269(2),271(2),272,274(4),276(5),277(2),278,279(2),280(3),
    281(7),282(5),283(4); **II**/11,58,65,105
by musician of fee/wages: **VI**/42-3; **IV**/57,58(2),68,218(3),220(3);
    III/7.10,23,24,25,26,27,28,31,44,44-5,47,49,
    50,61,66,67,68,72,78,82,86,89,97,105(2),106,121,124(2),125(2),
    126,260(2); **I**/56,76,78,82,84,85,87,92(2),107,115,119,125,145,148,
    151(2),159,162,182,189(2); **II**/16,18,29,33,34,41,65,84,85,90(2),
    94,95,103(2),104(2),107,108(2),108-9,112,113,115,118;
    V/34,35,38,39(4),40(2),41(5),41-2,42(3),46,47(3),50,52(4),53(3),
    54,55(2),56(2),57,58,61,62,63,66(2),68(2),70,72,73,74(2),75(2),
    77,80(2),81,89,90,93
by musician of a gift: **IV**/234
by musician of livery: **III**/6,62,67,71,72,73,77(2),79,80,85(2),86,88,
    101,102,107; **I**/148,149,261-2,267,269,271-2,274,276-83;
    II/68,70,78(3),82,82-3,85(2),86(2),88,90,90-1,95,99,101,108,109,
    113,116
in repayment of sum advanced/loan: **III**/ 24; **I**/86,124,126,136,138,139,
    148,159,161,280(2); **II**/85.86(2),88,90,94,95,99,108,108-9,113
for service rendered: **I**/83-4,84,89,108,152,158
revoked. **V**/75

BAGPIPER [see KECHYN, Andrew NEWMAN, Richard WOODWARD]

    Appointment/fee: **VII**/95,102,122,198; **VIII**/10
at coronation of Edward VI: **VII**/107
at funeral of Henry VIII: **VII**/111
Payments: **VII**/198-323 *passim*, 409
Performance: **VII**/152,153,156
- on 'drone': **VIII**/360
Reward to: **VIII**/1
in Subsidy list: **VIII**/14

BALLS

    II/47,52,55,65,69,141; **V**/233

BELL-RINGERS [see BROOKES; Adam ELLIS; Henry WATKINS]

    IV/4,28,37,64,198; **III**/2,4

BIRTHDAYS

    Ball on: **II**/47,52,55,65,69,141
    Instruments provided on: **II**/87,89,93,99,111,147,149
    Liveries for hautboys and drummers for: **II**/11
    Musicians playing at: **II**/47,52,55,65,69,140,141,142
    Music copied for: **II**/46,83,87,89,93,94,106,145(2),146(2),148,150,157
    Rooms in St. James' Palace prepared for: **II**/77(2)
    Singing boys for: **II**/50

BOARD

    Regulations for musicians at meals. **V**/2-3

BOARD-WAGES [see DIET]

BOUNTY, Royal. **V**/270-279; **VIII**/197,278,287(2),288(2),289,291,293,294

CAMBRIDGE, DUKE OF

    Musician in household of: **V**/281

CATHERINE OF BRAGANZA, QUEEN

    Catholic Chapel of.
    -    establishment: **V**/281,283,286,288,290
    -    expense of: **V**/83
    -    instruments for: **I**/32,43,94-5
    -    lodging for members of: **VIII**/265,269-70,277
    -    organist, payments to: **VIII**/265,266(2),268,269,271,272,275,277,
        278,279,282
    -    -   petition of: **VIII**/300
    -    -   funeral of: **VIII**/309
    -    organ removed: **I**/49
    -    journey to Salisbury: **I**/65
    -    liveries for boys of: **I**/33,53,55,58,63; **VIII**
    -    maintenance for boys of: **V**/72; **VIII**/264,265,266(2),267,269,271,
        272,275,277(2),278,279
    Establishment (music): **VIII**/272,279
    Groom of Privy Chamber to: **VIII**/173,176(2)
    -    petition of: 176(2)

CATHOLIC CHAPEL OF QUEEN HENRIETTA MARIA [see DERING, MICO, VERE, WELLS, YOW]

    Building of. **III**/51
    Establishment. **V**/xv

Gentleman of: **I**/172

CATHOLIC CHAPEL OF QUEEN MARY (wife of James II)

    Establishment: **V**/286
    Gentlemen named: **II**/17,21
    Payments for lodging: **II**/13,16-17,21,138,139

CATHOLIC CHAPEL OF JAMES II

    Establishment: **V**/83-4,85,85-6,86-7,232,234,274; **VIII**/269,271,276,277
    Expenditure on: **VIII**/269,272,273,279
    Gentlemen named: **II**/16-7,21,22(2)
    Instrumentalists in: **II**/71,21
    Expenses for lodging: **II**/15-6,21,22,139,140
    Opened: **VIII**/267
    Organ for: **V**/273,274(3),275
    Organ removed from: **II**/41,42-3
    Passes for members of: **VIII**/279(3),280,281(2)
    Plate to be returned by members of: **VIII**/281
    Singers to attend the King on his progress: **II**/22(2)

CATHOLICS

    Request to be buried as a catholic: **I**/173
    Excluded from court of Charles II: **I**/129,131,184,289
    Literature seized: **V**/10

CHAPEL ROYAL

    Allowances: **VIII**/327-331
    Appointments: **VII**/121; **III**/56,115,117(2),129; **V**/62,63,66(2),68(2),69,
        71,73,76,77(2),79,80(2),82,88(4),89(2),92,92-3,93(4),94,
        96(9),97(10),98(3),100(4),101(3),102(3),103(4); **VIII**/16,84,
        317-327
    Attorney appointed: **I**/170; **II**/10,34,36,44,82; **V**/90
    Books/music for: **VII**/34,162,389; **VI**/160; **III**/61; **I**/31,40,74-5,95,
        135,162-4,193-4; **II**/141; **V**/109,110?,134,146,272; **VIII**/105,
        288
    -    copyist of music: **VII**/85; **V**/272
    -    repair of: **VII**/195; **III**/61; **VIII**/105
    Building
    -    enlargement of music room in the Chapel: **I**/102,104
    -    -   curtains for the music room: **I**/104
    -    -   seat reserved in organ loft: **II**/13,32-3,42,50
    -    -   organ room barred to all except musicians: **II**/14
    -    burned: **VIII**/292
    Children
    -    to sing on the King's birthday: **II**/50
    -    burial of: **I**/212; **II**/95,147; **VIII**/310,311
    -    coronation of Charles II: **I**/22; **V**/109

- diets for: **VII**/54,104,123
- duties [*see below*]
- journey to Dover, 1670: **I**/99
- journey to France: **VII**/94
- illness of: **I**/62,105,166,176,202; **II**/95,147; **V**/154
- liveries/shoes for: **VII**/35,36; **I**/15(2),17,20,22(2),24,32,53,55,
  57,61,67,69,73(2),78,85,86,90,91(2),94,100,105,110,119,131,
  137,144,151,157,166,170,174,178,181,189,191,195,196,200,207,
  213,262-3,266; **II**/5,11,15,20,23,24,30,33,36,37,46(2),49,50,
  53,58,58-9,60,61,65(2),68(2),69(2),73,77(2),79,84,88,91,105,
  109,112,116,159; **V**/29,51,55,182; **VIII**/145,146,152,182,195,
  198(3),200(2),203,243,252,254,265,301,302,303,308,311(2),312
  (2),313-14
  - - mourning liveries for: **II**/96,100,118; **VIII**/310(2)
  - - query concerning: **VIII**/262,263(3),266
  - - worn out: **VIII**/184
- maintenance [*see also* liveries]: **VII**/36-7,195,198,202,207,209,
  211-2,214-5,217,219,230,233-310 *passim*,362-7,165; **II**/43,80,
  81,82
  - - at dismissal. **I**/49,53,54(2),56(2),57,62,63(2),64,74,76,78,
    82,85,87,88-9,89,90,99(2),107(2),121(2),123(2),131,132(2),
    141(2),146-7,148(2),161(2),166(2),169(2),175,177,178(2),179,
    184(2),187,192,\195,204(2),206,208,211(2); **II**/8,9,16(2),19,
    20,26(2),26-7,27,33-4,42(2),45(4),47(2),50-1,51,53,54,61,
    62(2),64(2),65(2),66(2),67(2),68(2),69(2),69-70,70,73(3),
    76(2),79(2),80(4),86(40),88(2),89(2),91(4),95(2),100(4),
    106(4),113-4,114(3),138,140(2),141,142(8),143(2),144,147,
    148(3),149,150(2); **V**/42,48,51,119,120,125,133,134,135,148
    (3),151,154,159,162(2),163(4),165,182(2); **VIII**/146,181,252,
    254,265,282,283,285,286,293,295(2),307,313
  - named: **VII**/5,25,28,35,69,97,161,203,209,230,231(2),422(3); **I**/49,
    53,54(2),56(2),62,63(2),64,74,76,78,82,85,87,88-9,89,90,99,
    107(2),121(2),123(2),131,132(2),141(2),144,146-7,148(2),
    161(2),166(2),169(2),175,177,178(2),179,183,184(2),186,187,
    192,195,204(2),206(2),208,211(2),262-3; **II**/8,9,16(2),19,20,
    26(2),26-7,27,33-4,34,42(2),44,45(4),47(2),50-1,51,53,54,61,
    62(2),64(2),65(2),66(2),67(2),68(2),69(2),69-70,70,73(3),
    76(2),79(2),80(4),86(4),88(2),89(2),91(4),95(2),100(4),106
    (4),113-4,114(3),138,140(2),141,142(8),143(2),144,147,148
    (3),149,150(2); **V**/120,125,133,134,135,148(3),151,159,162(2),
    163(4),165,290,292-6; **VIII**/102,252(2),254,265,282,283,286,
    287,293,301,303,304(2),305(2),306(2),307,308(2),311-12,312,
    313,314
- petition of late child: **VIII**/102-3
  - for expenses in finding and maintaining boys: **VIII**/143
- scholar's place granted: **VII**/5,422(3)
  - scholars at Oxford: **VII**/362,364-5,367,372
- singing-man's place granted: **VII**/97
- rewards at All Souls and Christmas: **VII**/151-188 *passim*, 360-1,
  416; **III**/261
- teaching of: **I**/31,39,44,49,53,56,57,62,67,72,77,82,90,98,105,114,

          120-1,124-5,128,129-30(2),142,151,157,164,165-6,169,176,182,
          187,202,266; **VIII**/157
- theatrical activities [*see below*].
- transfer from Wolsey's Chapel: **VII**/410-2

Commercial activities of: **VII**/39,40(2),44,45,47,61,62,85,206; **IV**/55
Composers in: **V**/99,100,101,235-242 *passim* [see BLOW, CROFT, WELDON]
Compositions by: **VII**/152,153,176,221,227,234,240,360,361
Deans listed: **VIII**/333
Deaths/burial recorded: **III**/128(9),129; **I**/101,133-4,140
Diet/board-wages/travelling charges: **VII**/100,104; **VI**/35,63; **III**/48,71;
       II/73-4,80,81,82,84,88-9,92,97-8,102-3,107,110,110-1,112,
       114-5,116-7,144,145(4),146(2),147(2),148,149(2),150,155,
       156,157; **V**/5,6,8,19-20,20(2),48,49,227-244 *passim*

Discharge of: **I**/151
Duties
- at Christening of Prince Arthur: **VII**/3
- at burial of Prince Edmund: **VII**/14
- at funeral of Queen Elizabeth (of York): **VII**/19
- at funeral of Henry VII: **VII**/25-6
- at coronation of Henry VIII: **VII**/27
- at funeral of Prince Henry: **VII**/33
- on French campaign, 1513: **VII**/42
- at christening of Princess Mary: **VII**/42
- at St. George's Feast: **VII**/46; **I**/44,105-6,139,143
- at the Field of the Cloth of Gold, 1520: **VII**/55
- at christening of Prince Edward: **VII**/74
- at coronation of Edward VI: **VII**/105
- at funeral of Henry VIII: **VII**/104,108-9,125
- at funeral of Edward VI: **VII**/127-9
- at coronation of Queen Mary: **VII**/130-1; **VIII**/11
- at funeral of Queen Mary: **VI**/1-2
- at coronation of Queen Elizabeth: **VI**/3-4,6
- at funeral of Queen Elizabeth: **IV**/3-4
- at coronation of James I: **IV**/232
- at funeral of Prince Henry: **IV**/37-8
- at funeral of Queen Anne: **IV**/49-50
- at funeral of James I: **III**/1-2; **VIII**/89
- journey to Scotland, 1633: **III**/70,71(2),201; **VIII**/332-3
- ordered to attend at York and Windsor, 1642: **III**/115-6
- progress at Oxford, 1665-6: **I**/69
- at Windsor: **I**/108-10,136,143,152-3,157,180,183,185-6,205-6,214
- singing in opera: **I**/138,145,150
- coronation of William and Mary, 1689: **II**/24
- Chapel to be kept like a collegiate church: **II**/43
- coronation of Queen Anne, 1702: **II**/71-2; **VIII**/299

Executor, office of: **IV**/57
Feast. Grant of reward towards the annual Chapel Feast: **VI**/26,55,85,
         94,96,100,113,140,147,149,160; **IV**/14,76,78,83,85,91,93,101,
         106,112,114; III/102,133,136,138,139,142,144,146,148,149,
         151,154,156,157,160; **II**/140,141,142,143,144(2),145,146(2),
         147(2),148,,149(2),150,154,159; **V**/109,112,117,119,125,127,

    130,133,138,140,144,146,150-1,153,278; **VIII**/59,64,171,176,
    181,189,213,217,221,226,230,233,238,241,247,254,256,282,284,
    285(2),287,289,292,293,309
Fees noted: **IV**/30,233
Excused payment of fine: **VII**/412
Excused payment of subsidies: **VI**/61,71; **IV**/13,59; **III**/7,32(2),115
Exempt from bearing public offices: **I**/54
French musicians in: **I**/179
Grant of/request for corrody: **VII**/1,2,4(2),5,12(2),15,18,22,31,32(2)
    35,37,38(2),39(2),40(2),52,58,63,100,408
- surrender of: **VII**/2,35,39,40,41,64,68
Grant of/request for ecclesiastical post: **VII**/3,8,11,12(2),13(3),
    17(4),18(2),22,23(2),24,29(2),31,32,34(2),36,40(2),41,
    43(2),47,48,50,52,57,61,62,63,66(3),67(3),71,75,76(2)
    77,80,81(3),86,87,88,89,97(2),143,146,408(2); **IV**/7,48;
    III/57,63; **VIII**/33,34(2),34-5,36,47,54,118,213
- restoration of vicar's place to: **VIII**/50
Grant of allowances from Treasury Chamber: **VIII**/174
Grant of almsroom to relation of: **VIII**/125
Grant of annuity for: **VII**/5
- exchange of: **VII**/6
- resignation from: **VII**/1,12,49,60
Grant of/request for ecclesiastical pension: **VII**/1,5,6,7(2),8,9,10,
    13(2),17(4),18(2),23,31(2),49,54(2),56,65,83,87,89
Grant of/request for prebend: **VII**/6,8,9(2),13,16,22,37,47,52(2),53(2)
    57,58(3),59,63,69,72,81,85,84,95,96(2),103,408; **IV**/40,46;
    V/87(2); **VIII**/15,72
- resignation from: **VII**/23,96
- allowed to keep in spite of marriage: **VII**/101
Grant of annuity/money: **VII**/12,42,56,77,77-8,100,135(3)
Grant of forfeit: **VII**/83(2),84,85,119; **VI**/30
Grant of licence: **VIII**/49
Grant of office: **VII**/1(2),5,6,27,29,35,38,43(2),44,61,72,84,133,138;
    VI/8; **IV**/57; **VIII**/17
- surrender of: **VII**/6,51
Grant of property/land/rent: **VII**/2,7,27,34(2),35,37,46,47(2),52,56,
    57,58,61,67,75,80(2),82,86,114,120,136(2),138,143,
    143-4,144,145(2),146,147(2),407; **VI**/38,41,61; **III**/62;
    VIII/18,19,22(2),23,26,27,35,38(2),48,49,51,85,106
- relinquished: **VII**/15,63,94,113-4
- reversion of: **VII**/140
Grant of protection: **VII**/58
Grant of wardship: **VIII**/19
Instruments for: **I**/12,21,39,128,134,141; **V**/109,110,120,134,141,147,148
Instrumentalists in: **III**/74,81,94-5; **I**/17,35,76,89,91,96(2),98,108-10,
    113,134,164,204; **II**/15-6; **V**/64(2),99,102,113,133,141,162-3,
    229,236-243
- at coronation of Charles II: **I**/15
- neglect of duties: **I**/64,115,116
- payments to: **II**/203-17 *passim*; **VIII**/214,217,220(2),222(3),228(2),
    234,235

Letter from: **VII**/73,78; **VI**/42-3(2)
Licence of non-residence: **VII**/94
- to keep a tavern: **VII**/137
- to print music: **VI**/29(2)
- to travel: **IV**/55,87

Listed: **VII**/14,19-20,25-6,27-8,33-4,55,59,105,108-9,123-4,127, 128-9,130-1,418-9,421,424; **VI**/1-2,3-4,12-13,17-18,24,33-4, 55,62, 68,71; **IV**/3-4,19,21-2,26-7,28-9,37-8,59-60,63-4,65-6; **III**/1-2, 31-2,35-6,38,71,109-10; **I**/51,109,136,143-4,153,183,186,205-6; **II**/72,80-1,81-2,84-5,88-9,92,97-8,102-3,107,110,110-1,114-5,116-7,155; **V**/44-5,282,284,(285),287-296; **VIII**/10-11,(261)

Liveries for: **VII**/30,32,35(3),36(4),37(2),38,39,42,44(2); **I**/15-17,263;
- coronation liveries: **VIII**/11,299
- surplices for: **II**/99

Loan by/to: **VII**/203,241

Master of the Children of the Chapel:
- appointment: **VII**/3,9,27,32,49,60,96(2),113,133; **VI**/10,18,65; **IV**/56; **III**/76,98-9; **I**/4,17,118,132,135,140,149(2); **V**/27,67, 101; **VIII**/10,15,48(2),66,84,141,142,145,216,220
- burial of: **I**/118
- certificate supporting gutstringmakers: **VIII**/121
- debt: **VII**/95
- fees paid by: **I**/291-5 *passim*
- gambling: **VII**/371
- grant of (lease of) lands: **VIII**/33-4
- house listed as suitable to lodge foreign visitors: **VIII**/334
- to impress children: **VII**/368; **VI**/46; **IV**/8,14,86,89,93,97,104,110, 114-5; **III**/20,61; **I**/19,56,62,,72,82,90,98,105,151,166,183; **V**/27(2),28; **VIII**/17,48(2),55,60
- letter to: **VIII**/84
- livery for: **I**/14,237-259 *passim*, 273,277,284-5,287-8; **VIII**/145
- loan to be repaid to: **VIII**/202
- materials for organ loft delivered to: **I**/61,68,75
- payments to: **VII**/3,5,6,7(2),8(2),9(3),10(4),11(3),12,13(3),15(3) 18,21,22(2),23(4),24(3),30(2),56,123, 328-350 *passim*, 366, 366; **VI**/172-245 *passim*; **IV**/119-194 *passim*; **III**/164-241 *passim*; **II**/151,202-17 *passim*; **V**/64,109,113,118-9,120,125, 134-5,135,146-7,148,151,153-4,162,163(6),165, 171-222 *passim*; **VIII**/3,4(2),11(2),12(4),182
- petition of: **I**/78; **VIII**/39,146,147,152,162,173,182,193,195,202, 207
- - of widow of: **VIII**/339
- query concerning warrant: **VIII**/205
- repairs/alteration to lodging of: **I**/66,89-90,130,147
- to attend at the Treasury: **VIII**/184,185(3),190

Music for: **VIII**/105,288
Organs of [*see* ORGAN]
Organ Blower: **VIII**/268(2)
Organist of: **VI**/61; **IV**/11,43; **V**/92,99,100,235-242 *passim*
Pardon for: **VIII**/14
Payments. **VII**/17,344-51,353-9,409; **IV**/10; **V**/45,68,98(2),99; **VIII**/1(3),

        282,287,289,295,304(5),310
- during Civil War: **III**/122,123(6),124(5),125(7),127; **V**/20,21(2),
        22(5),24(3),25(3); **VIII**/130(5),131(4),132(5),133(3),134(4)
- for the person reading prayers at St. James during the Court's
-   - absence: **II**/85,86,100,104,107,111,117
- increase of wages for: **VIII**/57(2),307
-   - to be continued: **VIII**/165
Petition of: **III**/24; **V**/102; **VIII**/35,86(2),102,106,109,110,151,153,154,
        162,169,176,177,226,278,300(2),302-3,303,307,308,331,332,
        338,339
- against: **VIII**/18,62
- to become a member: **VIII**/138,139,159
Recommended to be Master of the Choristers at St Paul's: **VIII**/267
Riding charges: **II**/4
Signatures: **VII**/329(3),331(2),338(2),340,346
Summoned to attend at Court: **I**/200
Supervision of repairs: **VII**/222-3
Rewards to: **VII**/155-306 *passim*,360,382; **VI**/81,127; **IV**/13,206; **III**/70,
        201,244,261(3); **V**/5,7,277-8; **VIII**/1,2(2),3,160,307,308(2),
        315
- statement of expense of: **VIII**/164(3)
Sub-Almoner, payment: **VIII**/306,307
Sub-Dean
- granted prebend at St Paul's: **VIII**/234
- petition of: **VIII**/163
Subsidy lists: **VII**/59,74,89,91,93,99,102-3,112-3,418-9,421; **VI**/12-
        13,17-8,24,33-4,55,62,68,71; **IV**/19,21-2,26-7,28-9,59-60,63-
        4,65-6; **III**/15,31-2,35-6,38,109-10; **I**/51; **V**/44-5; **VIII**/13-14
- excused from: **VIII**/87,166
Surplices for: **VII**/36,45,65,68,70,116,130; **VIII**/220,226
Theatrical performances by: **VII**/79,131-2,152,172(3),173(2),182,186,
        188(2),195,200,201,227,228,238,240,242,246,247,251,255,265,
        278,283,399-406 *passim*; **VI**/96,98,100,108,113,117,119,121(2),123,
        124,126,137,138,163,165; **VIII**/31,34,35,36,38,39
To train a singing boy: **III**/56(2),65,209,228
Travelling charges [*see* Diet/Boardwages]
Vestry: **VII**/34,105,124,127,129
- appointments: **V**/88,89,91,92,96,98,100,101; **VIII**/317-327 *passim*
- board-wages: **II**/73; **V**/5,8,28,49,227-232
- carriages for: **V**/6
- duty of yeoman: **II**/79
- summer duties: **II**/81,82,85,89,92,98,103,107,110,111,115,117
- grant: **III**/42
- increase of wages: **IV**/10
- listed: **VI**/62,68,73; **IV**/3,19,22,27,29,38,50,60,64; **III**/2,4,15,36,
        39,110; **II**/72; **VIII**/11,333
- letter to member of: **VIII**/74
- excused subsidy: **III**/7
- wages: **V**/5,37-8,48,49,235-243
Will/Probate of: **VII**/115; **III**/77; **I**/116-7(2),137

CHAPEL ROYAL IN SCOTLAND

    III/73; **IV**/44,46,168

CHARLES, PRINCE OF WALES [later Charles I]

    (a) as Duke of York
- creation of: **IV**/232
- dancing master of [see PIERRE, Sebastian la]
- installation of: **IV**/91
- musician to [see LISLE, Norman]
- writing instructor of [see BEAUCHESNE]

    (b) as Prince of Wales
- music to celebrate his birthday: **IV**/205
- creation of: **IV**/45,217
- (musical) instructor to: **VIII**/98
- instruments provided for: **IV**/219,220,224,225
  - maintenance, strings, etc.: **IV**/219,222,225,228,230
- Masques presented by: **IV**/217,218,222; **VIII**/76
- lists of musicians of: **IV**/217-230 passim; **III**/4-5,8; **VIII**/64,69
  - rewards to: **IV**/217
  - involved with Spanish Ambassador: **VIII**/82(2),83,84(3)
- Music for: **IV**/226
- Singing boys of: (see BALL, Alphonso; MARSH)
  - teaching and maintenance of: **IV**/219,220,222,224-230
- Spanish visit: **IV**/226-7
- Tilting: **IV**/223
- Trumpeters of: (see ARNOLD, BURFIELD, STRANSOME): 222-230 passim

CHRISTENING

    of Prince Arthur: **VII**/3
    of Princess Mary: **VII**/42
    of Edward VI: **VII**/74
    of child of Philip van Wilder: **VII**/379
    of child of Gervase Price: **I**/100

CLERKS, etc. [not members of the Chapel Royal]

    at Chichester: **VIII**/345
    Grant of ecclesiastical pension: **VII**/61
    Grant of ecclesiastical post: **VII**/32,45,50
    Grant of prebend: **VII**/84
    at Hereford: **VIII**/41
    Licence for absence from benefice: **VII**/82
    Livery for: **VII**/35,42,45
    Pardon for: **VII**/49
    Priest at Walsingham: **VII**/190
    Rewards for singing: **VII**/176-189 passim
    College of Windsor: singing for Princess Mary at Christmas. **VII**/57

Chapel of Cardinal Wolsey: **VII**/63
- letters from: **VII**/73(2)
- in France: **VII**/62
Chapel of Prince Edward: **VII**/107

COMMERCIAL ACTIVITIES [see each group of musicians]

COMPOSER [see BLOW; CHILD; Jeremiah CLARKE; Charles COLEMAN [I]; Henry COOKE; COPRARIO; CROFT; DAMASCENE; DYER; Alfonso FERRABOSCO [II]; Henry FERRABOSCO; George HUDSON; HUMFREY; Henry LAWES; LOCKE; Henry PURCELL [II]; Thomas PURCELL; Nicholas STAGGINS]

Appointment/fees/liveries: **I**/2(2),3,4,7,11,13,20,21,38,55,88,111,128, 128-9,132,135,140,149,173,174,176,180(2),192,194,201; **II**/3,73(2), 122,126,127; **V**/26,29,30,31,33,39,40,48(2),63(3),75,79,81; **VIII**/ 93,98(2),108,141(2),145,146,155,159,168,169,233
Assignment by: **I**/84,85,162; **V**/39,41,47,53,55,56,72,89,99
Executor of: **VIII**/97
Expenses of: **I**/47
Petition for place of: **VIII**/99
Will of: **I**/121

'CONSORT', THE [see also LUTES, VIOLS AND VOICES]. **III**/3,61

a hayle for: **III**/45

CORONATIONS

of Henry VIII: **VII**/27-29
of Edward VI: **VII**/105-8
of Queen Mary: **VII**/130-2
of Queen Elizabeth: **VI**/3-6
of James I: **IV**/6,232
- music on anniversary of: **IV**/203,204,205
of Charles I: **III**/11
of Charles II: **I**/8,11-17,22
of James II: **II**/12,138; **VIII**/261
of William and Mary: **II**/23,24(4),25,46
of Anne: **II**/71(5),72,83

CORPORATION OF GUTSTRING MAKERS. **III**/81; **VIII**/121

CORPORATION OF MUSICK. **IV**/8; **III**/84,98; **V**/47,245-269; **VIII**/166

Arrests authorised by: **I**/49,55,56(2),91-2,104,107,112,117,119,123-4, 128

CREATION

Prince Arthur as Prince of Wales: **VII**/7
Prince Henry as Duke of York: **VII**/10

DANCING MASTER [see CARDELL; Peter CARMELET; GAFFOYNE; Thomas GILES; GOHORY; HERNE/HERON; la PIERRE]

    Appointment/fees: **VIII**/21,46,56,71,74,171
    Commercial activities: **VII**/417
    Denization: **VII**/419
    Morris dancing: **VII**/153,376
    Payments: **VII**/242-253 *passim*, 288-323 *passim*
    Rewards to dancers: **VII**/152,158,169,173,174,196,376,380,381

DANISH MUSICIANS. **IV**/36? ['Dutch'],48,206; **VIII**/71,80

DEATH [not musicians]

    of Prince Arthur: **VII**/17
    of Henry VII: **VII**/24
    of Lady Margaret Beaufort, Countess of Richmond: **VII**/29
    of Katherine of Aragon: **VII**/72
    of Anne Boleyn: **VII**/73
    of Jane Seymour: **VII**/74
    of Katherine Howard: **VII**/84
    of Henry VIII: **VII**/103
    of Edward VI: **VII**/121
    of Queen Mary: **VII**/148; **VI**/1
    of Queen Elizabeth: **VI**/74; **IV**/1
    of Prince Henry, son of James I: **IV**/35
    of Queen Anne of Denmark: **IV**/47
    of James I: **IV**/69; **III**/1
    of Charles I: **III**/126
    of the Duke of Gloucester: **I**/6
    of Mary, Princess of Orange: **I**/9
    of Elizabeth, Dowager Queen of Bohemia, daughter of James I: **I**/30
    of Christina, Dowager Duchess of Savoy: **I**/52
    of the Queen Mother of Portugal: **I**/70
    of Queen Henrietta Maria: **I**/93
    of George Monck, Duke of Albemarle: **I**/97
    of the Earl of Sandwich [Edward Mountagu]: **I**/116
    of Charles II: **I**/214; **II**/1
    of Henry, Earl of Arlington: **II**/2
    of Robert, Earl of Aylesbury: **II**/6
    of Queen Mary, wife of William III: **II**/54
    of the Marquis of Halifax: **II**/55
    of William III: **II**/70
    of Prince George of Denmark: **II**/96
    of Queen Anne: **II**/118

DEBENTURES FOR LIVERIES

    lists of: **III**/40,43,46,53,55-6,67-8,69,72; **I**/237-259,261-296 *passim*; **II**/163-177

DENIZATION.

    VII/65,74,77,79,82(2),94,419; **IV**/56; **III**/61,86; **VIII**/8,16,16-17,23,27, 83,105,117,211,212,243

DIETS AND BOARD-WAGES.

    VII/53-4,82,100,104,117,123; **VI**/35; **IV**/10,27-8,30; **III**/16,19,48,71,89, 114; **V**/2-3,5,8,28,48,49,189(2),227-232

DRUMMERS

    Appointments/fees: **VII**/86,101(2),123; **VI**/9(2),18,19,32,40(2),43,48(2), 69; **IV**/6,8,10,22,23,32(2),58(2),231,233; **III**/24,25,30,39,43(3), 44,48,49(3),50(2),91,129; **I**/4(2),5,11,33(2),36,48,62,66,67,95,96, 97,104,108,154,169(2),171,182,189,200,207,209; **II**/8(2),19(4),25, 29(2),30,64,80,103,121,123,125,126,129-133; **V**/6,36(5),37(3),58, 59(2),82,94,299; **VIII**/10,16(2),33,(41),50(3),54,57,64,95,156,185, 193,200,201,232,278
    - of drum-maker: **I**/175
    Arrears: **II**/159,206-7,210-13,215-17; **VIII**/12(2),190,200(3),201,203, 209,215,216-17,218(2),219,220(2),222,225,228,231(2),232,234-5, 284,285,288,289,294(3)
    Arrest: **I**/30,40,60(3),85,94,181
    - of non-licensed drummers: **I**/19,(26),53,86,106(2)
    Assignment of wages: **V**/42,93
    Banner for: **I**/96,268; **II**97
    - banner seized: **I**/28
    Certificate confirming good service of: **VIII**/153
    Certificate supporting gutstringmakers: **VIII**/121
    Commercial activities of: **VII**/71
    Deputy appointed: **I**/54,191
    Drowned: **I**/204
    Duties
    - on French campaigns: **VII**/42,94(2)
    - at Jousts: **VII**/46
    - at funeral of Henry VIII: **VII**/111
    - at coronation of Queen Elizabeth: **VI**/5
    - at funeral of Queen Elizabeth: **IV**/2
    - at funeral of Prince Henry: **IV**/36,211
    - at funeral of James I: **III**/2,5
    - to attend Henrietta Maria at Boulogne: **III**/136
    - to attend at York: **III**/115
    - to attend at St George's Feast: **III**/115; **I**/139
    - at coronation of Charles II: **I**/11,12,13,15
    - to attend the King at Dover: **I**/100; **V**/134
    - to attend the Lord High Admiral: **I**/115(2); **V**/136
    - to attend Prince Rupert: **I**/72; **V**/117,118
    - to attend the ambassador to Morocco: **I**/89,90,119; **V**/122
    - to attend the ambassador to France: **I**/121,134
    - in performance of *Calisto*; **I**/146

- to attend in Leicester Fields: **I**/168,169
- to attend at Windsor Castle: **I**/180
- to attend the Duke of Grafton at sea: **V**/158
- to attend the King into Holland: **II**/34,35,41; **VIII**/284
- to attend the Swedish Ambassador: **II**/61
- to attend the French Ambassador: **II**/61,114
- to attend the Savoy Ambassador: **II**/66
- to attend the Queen of Spain: **II**/207

Establishment lists: **III**/114; **I**/216,224,228-9,230,233; **V**/280,284,286, 289,291-3,295-7,299; **VIII**/167,300
- order and fees. **VIII**/247

Executor for: **III**/49
Expenses for journeys: **I**/72,90,115,122,188; **II**/35,41
Fees of: **VI**/63; **IV**/11,30
Fees due at Knighthood/Installation/Creation: **III**/118-121; **VIII**/87, 108,112,119
Grant of office: **VIII**/41
in Guards: **I**/191; **II**/28; **V**/282-6
- livery for [*see also* mourning liveries]: **I**/20,21,35,49,60,71,74, 115,152,172,179,182,185; **II**/8,11(2),13,17,18,31,37,38,41,44(2), 45(2),48(3),50,57,61,63,83(2),86,98(2),103,105,106,109(3),116

to Prince Henry, son of James I: **IV**/10,11,14,15,17,24,28,36,75,77,78, 79,82,84,86,208,211,214; **VIII**/57(2)
- rewards to: **IV**/208,214(2)

to Prince Charles, later Charles I: **IV**/67; **III**/5
- rewards to: **IV**/206

to Queen Anne of Denmark: **IV**/200,201,203(2)
to Duke of York: **I**/121
to Prince Charles, later Charles II: **V**/18
Impressed: **I**/57(2)
Imprisonment of: **III**/80
Infirmity of: **I**/54
in Ireland: **I**/27(2),31,33,43,97; **II**/7,43,123,126,130
Letters Patent, surrender of: **II**/201
Liveries: **VII**/89,120,134,139,141,147,372; **VI**/6,8(2),9,10,11,12(2),14 (2),15(2),18,19(2),20(2),21(3),25(3),26(3),27(3),28,29(2),30(3), 32,34,35(3),37(4),38,40(3),42(2),,43,44,45(3),47,48(3),49,50,51, 53,56,60,63,64,65,66,69(2),70,71,74; **IV**/7,14,16,23,32,41,43,55, 58(2),67,232; **III**/24,25,30,43,44,49,50(2); **I**/9,11,12,13,15,23,27 (2),31,42,43(2),60,64,65,67,68,70,71,74,75,80(2),89,91,96(2),97 (2),103,105(2),112(2),129(2),132(2),147(2),154(3),154,168(2),170, 171,178,182(2),190(2),195(2),200(2),211(2),286-9 *passim*; **II**/7(2), 8,13(2),18,24,28,31(2),35,37(3),43,45(2),51,53,58,59,62,66,68,69, 75,85,97,106,160-1; **VIII**/274,278,283,285(2),288,289,295(2),306 (3),307(2)
- coronation liveries: **I**/12,15; **II**/23,24(2),71; **II**/23,24,71(2); **V**/29,109; **VIII**/299
- mourning liveries for: **I**/9,30,52,62(4),70,86,87,93(3),97,116; **II**/55,96(4),99(2),100(3),101,118(4)
- sea liveries for: **I**/72,90,115,122,188

Losses at sea: **I**/203-4; **V**/165

Pass for: **VIII**/147,286
Payments: **VII**/204-323 *passim*, 336-350; **VI**/172-246 *passim*, **IV**/119-194
    passim; **III**/123,125, 164-242 *passim*; **II**/143-149 *passim*,154; **V**/5,
    18,23,24,25,32,76,110,114,116,117(2),118,120,122,128,134,136,172-
    207 *passim*,220-4
- to be made in the army: **V**/80
- to widows of: **VIII**/264(2),267,282

Petition of: **III**/91; **I**/21,49,51,58,192,209; **VIII**/118,178,243,265,283,
    289,292,293,294,295,299-300,300
- against: **I**/21,38,49,51(2),58,72,78(3),79,192,209; **II**/43,52,53,
    57
- of brazier concerning kettle-drums: **VIII**/187
- of widow of: **VIII**/254,256,277,278

to Press drummers and fifes for forces: **VIII**/278,285
Probate records of: **II**/16; **V**/54,72
Provisions allowed on special days: **V**/233-4
Query regarding drum-major's place: **VIII**/199
Reprimand of Drum-major: **VIII**/214-5
Rewards to: **VII**/382; **IV**/200,201,202(3),203,204(4),205(3),206,207,208
    (3),213,214(2); **III**/119(6),120(6),121; **I**/106; **V**/274-6
to Obey the Serjeant Trumpeter: **I**/31
Signatures: **VII**/336,338-9; **III**/120(5),121,123,125
in Subsidy lists: **VII**/90,92,93,98; **VI**/17,23,33,54-5,59,68,72; **IV**/18,
    21,26,61,63,66; **III**/13,33,34,36,107; **I**/51; **V**/2,43; **VIII**/14
- discharged from: **VI**/37,49,52,71; **IV**/13; **III**/9,116; **V**/45; **VIII**/87,
    92
in Trained bands. Instruction of drummers: **III**/88

DUKE OF YORK [*see* (a) CHARLES, son of JAMES I; (b) JAMES, son of Charles
    II]

DUTCHMEN/LOW COUNTRIES

Named: **VIII**/22,24-5,28,30
Musicians to Queen Anne: **IV**/36 [error for Danish?]
Trumpeters: **I**/1

ELIZABETH, Princess. Daughter of James I

Dancing masters of: **IV**/9,13,37; **VIII**/62 (*see* CARDELL)
Death of: **I**/30
Marriage of: **IV**/38,154,208-9; **VIII**/67,71
Musicians of: **IV**/207-9

FIFERS [usually grouped with DRUMMERS, *q.v.*]

Appointments/fees: **VII**/96(2),123; **VI**/57(2); **IV**/7,29,30,231,233;
    III/90; **I**/120,148; **II**/19,25,32,121,123,125,130; **V**/36,37,64,65;
    VIII/8,45,216
Arrears: **II**/206-7,211-13,215-17; **VIII**/218
Arrest: **I**/181

Duties
- on French campaigns: **VII**/42,94
- at funeral of Henry VIII: **VII**/111
- at coronation of Elizabeth: **VI**/5
- at funeral of Elizabeth: **IV**/2
- at funeral of Prince Henry: **IV**/36
- at funeral of James I: **III**/2,5

in Establishment lists: **III**/114; **I**/216,224,230; **V**/280
in Guards: **II**/28
Liberate for: **VIII**/13
to Prince Henry, son of James I: **IV**/28,36,211
to Prince Charles, later Charles I: **III**/5
to Queen Anne of Denmark: **IV**/201,203
Letters Patent, surrender of: **II**/201
Liveries: **VII**/120,134,139,141,147; **VI**/6,8,9,10,12,14,15,19,20,21,57; **IV**/7(2),232; **I**/60,64,70,71,75,80,87,96,97,103,105,112,129,132, 147,153,154,168,182,190,195,200,211; **II**/31,37,45,53,58,62,66,69, 161
- coronation liveries for: **II**/23,71; **V**/29
- mourning liveries for: **I**/93,116

Payments: **VII**/253, 335-350; **VI**/172-246 *passim*; **IV**/119-194 *passim*; **III**/164-242 *passim*
- to be made by the army: **V**/80

Petition of: **VIII**/222,243,260
Petition against: **V**/90,91
Probate records: **V**/65
Rewards to: **VII**/382; **IV**/214; **I**/106
- to widow of fife player: **IV**/205

Signatures: **VII**/337-9
in Subsidy lists: **VI**/17,23,33,59,68,72; **IV**/18,21,26,61,63,66; **III**/13, 33,34,36,107; **I**/51
- discharged from: **VI**/71; **IV**/13; **III**/9,116; **V**/45

FOREIGN MUSICIANS [*see also households of the various Queen Consorts, Catholic Chapels*, DANISH MUSICIANS, DENIZATION, DUTCHMEN, FRENCH MUSICIANS, ITALIAN MUSICIANS]

Assessment of: **VIII**/5,6(2),7(2),8(2),9,334-6
- listed without assessment: **VIII**/21-2,24-6,27-9,30-1,45,95,96,101, 113(2),114,125

German: **VIII**/28,29

FREDERICK, Elector Palatine.

Installation of: **IV**/91
Marriage of: **IV**/38,154,208-9
Trumpeters of: **IV**/208(2),209

FRENCH MUSICIANS [*see especially the various* QUEEN CONSORTS]

    of Henry VIII: **VIII**/5
    of Queen Elizabeth: **VIII**/16-17,21,25-6,28-31
    of Charles, Prince of Wales: **IV**/221(2),223
    of Henry, Prince of Wales: **IV**/7
    of Queen Anne of Denmark: **IV**/36,49,52,201,203,204(2),205,206(2); **VIII**/
        74,80(2),81,105
    of Queen Henrietta Maria: **III**/5,7,8(2),44,59(2),107,129,244-252;
        V/3-19,21-3,30,46,48,52,54,56,57,59,60; **VIII**/90,91(2),95,96(2),
        97(3),98(2),99(2),101-2,105(2),107,108,111,113,114,122-3,124,125,
        126,127,128-9,129(3),130,131,132
    of Charles II:
    -   in Chapel Royal: **I**/179
    -   French Opera: **I**/135,137(2)
    -   named: **I**/140,146,150; **VIII**/160(2),167,210
    -   lists of dancers: **I**/137,146,150
    -   payment: **VIII**/230,233
    -   petition of: **VIII**/192,205
    rewards to: **IV**/172,215; **V**/275

FUNERALS [not musicians]

    of Prince Edmond: **VII**/14
    of Queen Elizabeth of York: **VII**/19-20
    of Henry VII: **VII**/25-7
    of Lady Margaret Beaufort, Countess of Richmond: **VII**/29
    of Prince Henry, son of Henry VIII: **VII**/33-4
    of Katherine of Aragon: **VII**/72
    of Jane Seymour: **VII**/75
    of Henry VIII: **VII**/104,108-11,125; **VIII**/7
    of Edward VI: **VII**/124-130
    of Queen Mary: **VI**/1-2
    of Queen Elizabeth: **IV**/1-4; **VIII**/54
    of Henry, Prince of Wales: **IV**/35-8
    of Queen Anne of Denmark: **IV**/48-50
    of James I: **III**/1-5; **VIII**/89
    of Mary, Princess of Orange: **I**/9
    of the Duke of Albemarle: **I**/97
    of the Earl of Sandwich: **I**/116
    of Queen Mary: **II**/54,141; **VIII**/288(2)
    of the Marquis of Halifax: **II**/55
    of William III: **II**/71; **VIII**/299
    of Prince George of Denmark: **II**/96; **VIII**/309-310
    of Queen Anne: **II**/119

GEORGE, PRINCE OF DENMARK.

    Death/funeral of: **II**/96
    Musicians of: **V**/103-4; **VIII**/309,310

GIFTS [see also BOUNTY; NEW YEAR'S GIFTS]

    Rewards ('free gifts') from the Monarch: **III**/7,8,66,72,77,197,201,202,
        203(2),204,205,243
    - on New Year's Day: **VII**/154,158,161,165,170,174,178-9,182,186,188,
        192,195,199,202,207,214,220-1,227,234,240,245,251,255-6,260,265,
        273,278,283,289,298-9,305-6
    - from the Queen: **III**/245

GRANTS [Listed under each group]

GROOMS OF THE CHAMBER. **VII**/31; **III**/44,51

GROOMS OF THE PRIVY CHAMBER [see PRIVY CHAMBER]

GUARDS [see also the commanders whose names are given in brackets]

    (a) in the reign of Charles II

    Life Guards (O'Neale; Earl of Faversham).
    -   coronation liveries for trumpeters in: **I**/14
    -   drummers in: **V**/282,283,285
    -   kettle-drum for: **I**/21
    -   liveries for drummers/trumpeters in: **I**/17,20,35,49
    -   trumpets for: **I**/15
    -   trumpeters in: **V**/282,283,285
    Regiment of Horse (Earl of Oxford).
    -   banners, etc. for: **I**/18,100
    Troop of Horse (Hawley; Legg).
    -   drummer (deputy) for: **I**/191
    -   kettle-drum for: **I**/188
    -   liveries for drummers/trumpeters in: **I**/60,71,74,105,115,132,152,
        172,183,185
    -   trumpeters in: **I**/199-200,233
    Queen's Troop of Horse Guards (Albemarle; P. Howard).
    -   banners for: **I**/96
    -   drummer in: **V**/282,283,284
    -   kettle-drum for: **I**/146
    -   liveries for drummers/trumpeters in: **I**/91,105,115,120,132,152,
        172,183,185
    -   trumpeters in: **I**/120,132,233; **V**/283,283,285
    Troop of Guards (Duke of Monmouth).
    -   drummer in: **V**/284
    -   liveries for drummers/trumpeters in: **I**/95,105,115,120,132,152,
        172,179,183,185,286
    -   trumpeters in: **I**/115,120,132,172,179,183,184,185,286; **V**/282,283,
        284

(b) after 1685

First Troop of Horse Guards (Lumley; Scarborough; Albemarle; Ogilby; Ashburnham; Earl of Faversham).
- kettle-drummer in: **V**/285; **VIII**/289(2)
- kettle-drums for: **II**/37,77,117-8,150,159
- liveries for drummers/hautboys/trumpeters in: **II**/11-12,38,48,52, 60,99,100,109,118; **VIII**/306,307
- mourning liveries for: **VIII**/310
- musical establishment of: **II**/285,286-7,289,291,292
- rewards for: **VIII**/274,275
- new/repaired trumpets for: **II**/27,43,51(2),64,72(2),75,76,183,186, 190-1,193(2),197; **V**/95(3)
- trumpeters in: **II**/43,51(2),52,60,64,72(2),75,76,183,186,190-1,193 (2),197; **V**/95(3)

Second Troop of Horse Guards (Duke of Northumberland; Duke of Ormond; Billingsley).
- banners for: **II**/94,103
- kettle-drummer in: **II**/31,37
- kettle-drums for: **II**/111,149; **VIII**/312,315
- liveries for drummers/hautboys/trumpeters in: **II**/8,11-2,13,18,37 (2),44,45,48,56-7,63,83,94,98,99,100,103,118; **VIII**/285, 306(2)
- mourning liveries for: **VIII**/310
- musical establishment of: **V**/285,286-7,289,291,292
- rewards for: **VIII**/274,275
- new/repaired trumpets for: **II**/26,37,52,63,66,72,75,93,104,109(2), 183,184,185,190(2),193,196(4); **V**/94,98
- trumpeters in: **II**/31,37,45,52,66,72,183,185,190(2),193,196(4); **V**/94,98

Third Troop of Horse Guards (Churchill/Marlborough; Earl of Rivers; Earl of Arran; Viscount Colchester).
- kettle-drummer in: **II**/31,37,105
- kettle-drums for: **II**/105,111,149; **VIII**/287,312
- liveries for drummers/hautboys/trumpeters in: **II**/8,11-2,13,18,31, 41; **VIII**/303
- musical establishment of: **V**/285,286-7,289,291,292
- rewards for: **VIII**/273(2),275(2)
- trumpets for: **II**/37,43,57,60,64,71,75-6,87,104,184,188,192(3), 196-7; **VIII**/302
- trumpeters in: **II**/43,57,64,71,87,184,188,192(3),196-7; **VIII**/302

Fourth Troop of Horse Guards (Dover; Overkirke; Colchester; Kerr; Dundonald; Henry Count of Nassau; Henry Ireton).
- banners for: **II**/17,97
- kettle-drummer in: **II**/31,37,45
- kettle-drums for: **II**/141
- liveries for drummers/hautboys/trumpeters in: **II**/11,17,31,37,45, 98,99,109
- mourning liveries for: **VIII**/310
- musical establishment of: **V**/285,286-7,289,291,292
- rewards for: **VIII**/273(2),275(2)

- trumpets for: **II**/11,26,54,98,111,118,181,183,186,195(4),198; **V**/83; **VIII**/309,312
- trumpeters in: **II**/98,111,118,181,183,186,195(4),198; **VIII**/309

First Regiment of Footguards (Sydney).
- drums and fife to attend: **II**/28
- hautboys in: **V**/102
- liveries for drummers/hautboys in: **II**/109(2),113,118(2)

Second Regiment of Footguards.
- mourning liveries for: **II**/118

Third Regiment of Footguards.
- mourning liveries for: **II**/118; **VIII**/310

Regiment of Horse Guards (Earl of Peterborough).
- liveries for: **II**/116,118(2)

Troops of Horse (Drumlarick; Oxford; Parsons).
- banners for: **II**/28
- liveries for: **II**/8,13,18,28,45,50,65

First Troop of (Horse) Grenadier Guards (Cholmondley).
- liveries for: **II**/51-2,61,118; ?**VIII**/307

Second Troop of (Horse) Grenadier Guards.
- liveries for: **II**/97,106,118

Regiment of Horse (Earl Rivers): **VIII**/315
Regiment of Horse (Earl of Oxford): **VIII**/299

HARPERS [see CAHILL; DICK; Charles and Lewis EVANS; le FLELLE; GROAT; LAKE; McDERMOT; MORE; de PONT; SQUIRE]

Appointment/fees: **VII**/122; **III**/47,65,95,113; **VIII**/9,78,103,140,142
Burial of Welsh harper: **VII**/171
Duties/coronation or mourning liveries:
- on French campaign, 1513: **VII**/42
- at coronation of Edward VI: **VII**/108
- at funeral of Henry VIII: **VII**/111
- at funeral of Edward VI: **VII**/126
- at coronation of Queen Mary: **VII**/131

Grant of land/property/rent: **VII**/133
Liveries for: **VII**/37,45,120,132,134,135,139(2),141,148,363,370
Payments: **VII**/211-323 *passim*, 415
Performance by: **VIII**/80
Petition of: **VIII**/79(2)
Rewards to: **VII**/156,169,170,363.370,382; **IV**/207,208,213,214; **VIII**/82
Subsidies: excused payment of: **IV**/13,61; **III**/9
Teacher of: **III**/45; **VIII**/78

HENRIETTA MARIA, QUEEN

Chapel: **V**/xv; **VIII**/111
Death: **V**/58
Denmark House: instruments in: **VIII**/132
Groom of Privy Chamber to: **VIII**/96,99,101
Instrument repairs: **V**/5,7,10
Lute bought for: **VIII**/95

    Lute teacher of: **VIII**/99
    Masque
    -   gowns for musicians: **III**/25
    Musicians of: **III**/5,46,244-252; **V**/281; **VIII**/09,96(2),99,101,101-2,103
    -   carriages for: **V**/6
    -   to be taken into custody: **VIII**/129
    -   interest to be allowed on money owed for fees: **VIII**/105
    -   journey of: **VIII**/128-9,129(2)
    -   livery for: **VIII**/104
    -   money due to: **VIII**/104
    -   payment to: **III**/244-251; **V**/3-17,19,30,46,48,52,54,56,57,59-60;
              VIII/105,108,122-3,126,130-2
    -   payment for training singing boys of: **VIII**/105,107
    -   -   clothing for singing boys: **VIII**/108(2),111,126
    -   excused payment of subsidies: **III**/16,44,107(2)
    New Year's Gifts: **V**/5
    Organ, repairs to [see ORGAN]
    Page of Bedchamber: **III**/21; **VIII**/94,96,98,99,101,107,108,119,127
    Pass for musicians: **VIII**/97(3),98(2),99
    Procurer of the Queen's Robes: **VIII**/127
    Singing boys of: **III**/5; **V**/7(2),8,10-11,13-17,46

HENRY VIII as musician: **VII**/46(2),50

HENRY, PRINCE OF WALES: **IV**/210-215

    Chapel of: **IV**/38
    Creation of: **IV**/27
    Dancing masters of: **IV**/28,36 [see VIELLARD, Thomas GILES]
    Death of: **IV**/35
    Drummers of: **IV**/10,11,14,15,17,24,28,36,75,77,78,79,82,84,86,208,211,
         214; **VIII**/59,63,64,67
    Fencing instructor of: **IV**/7
    Fife of: **IV**/28,36,211; **VIII**/63,67 [see HARDY]
    Funeral of: **IV**/35-8
    Instruments purchased for: **IV**/76,215,232
    Masque presented by: **IV**/215
    Music books for: **IV**/212
    Musical instructors of [see Alfonso FERRABOSCO [II]; Thomas GILES;
         Walter QUIN]
    Keeper of the instruments [see MELLOR, Thomas]
    Musicians of: **IV**/37,157,211-2,234(2)
    Privy Purse accounts of. **VIII**/63
    Singing boys of: **IV**/212,215 [see Mathias JOHNSON; WORMALL]
    Teachers of: **VIII**/59,71
    Trumpeters of: **IV**/8,9,12,14,15,16(2),17,22(2),24,28,36,75,77,78,80,
         82,84,86,208,211,214(2); **VIII**/55,57(2),63,64,66,67
    Vestry of: **IV**/27,38

HIRE OF ROOMS

    Alteration of: **I**/153
    Hire of for musicians: **I**/19,33,47,85,124,156-7,208-9,213; **II**/9
    -   for organ builder: **II**/64; **VIII**/293
    Repair of: **I**/153

INSTALLATION

    of Charles, Prince of Wales: **IV**/91
    of Frederick, Elector Palatine: **IV**/91
    in 1625: attended by musicians: **III**/70
    of the Lords at Windsor: **III**/80,148,154

INSTRUCTION

    on Irish harp: **IV**/173,174,177,183; **III**/181,185,192,217 [see SQUIRE, Lewis EVANS]
    in music: **III**/5
    of Royal Children [see Alfonso FERRABOSCO [II]; Thomas BATES]
    of singing boys: **IV**/219,220,222,224-30; **III**/19,25(4),56(2),59,65,209, 228 [see Thomas DAY; Nathaniel GILES; Louis RICHARD; Walter PORTER]
    on wind instruments: **III**/24(2) [see Andrea LANIER; HIXON; Francis SMITH; William LANIER]

INSTRUMENTS

    Cases/coverings for: **VI**/7,8,60,64,144
    Chests for: **I**/20; **V**/166
    to be kept in Palace: **I**/93
    Maintenance and repair of: **I**/12,158,197; **V**/141,151,160,166
    Moved: **VII**/363
    Provision of: **IV**/224
    Royal Arms to be added to: **I**/43,48; **V**/141

    '6 Artificiall Instruments' made: **III**/134
    Bagpipe: **VII**/388,394,396
    'Brass instrument': **VIII**/133
    Cittern provided: **VII**/50; **VI**/18
    'Claricon' repaired: **I**/49
    Clavichord listed: **VII**/387,393; **VIII**/5
    -   provided: **VII**/176
    'Corde': **VII**/16,171,174
    Cornett provided: **VII**/79,116; **IV**/111; **III**/75,138,144,154; **I**/21,157; **V**/109
    -   mute cornetts provided: **VI**/65; **III**/57,144
    -   tenor: **IV**/113; **III**/56,69
    -   treble: **IV**/108,113; **III**/56,69,85,87,151,152
    Crumhorns: **VII**/387,394-5
    Curtal provided: **I**/46

- double curtal: **I**/94-5; **V**/134
Dulcians: **VII**/396
Fife: **VII**/79,395
Flutes: **VII**/46,387,393-5
- provided: **VII**/151
Gitterns: **VII**/387,393; **VI**/7
Guitar provided: **II**/12,138; **VIII**/266
- repaired: **VIII**/190
Harp: case for: **VII**/151
- provided: **III**/65,146; **I**/51; **V**/141; **VIII**/108
- strings for: **III**/95,154; **I**/59,68,75,81,87,96,104,111,122,133,147, 157,167,178,182,188,193,198,205,210; **V**/122,141,148,151,153
Harpsichord
- provided: **VII**/46; **I**/39,156-7; **V**/113; **VIII**/183
- repaired: **I**/49,58,81,89,98,124,156-7,180,208-9; **V**/162; **VIII**/190
Hautboys
- provided: **III**/141
Horns: listed: **VII**/390,397-8
- provided: **VII**/184,381
Inventories of Henry VIII's instruments: **VII**/383-398
Inventory of Charles I's instruments: **VIII**/132-3
Kettle-Drums: **I**/21,71,77,115,122,146,148,188,190,200; **II**/45,77,105, 111(2),118,140,141,145(2),149(2),150,159; **V**/158,160; **VIII**/285, 287,312,315
Lutes: **VII**/46; **VI**/7; **IV**/81,86,88,113,215,219; **VIII**/95
- at Denmark House: **VIII**/132
- listed: **VII**/387,389,393,396,397
- little lute: **IV**/199
- provided: **VII**/155(2),163,171,177,367,416; **VI**/3,38; **III**/50,79,83, 86,134,143,148,150,151; **I**/42; **V**/141
- strings: **VII**/363,370,379,381,382,416; **VI**/20,37,38,46,50(2),66; **IV**/83,86,87,88,89(2),90,9102,92,93(3),95(2),97,98(2),100, 101,102,104(2),106,107,109(2),110,113(2),114(2),215,219,222, 223,224,228,230,232; **III**/54,57,60,61,63,66(2),69,76,80,84, 93,100,106,134(3),136,138(2),139,141(2),144,146,148(2),150, 152,155,156,158; **VIII**/108(3)
- strings exported: **VIII**/121
- theorbo [see Theorbo]
- treble lute: **III**/76,96,148,154
- repairs to: **IV**/198,219; **I**/68
Organs [see ORGAN]
Pedal repaired: **I**/58,81,105,124,180,209
Pipe for a Tabor: listed. **VII**/388,394
Recorders: listed: **VII**/388,394,395
- provided: **VII**/71,416
- repaired: **I**/157
- treble: **III**/85,151
Regals: **VI**/8
- listed: **VII**/384-6,390-2,396-7
- moved: **VII**/374
- provided: **VII**/234,376;

- repaired: **VII**/377,378,380
Sackbuts: listed: **VII**/388
- provided: **VII**/366; **IV**/113; **III**/141; **I**/37,157; **V**/141
- double sackbut: **III**/68-9,146; **I**/12,21,177; **V**/110,141,151
- great sackbut provided: **VI**/20
Shalms: listed: **VII**/388,389(2),394
- provided: **VII**/366,416
Theorbo:
- provided: **III**/66,70,138,146; **I**/37,39,124,128,178,187; **V**/118,141, 147,148,151,158; **VIII**/109,243
Trumpets:
- brass trumpets provided: **III**/102,104; **I**/148; **VIII**/126 [*for other trumpets see under* JEWEL HOUSE]
Viols: **VII**/387,389(2),393,396; **V**/110,112,113
- bass: **IV**/232; **III**/66; **I**/19,34,36,37,39,55,60,105,124,125,128; **V**/112,113,119(2),147(2); **VIII**/109
- - great bass viol: **III**/134,138
- great: **IV**/215
- lyra viol: **IV**/114; **I**/45,103; **V**/135
- - great lyra viol: **III**/138
- provided: **VII**/421; **VI**/12,37,87; **IV**/76,114,199,215,232; **I**/31,33
- repairs to: **IV**/102,198; **I**/68
- - lyra viol: **IV**/200
- strings for: **IV**/84,86,89,92,215,232; **III**/93,94,152,158,160; **I**/33,105,124,125; **VIII**/109
- stringed instrument with sympathetic strings: **IV**/23
- treble: **III**/152
Violin:
- bass: **III**/50,55,142; **I**/21,35,167,192; **II**/14,22,48,62,87,93,139, 142,146; **V**/113,141,147
- - bass violin to serve in the Chapel: [see GOODSENS]
- Cremona violin: **III**/96,154; **I**/15,37,60,192; **II**/62; **V**/110,112
- provided: **IV**/81; **III**/86,138,143; **V**/109(2),113(2),133,135,141,147 (2),148(2),151
- repairs to: **IV**/110; **I**/68
- strings for: **IV**/83,83-4,86,89,91,93,97,102,106,109,110,112,114; **III**/57,75-6,90?,90-1,134,136,138,139,141,142(2),144,146(2), 148,150,151,154,156,158; **I**/18,37(2),48(2),167,197; **VIII**/108
- tenor: **III**/50,51,66,78,143,148; **I**/30,34,60,114; **II**/48,62,89,99, 111,147,149; **V**/110,135,141; **VIII**/109
- - Cremona tenor violin: **V**/133
- treble: **III**/42,50,97,141,154; **I**/15,21(3),29(2),37,39,60,113,114, 119,127,130,131,134,141,142,149,177; **II**/142; **V**/110
Virginals: **VI**/8; **VIII**/9
- cases and repairs to them: **VII**/141-2
- at Denmark House: **VIII**/132
- listed: **VII**/385-6,389,390,392-3,395,396-7
- moved: **VII**/363-4,367
- provided: **VI**/3,36,160; **IV**/199; **III**/138
- repairs: **VII**/374,375(4),376,377; **IV**/92,95,98,102,109; **III**/42,134; **I**/81,98

- at Richmond, broken: **VIII**/133
- treble virginals: **III**/144

Wind instruments provided: **V**/110

INTERLUDE PLAYERS. **VII**/119,123; **VI**/41,81,82,84,85,87,89,90,92,93,95-6,98, 100,108,109,111,112,115,117,119,120,122; **VIII**/10

INSTRUMENT MAKER/REPAIRER [see MAKER; ORGAN MAKER]

ITALIAN MUSICIANS

Establishment of Charles II: **VIII**/174,174-5,207
Named: **I**/222; **VIII**/21,24-6,28-31,175,207
Paid: **VIII**/175,179
- in gold: **I**/84,85,99,127
- to watermen for carrying them: **VIII**/176

Pass for: **VIII**/170,175,213,235
Petition of: **VIII**/179,187,207(2),237,336-7
Recommended for Charles II's service: **VIII**/168
Venetian: **VIII**/28
- appointment/fees: **VIII**/11
- livery for: **VIII**/6

JEWEL HOUSE

to supply gold for foreign musicians: **I**/84,85,99,127
to supply a silver collar for the serjeant-trumpeter: **II**/95,183,191, 194
to supply a mace for the serjeant-trumpeter: **I**/6,8,137; **II**/22,25,67, 182-3,191,194
- mace to be new gilded: **I**/137
- to be returned to the Jewel House: **II**/20

to supply silver hunting horns for the serjeant-trumpeter: **I**/29(2)
to supply and repair trumpets: **I**/13,15,29,34,44,67,74,95,96,104,154, 172,198,199,200,204; **II**/10,11,26,27,35,37,43(3),51,54,57,59(4), 63(2),64(2),66,68,71,72(3),87,93,95,98,104(2),111,118,181-198; **V**/83,87,90,92,93,94,95(3),98; **VIII**/282,309

JOURNEYS. [see also 'expenses' under separate instrumental groups]

Abroad/to sea: **VII**/140(2),142(2),145,197,200,200-1,205; **VI**/39; **III**/10, 98(2); **V**/91,98,117,118,119,136,158,165
Carriages for: **V**/6
Charges established: **II**/4
- payment to be stopped: **II**/19

of Children of the Chapel: **VI**/163
of Drummers: **VIII**/284
of Flutes: **VI**/84,126
of Harpist: **VI**/167
of Instrument maker: **VI**/115,151,157,158,160,162,163,165(2),167(2)
of King and Queen of Scotland to Scotland: **VII**/22

- musicians attending: **VII**/22
of Lute-players: **VI**/119,126,137,146,150,153,154,155,156,157,158,160, 163(2),165,167; **IV**/74
of Officers of the chamber: **VI**/96,111,113,115(2),121,125,126,137,143, 150,151,156,158,160(2),162,163
of St George's Chapel choir: **VI**/119
to obtain Singing-boys: **IV**/8,14,86,89,93,97,104,110,114-5; **III**/61
of String-players: **VI**/115,117,126,140,164
of Trumpeters: **VI**/7(3),11(2),141,167(2); **IV**/41,43,73,81,95(2),96(2), 97(3),98(2),101-2,102(6),104(4),104-5,105,107(7),111(3),115; **III**/6,39,46,48,61,62,63,65,68,72,73,77,80,82,84,86,87,88,89,91, 93,97,99,102,103,106,134(2),136,137,141(2),143,144,146,148(2), 150,152(5),155,156(3),158
of Violins: **III**/80
of Wind-players: **VI**/111?,113?,115,163; **IV**/91(2),115(2)
Payments to individuals: **I**/94,191,192(2),196(2),198,199,201(4),202(4), 203,204,207(3),214; **II**/6,12,20,22,138,141
- to the Master of the Musick: **I**/113,125,142,152,184,186,193,198, 203,207; **II**/12,18,21,34,40,76,83,116,137,138,139,144(2),147, 150
- to the Private Musick (after 1685): **II**/6,12,18,21,34,35-6,40-1, 76,83,98,116,137,138,139,144(2),147,150
to Augsburg: **IV**/106
to Bath: **V**/130,131,134
to Canterbury: **III**/134(2)
to Deal: **V**/113
to Denmark: **IV**/206; **V**/135
to Dover: **III**/6,134,165; **V**/109,134,135
to Dunkirk: **V**/154
to East Anglia: **V**/135
to France: **VI**/84; **IV**/81,83(3),85(2),87(2),89,91(2),94,95,96,98,101(2), 106,206; **III**/107,127-8,128,134,136; **V**/77,91
- 1513 campaign and musicians attending: **VII**/41-2
- of French Queen into France: **VII**/44
to Greenwich: **VI**/115,121,163
to Hampton Court: **IV**/228; **V**/113,118,119,130,131
to Heidelberg: **IV**/208-9
to Holland: **VI**/141,160,163; **IV**/85; **V**/120,134; **VIII**/284
to Ireland: **VI**/160,167; **IV**/73,75,76,78,83,87,106
to Italy: **V**/91,272
to Morocco: **V**/122
to the Netherlands [see under Holland]
to Newhaven: **VI**/1
to Newmarket: **V**/147,151,158,160(3),163,164,165(2)
to the North: **VII**/140(2); **VI**/7(3); **IV**/73(2); **III**/101-2
to Oxford: **V**/119,122,130,131
to Poland: **V**/154(2)
to Portsmouth: **III**/44
to Portugal: **V**/109
to Reading: **VI**/119
to Salisbury: **V**/131

to Scotland: **III**/69(2),70(2),71,201; **V**/272
  to Spain: **IV**/227
  to Sweden: **V**/135
  to Tunbridge [Wells]: **V**/117,130(2),134
  to Venice: **IV**/87,110; **III**/133
  to Winchester: **V**/165
  to Windsor: **V**/109(3),113,119(2),141,147(2),148,154,158,160(4),162(2),
       163(4),164(2),165(2)
  to York: **V**/19

KEEPER OF [STRING] INSTRUMENTS [see BROCKWELL; William BROWNE; Richard
  HUDSON; MEDLICOTT; MELLER; Richard ROBINSON; John TAYLOR; MOSELEY]

  Appointment/fees: **III**/29-30; **I**/33,84,112,193,220,227,232; **II**/23,29(2),
       44,70,90,125,129,131; **V**/58,95,99; **VIII**/140,272
  Arrears: **II**/157
  Custody of instruments to be safe: **I**/93
  Journey to Holland, 1691: **II**/35,38,39,40,48
  New Year's Gift: **I**/40
  Payments to, for repairs: **I**/125,167,178,197,206; **II**/142; **VIII**/305
  -    for transporting instruments: **IV**/167,213; **I**/125,167,178
            197,206; **II**/48,142
  Royal arms to be cut into instruments: **I**/43,68

LUTES [also called 'the Consort'; see also INSTRUMENTS; LUTES, VIOLS AND
  VOICES]

  Appointment/annuity/fee for: **VII**/39,47,49,56,122,173(2); **VI**/51,61(2);
       IV/4,9,27,30,34,35,45; **III**/16,73-5,77-8,82-4,87; **VIII**/9,49,56,63,
       66,106
  Books of lute music: **VII**/389
  Commercial activities of: **VII**/36,38,43,44(2),47,49,52,61,62,66,70
  to Duke of York:
  -    livery for: **VII**/16
  Duties
  -    on French campaign, 1513: **VII**/41
  -    at funeral of Edward VI: **VII**/126
  -    at funeral of Queen Elizabeth: **IV**/1,2
  -    at funeral of James I: **III**/3
  Grant of (lease of) land: **VI**/56; **VIII**/29,34,45,46
  -    of recusancy fines: **VIII**/60
  Grant of office: **VII**/30,31
  -    reversion of: **VII**/71
  Letter from: **VIII**/69
  Livery for: **VII**/24,35,36,45,60,64,66,68,70,139,141,148; **VI**/11,13,15,
       19,20,21,25,26,27,29,30,35,37,38,40,42; **III**/17,55-6,67-8
  in Masque: **IV**/31,33,39; **III**/96
  New Year's Gifts for: **VII**/62
  Payments to: **VII**/190-323 passim, 332; **VI**/85-167 passim, 222-245
       passim; **IV**/73-114 passim; **III**/46,59,133-159 passim, 165-241
       passim; **VIII**/4(2),64,108,116,341-7

Performances by/rewards for: **VII**/46,50,151,153,156,163,165,371,382;
   IV/198
- as 'fool': **VII**/176
Questioning of: **VIII**/73
Rewards to: **VIII**/2,3
of King of Spain: **VIII**/2
Subsidy list: **VI**/16,23,33,54,59,67,72; **IV**/18,20,26,61,62; **III**/9,14-15;
   VIII/13,15
- excused payment of: **VI**/52; **IV**/13; **V**/1

LUTES: IN LUTES, VIOLS AND VOICES [1625-1685, *also called* PRIVATE MUSICK]

Appointment/fee/place: **III**/17-18,19,66,67,111,113; **I**/2-7,9-10,16,23,
   28,35,37-40,58-59,81,84,93,98,101,137,154,165,216-217,219-221,
   225,227-228,230-232; **V**/26,26-7,31-35,37,39-40,50,54,56-58,69,71-
   2; **VIII**/94,144,148,149(2),150(3),151(3),152,154,155(4),156,157,
   158,169,178,184,192,219,228(3),232,233(2),234
Diet for: **V**/3
Journey 'abroad' [*i.e.* out of London]: **VIII**/171
Livery for: **III**/18; **I**/12,17,20,21,27,32,34,38,41,88,237-296 *passim*;
   VIII/92,169
New Year's Gift: **III**/22-23,85
Payments: **V**/108-166 *passim*, 171-224 *passim*
Petition of: **VIII**/99,106,111,137
- of widow: **VIII**/338
Subsidy List: **III**/33,35,38,109; **I**/50; **V**/1-2,44
- excused from: **I**/77

MAKER, TUNER & REPAIRER OF INSTRUMENTS [*see also* ORGAN MAKER] [*see* Andrea BASSANO; BEETON; BUCK;EDNEY; HAZARD; HENLAKE; HINGESTON; NORGATE; Henry PURCELL [II]; SHAW; SCHETTS; TREASOURER; WALSH]

MARRIAGES

   of Prince Arthur to Katherine of Aragon: **VII**/16
   of Princess Margaret to James. King of Scotland: **VII**/16
   of Henry VIII and Katherine of Aragon: **VII**/27
   of Henry VIII and Anne Boleyn: **VII**/69
   of Henry VIII and Jane Seymour: **VII**/73
   of Henry VIII and Anne of Cleves: **VII**/79
   of Henry VIII and Katherine Howard: **VII**/80
   of Henry VIII and Katherine Parr: **VII**/88
   of Thomas Bury: **VII**/101
   of Philip van Wilder: **VII**/374
   of Princess Elizabeth to Frederick, Elector Palatine: **IV**/38-9,207-9

MARSHAL OF THE MINSTRELS [see CHAMBER, GLASEBURY, GILMYN, Alexander MANSENO, Hugh WOODHOUSE]

MARSHAL = SERJEANT OF THE TRUMPETS [see Benedict BROWNE [I], CASA NOVA, KNYF] [see under TRUMPETS]

MASQUES [see THEATRICAL]

MASTER OF THE CHILDREN OF THE CHAPEL [see BLOW; BOWRE; Henry COOKE; William CORNISH [II]; CRANE; CROFT; Thomas DAY; Richard EDWARDS; Nathaniel GILES; HUMFREY; HUNNIS; NEWARK; SQUIER] [see under CHAPEL ROYAL]

MASTER OF THE MUSICK [see John ECCLES; GRABU; Nicholas LANIER [II]; Nicholas STAGGINS]

    Appointment/fees: **VIII**/99,176,177,223
    Bought pictures for Charles I: **VIII**/93
    Certificate supporting gutstringmakers: **VIII**/121
    Debt of: **VIII**/223
    Livery: **VIII**/191,222,223
    Ordered to remove to London: **VIII**/104
    Pass for: **VIII**/235
    Payment to: **VIII**/192,225
    -   queried: **VIII**/196,197,231(2)
    -   special payment to, for uses as directed by the King: **VIII**/219, 223-4,227,228,230
    Petition of: **VIII**/100,185,223,264,338
    -   of widow of: **VIII**/193
    Proposal to 'sink' the place: **VIII**/294
    Warrant wrongly passed: **VIII**/195

MINSTRELS/MUSICIANS [includes references involving more than one group, or not specifying particular instruments]

    King's minstrels:
    -   rewards to: **VIII**/1(2),2(3),3(3)
    of Lady Mary [grand-daughter of Margaret Beaufort]:
    -   rewards to: **VIII**/2(2)
    Queen's minstrels:
    -   rewards to: **VIII**/1(3),3,342,343,345,346
    of Queen of Scots: **VII**/20,361
    Prince's [later Henry VIII]
    -   rewards to: **VIII**/2,342,344,347
    of Princess Mary: **VII**/57,59,67,70,73
    of Princess Elizabeth [later Queen]: **VII**/374,416
    of Prince Edward/Edward VI: **VII**/106,108,113,416,417
    Affray by: **VIII**/41,101
    Recommendation to attend Ambassador: **VIII**/291
    Appointment/fees: **VII**/81(2),114,122,135(2); **VIII**/10,21,91(2),93,94, 143,144,271
    Appointments recorded: **VII**/53,94,116,
    of the Chamber: **VII**/25
    -   listed; **VII**/25

Arrest of: **VIII**/40
Commercial activities of: **VII**/48,51,54,76
Complaint about small tips: **VIII**/53
Corporation of Musick for: **VIII**/55,124,166,167
Diets/board-wages of: **VII**/54,82; **VIII**/76
of Duke of York/Prince Henry: **VII**/16(2),20
Duties
- at christening of Prince Arthur: **VII**/3
- at funeral of Queen Elizabeth of York: **VII**/20
- on French campaign, 1513: **VII**/41,42
- at funeral of Jane Seymour: **VII**/75
- in theatrical events: **VII**/399-406

Establishment list: **VIII**/167,191,(192),281-2,282,297-9
Evidence given in connection with treasonable 'plots': **VIII**/230,336
Exchequer payments transferred to Treasury Chamber: **VIII**/262
Fees at Installation: **VIII**/112
French minstrels: **VII**/11,41,66,72,153,155,156(2),159(2),160,161(3),
    162(3),166(2),167(2),193,373,381
Guild of: **VII**/54
Journey to Kent: **VIII**/89
- to Windsor: **VIII**/96
Licence to set up a 'concert of musick': **VIII**/281
Liveries for: **VII**/11,16(2),18,21,24,32,35,39,45,64(2),68,70,76,84,97,
    117,121,131,132,134,137,140,147,361,368,370,407; **VIII**/98,100,110,
    144,146,156,158(2),313
    coronation livery for: **VIII**/261
Lodger with: **VIII**/46
Loud minstrels:
- listed: **VII**/21,25
of Margaret of Savoy: **VII**/41
Marshal of: **VII**/2,10,18,56,114,328--8
- Appointed: **VII**/31,44,49,64
- Livery for: **VII**/18
- Office for: **VII**/60,408
New Year's Gifts for: **VII**/69
- presented by: **VII**/77
Pardon for: **VIII**/26
Passes/passports for [*see* PASS]
Payments to: **VII**/2,2-3,3,3-4,5,7,8,30,42,56,114,190-323 *passim*,328-
    350,407(2),408,412,419; **VIII**/3(3),4(6),5,112-117,262-3,283-4
- by Cromwellian regime: **VIII**/129-134
- diverted to another recipient: **VIII**/284
- for Secret Service: **VIII**/261
- in Reward. **VII**/2(2),4(2),30,151-315 *passim*, 361-382 *passim*
Petition for arrears: **VIII**/183(2),188,190,274,339
- for inclusion in Establishment: **VIII**/191
- of relative of: **VIII**/116
- for sole authority to print/publish music books: **VIII**/274
- to be excused payment of subsidies: **VIII**/164
Poll Tax to be paid: **VIII**/267,268(2),270
Riding Charges: **VIII**/266,315,339

    Room to be built for: **VIII**/258
    Services rendered, claim for: **VIII**/268-9
    Signatures: **VII**/329-332,337-8,343,345-6
    Still minstrels:
    -    listed: **VII**/21,26
    in Subsidy lists: **VII**/75,90-3,98,112,418,420,421-2; **VIII**/14
    -    excused from: **VIII**/87,92,100,165(2)
    Surrender of former patent by: **VIII**/264(2)

MOURNING

    for Prince Edmond: **VII**/14
    for Queen Elizabeth of York: **VII**/19-20
    for Henry VII: **VII**/25-7
    for Prince Henry, son of Henry VIII: **VII**/33-4
    for Henry VIII: **VII**/104,108-111,125
    for Edward VI: **VII**/124-130
    for Queen Mary: **VI**/1-2
    for Queen Elizabeth: **IV**/1-4
    for Henry, Prince of Wales: **IV**/35-8
    for Queen Anne of Denmark: **IV**/48-50
    for James I: **III**/1-5
    for Duke of Gloucester: **I**/6,8
    for Elizabeth, Dowager-Queen of Bohemia: **I**/30
    for Christina, Dowager-Duchess of Savoy: **I**/52
    for Henrietta Maria, Queen Mother: **I**/93
    for Duke of Albemarle: **I**/97
    for Earl of Sandwich: **I**/116
    for Marquis of Halifax: **II**/55
    for Queen Mary: **II**/96
    for Prince George of Denmark: **II**/96
    for Queen Anne: **II**/118-9

MUSIC/MUSIC BOOKS

    for the Birthday Ball: **II**/150
    for the Chapel Royal: **VII**/34,162,389; **VI**/160; **III**/61; **I**/31,40,74-5,95,
            135,162-4,193-4; **II**/141; **V**/109,110?,134,146,272; **VIII**/105,
            288
    -    compositions by Chapel men: **VII**/152,153,176,221,227,234,240,360,
            361
    -    copyist of music: **VII**/85; **V**/272
    -    repair of music: **VII**/195; **III**/61; **VIII**/105
    for the Consort: **III**/81,150
    for the Private Musick: **I**/47
    for the Violins: **IV**/106,112,114; **III**/70,86,134,136,146; **I**/15,142
    for the Wind Instruments: **IV**/110,114; **III**/41,69,75,138,146,154
    dedicated to Q. Anne of Denmark: **IV**/198
    -    for her musicians: **IV**/199(2),200
    presented to Charles, Prince of Wales: **IV**/226
    for musicians of Henry, Prince of Wales: **IV**/212,215

Italian music cards: **III**/41
Licence to print. **VII**/85; **VIII**/22,32,49
new Mass [by Fairfax?]: **VIII**/2
Musica Deo Sacra: Tomkins: **VIII**/179
Payment for copying: **VIII**/311
Petition by Playford for relief of customs duty on paper: **VIII**/216,337
Rescued by Playford: **VIII**/216
Song books at Hampton Court: **VIII**/133
Song by Nicholas Lanier: **VIII**/135

NEW YEAR'S DAY

Music copied for: **II**/89,92-3,94,106,145,146(2),148,157

NEW YEAR'S GIFTS

VII/62,69,71,76-7,118,260,265,273; **VI**/2-3,11,14,27-8,29,31,36,37,46,
50,65-6,69-70,74,127; **IV**/10,12,204-5,206,208; **III**/22-3,41(2),57,75(2),
81,85,96,106(2),114,244,260-1; **I**/10(2),11,28,40(2),65,159; **V**/5; **VIII**/
64,119,218,232

ORGAN [*see also* INSTRUMENTS: Regals]

Chamber: **I**/156
Notice of performance on: **VII**/46,48
Player
- of Lichfield: **VII**/152
- of Salisbury: **IV**/198
Purchase of: **VII**/152,190,196; **IV**/215
Making of new organ: **IV**/44,46.168; **III**/94(2),101,154,156,244; **I**/69-70,
    156-7; **II**/33,63(2),74,76,107(2),112,142,148(2),150; **V**/7,17,38,
    113,172,176,177; **VIII**/156-7(3),169,175,183,212,292-3,294
Loan of: **II**/148
Repair/alteration of: **VII**/155,183; **VI**/42,151,167; **IV**/44,111(2),113,
    114,200(2),215,225; **III**/42,48,60,63,66,80,85,89(2),94(2),97(2),
    106,134,138,141(3),144,148,150,154(2),156,224,244,245; **I**/18,32,
    34,49,58,81,89,98,105,124,156-7,181,209; **II**/104,115,149,159;
    V/5(2),7,10,17,85,119,125,162,182,183,185,212; **VIII**/345
Setting up of: **VII**/249; **I**/34,49,89,180,208-9; **V**/17-8,119,200,273,276
Transport of: **VII**/176; **V**/274
at Chapel Royal, Edinburgh: **IV**/44,46,168; **VIII**/74,76
at Denmark House: **V**/5(2),11(2),13,17; **VIII**/107,109,127
- moving of: **VIII**/127
- repairs to: **VIII**/107,109
at Greenwich: **IV**/44,113; **III**/63,66,80,89(2),94,106,134,141,150,224
at Hampton Court: **VI**/151; **IV**/111,114,200(2); **III**/42,63,80,89(2),101,
    106,138,150,154,156,224; **I**/34,81; **II**/33,107(2),112,148,150;
    V/113,119; **VIII**/153,313,315
- alterations to: **VIII**/119
- broken: **VIII**/133
- destroyed by fire: **VIII**/294,295

at Lambeth Palace: repairs: **VIII**/115
at Newhall: **VII**/397
at Nottingham Castle: **VII**/397
at Richmond: **III**/97,101,156; **V**/17,18
at St. James: **VII**/398; **IV**/215,225(3); **III**/63,97,148,244; **I**/43,49,81; **II**/76,104,115,159; **VIII**/302 [see also Chapel of Henrietta Maria (below)]
- repairs to: **VIII**/109
at Somerset House: tuning: **VIII**/126
at Westminster Abbey for the Coronation: **V**/273,276
at Whitehall: **VII**/396-8; **III**/42,63,66,80,89(2),94,101,106,138,150,156,224; **I**/43,69-70,81,89,156-7,180-1,209; **II**/63(2),104,115,142,159; **V**/38,119,162,172,176,177,82,183,185,196,212
- in Banquetting House: **I**/34,49,89,180,208-9; **V**/119,162; **VIII**/301
- from Catholic Chapel to St Anne's Parish: **VIII**/293(2)
- New organ: **VIII**/292-3,294
- - New double organ: **VIII**/156-7(3),169,175,212
- moving of: **VIII**/127
- Queen's drawing room: **V**/17
- Pitch altered: **VIII**/227
- Privy Gallery: **V**/17
- in Privy Lodgings: **I**/34; **V**/17-8,119
- repair of: **VIII**/201,242
- rescued by Playford: **VIII**/216
at Wimbledon House: broken: **VIII**/133
at Windsor: **VII**/249; **IV**/111; **I**/156-7,181,209; **II**/74,104,115,148,159,196-7(3); **V**/18,274
- Private Chapel: **V**/200; **VIII**/214,218(2),301,302
in Chapel of Catherine of Braganza: **I**/32,43; **V**/113
- removed from: **I**/49
- to be transferred to St. Ann's church, Westminster: **II**/64
in Chapel of Henrietta Maria (St. James and Somerset House): **V**/7,11,13(2),15(2),17(3)
in Catholic Chapel of James II:
- provision of: **V**/273,274(3),275
- removed from: **II**/41,42-3

ORGAN MAKERS/TUNERS and REPAIRERS [see BETON; BOUTELE; BUCK; BURWARD; CHOPPINGTON; CRADDOCK; DALLAM; HENLAKE; HINGESTON; JOHN de JOHN; MERCATOR; NORGATE; Henry PURCELL [II]; REICHARD; SCHETTS; SCHRIDER; Bernard SMITH; TREASOURER; William WARD]

Appointment/fees: **VII**/75,117-8,123,133; **VIII**/10,16,64,65,93,108,109,140,150
Attacked: **VIII**/36
Commercial activities: **VII**/138; **VIII**/11
Denization: **VII**/79
Duties of: **II**/31
Grant of arrears due to the Crown: **VIII**/19-20,20
Grant of land/property/rent: **VII**/100,115,120,144(2),145; **VIII**/27
not to be Imprest: **VIII**/49

Letters from/to: **VII**/77,80,83
Livery for: **VII**/64,131
New Year's Gifts: **VII**/76-7
Pass for: **VIII**/166
Payments: **VII**/210-323 *passim*, 344,346-50,409; **VIII**/12(2),52,175,201, 212,214,218(2),227(2),292-3,294,295,303,305(2),313,315
Permission to alienate lands: **VIII**/17
Petition for arrears and establishment place: **VIII**/271,274m275-6,276, 294
- bill for arrears: **VIII**/276,301
Shed for: **VIII**/293
Tools of: **VIII**/210-11
Transportation of organ: **VII**/176

ORGANISTS [see BULL, Jeremiah CLARKE, CROFT, Christopher and Orlando GIBBONS, HOOPER, JEFFREY, MEMO, OPICIJS, PIGOTT, Giles TOMKINS; WELDON]

Commercial activities of: **VII**/49,51(2),53,55,56,58
Death of Gibbons: **VIII**/89
Favoured at court: **VII**/46,48(2),50(2),51(2),53
Grant of bonds to: **VIII**/73
- of ecclesiastical post: **VII**/50
- of (lease of) lands: **VIII**/46,47
Instrument maker to: **VIII**/49
Lectureship for: **VIII**/47
Merbeck pardon: **VII**/88
Payments: **VII**/224-323 *passim*
Performances by/rewards for: **VII**/46,48(2),50(2),152,157,160,163-7, 177(2); **IV**/198
Petition of: **VIII**/65
- to be organist at the Chapel Royal: **VIII**/300
Recommended for doctoral degree: **VIII**/159
of St Paul's Cathedral: **VIII**/139

ORGAN LOFT enlarged. **I**/34,37

PASS/PASSPORTS granted.

for Lady Francis Abell: **VIII**/281
for John Abell: **VIII**/280,292
for Robert Abell: **VIII**/280
for Bartolomeo Albrici: **VIII**/170,175
for Vincentio Albrici: **VIII**/170
for John Banister [musician?]: **VIII**/136,235
for (John) Baptista Bassano: **VII**/97,120
for Jasper Bassano: **VII**/86
for John Bassano: **VII**/119
for Bernardo Bernardi: **VIII**/281(2)
for Jacques Bochan: **VIII**/97(3),98
for Pietro Cefalo: **VIII**/212

for Henry Comer: **VIII**/135
for Innocent de Come: **VII**/199
for John Coprario: **VIII**/74,75
for Jeffery Crewes: **VIII**/81
for Nicholas Duvall: **III**/107; **VIII**/98,99
for Innocent Fede: **VIII**/281(2)
for Katherine Fede: **VIII**/279
for Louis Grabu: **VIII**/235
for Antonio Maria Grandi: **VIII**/281
for Claude de Granges: **VIII**/340
for Anthony Holborne: **VI**/64
for Arthur Kellens: **VII**/99
for Elizabeth Lanier: **VIII**/134
for Jerome Lanier: **III**/98
for Nicholas Lanier [II]: **VIII**/135,136
for 'Martiryne de Lanowe', instrument maker: **VII**/87
for John Maria Lugario: **IV**/34
for Anthony Maria: **VII**/97
for Mark Anthony [Petala]: **VII**/97
for Giovanni Battista Philiberi: **VIII**/235,279
for Walter Porter: **IV**/55
for Anthony Robert: **III**/127-8; **VIII**/134,135
for Giovanni Sebenico: **VIII**/213
for Joseph Sherburn: **VIII**/279
for Nicholas Staggins: **VIII**/224
for Robert Strong: **III**/128
for Woulson Van Bracht, kettle-drummer: **VIII**/147

PENSION withdrawn. **IV**/234

PETITIONS

    (a) against musician

        for abuse: **I**/21,78,98,101(2),103,104; **II**/52,53
        cause of action: **II**/34
        for non-payment of arrears: **I**/129,274,289-90; **II**/13
        for contempt of Court: **III**/86
        reason unspecified: **III**/20,27(2),49,65,85; **I**/36,38,40,41(2),43,
            44(2),46,49,51(2),52,53(2),54(2),57,58,60,65(2),72,73,76,78
            (2),79(4),80,81(2),82,85,86(3),92(3),95(2),103,104,125,126
            (2),128,131,158,188; **II**/31,52
        for non-payment of bond: **I**/114,132-3,133,138(2),142,158,160(3),
            196; **II**/56,57; **VIII**/62
        for non-payment of debt: **III**/24(2),30,40(3),41,42(2),48,49,51,53,
            57,58(4),60(3),64(2),65,67,70,72,73(2),74,79,82,86,88,89(2),
            90,96,260(3); **I**/10,12,28,78(2),82,93,100,102,103,114,115,118
            (2),119,120,121,125,129,131,158,159,161,166,174,175,211;
            II/33,44-5,47,50,51,53; **VIII**/24
        for non-payment of fees: **I**/21,97,192,209
        for non-payment for goods: **I**/64,65,165,211,213; **II**/51,57

dispute concerning grant: **VIII**/111,117,117-8,119
for maintenance: **I**/169
citing promise of marriage: **I**/210
property dispute: **I**/127,175(2)
for non-payment of rent: **I**/97(2),118,177,195; **II**/43
for non-payment for services: **III**/24
for usurping rights of almsmen: **VIII**/18

(b) by/on behalf of musician or his dependants

reason unspecified: **III**/91; **I**/13,46(2),49,51(2),56,58,60,65,75,
    78,80,85,92,188; **VIII**/222,300,307,308
for abuse: **III**/62,80; **I**/21; **II**/52,53; **VIII**/120
for non-payment of arrears: **I**/115,184; **II**/13; **VIII**/100,120-1,125,
    128(2),143,147,169,170,171,176(3),176-7,177,178(2),179,183
    (2),184,185(2),188,190,192,193,195(3),196,199(2),200,201,
    205-6,207(3),209,223(2),224(2),225(3),226,247,264,226,237,
    243,254,256,265,269,271,273,274,277,278(2),286(3),289,292,
    293,294(2),295(3),299-300,300,303,337,338(3),339(2),340(4)
for non-payment of bond: **I**/107; **II**/56,57
of brazier concerning kettle-drums: **VIII**/187
for non-payment of debt: **III**/45,47,48,49,51,79,87,91(2); **I**/110,
    114,120,142,144,158,159,161; **VIII**/223
concerning denization: **VIII**/16-7
against dismissal: **I**/171
of drummer to train others: **VIII**/118
-    for allowance for providing drummers: **VIII**/283
for expenses: **II**/79; **VIII**/109.219,223,302-3,332,338,339(2)
for expenses to return to Denmark: **VIII**/80
against eviction: **VIII**/172
for increase of fees: **VIII**/51-2,106-7,151,153,154,162,163,194(2),
    260
for non-payment of fees: **III**/44,45,91,118; **I**/21; **II**/52,53
against repayment of fee: **VIII**/23-4
for non-payment for goods: **I**/111
dispute concerning grant: **VIII**/120(2)
of gutstringmakers: **VIII**/121
for recompense following injury: **VIII**/127
concerning removal of lead from church: **VIII**/35
for repeal of suspension from place: **VIII**/339(2)
for lease: **VIII**/53,65,73,79,142,147
concerning a lime kiln: **VIII**/111
for sole licence: **VIII**/336
for licence to create an 'Academy or Opera of Musick': **VIII**/250
for lodgings: **VIII**/207
from Master of the Children of the Chapel: for liveries, etc.:
    VIII/38,146,152,162,173,182,193,195,202,
for freedom from customs duty on paper: **VIII**/337
for pardon: **VIII**/110
for passing of Privy Seal: **VIII**/198-9
for patent to be passed: **III**/68

for pension: **VIII**/79(2),116,151,184
for a place in the Court music: **III**/111; **VIII**/99,137(3),138(2),
    139(2),141,147-8,159,173,187,191,268,271,274,275-6,276,300,
    337
for a place in a cathedral: **VIII**/102-3,163
for sole authority to print/publish music books: **VIII**/274
for release of property: **VIII**/102,106
concerning removal from cathedral post: **VIII**/86(2)
for repair of rooms: **VIII**/241
for the bestowing of a ship: **VIII**/177
against ship-money tax: **VIII**/340
for release from paying subsidies: **VIII**/124,164,331
for musical training of a child: **III**/75
of widows of pensioner trumpeters: **VIII**/272
of widow for place in Chelsea Hospital: **VIII**/278
citing wrong allegations: **III**/26,62

PICTURES. **III**/13,34

PLAYS [See also THEATRICAL PERFORMANCES]

by Chapel Royal: **VII**/79,131-2,152,172(3),173(2),182,186,
    188(2),195,200,201,227,228,238,240,242,246,247,251,255,265,
    278,283,399-406 passim; **VI**/96,98,100,108,113,121(2),123,124,126,
    136-7,138,163,165; **VIII**/347
by companies of boys: **IV**/74-5,91(3),234; **VIII**/21,31(2),34,38,39,41,52,
    72(2)
by Italian players: **VI**/115
by St. Paul's Cathedral: **VI**/84,89,91,94,96,98,100(2),108,109,111,113,
    115,117,119,121,123,124,126,143,144,146,147,163; **VIII**/31,34,38,
    39,41,52
by St. George's Chapel, Windsor: **VI**/94,96,98(2),100,108,109,111,112,
    115,117(2),119; **VIII**/21,31
by various groups: **VIII**/342-7
by Westminster Abbey: **VI**/94,96

PRINCE/PRINCESSES

Household of Princess Mary: **VII**/57,59,67.70,73,374-381
Household of Princess Elizabeth: **VII**/374-5,378,382,416
Household of Prince Edward: **VII**/106-7,376-9
Household of Princess Elizabeth, daughter of James I: **IV**/9,13,37,
    207-9
Household of Henry, Prince of Wales [see HENRY, PRINCE OF WALES]
Household of Charles, Prince of Wales [see CHARLES, PRINCE OF WALES]
Household of George, Prince of Denmark. [see GEORGE OF DENMARK,
    PRINCE]

PRIVY CHAMBER (see BACHELOR; John DREW; DUVALL; EARLE; Alfonso FERRABOSCO [II]; FOWLER; HALES; HEYBOURNE; Nicholas LANIER [II]; LICHFIELD; LUGARIO; Mathathias MASON; SMETON; TROCHES; du VAIT; Philip van WILDER). **VII**/362-376 *passim*, 378-9,381

Appointments: **VII**/117; **VIII**/65
Commercial activities of: **VII**/69,72,74,147; **VIII**/14
Denization: **VII**/77
Diet of: **VII**/82
Duties
- at coronation of Edward VI: **VII**/107-8
- at funeral of Henry VIII: **VII**/109-10
- at coronation of Queen Mary: **VII**/131

Grant of goods due to the Crown: **VIII**/55
Grant of office: **VII**/88; **VIII**/23,27,39
Grant of pension: **VIII**/32-3,64,71
Grant of property/land/rent: **VII**/78,82,88,95,101,115,117,119,120,136
    140; **VIII**/19,20,22,39,44,47
Grant of Wardship: **VIII**/19
(Musical) Grooms: **VIII**/10
Letter concerning: **VII**/102
Liveries for: **VII**/68,132,133,134(2),135,136,138,141,143(2),147,
    148(2)
New Year's Gifts to: **VII**/62,76
Payments: **VII**/415(2),420
Performance: **VII**/114
Restricted entry to: **VIII**/54
Reward: **VII**/100
Riding gear for: **VII**/65,70
Sackbuts and Shalms of: **VII**/29
Smeton and Anne Boleyn: **VII**/73,412-5
Singers in: **VII**/110
- group directed by Philip van Wilder: **VII**/110
- to impress boys for: **VII**/117,358

in Subsidy lists: **VII**/75,90,91,98,102,417,421; **VIII**/13

PRIVY PURSE

    Payments: Elizabeth of York. **VII**/360-361
    Payments: Henry VIII. **VII**/362-373
    Payments: Princess Mary. **VII**/374-381
    Payments: Edward VI. **VII**/381
    Payments: Princess Elizabeth. **VII**/382
    Payments: Queen Elizabeth. **VI**/20
    Payments: James I. **IV**/233
    Payments: Prince Henry, son of James I. **IV**/213-5
    Payments: Queen Anne of Denmark. **IV**/197-206 *passim* ('Gifts and
        Rewards')
    Payments transferred to Treasury Chamber. **IV**/41; **VIII**/61,65
    Payments: Charles II. **VIII**/175,176,178,179,182(2),183(2),185,190(3),
        193,194

PROGRESS

    tents/hayles for: **III**/31,32,54,61,84,88,91

QUEEN ANNE OF DENMARK [see ANNE of DENMARK, QUEEN]

QUEEN CATHERINE OF BRAGANZA [see CATHERINE OF BRAGANZA, QUEEN]

QUEEN HENRIETTA MARIA [see HENRIETTA MARIA, QUEEN]

REBEC [see EVANS; PIROT; SEVERNAC]

    Appointment/fees: **VIII**/9
    Payments: **VII**/211-321 *passim*, 412

RECUSANTS

    Fines allocated to Court servants: **IV**/15(3),23,233
    Surreptitious baptism of child: **VIII**/124

ROOMS

    alteration of: **I**/153
    hire of for musicians: **I**/19,33,47,85,124,156-7,208-9,213; **II**/9
    repair of: **I**/153
    provision of shed for organ builder: **II**/64

SCOTTISH MUSICIANS. **VII**/20; **IV**/197(2)

SERJEANT TRUMPETER [see *under* TRUMPETERS]

SHIPS. **VII**/40(2),45,62,206?; **III**/98

SINGERS [see ATKINSON; William BROWNE; HALES; John HEYWOOD; KELLENS; John and Nicholas LANIER [II]; MAPPERLEY; TEMPLE]. **VII**/417(2)

    Agreement by: **VII**/102
    Appointment/fees: **VIII**/9,11
    Duties:
    -    at coronation of Edward VI: **VII**/107
    -    at funeral of Henry VIII: **VII**/110
    -    at funeral of Edward VI: **VII**/126,128
    -    at coronation of Queen Mary: **VII**/131
    Grant of (lease of) land: **VIII**/44
    Group directed by Philip van Welder: **VII**/107-8,110,417,420
    Liveries for: **VII**/132,134
    Payments: **VII**/99,100-1,122,124,146,336-343,357,358
    Passport for: **VII**/99
    Performance by: **VIII**/80
    Rewards to: **VII**/153,154; **III**/60
    -    to unnamed singers: **IV**/197(3),214(2)

Signatures: **VII**/337-9
in Subsidy lists: **VII**/90; **IV**/18,21,26,62; **III**/35,37; **VIII**/13

SINGING BOYS

of Catherine of Braganza: **V**/72,286,290; **VIII**/264,265,266(2),267,269,
    271,272,275,277(2),278,279
of Charles, Prince of Wales: **IV**/219,220,222,224-30
of Henrietta Maria: **III**/5; **V**/7(2),8,10-11,13-17,46; **VIII**/105,107,108
    (2),111,126
of Henry, Prince of Wales: **IV**/212,215 (see Mathias JOHNSON; WORMALL)
Maintenance: **III**/59,60
Training: **III**/56(2),59,65,191,195,197,203,209(2),219,223,228,244,245
    (3)

SINGING TEACHER.

to Princess Anne, daughter of James II: **V**/282
to Princess Mary, daughter of Charles I: **III**/100; **V**/15,16
to Princes Mary, daughter of James II: **V**/281

'STRING MINSTRELS'

Rewards/payments to: 153-170 *passim*

SUBSIDY LISTS [*see also each group*]

VII/59,74,75,89-93,98-9,102-3,111-13,417-22; **VI**/12-13,15-18,22-4,32-4,53-5,58-9,61-2,66-8,71-3; **IV**/17-22,25-7,59-67; **III**/9-10,13-15,31-9,107-110; **I**/50-1; **V**/1-2,43-5; **VIII**/5-9,13-15,18-19,21-2,24-31,334-6

TABRETS [*see* BURGIOS; Balthazar ROBERT; ROCHARDES; SALLE]

Fees: **VII**/159
Employed by Princess Mary at Christmas: **VII**/57
Mourning Liveries:
-    at funeral of Henry VII: **VII**/27
Payments: **VII**/190-290 *passim*
Rewards to: **VII**/151,163,165,407
-    towards marriage: **VII**/371

THEATRICAL PERFORMANCES [*see also* CHAPEL ROYAL; PLAYS]

VII/382(2),399-406,416
by the Children of Her Majesty's Royal Chamber of Bristol: **VIII**/72
-    licence for: **IV**/42,55-6
by the Children of the Revels to the Queen: **VIII**/72
-    playhouse for: **IV**/42(2)
by the Children of St Paul's Cathedral: **VI**/84,89,91,94,96,98,100(2),
    108,109,111,113,115,117,119,121,123,124,126,143,144,146,147,163;
    IV/74-5; **VIII**/31,34,38,39,41,52

by the Children of Westminster Abbey: **VI**/94,96
by the Children of St George's Chapel, Windsor: **VI**/94,96,98(2),100,
    108,109,111,112,115,117(2),119; **VIII**/21,31
by the Children or Gentlemen of the Chapel Royal: **VII**/79,131-2,152,172
    (3),173(2),182,186,188(2),195,200,201,227,228,238,240,242,246,
    247,251,255,265,278,283,399-406 *passim*; **VI**/96,98,100,108,113,117,
    119,121(2),123,124,126,137,138,163,165; **IV**/91(3); **VIII**/31,34,35,
    36,38,39,347
by Italian players: **VI**/115
by various groups of players: **VIII**/342-7
Disguisings: **VII**/185(2); **VIII**/342,343
Interludes: **VII**/376
Jousts: **VII**/46
Masque: expenses for materials. **IV**/30-33,44,55,56,57,69,218,222,233-4;
    III/8,22,25,27,28,56,58(4),64(4),76,81(2),87(2),93,94,96(2),102-
    3,103,152; **V**/2; **VIII**/60,63(3),65,66,72,81,94,95,98,118-19,121
    instruments for: **III**/96,154
Masque performed: **IV**/30-32,32-3,215; **VIII**/51,58(3),61,67,68,69(2),70,
    71,72,75(2),76(3),77(4),78(2),81,82,83(2),85,86(3),88,92,183,206,
    219,223
- *Masque of Blackness*: **VIII**/58
- *Masque of Beauty*: **VIII**/61
- *The Hue and Cry after Cupid*: **VIII**/61
- *Masque of Queens*: **VIII**/62
- *Irish Masque*: **VIII**/70
- *The Masque of Squires*: **VIII**/70
- *Masque of Cupid*: **VIII**/71
- *Masque of Flowers*: **VIII**/71
- *Mercury Vindicated*: **VIII**/72
- of the Spanish Ambassador: **VIII**/72
- *Christmas his Masque*: **VIII**/75
- *The Amazons Masque*: **VIII**/76
- *Pleasure reconciled to Virtue*: **VIII**/77
- *Masque of Mountebanks*: **VIII**/77
- *Vision of Delight*: **VIII**/78
- *The two milkmaids*: **VIII**/81
- *Masque of Augars*: **VIII**/83
- *Masque of Owls*: **VIII**/87
Masque: part of text of: **VIII**/82
May Day at Greenwich: **VII**/46
Nursery Theatre: musicians at: **I**/123-4
Petition for licence to create an 'Academy or Opera of Musick':
    VIII/250
Play: *The Royal Slave*: **V**/13
Proposal for Italian Opera: **VIII**/140
Theatre Royal:
- alterations to building: **I**/176,208
- complaint about behaviour of audience at: **II**/93
- conditions of service for performers at: **II**/101-2
- dancers at: **I**/137,146,150
- musicians to attend: **I**/59(2),138,140,172,182,214; **II**/91

- - dismissed from: **I**/171
- - habits for: **I**/61,87,102,133(2),135,147
- - neglecting their duty: **I**/196
- operas to be performed at the Haymarket only: **II**/91
- performances: [*Ariadne*]: **I**/135,137(2)
  [*Calisto*]: **I**/145-6,149-150
- scenery moved: **I**/135,137

Water entertainment: **VII**/186,187

TILTING: **IV**/223

TRAINED BANDS: **III**/88

TRUMPETERS [*see also* GUARDS]

    Active service recorded: **VIII**/53,138(2),302
    Agreement made by: **I**/198-9
    Appointments recorded: **VII**/83,87,100,103,121; **VI**/47,48,52,63,73,74,
        87,89,92,94,98-9,110,112,113-4,116,118,121,125,135,137,140,,141,
        143,146,152,156,157,161,163; **IV**/5,6,22(2),23,39,40,45,50,51,52,
        53(2),56,57,69,75,81-2,84,92,95,100,103,105,107,109,111,231;
        III/7,11(2),12(5),16,20(2),20-1,21,22(2),25,42,50,60,69(2),78,
        (2),79,90(2),92(4),93(2),95(3),96(2),99(2),99-100,101(2),104,
        115(4),116(2),132,135,137,145,147,150,153,155,158; **I**/1,5,6(2),8,
        11,33,62,63,66,120,137,138,139(3),172,176,177(2),185,187,191,197,
        199,199-200,204,210; **II**/1(4),2(3),14,15(3),19(2),30,55,63,65-6,
        66,74,90,92,93,94,96,105; **V**/32,38,51,53,67,79,81-2,94(2),100,114,
        116,142,151,160,164,299; **VIII**/9,20,64,81(2),83(2),90,91(2),92,93
        (3),94(2),95(2),108,110,124(2),125(2),147
    Arrears of wages/liveries: **I**/130,261-83 *passim*, 285-7,289; **II**/6; **V**/21,
        23,25; **VIII**/184,198(2),199,218(2),229,239
    Arrest of: **III**/76; **I**/59,78,94
    - of constable for failing to impress trumpets: **I**/57
    - for desertion: **I**/59
    - those without licence from the serjeant-trumpeter: **I**/19,53,86,99,
        106,106-7
    Assault of: **I**/32
    Assignments/Attorney for: **I**/261-83 *passim*; **II**/11
    - a deputy to receive moneys due to a trumpeter: **I**/31,126,167,
        262,274; **II**/7
    - a deputy to receive livery allowance due to a trumpeter: **I**/167,
        262
    Augmentation of wages: **VII**/99,118; **VI**/48,63,70
    Banners for [*often also listed with liveries*]: **VII**/2,11,12,15,16
        (2),18,33,38,39,43,47,61,68,88,100,121,132,142,144-5,412;
        VI/1,14,18,19; **I**/18,96,100
    Boardwages [*see* Diets]
    Commercial activities of: **VII**/43
    Death/Burial of: **I**/172,174,206,210,212; **II**/6,10,14,24
    Debt noted: **I**/102,114
    Denization: **VII**/74,87(2)

Desertion of: **I**/59
Diets for: **VII**/54,104; **VI**/35; **V**/49,228-234 *passim*
Dutch trumpeter: **V**/125
Duties [*see also* Journeys]:
- at christening of Prince Arthur: **VII**/3
- at creation of Duke of York: **VII**/10
- at marriage of Prince Arthur: **VII**/15
- attending King and Queen of Scotland into Scotland: **VII**/22
- at funeral of Queen Elizabeth (of York): **VII**/20
- at funeral of Henry VII: **VII**/25,26
- on French campaign, 1513: **VII**/41,42
- at christening of Princess Mary: **VII**/42
- on May Day, 1515: **VII**/46
- at Jousts: **VII**/46,196,299,403,404-5,405-6
- at christening of Edward VI: **VII**/74
- at burial of Jane Seymour: **VII**/75
- at Proclamation of Peace, 1546: **VII**/100
- at coronation of Edward VI: **VII**/106,299
- at funeral of Henry VIII: **VII**/109
- at funeral of Edward VI: **VII**/124,126(2),128
- at coronation of Queen Mary: **VII**/130
- at funeral of Queen Mary: **VI**/2
- at coronation of Queen Elizabeth: **VI**/4
- to attend commanders/ambassadors: **VI**/7(3),11(2),39,41,63;
    I/24,76,77,89,90,100,108,111,118,124(3),129,134,139,141,161
    (2),161-2,171,174,188,190(3); **II**/34,35(3),41,51,59(2),60(3),
    76,79,92,102; **V**/120,122,134,135,154(2); **VIII**/290(2),291
- to attend James I and Queen Anne from Scotland: **VI**/167(2),73
- at funeral of Queen Elizabeth: **IV**/2
- at coronation of James I: **IV**/232
- at funeral of Prince Henry: **IV**/36
- at funeral of Queen Anne of Denmark: **IV**/48
- at funeral of James I: **III**/2,4,5; **VIII**/89
- to attend the body of the Duke of Buckingham: **III**/44
- to attend at York and Windsor, 1641: **III**/115
- at funeral of General Robert Blake: **VIII**/135
- during Commonwealth: **VIII**/135(2)
- mourning liveries at death of Duke of Gloucester: **I**/6,8(8)
- at coronation of Charles II: **I**/8,11,13(2),14; **V**/29,109
- Progress in London prior to 1661 coronation: **I**/12
- mourning liveries at death of Queen of Bohemia: **I**/30
- at St. George's Feast, Windsor: **I**/44,105-6,138
- mourning liveries at death of Duchess of Savoy: **I**/52(2)
- mourning liveries at death of Queen Mother of Portugal: **I**/70
- mourning liveries at death of Queen Mother: **I**/93,93-4
- mourning liveries at death of Duke of Albemarle: **I**/97
- mourning liveries at death of Earl of Sandwich: **I**/116
- to attend the Prince of Orange into England,1670: **V**/134,154
- at Proclamation of Peace, 1673: **I**/134
- to attend in Leicester Fields, 1676: **I**/168,169
- to attend the Moroccon Ambassador: **I**/198; **V**/122

- at coronation of William & Mary: **II**/23,24
- mourning liveries at death of Marquis of Halifax: **II**/55
- to attend Treaty of Peace, Ryswick, 1697: **II**/59(2),60
- to attend Swedish Ambassador, 1697/8: **II**/61
- to attend French Ambassador, 1698: **II**/61
- to attend the Ambassador of the Savoy: **II**/66
- at coronation of Queen Anne: **II**/71
- mourning liveries at death of Prince George of Denmark: **II**/96
- mourning liveries: **II**/99(2),100
- to attend the French Ambassadors,1713: **II**/114
- mourning liveries at death of Queen Anne: **II**/118(2)

Establishment: **IV**/30; **III**/113-4; **I**/216,222-4,228,230,233; **II**/121-3, 125-7,129-132; **V**/280,283,284,286,289,291,292,293,295,296,297; **VIII**/167
- some transferred to Guards: **I**/82

excused Fee/Fine: **VII**/83

Fees due to: **I**/25-6,106
- at Knighthood/Installation: **VIII**/87,108,112
- due from: **I**/291-6 *passim*

French Queen, trumpeters of: **VII**/59

Forfeit, grant of: **VII**/120

Grant of lands: **VIII**/17,53
- of money: **VIII**/172
- of Poor Knight's Room: **VIII**/44

Illness of: **I**/173

Imprest for journeys: **I**/22,24,57(3),71(3),89,111,129,190; **II**/59

Ireland: trumpeters/liveries for trumpeters: **I**/12,27(2),29,34,97,104, 165,173,174,185(2),191,223-4; **II**/7,10(2),12,15,19,43(3),49,54(2), 121,123,126,130

Journeys [expenses/liveries for]:
- expenses for riding trumpeters: **IV**/41,43,73,81,95(2),96(2),97 (3),98(2),101-2,102(6),104(4),104-5,105,107(7),111(3),115; **III**/6,39,46,48,61,62,63,65,68,72,73,77,80,84,86,87,88,89,91,93, 97,99,102,103,106,134(2),136,137,141(2),143,144,146,148(2),150, 152(5),155,156(3),158
- to Bath: **I**/53,61; **V**/131,134
- to Cambridge: **I**/110; **V**/135
- to Canterbury: **III**/134
- to Cologne: **I**/139
- to 'Dantrick' [Danzig]: **I**/160; **VIII**/225
- to Denmark: **I**/111,161-2; **V**/135
- to Dover: **III**/134; **V**/109,134
- to Dunkirk: **V**/154
- to France: **I**/129,134
- to Hampton Court: **I**/64,73; **V**/131
- to Holland: **I**/100,174; **II**/34,35(3),41,51,76,79,92,102; **V**/134,154; **VIII**/301,(302),303
- to Morocco: **I**/89,90,119; **V**/122; **VIII**/193
- to Newmarket: **I**/110,199,201,205,207,211,212; **II**/29; **V**/135
- to Norwich: **I**/110; **V**/135
- to the Netherlands: **I**/76,77,124(2),141; **II**/59(2),60(3); **V**/120

- to the North: **VII**/130; **VI**/7(2); **III**/101,156; **V**/300
- to Oxford: **I**/73; **V**/131
- to Poland: **I**/161(2),171,188; **V**/154(2)
- to Portugal: **I**/22,24,45(2); **V**/109
- to Portsmouth: **III**/62,138; **I**/9,31; **V**/109,112
- to Rochester: **III**/62
- to Salisbury: **I**/64(2),73; **II**/(22); **V**/131
- to Scotland: **III**/54,69(2),71; **V**/165; **VIII**/16,75,78
- to Sweden: **I**/108,118,124; **V**/135
- to Tangier: **I**/24,190(3)
- to Tunbridge: **I**/49; **V**/134
- to Winchester: **I**/206; **II**/3
- to Windsor: **I**/180,200,206; **II**/14,20
- to Yarmouth: **I**/110; **V**/135

Journeys abroad: **VII**/44,93-4,158,161,197(2); **VI**/141; **IV**/81,83(3),85, 91(2),94,95,96,98,101(2),106; **III**/134; **I**/22,24,45(2),57(2),76,77, 89,90,100,108,111(3),122(2),124(3); **II**/34,35(3),41,51,59(2),60 (3),76,79,92,102; **V**/109,120,122,134,135(2),154(4)

Killed: **I**/172,174; **V**/154

Listed: **VII**/20,21,68,106,109,121,130,134-5,142,144-5,145,207,208,254, 256,293-320 *passim*,350; **VI**/4-5,6,9,11,12,14,15,16-7,18; **IV**/2,18- 9,21,26,36,48,61,63,65,66; **III**/2,13-4,33,34,36-7,107,129; **I**/50-1, 216,222-4,230,233; **II**/123,125-6,129-132; **V**/2,43-4,286

Liveries for: **VII**/21,35,37,39,60,65,68,77,78,83,88,93-4,95,100,101, 121,134-5,140(3),142(3),144-5,407,409(3); **VI**/1,6-74 *passim*; **IV**/ 5,6,8,11(2),14-17,23,24,41,43-6,50,51,53(2),54,56(2),57,68,69(2); **III**/6(2),16,21,22(2),43,53-4,60,69(2),70,72,79(4),91,92(2),93(2), 95,96,99,101(3),116(2); **I**/17,19,23,27,30,35,42,43,49,55,60,63,65, 68,74(2),77,80(2),86,91,95,96,96-7,104(2),115,120,121,129(2),132 (2),147,152,154(2),168,172,178,179,182,183,185,190,195,196,199, 200,211; **II**/7,11,13,17,18,23,28,31(2),37(2),38,41,44,45(3),50,52, 56,59,62,65,68,75,76,79,83(2),94(2),97,98(2),103,105,109,116,160- 161; **VIII**/63,89,91,190,229,243,274,275,283,289,293(2),301,302, 303,306(2)

   not to be lent to persons not sworn as the King's servants: **I**/194

Maker of: **VI**/44-5; **III**/102,104; **VIII**/126

Marriage of: **VII**/37

Marshal of [*see* CASA NOVA]: **VII**/2,11,18
- payments to: **VII**/4

as Messenger: **VIII**/50

Note concerning: **VIII**/84

Payments/fees: **VII**/116,117,122,145,153-320 *passim*,350,408(3); **VI**/47, 48,52,62,63,80-165 *passim*, 172; **IV**/72-113 *passim*, 223; **III**/7, 132-159 *passim*; **I**/22,27; **II**/136-151 *passim*; **V**/107-164 *passim*; **VIII**/341-7
- by Committee of the Revenue: **III**/121-3,125,127
- to widow of trumpeter killed on Royal service: **VIII**/231 [*see* John CHRISTMAS]

Pensioners: **IV**/8; **VIII**/55 [*see* Arthur SCARLET]
- Pensioners trumpeters of Charles I: **I**/35(2),41,43,45,99,123(2), 154,239-258; **V**/38,112,115-7,122,124,127,130,133,138,140,144,146,

        150,153,158,162,166,273(3); **VIII**/158,199,261-2
-   -   petition of widows of: **VIII**/272

Petition of:
- for abuse: **III**/80,91?; **II**/52,53
- for payment of arrears: **I**/99,184,274
- for debt: **III**/49-50,79,87,89,91(2); **II**/31,56
- for places: **V**/299(3),299-300
- to be freed from subsidies: **III**/45
- against: for debt: **III**/48,49(2); **I**/76,102
- reason unspecified: **I**/46,51,56,188

to attend Proclamation: **VIII**/134,135(2),170(2),174,181,291
Property bequeathed to: **VII**/142
of Prince Henry [son of James I]: **IV**/8,12,14-17,22(2),24,28,36,75,77,
    78,80,82,84,86,211
of Prince Charles (later Charles I): **III**/4
Protection for relative of: **VII**/71
of Queen Anne of Denmark: **IV**/48,201,203-4
of Queen Henrietta Maria: **I**/123; **V**/46,48,52
Rewards to: **VII**/160,161,168; **VI**/127; **IV**/198,200,201,202(2),203,204
    (4),205(3),207,208(7),214,232; **VIII**/3,182
- at creation of nobility: **III**/119-121
- to widow at death of trumpeter: **I**/174
- for losses at sea: **I**/203-4

Riding trumpeters [*see under* TRUMPETERS: Journeys]
Serjeant-trumpeter [*see also* Benedict BROWNE [I] & [II]; Henry MARTIN,
    PRICE, John, Mathias & William SHORE]. **IV**/40,59; **III**/11(2);
    V/33(2),85,89,136,138,142,144,148,151; **VIII**/70,87,150,274
- abused: **I**/30,32
- arrears: **II**/23,70,157
- assault of: **I**/32
- child christened: **I**/100
- silver collar for: **I**/29; **II**/25,67,95; **V**/195
- deputy to be obeyed: **I**/24
- drummers to obey him: **I**/31 [see also DRUMS: kettle-drums]
- fees due to: **I**/25-6; **VIII**/262,263
- gifts from Charles II to: **I**/74,82,100
- gilt plate for: **I**/100
- gilt trumpet for: **I**/75
- hunting horns supplied for: **I**/29(2),82
- to instruct boys: **I**/68; **II**/136,137,138; **V**/53,131; **VIII**/175,274
- at launch of ships: **VIII**/179
- letter to: **VIII**/172
- mace for: **I**/6,8; **II**/22,25,67
-   to be re-gilded: **I**/137
-   to be returned by executors of deceased serjeant: **II**/20
- to attend at Newmarket: **VIII**/237
- petition of: **VIII**/73,79,147
- to press trumpeters for military service: **VIII**/181
- received new kettle-drums: **VIII**/287
-   new trumpets: **VIII**/282,309
- to attend at the Treasury: **VIII**/205

Sea, service at: **IV**/11; **III**/98; **I**/71(3),77,123,131,154,188; **VIII**/168
- sea liveries: **I**/90,111,124,129; **VIII**/59
- losses at: **I**/200,203-4; **V**/165

in Subsidy lists: **VII**/75,90,92(2),98,103,111-2,417-8,419-20,421; **VI**/16-7,23,33,54,59,67-8,72; **IV**/18-9,21,26,61,63,65,66; **III**/13-4,33,34,36-7,107; **I**/50-1; **V**/2,43-4; **VIII**/13,18-19,56,58,87,92
- excused Subsidy: **VI**/49,52,71; **IV**/9,10,13,(28); **III**/9,45,106,116; **I**/50-1; **V**/45

Suspended: **I**/54,58,133
at Theatre: **I**/146
Trumpets
- lost: **I**/154,172,200,203; **II**/35,51
- repaired: **I**/211; **II**/51,52,181-198 *passim*; **V**/87,90,92,93,94
- to be returned by executors of deceased serjeant-trumpeter: **II**/20
- supplied: **I**/13,15,29,34,44,66,95,96,104,148,172,198,199,200,204; **II**/11,26(2),27,35,37,41(2),51,54,57,60(3),63(2),64(2),66,68,71,72(3),75(2),76(2),77,87,93,95,98,104(2),111,118,181-198 *passim*; **V**/94,95(3),98

in Wales: **I**/44
Will of: **I**/206,210,212; **II**/6,9-10,24
- widow of: **II**/7

VESTRY [*see under* CHAPEL ROYAL]

VIOLINS [*some interchangeable with* VIOLS] [*to 1685 only, after which they are part of the Private Musick*]

Appointments/fees: **VII**/96,146; **VI**/40.55,65,69; **IV**/4(2),17,22,23,24,34,53,54,231; **III**/12(2),16,18(3),21(2),23,24,31(2),39,41,42,43,44,46(2),83,84,98,103,107,111,113,129; **I**/2(5),3(4),4(2),5,6(2),9(5),10(4),17,20,21(2),27,30-1,32,33,35,37,38,42(2),52,66,80,83,87,88,101(2),102,110,113,114,120,131,133,140-1,141,159(3),160,164,170(2),173(2),174(2),176,186,187,188,189(2),189-90,190,190-1,195,196,200,201,205(2),213,214,216-9,221-2,225-232; **V**/12,26,27,28(3),29(2),30,31(3),32,35(2),37,38,41,51(2),56,57,59,60,61,66,71,73,73-4,78(4),81(3); **VIII**/20,47,50,60,61,62,64,66,86,100(3),103,108,125,126,140,142,143,145(2),146,147,148(2),149,150,152,154,157(2),159,171,183,192,211,215,217,273
Arrears: **III**/70,80,91-2; **I**/76,101,118,130; **V**/68
Arrest of: **III**/41,61; **I**/78
    arrest on behalf of: **III**/72-3; **I**/66
Assignment by: **III**/26,44,49; **I**/82,85,87,92,115,124,138-9,139,144,149,151,152,159,161,182,189(2),211-2; **V**/40,42,53,56,63,66-7,67-8,70,75
Bannister/Grabu's select band: **I**/32,47,59,75; **VIII**/152,161,166,172
- arrears: **VIII**/170,179,217
- expenses: **VIII**/153,171
- petition by Banister: **VIII**/171
- remonstrance against Banister: **VIII**/180-1,181(2)
Boardwages: **V**/227-232
Burial of: **III**/107,110,128

- administration for: **V**/42
Composer for: **IV**/53,55; **III**/39; **I**/2,9,174,176; **V**/30,31,33,75
- will/probate of: **I**/121; **V**/61,73
Deputy: **I**/39,76,79,83-4,84,89,112,126,127,129,138,158
Duties:
- at coronation of Edward VI: **VII**/106
- at funeral of Henry VIII: **VII**/110-11
- at funeral of Edward VI: **VII**/125
- at coronation of Q. Elizabeth: **VI**/5
- at funeral of Q. Elizabeth: **IV**/1
- at coronation of James I: **IV**/232
- at funeral of James I: **III**/2-3
- at coronation of Charles II: **I**/15-16
- in Chapel Royal: **I**/76,82,98,109,109-10,113,115,116; **II**/15-16
- excused parochial duties: **III**/103-4; **I**/64,65
- duty rota: **I**/83
Expenses: **III**/102; **I**/18,22,35,43,47,70,72,142-3,152,160,175,184(2), 187,188,191-2,196,198,199,201-4
in France: **III**/129
a Hayle for: **III**/32,45,54,66,84,88,91
Grant [of lease] of land: **VIII**/44
- lease of land acquired from: **VIII**/217
Grouping of (1631): **III**/59
Journey:
- to Audley End: **I**/94,102
- to Bagshot: **I**/94
- to Bath: **I**/48; **V**/130
- to Dover: **I**/99-100; **V**/135
- to Hampton Court: **I**/35,43,70,143; **V**/113,130
- to Newmarket: **I**/94,126,144,160,175(2),184,188,192,198,202-4, 207(3); **VIII**/237
- to Oxford: **I**/70; **V**/130
- to Portsmouth: **I**/32,43,94; **V**/112,118
- to Tunbridge [Wells]: **I**/48,72(2); **V**/117,130(2)
- to Windsor: **I**/18,22,142,142-3,147,152,164,184,187,191,191-2,192 (2),196(2),198,199,201,202(2),203-4,207(3); **V**/109(2),119, 147,162
Lease: **VI**/53
Liveries for: **VII**/120,134,139,141,147; **VI**/40,59; **III**/27,31,47(2),51, 53,54,100(2),103; **I**/12,13,15-16,17,36,180(2); **VIII**/97,148
in Masque: **IV**/31-3,234
New Year's Gift: **VI**/3,14,28,29,31,50,65,69,74; **IV**/10,12; **III**/22-3,41 (2),96,114; **I**/10,28,29,40
Order to: **III**/59,115; **I**/63,73,74,115,116,118,168
- concerning admission to chamber: **I**/24
- concerning neglect in practising: **I**/18
Pass for: **I**/185,211
Payments: **VII**/253-323 *passim*, 351,359; **VI**/80-166 *passim*; **IV**/72-114 *passim*; **III**/45,122-4,133-160 *passim*, 164-242 *passim*; **I**/78; **V**/21-25 *passim*;, 43; **VIII**/160(2)
- for music books: **III**/70,81,86; **I**/15,142,155-6

- for strings: **III**/41,48,57; **I**/18,29,37(2),48(2),60
- for viols: **VI**/12; **III**/66
- for violins: **III**/42,50,51,55,66,78,86,96,97; **I**/15,21(4),29(2),30, 34,37,60(2),113,114(2),119,130,131,134,141,142,149,156,177, 192

to attend Peace Treaty: **VIII**/212
Petition against: **III**/24,25,57,58(2),60,64,70,73,74,82; **I**/64,65(2),79 (2),81(2),86,92,93,97(2),118,129,131(2),165,166(2),177,195,196, 211,213-4
- petition of (or of dependant): **III**/26,44,44-5,45,48,62,73,111; **I**/65,110,114,115,120,129,142,144; **V**/10; **VIII**/97,120,128,139,141, 173,177,178,185,194(2),269,271,278,339(2)

Privilege for making of: **IV**/22-3
Rewards: **VII**/116,158,356?; **VI**/70,241-4; **IV**/58; **III**/7,72,77; **V**/7
in Subsidy lists: **VII**/418,420; **VI**/16,22,26,32,53-4,66,71-2; **IV**/17-8, 20,25,60-1,62,64-5; **III**/9,14,33,35,37,108-9; **I**/50; **V**/1,44
- excused payment of: **VII**/421; **VI**/35; **IV**/13

Suspended: **I**/41,61,196
to attend in Theatre: **I**/59(2),140,172,182,214; **V**/13
- habits like Indian gowns for: **I**/61(2),87,102,133,135
- in *Calisto*: **I**/146,149
- petition concerning dismissal from: **I**/171
- suspended after absence: **I**/196

VIOLS [*some interchangeable with* VIOLINS; *to 1685 only*] [*see* BATES; BRIDGES; CARR; Charles COLEMAN; Innocent COME; Francis CRUYS; Daniel FARRANT; Alfonso FERRABOSCO [II]; FRIEND; William GREGORY [II]; HAWES; HINGESTON; HOSSENET; KENT; MAIOR; John SMITH; Dietrich STEOFFKIN; MATTHEW van WILDER; Peter van WILDER; John YOUNG]

Appointment/fee: **VII**/118,122; **VI**/57,63; **IV**/22,30,43,50(2); **III**/28-30; **I**/1,2(4),3,4,6,7(2),11(2),13,16,36,39,125,129,130,133,138,179; **V**/26,33(2),34,35,40,64,65,82; **VIII**/9,62,66,71,118,140,143
Arrears: **V**/65
Assignment: **I**/119,140
Commercial activities of: **VII**/419; **VIII**/32,81
Duties:
- at coronation of Edward VI: **VII**/107
- at funeral of Henry VIII: **VII**/111
- at funeral of Edward VI: **VII**/125
- at coronation of Q. Elizabeth: **VI**/5
- in Chapel Royal [*see* BATES, BRIDGES, William GREGORY]
- in *Calisto*: **I**/145

Liveries for: **VII**/67,72,76,89,114,120,134,137,139,141,147; **VI**/1,6,8,9, 10,12,13,15,19,20,21,25,26,27,29,31,35,37,38,39,42,44; **III**/31,39; **I**/11,34,36,63,66,237-296 *passim*
New Year's Gifts: **VII**/118; **VI**/37
Passport for: **VII**/119
Payments: **VII**/253-323 *passim*, 410,420,421; **VI**/72-114 *passim*; **V**/107-166 *passim*, 171-224 *passim*; **VIII**/12
- for strings: **III**/93,94; **I**/37,55

- for viol: **I**/19,31,33,36,37,39,45,55,60
Performance by: **VIII**/80
Petition against: **I**/103
- petition of: **VIII**/51,137,339
in Subsidy lists: **VII**/90,91,92,93,98,112,418,420; **VI**/58; **IV**/18,21,25,61; **V**/1; **VIII**/15
- excused subsidy: **VI**/52

VIRGINALISTS [see Robert BOWMAN; BURTON; DERING; Christopher and Orlando GIBBONS; John HEYWOOD; PRESTON; Giles TOMKINS; Thomas WARWICK] [to 1685; 'Harpsichord' thereafter: = Henry PURCELL [II]]

Appointment/fees: **VII**/123,148; **IV**/106; **III**/7,51(2),54,55,188; **I**/3,4,7,81,165,216,220,225,227,231; **II**/30; **VIII**/10,21,104,108,145,216,217-18
Attorney for?: **VIII**/118
Commercial activities of: **VIII**/85
Death of Orlando Gibbons: **VIII**/89,90
Dispute concerning cathedral appointment: **VIII**/103(2)
Duties:
- Heywood as Sewer at funeral of Edward VI: **VII**/126,128
Grant of corrody: **VII**/60
Grant of property/land/rent: **VII**/56-7,81,137,143,148; **VIII**/24
- surrender of: **VII**/137
Livery: **VII**/132,412(2); **VIII**/217,338(2)
Payments: **VII**/254-323 *passim*, 374-381,415(2); **VIII**/12(3),178,190
Petition for land: **VIII**/142
- for pension: **VIII**/184
Privy Purse rewards to players of: **IV**/202(2)
Teacher of: **IV**/207

VOCAL MUSICK [from 1685] [Previously in LUTES, VIOLS AND VOICES]

at funeral of Queen Mary (1695): **VIII**/288
petition of: **VIII**/286(3)

WAITS and PROVINCIAL MUSICIANS. **IV**/173-215 *passim*

of Abingdon: **VII**/170
at Alderton: **IV**/199
at Andover: **IV**/202
of Arundel: **VIII**/345
at Bagshot: **IV**/214
at Bath: **IV**/202(3)
at Berkhamsted: **IV**/214
of Cambridge: **VII**/164
of Canterbury: **VII**/152,162,172,373
of Chichester: **VII**/157
at Colbrooke: **IV**/201
of Coventry: **VII**/152
of Dartford: **VII**/153

    of Dover: **VII**/152
    of Exeter: **VII**/160
    at 'Grafton': **IV**/215
    at Greenwich: **IV**/215
    of Hampton: **VIII**/346
    of Kingston: **VII**/161
    of Leicester: **VII**/159
    of Lichfield: **VIII**/343
    of London: **VII**/156,157(2),159,161,166,168,171; **VIII**/342
    of Lynn: **VII**/163
    of Maidstone: **VII**/151
    at Marlborough: **IV**/202
    at Newberry: **IV**/201
    of Northampton: **VII**/152,159,164
    of Norwich: **VII**/163
    of/at Reading: **IV**/201,205
    of Rouen: **VII**/155
    of/at Salisbury: **VII**/156; **IV**/201,202(2)
    of Sandwich: **VII**/152
    of Southampton: **IV**/201
    at Theobalds: **IV**/214
    of Walsingham: **VII**/180
    at Ware: **IV**/214
    at Warminster: **IV**/202
    of Warwick: **VIII**/343
    of Winchester: **VIII**/346
    at Windsor: **IV**/214
    at 'Worsted': **IV**/214

WELSH MUSICIANS [those not employed at Court]

    Privy Purse rewards to: **IV**/202,205,213(2)

WESTMINSTER ABBEY [*see also* THEATRICAL PERFORMANCES]

    lists of singing men: **IV**/2-3; **III**/3-4
    clergy at funeral of Edward VI: **VII**/129-130
    choir at funeral of Queen Elizabeth: **IV**/2-3
        at funeral of James I: **III**/3-4
    quiresters of: **IV**/4,232; **III**/4

WIND INSTRUMENTS [*includes* flutes, cornetts, hautboys, recorders, sackbuts]

    (a) References to the wind instruments in general [*especially after 1625*]

    Appointment/fees: **III**/7,17(2),19-20,20,21,26(3),27,28(2),29,43,47,62,
        63(2),68,80,99,100-101,101,103,104,105(5),110,112(2),114,116(2),
        117,129; **I**/3,5(2),7,9,10,23,30,48,67,152,159(2),173,179(2),187,
        189,216-8,220-1,226-8,230-2; **V**/26,27(2),28,29,30,35,36,51,73,74

(2),78(2),81; **VIII**/128,141,142(2),144(4),149(2),151,152,153(2),
154,155,156,158(2),169,170,197(2),225,232,233(2)
Appoints attorney: **III**/23,28,62,80,85,97,105,106,121; **I**/167,170,207;
V/80
Arrears: **III**/27,28; **I**/130; **II**/201-218 *passim*; **V**/20-5
Boardwages/Diet for: **I**/20,77,267-8,270-3,277-296 *passim*; **V**/3
Burial: **III**/128; **I**/125
to attend in Chapel Royal: **I**/35,64
Composer of wind music: **I**/3,13; **V**/29
Duties:
- funeral of James I: **III**/3
Expenses: **III**/104; **I**/19,46
Grant of licence: **VIII**/111
- of office: **III**/82
- of profit from commercial venture: **III**/82
Hayle for: **III**/31,54,61,66,84,88,91
Journey from France: **III**/128
Livery: **III**/28,29,57,58; **I**/23,36,41.55,58; **VIII**/149,153,160,183
New Year's Gifts: **III**/22-3,74,106(2),114
Ordered to attend at York: **III**/115
Pass for: **III**/98
Payments to: **III**/121-5,127; **V**/20-25; **VIII**/142,168,341-7
- for music books: **III**/41,69,75
- for wind instruments: **III**/56,57,68-9,69,75,85,87; **I**/12,21(2),37,
    46,94-5,177
Petition against: **III**/27,40,41,42,51,53,60,65,67,79,85,86,96-7; **I**/10,
    44(2),45,46,52,53,65,95,97,126; **VIII**/111,117,117-18,119
Petition by: **III**/62,68,75; **I**/46,97; **VIII**/117,120(2),128,147-8,176-7,
    185,198
Probate for: **III**/17(2),25,61,78,105; **I**/112; **V**/27,30,43,45,50,53,61
Rota for: **III**/52-3,74,94-5
Subsidy lists: **III**/14,34-5,37,108; **I**/50; **V**/44
Will of: **VIII**/161

(b) FLUTES and CORNETTS [*From 1625 onwards the flutes were absorbed
into a larger 'wind instruments' group, so specific references
decline.*]

Appointments/fees: **VII**/101,113,123; **VI**/28(2),41,50,57(2),75,82,83,95,
    99,103,112,151,234; **IV**/14(2),35(2),39,40,43(3),47,52(2),129,152,
    162,175,231,233; **III**/11,13,16,24(2),45,46(2),47,73,76(2),118,133,
    136; **I**/11,92; **V**/31(2),32(2),38,39,51,53,58,59,64,65,82; **VIII**/10,
    20,32,45(2),64,66,73(2),108
Appoints attorney: **III**/47
Board-wages for: **VI**/35,41
Commercial activities of: **VIII**/55,74,81,88,100
Duties:
- at coronation of Edward VI: **VII**/107
- at funeral of Henry VIII: **VII**/111
- at funeral of Edward VI: **VII**/125
- at coronation of Q. Elizabeth: **VI**/6

- at funeral of Q. Elizabeth: **IV**/1
- at coronation of James I: **IV**/232
- at coronation of Charles I: **I**/16

Free gift for: **VI**/66
Grant of land/property/rent: **VII**/119; **VI**/31,52,59-60,60-1; **VIII**/33,43, 44,46
- commercial licence: **VI**/36

Listed: **IV**/1,17,20,25,60,61,64,72,74,75-6,77,78,80,82,85,87,88,90,92, 94,96,98,99,101,103,105,108,110,112,114,231
Liveries for: **VII**/89,120,134,139,141,147; **VI**/6,8,9,11,12,13,15(2),19, 20,21,25,26,27,29,31,34,37,38,39,41,42,44,45(2),47,48,49,50,51, 53,56,57,60,63,64,65,69,70,71,74; **IV**/7(2),41,43; **III**/8(2),10,17; **I**/13-4
as Mediator: **VIII**/88(3)
New Year's Gifts: **VII**/118; **VI**/69-70,74; **IV**/10,12; **III**/22-3
Payments: **VII**/287-323 *passim*, 333-351; **VI**/80-166 *passim*, 172-246 *passim*; **IV**/72-114 *passim*, 119-195 *passim*; **III**/133-159 *passim*, 164-242 *passim*, 164-242 *passim*; **V**/107-166 *passim*, 171-224 *passim*
Signatures: **VII**/336-7,339,341-2
in Subsidy Lists: **VII**/90,91,93,98,112; **VI**/16,22-3,32,54,58,67,71; **IV**/17,20,25,60,61,64; **III**/9,32; **V**/1; **VIII**/13,15
- discharged from: **VI**/35,52; **IV**/13; **V**/45

(c) HAUTBOYS [*Mostly grouped with sackbuts (q.v.). Late references are for hautboys in the Guards (q.v.)*]

Appointment: **I**/58,66-7,72,92; **V**/50,53,58,59
Lists of: **IV**/1,17,20,25,60,62,64,231; **III**/32,52
attending Ambassadors: **VIII**/290
playing at Birthday Ball: **II**/47,52,55,65,69,140,141
in Guards: **II**/41,48,52,86; **V**/284-6,291,(292)
- 1st Reg. Foot Guards: **II**/109,113,118; **V**/102
- 1st Troop Horse Grenadiers: **II**/,48,99,100,118
- 2nd Troop Horse Grenadiers: **II**/37,44,48,57,97,99,100,106,109,118
Journey to Holland: **II**/35-6,38,39,40,41
of Prince George of Denmark: **V**/(103-4),291,292; **VIII**/309,310
Privy Purse rewards to: **IV**/214(2)
excused payment of Subsidies: **IV**/13,17,20,25,62,64; **V**/1,45

(d) RECORDERS [*see the* BASSANOS; BAKER; DAMANO; HUSSEY; Alfonso LANIER. *Specific references to 'recorders' are sparse, and disappear after 1625*] III/IV

Annuities/fees: **VII**/80,123
Appointment: **VII**/118(2); **VI**/10,11,14,21,24,27,31(2),36,38,39,58,63,64; **IV**/24,39,40,42(2),51,54,55,156,161,190,193,232,233; **VIII**/70
in *Calisto*: **I**/146
Commercial activities of: **VII**/77,84; **VI**/60; **IV**/9(2),24; **VIII**/46,47,48
Denization: **VII**/94
Diet/board-wages: **VII**/82
Discharged from presumed debt: **VI**/28

Duties:
- at coronation of Edward VI. **VII**/106
- at funeral of Henry VIII. **VII**/110
- at funeral of Edward VI. **VII**/125
- at coronation of Q. Elizabeth: **VI**/5
- at funeral of Q. Elizabeth: **IV**/1

Liveries for: **VII**/89,120,134,138-9,146,148; **VI**/7,8,9,10,12,14,46;
New Year's Gifts/Rewards: **VII**/118,273; **VI**/2,14,,46,66,70,74,127; **IV**/10,12
Passport for: **VII**/86,97,119,120
Payments: **VII**/113,333-350 *passim*,415(2); **VI**/172-246 *passim*; **IV**/119-194 *passim*
Performance on: **VII**/151,162
Petition against: **III**/260(3)
Probate for: **IV**/67
Reward for: **VII**/86,368
Signatures: **VII**/336-7,339
in Subsidy lists: **VII**/90,91,92,98,112,418,420,422; **VI**/16,22,32,53,58-9,67,72; **IV**/18,20,25,60,62,66-7; **III**/9,32; **V**/1
- excused from payment of: **VI**/25,35,52; **IV**/13; **V**/45

from Venice: **VII**/78-9,95,280

(e) SACKBUTS AND SHALMS [*also* 'HOBOYES']

Appointments/fees: **VII**/116,119,122,146; **VI**/39(3),41,51(2),62,73,74,82,86,88,109,161,166,194,195,213,240,244; **IV**/5,10,23,30,45(2),46,46-7,47,73,76,99,101,122,169,231,233; **III**/11(2),13,16,98,99,159(2); **I**/17,23,29,30,127,134,164; **V**/31,50,62,63,66; **VIII**/9,20,35,35-6,36,43,50(2),53,54,56,57,64,71,87,92(2),93,97,108,110,213;
Commercial activities by widow of. **VII**/84
Decay of noted. **VIII**/95
Diets/board-wages for. **VII**/82,117; **VI**/35,41
Duties:
- at funeral of Queen Elizabeth of York: **VII**/20
- at funeral of Henry VII: **VII**/25
- at coronation of Henry VIII: **VII**/28
- at coronation of Edward VI: **VII**/106
- at funeral of Henry VIII: **VII**/110
- at funeral of Edward VI: **VII**/125
- at coronation of Q. Elizabeth: **VI**/5
- at funeral of Q. Elizabeth: **IV**/1-2
- at coronation of James I: **IV**/232

of French Queen: **VII**/372
Grant of land/property/rent: **VII**/65,85; **VI**/56; **VIII**/43,44
- of licence: **VIII**/56
- of money/goods owed to the Crown: **VIII**/48,49,52

Journeys: **VII**/155; **VIII**/91
Liveries for: **VII**/64,66,70,72,76,89,117,120,134,139,141,147,196; **VI**/7,8,9,11,12,13,14,15(3),18,19,20,21,25,26,27,28,29,30,31?,34,35,37,38,39,41,42,44,45(2),47,48,49,50,51,53,56,57,60,63,64,65,66,69; **I**/27; **VIII**/92(2),105

Listed: **VII**/20,25,28-9
New Year's Gifts: **VII**/69,71,76-7,118,260,265; **VI**/3; **IV**/10-11,12
Passports for: **VII**/97(2)
Payments/annuities: **VII**/87,117, 153-322 *passim*, 351,415; **VI**/80-166
    passim, 172,194-246 *passim*; **IV**/72-114 *passim*, 119-195 *passim*;
    III/133-159 *passim*
Performances: **VII**/375
Rewards to: **VII**/86,369(2),416(4)
'Still' Shalms: **VII**/28-9
Shalms of the Privy Chamber: **VII**/29
Shalms of Maidstone: **VII**/151
in Subsidy lists: **VII**/75,90,91,93,98,112,418,420,422; **VI**/16,23,33,54,
    58,67,71; **IV**/17,20,25,60,62,64,66-7; **III**/9,32-3; **V**/1; **VIII**/13,15
-   excused from: **VI**/52; **IV**/13; **V**/45

INDEX OF NAMES

A

ABELL, Lady Frances. Wife of John. **VIII**/281,289,296,299

ABELL, John. Counter tenor; Gentleman of the Chapel Royal; Private Musick [three places]; Groom of the Chamber to Q. Mary, wife of James II. Appointments: **I**/185(2),197(2),231,232(2); **II**/3, 4,5,122; **V**/76,77(2),79,80,284,285; arrears: **II**/24,202,209; in Catholic Chapel of Jas. II: **II**/16,21; **V**/84,86; expenses: **I**/186,197,202, 205; **II**/6,12,21,138; **V**/160,163; **VIII**/251,266; guitar for him: **II**/ 12,138; **VIII**/266; journeys: **II**/22; **V**/77,272(2); pass for: **VIII**/280, 292; payments to: **II**/136,137(2), 139,165,211,212,214(3),215(3),217 (3),218(3); **VIII**/241(2),243(2), 244,249(3),250,252,255(2),257(2), 258,263; petition for printing rights: **VIII**/274; rewards to: **V**/272(5),273(2); at Whitehall Theatre: **I**/208

ABELL, Robert. Father of John. **VIII**/280
- wife of. **VIII**/280

ABERCROMBIE, [Abraham]. **VIII**/77, 78

ABINGDON, Berkshire. **VII**/170,184 (2)

ABRAHALL, Gilbert. Private Musick; Page of the Back Stairs. Appointment/place: **II**/ 67,75,128,130,132; **V**/293,294, 295,296; arrears: **II**/70,157, 159; **VIII**/297,313(2); letter from: **II**/75; livery: **II**/78,170 (2),171(2),172,173(2),174(2), 175,176(2),177; payments to: **II**/144,154

ABYS (ABBES), John. Still minstrel. funeral of Hen. VII: **VII**/27; coronation of Hen. VIII: **VII**/29; member of guild: **VII**/54; payments to: **VII**/114,333 (3),334,337,338,340(2)

ACKROYDE (see AKEROYDE)

[ACKMOUTY] ACKBOUTIE, [James or John]. **VIII**/77,78

ACRES, Richard. Received fees on behalf of Peter Guy: **IV**/130(2), 131,133,134,135,137(2)

ACTON, Middlesex. **III**/73

ADAMS, Edward. Gentleman of the Chapel. Appointment/place: **VII**/ 121; **VIII**/11; funeral of Ed. VI: **VII**/124,127,129; coronation of Q. Mary: **VII**/130; of Q. Eliz.: **VI**/4

ADAMSON, Owen. Chorister of Westminster Abbey: **III**/4

ADDIS, William. Instrument repairer. **I**/158

ADDISON, John. Clerk. **VII**/71

ADDY, John. Gentleman of the Chapel. **VIII**/318

ADNER, Richard. (see OLDNER)

ADRIAN (surname unknown). Trumpeter. Funeral of Eliz. of York: **VII**/20; of Hen. VII: **VII**/25; coronation of Hen. VIII: **VII**/29; journey to Scotland: **VII**/22; livery: **VII**/21; payment to: **VII**/179

ADSON, John. Flute and Cornett. Appointment/place: **III**/73, 76(2),105(3),106; **V**/299; **VIII**/ 110,128; arrears: **III**/105,106; member of Musicians' Company: **V**/246; duty rota: **III**/74,95; expenses: **III**/104; instruments provided by: **III**/85,151; New Year's gift: **III**/75; payments to: **III**/211,213,216,218,220,221,224, 225,226,228,230,231,233,234,235, 238,242; **VIII**/112,114,116

ADSON, Mary. Widow of John: appoints attorney: **III**/105,106

ADY, John. Petition of: **III**/67

AFRICA. **I**/57

AGGAS, Robert. Drummer. **I**/31; to serve in Ireland: **I**/182,224

AKEROYDE (ACKROYDE,ACROYD), Samuel. Private Musick. Appointment/place: **II**/14,27,28, 122,127; **V**/288; **VIII**/271;

arrears: **II**/23; coronation of Wm.
& Mary: **II**/25; expenses: **II**/18,21,
34; journey to Holland: **II**/35;
payments to: **II**/137,139; **VIII**/284;
recommended to attend on Sir J.
Williamson: **VIII**/291
ALAN, Lewis. Paid for work on
disguising. **VIII**/343
ALANSON, Gilbert. Yeoman of the
Kitchen. **VII**/37
ALBEMARLE, George Monck, Duke of.
Commander of 1st Troop of Horse
Guards: **I**/91; **V**/95; **VIII**/172,
178; at sea: **I**/71(3),72,77;
V/118,119; funeral of: **I**/97
ALBEMARLE, Christopher Monck,
Duke (later Earl) of. Commander
of 1st Troop of Horse Guards:
I/199,233; **II**/64,72(2),75
ALBERTI [also BERNARDI *q.v.*].
VIII/281(2)
ALBRICI (ALBREI(S),ALBRIGI),
Signior/Don Bartholomew.
Italian musician. Appointment/
place: **VIII**/174,175(2),207(2);
Gold presented to: **I**/84; member
of Catholic Chapel of James II:
II/17,21; **V**/84,86; pass for:
VIII/170,175; petition for
payment of arrears: **VIII**/237
ALBRICI (ALBRIGI), Leonora.
Italian musician. Appointment/
place: **VIII**/(174,175),207; Gold
presented to: **I**/84; petition
for payment of arrears: **VIII**/
207(2)
ALBRICI, Stephano. Payment to:
V/275
ALBRICI, Vincenzo. Italian
Musician. Appointment/place:
VIII/170,174,175(2); Gold
presented to: **I**/84
ALDERSHAM, dioc. Lincoln. **VII**/87
ALDERSON, Katherine. Wife of John
Baker, trumpeter (*q.v*);
wife of Thomas: **I**/198
ALDERSON, Thomas. Agreement
concerning a debt: **I**/198
ALDERSON, William. Child of the
Chapel. funeral of Hen. VII:
VII/25; coronation of Hen.

VIII: **VII**/28; maintenance for:
VII/35,36,37,195,198,202,207
ALDERTON, Wilts?. **IV**/199
ALDRED (ALREDE), Henry [I].
Gentleman of the Chapel.
Appointment/place: **VIII**/318;
discharged from paying tithes:
VII/145; funeral of Mary: **VI**/2;
coronation of Eliz.: **VI**/4;
lease to: **VIII**/26; subsidy:
VI/13,17,24
ALDRED, Henry [II]. Groom/Yeoman
of the Vestry. Appointment/
place: **VIII**/321,322,323;
funeral of Q. Eliz.: **IV**/3;
subsidy: **VI**/62,68,73; **IV**/19,22,
27,29
[ALDRICH] ALLDRIG, Henry. Anthems
by: **I**/162-3
ALDRICH, John. Received payment
on behalf of Nathaniel Giles.
VI/238
ALESTRE, John. Chaplain to Queen
Elizabeth of York. **VII**/9
ALEWORTH [see AYLEWORTH]
—. Alexander. Sackbut. [see
MANSENO]
ALEXANDER, George. Tailor. Money
assigned to him: **III**/77
ALEXANDER, Joseph. Petition
against him: **I**/46
ALFORD, Marmaduke. Yeoman of the
Vestry. Appointment and place:
II/73; **V**/69,88,96; arrears:
II/156; as attorney: **II**/82; at
1702 coronation: **II**/72;
expenses: **I**/186,205; **II**/85,89,
92,98,103,107,110,111,115,117,
155; petition by: **II**/79;
payments to: **V**/229(3),230,235,
236(3),237,238(3),239(2),240
(2),241(3),243
ALFORD, Reginald. Received fees
on behalf of John Rudd: **III**/
182,185
ALLABY (ALLABE), Jane. French
wife of William. **VIII**/113
ALLABY (ALLABE), William.
Extraordinary musician;
stringer of the lutes. Appoint-
ment/place: **III**/113,129,167; **I**/5,

216,220; listed as alien: **VIII**/113; payments to: **III**/124(2); **VIII**/130,134

ALLAM, William. Witness: **V**/67

ALLANSON (MONSON), Charles. Child of the Chapel. **II**/42(2)

ALLANSON (ALLONISON), Mark. Vintner. Attorney: **V**/56,72

ALLEN, David. Trumpeter. Appointment/place: **III**/90(2), 92(2),150; livery: **III**/90,91, 92,93

ALLEN, Elizabeth. Wife of William, trumpeter. Collected his wages: **III**/181,193,196,210

ALLEN, George. Vicar-choral, Hereford. **VIII**/41

ALLEN, James. Gentleman. Attorney for Thomas Parkinson: **II**/78,170

ALLEN, John. Gospeller, Westminster Abbey. **VII**/130

ALLEN, John. Gentleman of the Chapel. Forfeit received: **VII**/83; subsidy: **VII**/91,93, 99,102,419,421; coronation of Ed. VI: **VII**/105,113; funeral of Hen. VIII: **VII**/109

ALLEN, John. Tailor. Material for: **I**/42; petition against: **I**/111

ALLEN, Sir Thomas. Fees at knighting of: **VIII**/119

ALLEN, Thomas. Collected wages of Samuel Garsh: **III**/169

ALLEN, William. Drummer/Drum-major. Appointment/place (a) as drummer in ordinary: **III**/30,33,34,36; **VIII**/95 (b) as drum-major: **III**/48,49,107,114; signed certificate supporting gutstringmakers: **VIII**/121; fee due at knighthood: **VIII**/119; imprisoned: **III**/80; payments to: **III**/119(2),120(6),121,176, 180,181,183,187,190,193,196, 199,202,204,207,210,213,215, 218,221,223,227,230,233,234, 237; **VIII**/113,115,116

ALLEN, William. Trumpeter. Appointment and place: **IV**/40, 45(2);61,63,65,66,69(3); **III**/13,33,34; **V**/2; funeral of Q. Anne of Denmark: **IV**/48; funeral of James I: **III**/2; livery: **IV**/54,68; **III**/6,43,53, 79(2); payments to: **IV**/95,97, 99,100,103,105,106,107,109, 111,113; **III**/132,134,137,139, 140,142,143,145

ALLESTRY, James. Collected wages of John Smith: **I**/240

[ALLESTRY] ALLESTREE, Richard. Canon of Christ Church, Oxford. Bequeathed library to Bodleian: **VIII**/316

ALLEYN, Edward. Actor. Letter to: **VI**/76(2)

ALLINGTON, John. 119

ALLINSON, Mrs. ?Mother of Ralph. **II**/51

ALLINSON, Ralph. Child of the Chapel. **II**/50-51; **VIII**/287

ALLISON, Robert. Gentleman of the Chapel. Appointment/place: **VIII**/319,322; funeral of Q. Eliz.: **IV**/3; excused subsidy: **VI**/55,62, 68,73; **IV**/19,21,27

ALVEY, -. Priest, Westminster Abbey. **VII**/129

ALWODE, Oliver. Clerk. **VII**/8

ALWORTH (see AYLEWORTH)

AMBRUGE [see HAMBURG]

AMERY(E) (EMERIE), John. Gentleman of the Chapel. Appointment/place: **VIII**/320,324; excused payment of subsidies: **VI**/68; **IV**/19,22,27,29; funeral of Q. Eliz.: **IV**/3; of Prince Henry: **IV**/37; of Q. Anne of Denmark: **IV**/49

AMNER, John. Priest of the Chapel. Benefice for: **VII**/23; funeral of Prince Edmond: **VII**/14; of Eliz. of York, **VII**/19; of Hen. VII: **VII**/26; coronation of Hen. VIII: **VII**/28

AMNER, Ralph. Bass. Priest of the Chapel. Appointment/place: **VIII**/324; **III**/129; excused payment of subsidies: **IV**/59, 64,66; **III**/15,31,36,38,109; **I**/51; **V**/44; funeral of Jas. I: **III**/1; journey to Scotland: **III**/

71; members of Musicians' Company: **V**/246; payments to: **III**/123,124; **VIII**/132; petition concerning his place at Windsor: **VIII**/86(2)
AMPTHILL, Bedforshire. **II**/101
ANATEAN, Mr. Gentleman of the Catholic Chapel of James II. Appointment/place: **V**/84,86; expenses: **II**/16,21; **V**/84,86
ANDERSON, Anthony. Gentleman of the Chapel. **VIII**/320(3)
ANDOVER, Hampshire. **IV**/202
ANDREWE, Henry. Child of the Chapel. funeral of Hen. VII: **VII**/25; coronation of Hen. VIII: **VII**/28
ANDREW, Jane. Witness to letter of Charles Coleman: **I**/282
ANDREW(E), Nicholas. Sackbut. Appointment/place: **VI**/14; diet for: **VII**/82; coronation of Ed. VI: **VII**/106; funeral of Hen. VIII: **VII**/110; of Ed. VI: **VII**/125; of Eliz.: **VI**/5,14; livery: **VII**/89,120,134,139, 141,147; New Year's gifts: **VII**/118; payments to: **VII**/146, 268,270,271,272,273,275,276, 277,278,280,281(2),284,285,286, 287,288,289,290,291,292,294, 295,297,300,301,303,304,307, 308,310,312,314,317,319,322, 342,351; **VI**/172; rewards for: **VII**/86; subsidy: **VII**/90,91,93, 98,112,418,420,422; **VIII**/15
ANDREWES, Daniel. Plaintiff against Thomas Townshend: **I**/79
ANDREWES, Bishop Launcelot. Dean of the Chapel. **VIII**/324,333
ANGEL, John. Priest/Sub-dean of the Chapel. Appointment/place: **VIII**/10,317; benefice for: **VII**/143; coronation of Q. Mary: **VII**/130; of Q. Eliz.: **VI**/3; establishment: **VII**/123; funeral of Ed. VI: **VII**/127,128; of Q. Mary: **VI**/1; payment for books: **VI**/179; payments to: **VII**/346(2)
ANGLESEY. **VI**/60; **VIII**/46,47
ANJOU, France. **VII**/82

'ANKERWICK' (nunnery), Bucks. **VII**/115
ANLABY. (see ALLABY)
ANNE OF DENMARK, QUEEN. III
ANNE, PRINCESS OF DENMARK/QUEEN, II
-, ANNES. Servant to Pietro Lupo. **VIII**/25
[ANON] LEWIS? Surname unknown]. Bellringer. **IV**/4
ANOWS (see **DENOWS**)
ANTHONY. Minstrel. **VII**/69 [probably Mark Anthony Petala]
ANTHONY, Peter. Trumpeter to Dowager Queen Henrietta Maria: **V**/46,48,52; pension: **I**/123; service at sea: **I**/123,131
ANTONIA, John de. Sackbut. livery: **VII**/64; payments to: **VII**/253,255,256,257,258,259, 260,262,263,265,266,267
ANTONIA (ANTHONY), Mark. Sackbut. [see PETALA]
ANTHONY, Mark. Violin. [see GALLIARDELLO]
ANTONIO [AUROVIO?]. Singer. **VIII**/168
ANTWERP, Belgium. **VIII**/29,30,135
APPARE [see PARRY]
ARAGON, Katherine of. Queen. **VII**/16,27,72
ARCHIBALD (ARCHBOLD), John. Wrote letter to N. Giles. **VIII**/84
ARCHIBALD (ARCHBOLD), Nicholas. Priest of the Chapel. Benefice for: **VII**/76,81(2),86; coronation of Ed. VI: **VII**/105; of Mary: **VII**/130; establishment: **VII**/123; funeral of Hen. VIII: **VII**/108; of Ed. VI: **VII**/127,128; subsidy: **VII**/91,99, 102,112
ARDEN, John. Debtor to the Crown: **VIII**/48,49
ARDERNE, Thomas. Constable of Chester Castle: **VI**/51
ARDIN, John. Delivered clothing for the children of the Chapel: **I**/24
ARLINGTON, Henry Bennet, Earl of. Lord Chamberlain. **I**/203; **II**/1; **VIII**/181,191,194,206; sworn: **II**/1; death: **II**/2; letter to:

VIII/168; petition to: VIII/169,207

ARMORER, William [the?]. wife of. VII/370,372

ARMORER, Sir William. House purchased from: VIII/172

ARMSTRONGE, Mr. Musician at Queen's Theatre, Haymarket: II/102

ARMYN, John. VII/115

ARNAU, James. French musician to Charles II. Arrears paid to: II/205,214

ARNOLD. Recorder. VII/162; Minstrel of the Prince: VII/159

ARNOLD [see **JEFFREY**]

ARNOLDE, Henry. Shoemaker. VII/371,373

ARNOLD, Michael. Brewer. Petition of: III/40

ARNOLD, Captain Nehemiah. Beneficiary in will of John Goodwin: II/49

ARNOLD (ARNETT,ARNOTT), William. Trumpeter to Prince Henry: IV/28, 36,211; VIII/67; trumpeter to Q. Anne of Denmark: IV/48,201,204; trumpeter to Prince Charles/Chas. I: IV/222,223,224,225,227,228,230; III/4,6,7,12,132,135(2); VIII/90; funeral of Q. Anne of Denmark: IV/48; excused payment of subsidies: IV/61

ARNOULD, Mr. Gentleman of James II's Catholic Chapel. Appointment/place: V/84,86; expenses: II/17,21

ARRAN, Earl of. Commander of Troop of Horse Guards. II/104,105,149,196(2)

ARTEN, Henry van. Sackbut. Payments: VII/222(2),223(3), 224,225(3),226,227(2),228(2), 229(2),230(2),231,232(3),233 (2),234,235(2),236(2),237(3), 238(2),239(2),240(2),241(2),242 (2),243(3),244(2),245,246(3), 248(2),249(3),250(2),251(2), 252(2)

ARTEN, John van. Sackbut.

Payments: VII/222(2),223(3), 224,225(3),226,227(2),228(2), 229(2),230(2),231,232(3),233 (2),234,235(2),236(2),237(3), 238(2),239(2),240(2),241(2),242 (2),243(3),244(2),245,246(3), 247(2),248(2),249(3),250(2),251 (2),252(2),253,255,256,257,258, 259,260,262,263,264,266,267; subsidy: VII/75

ARTHUR. Prince. Son of Hen. VIII. VII/3,7,15,16,17

ARTHUR, Roger. Musician. Warrant to apprehend: I/95

ARTHUR, Thomas. Gentleman. Petition of: I/10

ARUNDEL. VIII/345

ARUNDEL, Edmond. Lord of. VII/158,171

ARUNDEL, Earl of. Journey to Germany: IV/209

ASCEW, Thomas. Singing-man, Westminster Abbey. VII/129

ASHBURNE, Anthony. Collected wages of Thomas Cardell: VI/224

ASHBURNHAM, Lord. Commander of 1st Troop of Horse Guards: II/118

ASHBURNHAM, William. Cofferer of the Household: II/viii; VIII/214,266

ASHBURY, John. Fife. Appointment/place: II/32,125,130; VIII/299; petition against; V/90,91

ASHBIE (ASHBY,ASHEBY), John. Musician to Prince Henry: IV/157,211,212(2),213; funeral of Prince Henry: IV/37; musician to Prince Charles: IV/217(2),220,222,223,224

ASHLEY, Lord [Anthony Cooper]. Chancellor of the Exchequer. VIII/210

ASHLEY, Mr. VIII/185

ASHLEY, William. Musician. Warrant to apprehend. I/119

ASHTON, Robert. Violin. 'Mr' Ashton a violinist in *Calisto*: I/146,150; expenses: I/184,187-8

ASHTON, Thomas. Musician at

Nursery Theatre: **I**/123(2)
ASKMAN, Jo. Witness: **II**/7
ASPINWALL (ASPINNALL,ASPINWELL),
 Edward. Gentleman/Priest of the
 Chapel. Appointment/place: **V**/
 101,102; expenses: **II**/103,110,
 111,114,117,155; received money
 for Chapel Feast: **II**/148;
 payments to: **V**/240,241,242,243
ASTON, Sir Roger. **IV**/31,32
ASTON CLINTON, Bucks. **VII**/97
ASWELE, John. **VII**/331
ATKINS, Joseph. Witness: **V**/42
ATKINSON/ATKINS, John. Violin.
 Appointment/place: **I**/21,88,102,
 126-7,219,221,225-6,229; **V**/31,61;
 VIII/167,191,211; arrears: **I**/126-
 7,129; duty rota: **I**/83; to be
 admitted to music room without
 hindrance: **I**/24; coronation
 livery for: **I**/16; expenses: **I**/35,
 47,100; New Year's gift: **I**/11,28,
 29; payments to: **V**/107,111,114,
 120,123,126,128(2),131,136,138,
 141,142,144,149,154,156,164;
 petition for wages: **VIII**/173;
 subsidy: **I**/50; **V**/44; **VIII**/165;
 violin bought by: **I**/29
ATKINSON, George. Collected wages
 for Nicholas Guy: **III**/178
ATKINSON, Richard. Singer.
 coronation of Ed. VI: **VII**/107;
 of Mary: **VII**/131 establishment:
 VII/124; **VIII**/11; funeral of
 Hen. VIII: **VII**/110; of Ed. VI.:
 VII/126,128; livery: **VII**/134;
 payments to: **VII**/102;357,358;
 subsidy: **VII**/417
ATKINSON/ATKINS, Sarah. Wife of
 John. Payments to: **V**/126,128,
 131,136,138,144; **VIII**/247,249,
 259; petition for arrears of
 his wages: **I**/129
ATTWATER, Dr. William. Dean of
 the Chapel. **VII**/27,34
ATTWOOD, Christopher. Witness:
 II/90
AUBERT (OBER), John. Hautboy.
 Musician to Princess Anne (later
 Queen) and to Prince George of
 Denmark. **II**/47,52,55,65,69,140,
 141; **V**/103,291,(292); **VIII**/309,310
'AUBSCOYD', dioc. Lincoln. **VII**/34
AUDLEY, Bartholomew. Petition of:
 I/28
AUDLEY, Catherine. Recusant.
 IV/15
AUDLEY. Margaret. Wife of
 Bartholomew. Petition of: **I**/28
AUDLEY, Sampson. Verger,
 Westminster Abbey. **VII**/129
AUDLEY END, Essex. **I**/94,102
AUGIER, Mr. **VIII**/172
AUGSBURG, Germany. **IV**/106
AUSTEN, Thomas. Collected wages
 for Edward Bassano: **VI**/222
AUSTRIA. **II**/83
AVON, River. **VII**/7
AYLESBURY, Robert, Earl of. Lord
 Chamberlain. Sworn: **II**/2;
 death:: **II**/6
AYLESBURY, Sir Thomas. Surveyor
 of the Navy. **VIII**/332
AYLEWORTH (ALDWORTH,ALWORTH,
 AYLEMOUTH,AYLYFFE,ELWORTH),
 Jeffrey. (a) Sackbut: place:
 I/152,164,189,230; **V**/70; **VIII**/
 273; payments to: **V**/143,145,
 150,153,156,157,159,161,162,
 165; (b) Violin: appointment/
 place: **I**/187,189,232; **II**/2,4,5,
 14,15,122(2); **V**/78(2); arrears:
 II/203,205,206,207(2),209,210,
 212(2),215,217; coronation of
 Jas. II: **VIII**/261; expenses:
 I/143,149,160,166,175,184(2),
 187,188; **II**/6,12; payments to:
 II/136(2),137,138; **V**/209,211
 (2),213,214,215,216,217,218;
 VIII/236,238,240,242,244(2),246,
 248(2),249,250,251,252,255(2),257
 (3),262; to attend practice:
 I/140; wages stopped: **I**/196
AYLEWORTH, Jonathan. Violin.
 Appointment and place: **II**/107
 (2),131,132; arrears: **II**/159;
 letter of attorney from:
 II/113; livery: **II**/108,175,176
 (2),177; payment to: **II**/152
AYLEWORTH (ELWART), Mr. Musician
 at Queen's Theatre, Haymarket:
 I/91,102. To practise with Grabu:

I/168
AYLEWORTH (AYLESWORTH, ELLESWORTH, EYLEWORTHE), Richard. Gentleman of the Chapel. Coronation of Mary: **VII**/130; of Eliz.: **VI**/4; establishment: **VII**/124; **VIII**/11,317; funeral of Ed. VI: **VII**/127,128; of Q. Mary: **VI**/2; subsidy: **VI**/13

AYLEWORTH, Samuel. Administrator for John Young: **V**/156

AYLEWORTH, William. Extraordinary Violin. In *Calisto*: **I**/146; deputy for Henry Comer: **I**/89, 138; petition against: **I**/92,93; witness: **I**/84

AYLMER, Christopher. Extraordinary Musician in the Private Musick. **I**/221

AYNSWORTH, John. Collected wages of Giles Stevens: **V**/155,157

AYRES, Phillip. Obtains rights in an agreement between two court trumpeters: **I**/198

AYRES, Richard. Witness: **V**/52

AYSCOUGH, Edward. Gentleman. Petition of: **I**/177

AYTON, Sir Robert. Collected wages of Louis Richards: **III**/248

B

BABELL (BABLE), Mr. (senior) [Charles]. Musician. Among instrumentalists at the Queen's Theatre, Haymarket: **II**/102; arrears: **V**/104; payments: **VIII**/309,310

BABELL, Mr. (junior) William. Private Musick. Appointment/place: **II**/101,131,132; arrears: **II**/159; among instrumentalists at the Queen's Theatre, Haymarket: **II**/91,102; letter of attorney: **II**/115; livery: **II**/105, 175(2),176,177(2); payments: **II**/153

BABHAM, -. Proctor. **VIII**/36

BACH(E) (BATCHE,BATH), Humphrey. Gentleman of the Chapel. Appointment/place: **VIII**/322,325; funeral of Prince Henry: **IV**/37; of Q. Anne of Denmark: **IV**/49; of Jas. I: **III**/1; owner of property in Worcester: **III**/62; **VIII**/102,106(2); subsidy: **IV**/29,59,63,66; **III**/15,32,35,38

BACHE, Susan. Wife of Humphrey. **VIII**/106(2)

BACHELOR, Daniel. Groom of the Privy Chamber to Q. Anne of Denmark. **IV**/35; funeral of Prince Henry: **IV**/36; journey to Ireland: **VI**/160; payments to: **IV**/197(3),198(2),199(2),200(2),203(2),205(2); **VIII**/55,71,72,74(2),75; payments on behalf of the Queen: **IV**/197(3),198(2),203

BACHELOR, Francis/Frances?. Received payment for Thomas Cardell: **VI**/224

BACKWELL, Edward. Alderman. Goldsmith. **VIII**/199

BACON, Sir Francis. **VIII**/68,70

BADGER, John. Petitioner against Lewis Grabu. **I**/133

BADGER, Thomas. [Possibly an error for William, *q.v.*] **III**/184.

BADGER, Sir Thomas. **VIII**/58,75,77

BADGER, William. **III**/184

BAGSHOT, co. Surrey. **VI**/52; **IV**/214; **I**/94

'BAIFORDE', co. Warwicks. **VII**/7

BAILEY (BAYLIE), Richard. **V**/19

BAILEY (BAYLIE), William. Trumpeter. Funeral of Q. Anne of Denmark: **IV**/48

D'BAILLY, Monsieur. Servant to Q. Henrietta Maria. **VIII**/129

BAILLON, Mr. Organist in Catholic Chapel of Queen Mary, 1687: **V**/286

BAKER, Edmund/Edward. Child of the Chapel. Listed: **V**/292,293,294, (295),296; warrants at dismissal: **II**/106(2); payment to: **II**/148

BAKER, Joan. Widow of Robert [I]. Payment to: **III**/227

BAKER, John. Trumpeter. Agreement made by: **I**/198-9; appointment/place: **I**/27,185, 191,223,230; **V**/32,79; **VIII**/167; arrears: **II**/6; expenses: **I**/49,53,76,141; to Breda: **VIII**/

290; routine payments to: **V**/107, 110,114,116,117,120,123,125,127, 131,134,136,138,142,144,148,151 (2); excused subsidies: **I**/51; **V**/43; suspended: **I**/54

BAKER, Katherine. Widow of John (*q.v.*) Remarried: **I**/198; payments to: **V**/151

BAKER, Martha. Widow of Robert [II]. Payment to: **III**/123; **VIII**/131

BAKER, Mary. **II**/49

BAKER, Richard. Witness: **II**/113

BAKER, Richard. Singing man at Westminster Abbey: **IV**/2

BAKER, Robert [I]. Recorder. Appointment/place: **VI**/64; **IV**/54, 232,233; **III**/92; **VIII**/47; Chapel duty: **III**/74; in duty rota: **III**/52(3); funeral of Q. Eliz.: **IV**/1; of Jas. I: **III**/3; New Year's gift: **VI**/74; **IV**/10,12; **III**/22; **VIII**/64; payments to: **VI**/224,225,227(2), 229,230(2),231,233,234(3),236(4), 237,238,239(2),241(3),242(2),243, 244(2),245; **IV**/119(2),120(2),121, 122,123,124(2),125(2),126,127,128 (2),129(3),130,131,133(4),134,135, 136,137,138,139,140,141(2),142, 143,144,145(2),146,147,148,149, 150,151(2),152,154(2),155,156,157, 158,159(2),160,161,162,163,164(2), 165,166,167,168,169,170(2),171, 172,173,174,175,176,177,178,179, 180,181,183,184,186,187(2),188, 189,190,191,192,193,194; **III**/164, 166,167,169,171,174,176,179,180, 181,184,187,189,192,196,198,201, 204,206,210,213,215,217,221,223, 227; petitions against: **III**/260 (3); subsidy: **VI**/67,72; **IV**/18,20, 25,60,62,67; **III**/9,14,32,37; **V**/1; witness: **IV**/58

BAKER, Robert [II]. Recorder. Appointment/place: **IV**/54; **III**/92, 112,117; arrears: **III**/123; burial: **III**/117,128; expenses: **III**/104; funeral of Jas. I: **III**/3; member of Musicians' Company: **V**/246; New Year's gift: **III**/23; letter assigning arrears from: **III**/116; payment for a cornet and books:

III/69; payments to: **III**/164,166, 167,169,171,174,176,179,181,184, 187,189,192,196,198,201,204,206, 210,213,215,217,221,223,229,233, 236,238,241,242; **VIII**/112,114,131; subsidy: **IV**/60; **III**/9,33,35,108; **V**/1

BAKER, Thomas. Gentleman of the Chapel. Appointment: **V**/103; payment to: **V**/244

BAKER, Thomas. Collected wages of Alfonso Lanier: **VI**/229

'BALDERSBY', Yorks. **VIII**/38

BALDING, Petruchio. **VI** [see UBALDINO]

BALDWIN, Bartholomew. **V**/90

BALDWIN, John. Appointment/place: **VIII**/320,323; Gentleman of the Chapel. Funeral of Q. Eliz.: **IV**/3; of Prince Henry: **IV**/37; subsidy: **VI**/68,73; **IV**/19,22,27, 29

BALDWIN'S GARDENS, Holborn. **V**/77

BALES, Mr. **VIII**/33

BALL, Edward. Groom of the Privy Chamber. **VIII**/65

BALLARD, John. Lute and voice. Appointment/place: **IV**/225; **III**/19; funeral of Jas. I: **III**/5; payments as musician to Prince Charles: **IV**/225,227,228,229; **III**/5; subsidy: **III**/10; **V**/1

BALLARD, Richard. Trumpeter. Funeral of James I: **III**/2

BALLARD, William. **VIII**/52

BALL(E)S, Alfonso. Lute and Voice. As singing-boy to Prince Charles: **IV**/217,220,223,224,225, 226,228,229; appointment/place: **III**/19,83(2),87(2); **VIII**/94; funeral of Jas. I: **III**/5; letter of attorney: **III**/72; livery: **III**/18(2),40,46,55,67,72,84; **I**/12,21; New Year's gift: **III**/23,85; payments: **III**/170,173,176,179,183, 187,190,193,196,199,202,205,208, 211,214,219; **VIII**/114,116; subsidy: **III**/10,33; **V**/2

BALL(S), Elizabeth. Widow of Richard (*q.v*). Payment to: **IV**/226

BALL(S), Richard. Musician to

Prince Charles. Payments: **IV**/217, 220,222,223,224,225,226(2); as instructor of 2 singing boys: **IV**/220,222,223,224,225,226,227(3), 229; singer in Masque: **IV**/39; signed receipts: **IV**/217,218,224(2),225

BALTAZAR. Tabret. [see **ROBERT**].

BALTZAR, Thomas. Violin in the Private Musick. Appointment/place: **I**/27,80,219,221,227; **VIII**/147; **V**/32,124; paid for strings: **I**/37,48; **V**/115,118; paid for supplying violins: **I**/21; **V**/109; payments to: **V**/108,112,115; witness: **I**/262

'BALYNGHAM', Marches of Calais. **VII**/52

BAN, -. Petty-canon, Westminster Abbey. **VII**/130

BANASTER, Gilbert. Master of the Children of the Chapel. **VII**/4(2),5

BANBURY, co. Oxford. **VI**/52; **II**/20

BANFIELD, John. **III**/24,171

BANKE, Jacob. **VI**/181

BANK (BLANK), John. [see **BLACK**]

BANKS, Thomas. **VI**/230

BANKS, Mrs. Elizabeth. **V**/266(2)

BANISTER, Elizabeth. **VIII**/271

BANISTER, Mrs Henrietta. Harpsichord teacher to Princess Ann of Denmark: **II**/121; **V**/284

BANISTER, James. Violin. Appointment/place: **I**/158,159,160,231; letter of attorney: **I**/158; **II**/7; coronation of Jas. II: **VIII**/261; payments: **V**/143,145,149,152,155, 157,159,161; **VIII**/245,246,251,253, 258; petition against: **I**/195,196, 213-4; **VIII**/271; summoned for practice: **I**/168,214

BANISTER, Jeffrey. Violin. Appointment/place: **I**/37,52,88,123,218, 221,222,225,226,229; **V**/51; **VIII**/166,171,191; to serve in the Chapel: **I**/109; duty rota: **I**/83, 109; expenses: **I**/70,72(2),100; intended journey abroad: **I**/211; letter of attorney from: **I**/139, 159,161; livery: **I**/247,248,253; is owed/promised money: **I**/82,115,158, 281,(292?); routine payments to: **V**/118,121,123,126,129,130,132,137, 139,143,145,149,152,155,157,159, 161; **VIII**/172; petition of: **VIII**/177; petition against: **I**/97(2), 114,118(2),127,128,211; Poll Tax: **VIII**/270; to attend at Theatre Royal: **I**/59,140

BANISTER, John [I]. Violin in ordinary and in the Private Musick. Appointments/places: **I**/38, 42,88,186(2),188,189,190,216,217, 221,225,226,228,229,231(2); **V**/28, 35,41,78(2); **VIII**/152(2),154,157, 159,179,191; arrears: **VIII**/166, 170; to attend in the Chapel: **I**/98,109,113; coronation of Chas. II: **I**/15; arrested: **I**/78,143; to attend the Queen: **I**/72; **V**/229; **VIII**/153; to attend in the Theatre Royal: **I**/140; in *Calisto*: **I**/146; in charge of 12 violinists to receive Catherine of Braganza: **I**/32; in charge of select band of 12 violinists: **I**/47,59,63,75; **V**/43,53; **VIII**/160,161; replaced in that post: **I**/75; **V**/55; Corporation of Musick: **V**/256(2),257,258; duty rota: **I**/83; expenses: **I**/43,47,48, 70,72,100,143,149; **V**/117,118(2), 130(3),162; intended journey abroad: **I**/185; **VIII**/136?; letter of attorney: **I**/138-9,145; **V**/66,67, 70,75; livery: **I**/15,36,238(2),240, 241,242,243,244,245,246,247,248 (2),249,250,251,253,254(2),266, 269,273,276,279,284,293; **VIII**/156; to obey the Master of the Musick: **I**/74; routine payments to: **V**/107, 111,114,117,121,123,126,128,132, 136,139,142,145,149,152,155(2), 157,173,174,175,177(2),178(3),179 (2),181,182,186,187,188,189,192, 196,197,199,202,204,206,207(2), 217,221(2),223,224; **VIII**/171,172, 186,188,196,202,203,210,215,221, 225,229,235(2),236,245,259(2); petition against: **I**/60,64,65(2), 66,79,129,131(2),177; **VIII**/180, 181(2); petition by: **I**/142,144; **VIII**/171,177,227; Poll Tax: **VIII**/

270(2); subsidy: I/50; **V**/44; **VIII**/165; bought strings: I/152; **V**/147; bought violins: I/37; **V**/112; collected wages of William Youckney, deceased: **V**/128

BANISTER, John [II]. Violin. Appointment/place: I/186,189-90, 231; II/2,3,5,27,28,44,121,122, 124,127,128,130,132; **V**/78,287, 289,290,292,293,294,295,296; arrears: II/23,70,157,158,159; coronation of Jas. II: **VIII**/261; of Wm. & Mary: II/25; expenses: II/18,21; replaced for journey to Holland: II/35(2),39,40,46; livery: II/48,78,163(2),164(2),165 (2),166,167(2),168,169(2),170(2), 171(2),172,173(2),174,175,176(2), 177,178; **VIII**/298,313; pass for: **VIII**/235; routine payments to: II/136,137(2),139,144,147,151; **V**/155,157,159,161,165; **VIII**/246, 251,253,258,262,284,297; to attend at the Theatre: I/214; II/91,102; **V**/78,155

BANISTER, Mary. Wife of James [*q.v.*]. II/7

BANISTER, Mrs. **VIII**/296,298

BANISTER, Widow. **VIII**/247,253

BANNESTER, Thomas. Musician at Nursery Theatre. Arrest and discharge: I/123(2)

BAPTIST, -. Hautboy. Journey to Holland: II/39,40,41

BAPTIST, Mrs. Woman attending Queen Elizabeth: **VI**/37

BARBER (BARBOR), William. Gentleman of the Chapel. coronation of Ed. VI: **VII**/105; of Mary: **VII**/130; establishment: **VII**/124,424; **VIII**/10; forfeit: **VII**/85; funeral of Hen. VIII: **VII**/109; of Ed. VI: **VII**/127,128,129; lease of lands: **VII**/136,140; subsidy: **VII**/91,93,99,102,113,419,421

BARBOR, Piers. **VII**/177(2)

BARBOUR, Walter. Clerk. **VII**/1

BARD, Sir Henry. [Baron Dromboy & Viscount Bellsmont] Fees paid upon his Creation: III/102,121

'BARDEN PARK'. **VII**/408

[BARDNEY] BARDENEY, co. Lincoln. **VII**/4

BARFIELD (BARFOOTE,BURFIELD), Roger. Trumpeter. (a) to Prince Henry: **IV**/28,36,211; (b) to Prince Charles/Chas. I: **IV**/222,223,224, 225,227,228,230; III/7,12,132,135 (2); **VIII**/67,90; funeral of Prince Henry: **IV**/36; of Q. Anne of Denmark: **IV**/48; of James I: III/4; livery: III/6; subsidy: **IV**/66,67; **V**/2

BARFORD, Warwicks. **VIII**/50

BARKER, Francis. **V**/74

BARKEHAM, Sir Edward. Sheriff of Lincoln. **VIII**/339

BARKING, **VII**/137; **VIII**/38,44
- All Hallows. III/128

BARLEE, William. Chaplain. **VII**/63

BARNARD, Bartram [see **BROUARD**]

BARNARD (BERNARD), Jasper de. Sackbut. Livery: **VII**/64; payments to: **VII**/255,256,257,258,259,260, 262,263,265,266

BARNARD, John. Probably the Vicar Choral at St. Paul's Cathedral. Collected wages for Robert and Giles Tomkins: III/221,222

BARNES, co. Surrey. II/90

BARNES, Charles. Gentleman of the Chapel. Appointment/place: **V**/93, 97,290,291,293,294,295,296; coronation of Q. Anne: II/72; expenses: II/81(2),84,89,92,103; payments to: **V**/236,238,241

BARNES, John. III/25

BARNES, William. Priest of the Chapel. **IV**/3,7; **VIII**/54,319(2), 321

BARNES, William. Witness. **V**/68

BARO, Monsieur. Gift from Chas. I: III/72

BARR [BEER,BEHR], Gottshalk. Musician [Lute/Keyboard?] to Charles I. III/62,63,161,162,194, 196,197,198,200,202,205,206,210, 213,216,219,222,225,228,231,234, 237,239; **VIII**/106(2),112

BARRE, Katherine de la. Niece of Claude de Grange. **V**/90; **VIII**/

340

BARRETT, John. Child of the Chapel. Warrants at dismissal: **II**/42(2); **VIII**/286

BARROW. **VI**/52

BARROW, James. **V**/90

BARSTON, Robert. Common servant in the Chapel: **IV**/232

BARTEESKE, John. Kettle-drummer. **I**/4,216

-. BARTHOLOMEW. Collector of customs, Bristol. **VII**/38

BARTHOLOMEW (SOWN?) drummer, **VII**/207-9,210(2),211(2),212(3),213(2),214,215(2),216,217(3),218(2)

BARTHOLOMEW (PFEIFFER) or fifer? [see PFEIFFER]

BARTHOLOMEW [see ROOKEBAUGH]. Drummer.

-. **BARTHOLOMEW**. Drummer, Payments to: **VII**/207,208,209,210(2),211(2),212(3),214,215(2),216,217(3),218(2)

BARTHOLOMEW (BARTLEME), Mr. Harpsichordist in *Calisto*. **I**/145,150

BARWELL, Thomas. Trumpeter. Appointment/place: **I**/172,199,200,233; **II**/2,29,66,121,123,129(2); **V**/285,286; journey to Holland: **II**/34,35(2),41; losses at sea: **I**/204; trumpet repairs/replacement:: **II**/181(2),184,188

BASDEN, William. Child of the Chapel. **VII**/422

BAS(E)CHURCH, Shropshire. **VIII**/34

BASEFORD, co. Notts. **II**/10

BASING. **VI**/163; **VIII**/52

BASRIER, Mr. Violinist in *Calisto*: **I**/146

BASSANO FAMILY. **VII**/78,95,118; **VI**/vii,xii,xv,76; **VIII**/6,21,23

BASSANO, Alvise (Alinxus,Lewis). Recorder. [His name continued to be listed in payments long after he died, although the money was paid to Lodovico, his son and successor]. Appointment/place: **VII**/80; **VI**/21,28,168; **VIII**/26; coronation of Ed. VI: **VII**/106; denization: **VII**/ 94; funeral of Hen. VIII: **VII**/110; of Ed. VI: **VII**/125; livery: **VII**/89,120,134; New Year's gifts/rewards: **VII**/118,283,289,299,306; payments to: **VII**/113,333(2),334(2),335(2),336(2),337,339,340,341,342(2),343,344(2),345,347,348(2),349,350(2),415(2); **VI**/172,173(2),174(2),175(2),176(2),177(2),178(2); petition: **VII**/415; petition/dispute after his death:: **VIII**/23; rewards: **VII**/86; subsidy: **VII**/91,92,98,112,418,420,422; **VIII**/9

BASSANO, Andrea. Gunner. **III**/127; **V**/24; **VIII**/130(2)

BASSANO, Andrea. (a) Sackbut. Appointment/place: **VI**/27; **IV**/232,233; **III**/20(2),21; dwelling at: **VIII**/31,336; funeral of Q. Eliz.: **IV**/1; of Jas. I: **III**/3; expenses: **IV**/91(2),115; licence to transport calf-skins: **VI**/60; **IV**/9(2); **VIII**/46,48,56; New Year's gifts/rewards: **VI**/66,70,127; **IV**/10,12; **VIII**/64; payments to: **VI**/186(3),188(7),189,190(3),191(3),192,194,195(2),197,198,199(4),200,201(2),202(2),204,206(2),208,209,212(2),213,215,217(2),219(7),220(3),222(2),224,225,227,229(2),230(2),231,233,234(3),236(2),237,238(3),239,240,241(2),242(2),243,244(2),245(2); **IV**/119(2),120,121(2),122(5),123,124,125,126,127,128(2),129,131(2),133,134,135,136,137,138,139,140,141(2),142,143,144(2),145,146,147,148,149,150(2),151,152,153,154,155,156,157,158(2),159,160,161,162,163,164,165(2),166,167,168,169,170(2),171,172,173,174,175,176,177,178,179,180,182,183,184,186,187(2),188,190(2),191,192,193,194; **III**/164,167,169,172; subsidy: **VI**/53,58,67,71,74; **IV**/17,20,25,60,62,64,67; **III**/9,14; witness: **IV**/58; **V**/1; (b) instrument maker. Appointment/place: **VI**/166; **IV**/5,33(2); **III**/117,136(2); payments to: **IV**/73,74,76,77,79,81,83,85,87,89,91,93,94,96,98,100,101,104,106,108,110,112,114,115; **III**/133,136; repairs to organs: **IV**/44,111; repairs to virginals: **IV**/92,95,98,102,109; **III**/134

BASSANO, Anthony [I]. (a) Recorder. Appointment/place: **VII**/80; **VI**/28, 31(2); commercial licence: **VII**/77, 84; coronation of Ed. VI: **VII**/106; of Q. Eliz.: **VI**/5; denization: **VII**/94; diet: **VII**/82; dwelling at: **VIII**/21,25(2),26,29,31; establishment: **VII**/123; **VIII**/10; funeral of Hen. VIII: **VII**/110; of Ed. VI: **VII**/125; livery: **VII**/89, 120,134,138,146,148; **VI**/7,8,9,10, 12,14,88,90,92,93,95,97,100,101, 105(2),107,109,111; New Year's gifts/rewards: **VII**/283,289,299, 306; payments to: **VII**/113,333(2), 334(2),335(2),336(2),337,339,340, 341,342(2),343,344(2),345,346,347, 348(2),349,350(2); **VI**/168,172,173 (2),174(2),175(2),176(2),177(2), 178(2),179,180,181,185(2),186,187, 189; petition: **VII**/415; reward: **VII**/86; subsidy: **VII**/90,91,92,98, 112,418,420,422; **VI**/16,22,25; **VIII**/9,13,14; Venetian taxes: **VII**/95; (b) Instrument maker. New Year's gifts/rewards: **VII**/273, 278; payments to: **VII**/272,274,275, 276,277,279,280,282

BASSANO, Anthony [II]. Recorder /flute. Appointment and place: **IV**/24,42(2),67,68,112; **I**/9,217, 218; **VIII**/87; burial: **III**/128; in duty rota: **III**/52,74,94; executor for Arthur Bassano: **IV**/67; expenses: **VIII**/91; funeral of Q. Eliz.: **IV**/1; licence to export calf-skins: **VI**/60; **IV**/9(2); in Musicians' Company: **V**/246; New Years gifts: **III**/22; **IV**/24; **VIII**/ 64; paid for supplying instruments: **III**/57,141,144; payments to: **VI**/192(2),193(2),194(2),225 (2),227(3),230(3),231,233(4),234, 237(3),239(3); **IV**/124(2),125(2), 129,161,162,163,164(2),165,166, 167,168,169,170(2),171,172,173, 174,175,176,177,178,179,180,181, 183,184,186(2),187,188,189,190, 191,192,193(3),194; **III**/164,165, 168(2),171,175,177,178,181,184, 187,189,191,194,197,203,205,208, 211,214,216,217,219,220,222,223, 225,226,228,231,234,236,240; **VIII**/ 113,114,117,130; subsidy: **IV**/60, 62,67; **III**/9,14,32,35,37,108; **V**/1; witness: **IV**/58

BASSANO, Arthur. Recorder. Appointment/place: **VI**/24; **IV**/24,68-9,232, 233; dwelling at: **VIII**/31,336; funeral of Q. Eliz.: **IV**/1; licence to export calf-skins: **VI**/60; **IV**/9 (2); **VIII**/46,48,56; misdemeanours of: **VIII**/40; New Year's gifts: **VI**/66,70,74; **IV**/10,12; **VIII**/64; payments to: **VI**/105(4),127,179,183 (3),184(2),185(3),186(2),188(5), 189(3),190(2),192,193,194(2),195 (2),196,197(2),199,201,202(4),203 (2),204(3),205,206,207,209(3),212 (2),213,215(3),217,219(8),220(3), 222,224(3),225,227(3),229(4),230 (2),231(2),233,234(3),235,236(3), 237,238,239,240,241(2),242(2),243, 244(2),245(2); **IV**/119(2),120,121 (2),122,123,124,125,126,127,128 (2),129,131,132,133,134,135,136, 137,138,139,140,141(2),142,143, 144,145(2),146,147,148,149,150, 151,152(2),153,154,155,156,157, 158(2),159,160,161,162,163,164(2), 165,166,167,168,169,170(2),171, 172,173,174,175,176,177,178,179, 180,181,183,184,186,187(2),188, 189,190,191,192,193(2); probate for: **IV**/67; subsidy: **VI**/32,53, 58,67,72; **IV**/18,20,25,60

BASSANO, Augustine. Recorder. Appointment and place; **VII**/118 (2); **VI**/11; **IV**/232; coronation of Q. Eliz: **VI**/5; death: **IV**/122; denization: **VII**/94; dwelling at: **VIII**/21,28,30,45,335; establishment: **VII**/123,311; **VIII**/10; funeral of Ed. VI: **VII**/125; of Q. Eliz.: **IV**/1; livery: **VII**/120,134, 139,146,148; **VI**/7,8,9,10,12,14,88, 90,92,93,95,97,100,101(2),102(2), 105(2),106,107,109,111,112,114, 117,118,120,122,124,126,127,133,

136,138,139,141,142,144,145,147,
148,150,151,153,154,155,157,158,
159,161,163,164,166; **IV**/73,74,76;
payments to: **VII**/341(2),342,343
(2),344(2),345,346,347,348(2),349,
350(2); **VI**/172,173(2),174(2),174
(2),76(2),177(2),178(2),179,180
(2),181,182(2),183(5),184,185,
186(2),1872),188,189,190,191(2),
192,193(4),194,195,197,199,201,
202,204,206,207,209,211,213,215,
217,221,223,225,227,229,231,234,
236,237,239,241,242,243,245; **IV**/
119,120,121,122; subsidy: **VI**/16,
22,32,41,53,58,67,72; **IV**/18,20,25;
VIII/13,14
BASSANO, (John) Baptist. Recorder.
Appointment/place: **VII**/80; **VI**/28,
36(2); coronation of Ed. VI: **VII**/
106; of Q. Eliz.: **VI**/5; deniza-
tion: **VII**/94; diet: **VII**/82;
dwelling at: **VIII**/9,28,30; estab-
lishment: **VII**/123; **VIII**/10;
funeral of Hen. VIII: **VII**/110; of
Ed. VI: **VII**/125; livery: **VII**/89,
120,134,138,146,148;**VI**/7,8,9,10,
12,14,88,90,92,93,95,97,100,101
(3),105,107,109,111,112,114;
New Year's gift/reward: **VII**/283,
289,299,306; **VI**/2-3,14; passport
for: **VII**/97,120; payments to:
VII/333(2),334(2),335(2),336(2),
337,339,340,341,342(2),343,344(2),
345,346,347,348(2),349,350(3),382
(3),415; **VI**/168,172(2),173(2),174
(2),175(2),176(2),177(2),178(2),
179,180,181,182,183,185(2),186,
187,188,189,191(2),194; petition:
VII/415; property acquired: **VI**/21;
reward: **VII**/86; subsidy: **VII**/90,
91,92,98,112,418,420,422; **VI**/16,
22,32,35; **VIII**/13,14
BASSANO, Daniel. Licence to export
calf-skins: **IV**/24
BASSANO, Edward [I]. Recorder.
Appointment and place: **VI**/31(2);
IV/42(2),232,233; death: **IV**/161;
dwelling at: **VIII**/336; expenses:
IV/91; funeral of Q. Eliz.: **IV**/1;
licence to export calf-skins: **IV**/
9; livery: **VI**/46(2),170; New

Year's gift: **VI**/66,70,74,127;
IV/10,12; **VIII**/64; payments to:
VI/181(3),182,185,186(2),187,189,
191,192,194,195(5),196(4),19,199
(2),200,202(10),203(3),204,206(2),
207,208,209(2),210,212(3),213(3),
215,217(2),219(6),220(5),222,223,
225,227(2),229,230(2),231,232,233,
234,235(2),236,238(2),239,241(3),
242(2),243,244,245(3); **IV**/119(2),
120,121(2),122,123(5),124,125,126,
127,128(2),129,130,131,132,134,
135,136,137,138,139,140(2),141,
142,143,144(2),145,146,147,148,
149,150,151(2),152,153,154,155,
156,157,158,159(2),160,161(2);
subsidy: **VI**/32,53,58,67,72; **IV**/18,
20,25
BASSANO, Edward [II]. Wind instru-
ments. Appointment/place: **III**/27,
28,100,101; **V**/299; **VIII**/97; death:
III/236; duty rota: **III**/52,95;
payments to: **III**/176,180,182,184,
188,190,192,195,199,203,205,208,
211,214,217,219,221,222,223,225,
226,228,231,235,236; **VIII**/114,116;
petition against: **III**/40,42,53,60;
subsidy: **III**/33,34,37
BASSANO, Elizabeth. Daughter of
Anthony [I]. **VIII**/31
BASSANO, [Ellen]. Wife of Mark
Anthony [*q.v.*] His wages collected
by: **VI**/216(3),218(3),221(2),223
(2),225(4),227(4),230,232,234,235
(2),237
BASSANO, Helen/Elina. Wife of
Anthony [I]. **VIII**/25(2),26,29
BASSANO, Henry. Recorder; flute;
tenor hautboy. Appointment/place:
IV/51,55,58; **III**/19,20,21,112,129;
I/20,67(2),72(2),92,217,220,221,
228; **V**/53,58,59; **VIII**/144(2),183,
197-9; arrears: **I**/284,285; board-
wages for: **V**/227,228; coronation
of Chas. II: **I**/16; duty rota: **III**/
52,53,74,94; funeral of Jas. I:
III/3; letters of administration
for: **V**/53; letter from: **IV**/58,62,
77,80,85(2),97; **I**/262; livery:
III/56,62,68,77,80,85(2),104;
I/16,23,41,67,153,238(2),239,241,

262,273,284,285; **VIII**/158; misdemeanour by: **VIII**/117; in Musicians' Company: **V**/246; New Year's gift: **III**/22; payments to: **IV**/190,192,193,194; **III**/123,164, 166,167,171,172,174,176,177,179, 180,181,182(2),184,185,187(2),189 (2),191,194,198,202(2),205(2),208 (2),211(2),214(2),216(2),217,219 (2),220(2),222(2),223(2),225(2), 226(2),228(2),231,234(2),236(2), 238(2),241(2); **VIII**/113,114,117, 132,187,189,190; petition against: **III**/24,41,51,96; **V**/168,171,175, 184,187,192; in subsidy list: **IV**/60; **III**/33,34,37,108; **I**/50; **VIII**/165

BASSANO, Jacopo. Merchant. **VII**/77,84

BASSANO, Jasper. Recorder. Appointment/place: **VII**/80; **VIII**/36; coronation of Ed. VI: **VII**/106; of Q. Eliz.: **VI**/5; death: **VI**/38; discharge from debt: **VI**/28; denization: **VII**/94; diet: **VII**/82; dwelling at: **VIII**/9; establishment: **VII**/123; **VIII**/10; funeral of Hen. VIII: **VII**/110; of Ed. VI: **VII**/125; livery: **VII**/86,89,120, 134,139,146,148; **VI**/7,8,9,10,12, 14,25,35,88,90,92,93,95,97,100, 101,105,107,109,111,112,114,117; New Year's gifts/rewards: **VII**/283, 289,299,306; payments to: **VII**/333, 334(2),335(2),336(2),337,339,340, 341,342(2),343,344(2),345,346,347, 348(2),349,350(2),368; **VI**/168,172, 173(2),174(2),175(2),176(2),177 (2),178(2),179,180,181,182,183, 185(2),186,187,188,189,191,193; passport for: **VII**/86; subsidy: **VII**/90,91,92,98,112,418,420,422; **VI**/16,32; **VIII**/9,10

BASSANO, Jerome. Recorder; viol. Appointment/place: **VI**/38,39; **IV**/51,55,58,232,233; **VIII**/36, 144; burial: **III**/84; duty rota: **III**/52(2); dwelling at: **VIII**/31, 336; expenses: **IV**/91; funeral of Q. Eliz.: **IV**/1; of Jas. I: **III**/3; licence to transport calf-skins: **VI**/60; **IV**/9(2); **VIII**/46,48,56;

Musicians' Company: **V**/246; New Year's gifts: **VI**/50,66,70,74,127; **IV**/10,12; **III**/22; **VIII**/64; payments: **VI**/194(2),195,196,198 (2),199(2),200,202,203,204(4),205, 206(2),207(4),208(4),209(2),210 (2),213(4),214(2),215(2),216-8,219 (8),220(4),222(8),223(2),225,227, 229,230(2),231,233,234,235(2),236, 237,238(2),239,241(3),242(2),243, 244(2),245(2); **IV**/119(2),120,121 (2),122-7,128(2),129,131-8,139(2), 140-4,145(2),146-9,150(2),152(2), 153-7,158(2),159-163,164(2),165- 170,171(2),172,174(2),175-180,182, 183,185,186,187(2),188-194; **III**/ 164,166-8,171,176,179,180(2),181, 182,184,187,189,191,194,197,202, 205,208,211,214,216; **VIII**/113; strings for viols: **IV**/84,89,92; subsidy: **VI**/53,59,67,72; **IV**/18,20, 25,60,62,67; **III**/9,14,32,35,37; **V**/1

BASSANO, John (Evan,Zuan,Zinzan). Recorder. Appointment/place: **VII**/ 80; coronation of Ed. VI: **VII**/106; of Q. Eliz.: **VI**/5; discharge of debt: **VI**/28; denization: **VII**/94; diet: **VII**/82; dwelling at: **VIII**/9; establishment: **VII**/123; **VIII**/10; funeral of Hen. VIII: **VII**/110; of Ed. VI: **VII**/125; livery: **VII**/86, 89,120,134,139,146,148; **VI**/7,8,9, 10,12,14,88,90,92,93,95,97,100, 101,105; New Year's gifts/rewards: **VII**/283,289,299,306; passport for: **VII**/119; payments to: **VII**/113,333, 334(2),335(2),336(2),337,339,340, 341,342(2),343,344(2),345,346,347, 348(2),349,350(2),368,415; **VI**/168, 172,173(2),174(2),175(2),176(2), 177(2),178(2),179,180,181; petition of: **VII**/415; subsidy: **VII**/90, 91,92,98,112,418,420,422; **VIII**/13, 14; uncle of Lodovico: **VI**/10; of Augustine: **VI**/24

BASSANO, Julius. **VII**/94

BASSANO, Julye. Daughter of Anthony [I]. **VIII**/31

BASSANO, Laur[a]/Laur[ence]? **VII**/94

BASSANO, Lodovico/Lewis. Sackbut/ recorder. Appointment/place: **VI**/10,21; **VIII**/26; coronation of Q. Eliz.: **VI**/5; death: **VI**/64; livery: **VI**/41,88,90,92,93,95,97,100,101, 105,106,107,109,111,112,114,117, 118,120,122,124,126,127,134,136, 138,139,141,142,144,145,147,148, 150,151; payments to: **VII**/181(2), 182,183,184,185(2),186(3),187(2), 188(4),190,191,192,193(3),194,196, 198,200,201,203,205,207,208,210 (2),213,214,216,218,219(6),220(3); subsidy: **VI**/22,32,53,58

BASSANO, Mark Anthony. Recorder/ sackbut. Appointment/place: **VI**/14; **VIII**/50; death: **VI**/70,239; discharge of debt: **VI**/28; dwelling at: **VIII**/31,336; livery: **VI**/15,21, 25,26,27,30,34,37,38,39,41,42,44, 45(2),47,48,49,50,51,53,56,57,60, 63,64,65,66,67,69,133; misdemeanour by: **VIII**/41; New Year's gifts: **VI**/46,127; payments to: **VI**/20,49, 178(2),179(2),180(2),181,182,183, 184,185(5),187(3),188(3),190,191, 192(2),194,195,196,198,200,201, 203,205,207,208,209,210,212,214, 216,218,221,223,225,227,229,230, 231,232,233,234,235(2),237; riding charges: **VI**/111,113,115,133; subsidy: **VI**/16,19,20,23,33,54,58, 60,67

BASSANO, Noel. Executor of Jerome [*q.v.*]: **III**/84; payments to: **III**/181,185,187,189(2),191(10), 194(6),205(8),208(9),211(5),214 (5),216,223(6),225(6),226(7),228 (7),231(9),234(10),235(6),236(10), 238(2),239; witness: **III**/85

BASSANO, Paul. **VII**/94

BASSANO, Robert. Collected wages of Jerome and Edward: **VI**/223(4), 225(2)

BASSANO, Scipio. Musician. Appointment and place: **IV**/24(2), 40; death: **IV**/156; licence to export calf-skins: **IV**/9; **VIII**/56; New Year's gift: **VIII**/64; payments to: 143(2),144,145(2),146,148(2), 149,150(2),152(2),153,154,155, 156(2)

BASSANO, Thomas. Flute. Appointment /place: **IV**/43(2),46(2); **VIII**/73; payments to: **IV**/162,163,164(2), 165,166,167,168,169

BASSANO, William. Licence to export calf-skins: **IV**/24

BASSANO, William. [Perhaps the same as above]. Witness: **III**/97

BASSANO, Zacharias. **VII**/94

BASSETT, -. **VII**/152

BASSOCK, Robert, Serjeant of the Vestry. Coronation of Ed. VI: **VII**/105; of Q. Mary: **VII**/131; of Q. Eliz.: **VI**/4; to receive items for Chapel: **VII**/116,130; establishment: **VII**/124; **VIII**/11; forfeit: **VII**/83; funeral of Hen. VIII: **VII**/109; of Ed. VI: **VII**/127, 129; of Q. Mary: **VI**/2; subsidy: **VII**/91,93,99,103,113,419,421; **VI**/13,17,24; **VIII**/14

BASTIAN. **VII**/375

BASTIAN (see **PFEIFFER**)

BASTIAN, -. Piper. **VIII**/8

BATAGLIO (BATTAGLIA), Matteo. Italian musician. **I**/99; **V**/271; **VIII**/175

BATCHE [see **BACH(E)**]

BATEMAN, Mark. Trumpeter. Appointment/place: **VI**/161; funeral of Q. Eliz.: **IV**/2; of Q. Anne of Denmark: **IV**/48; of Jas. I: **III**/2; livery: **VI**/69,70(2),71,74; payments: **VI**/161,162,164,165; **IV**/72; subsidy: **IV**/72

BATEMAN, William. **VII**/306

BATE(S), Thomas. Yeoman of the Vestry. **VI**/2,4,13,18

BATES, Abigail. wife of Thomas. **I**/248; **V**/76,207,272(2),274(2), 275(3)

BATES, Thomas. [a] Viol. [b] Instructor to the royal children. Appointment/place: **I**/3,7,10(2),179 (2),216,217,219,225,228,231; **V**/31, 32,74(2); **VIII**/148,154,167; appoints attorney: **V**/35,39,46,52 (2),54,57,61,62,73,75; appointed as attorney: **V**/145; bounty for widow: **V**/272-4; to play in the

Chapel Royal: **I**/35,44(2); in *Calisto*: **I**/145; coronation of Chas. II: **I**/15; bass viol bought: **I**/37; **V**/113; expenses: **I**/109(2), 164; **V**/113; to journey 'abroad': **VIII**/171; loan by: **I**/161; livery: **I**/27,32,36,38,238(3),240-6,247(2), 248(3),249-251,253,254(2),266,267, 269(2),272,273,276(2),277,280(2), 281,282(2),283-6,292,293,295; **VIII**/156; payments: **V**/72,172,173, 174(2),175,176(2),177(2),178(2), 179,180(2),181,182(2),186(3),187, 189,191(2),193(2),195,196(2),197, 198,199(2),200(2),202(2),204(2), 206(2),207,220,221,223(2),224(2); **VIII**/186,189,196,202,204,205(2), 206(2),208,209,212,214,215,221, 226,229,230,233,236,338; petition against: **I**/43,54,78(2),85; probate for: **V**/76; subsidy: **I**/50; witness: **I**/159; **V**/40,41

BATH. **IV**/202(2); **V**/130,131,134; **I**/48,53,61; **II**/20,144,148

BATH AND WELLS, Bishop of. Dean of the Chapel Royal. **III**/29,31

BATHELL, John, **VI**/207

BATOM (VANBARTEN), Bernard van. Trumpeter in 4th Troop of Guards. Appointment/place: **II**/29,125,129; **V**/286; trumpet for: 183,186

BATTALINE, Joseph. **VIII**/281

BATTEN, Adrian. Singing man; composer. At funeral of Jas. I: **III**/4; composition by: **I**/163

BATTLE (BATTELL), Elizabeth. Witness to will of Morgan Harris. **II**/36; arrears due to: **V**/104

BATTLE, Ralph. Sub-Dean of the Chapel Royal; Sub-Almoner. Appointment/place: **V**/88,94,96(2), 287; **VIII**/297; arrears: **II**/156; certified work on organ: **VIII**/302; coronation of Q. Anne: **II**/72; establishment: **II**/73; expenses: **II**/80,81,84,89,92,102,107,110(2), 114,146,148,157; **VIII**/298; payments to: (a) for transcription of anthems: **II**/141; **VIII**/288; (b) routine: **V**/235-7,239,240,242(2), 243; witness to will of Morgan Harris: **II**/36

BATTLE, William. Gentleman of the Chapel Royal. Appointment/place: **V**/101(2); expenses: **II**/103,107,110 (2),114,117,155; payments to: (a) for Chapel Royal Feast: **II**/148; (b) routine: **V**/240-3

BAUMEISTER (BOWMASTER,PAWMESTER), John Abraham. Gentleman of Jas. II's Catholic Chapel.**II**/16,21,121, 122; **V**/84,86,300

BAWDSEY, Suffolk. **VIII**/26

BAWTRE, Thomas. Collected livery payments for Elizabeth Lanier. **I**/237,238,240(2),241,242,271

BAXTER, Robert. Choirboy in the Chapel Royal. Riding charges: **VI**/163

BAYLIE, Richard [see BAILEY]

BAYLIE, William [see BAILEY]

BAYNARD, William. **VII**/78

BAYNING, Paul, Viscount. **VIII**/118

BEACH, Sir Richard. Petition against H. Madge. **I**/174,175

BEALE, Mr. Repairs to recorders: **I**/157

BEALE, John, **VII**/

BEALE, Simon. Trumpeter. Appointment/place: **I**/1,22,216,223,230, 233; to Cromwell: **VIII**/135(3); expenses: **I**/49; **V**/134; in Queen's Troop of Guards: **V**/282,283; payments: **V**/107,110,114,116,117,120, 127; **VIII**/135(3),167,270; petition against: **I**/40; petition by: **I**/188; subsidy: **I**/50; **V**/43; trumpet for: **I**/34,96,154; trumpet stolen: **I**/154

BEARD, Mr. **VIII**/102

BEARDWELL. John [I]. Musician. **I**/86; **V**/259

BEARDWELL, John [II]. Musician. **I**/104,107; **V**/267

BEAUCHAMP, William, **II**/108

BEAUCHESNE (BEWSHESNE), John/Jean de. Writing-master to Henry, Prince of Wales. **IV**/34,39,148,150, 156; **VIII**/65

BEAUFORT, Lady Margaret. Countess of Richmond. **VII**/29,34; **VIII**/1

BEAULIEU, co. Hants. **VII**/2,35

BEAUMAN (BEAUMOND,BEAUMONT,

Robert [see **BOWMAN**]
BEAUPUIS [BOPIUS], Mr. French singer. **I**/145,150
BECK, -. Gentleman of the Chapel Royal. **III**/117
BECKETT, Eleanor. **I**/121
BECKETT, Philip. Violin; wind instruments. Appointment/place: **I**/3,10(2),88,141(2),179(2),216, 218,221,225,226(2),228,229,231; **V**/27,28,74(2); **VIII**/153,233; in select band: **I**/75; in Chapel Royal: **I**/98; in theatre: **I**/140; arrested: **I**/73; coronation of Chas. II: **I**/15; duty rota: **I**/83; establishment: **VIII**/167,191; expenses: **I**/46,47,100; violin and cornett for: **I**/21; **V**/109; journey: **I**/32; payments: **V**/107,111,115,121, 123,126,129,132,137,139,173,174, 177,182,187(3),192,197,199,201, 204,206,207,221,224; **VIII**/186,189, 196,202,209,215,221,225,229,236, 338; petition against: **I**/82,118, 119,121; directs practice: **I**/73; subsidy: **I**/50; **V**/44; **VIII**/165
BECKETT, William. Confessor to the Royal Household. **IV**/28,29,59; **III**/1
BECKHAM, Edmund. Gentleman of the Chapel. Establishment: **VII**/424
BEDDINGFIELD, Anthony. Recusant. **IV**/15
BEDE, John. **II**/78
BEDELL/BETHELL, John. Conspirator. **VII**/423(2)
BEDELL, Lady. **VIII**/58
BEDELL, William. Treasurer to Margaret Beaufort. **VIII**/1(3)
BEDFORD, Earl of. **I**/106
BEDFORD, Lady/Countess of. **VIII**/58, 75,77
[BEDMINSTER] BEDMYSTER, co. Somerset. **VII**/143
'BEDWELL'. **VII**/378
BEECH (BEACHE), Robert. Trumpeter. Appointment/place: **IV**/53,107,109 (2); **VIII**/83(2),95; **III**/22(2); funeral of Q. Anne of Denmark: **IV**//48; of Jas. I: **III**/2; livery: **IV**/53,54,68; **III**/6; payments: **IV**/107,109(2),111,113; **III**/132, 134,137(2); subsidy: **IV**/61,63,65, 66; **III**/13; **V**/2
BEELAND, Ambrose. Violin. Appointment/place: **III**/103,104,113,129, 157; **I**/20,88,113,120,221,225,226, 229; **V**/74; **VIII**/126,191; arrest: **III**/41; coronation of Chas. II: **I**/15; duty rota: **I**/83; expenses: **I**/35,47,100; tenor violin for: **I**/34; payments: **III**/157,159; **V**/ 107,111,114,120,123,126,128,131, 136,138,142,144,149; **VIII**/129, 134; signed petition: **III**/111; to practise with Beckett: **I**/73; privileges of post: **III**/103-4; subsidy: **III**/109; **I**/50; **V**/44; **VIII**/165
BEERECHURCH, co. Essex. **IV**/15
BEIGHTON, Nicholas. Gentleman of the Chapel Royal. **VI**/34,55; **VIII**/318 (2),320
BEJARD. French musician. **I**/150
BELL, Christopher. Wind instruments. Appointment/place: **III**/13,16,112,129; **I**/10,20,218; **V**/27,28(2); **VIII**/153; Company of Music: **V**/246; coronation of Chas. II: **I**/16; duty rota: **III**/52,53,74, 95; infirmity: **III**/95; double sackbut for: **III**/68,146; payments to: **III**/166,168(3),172,177,179, 181,184,188,191,193,196,199,200, 202,205,208,211,214,216(2),218, 222,224,227,232(2),233,235,239, 240; **V**/173,174,221; **VIII**/114,116, 117; petition of: **IV**/62; New Year's gift to: **III**/22; subsidy: **III**/14,32,34,37,108
BELL, Edmund. Public Notary. **II**/7
BELL, Henry. Fife. Appointment/ place: **VIII**/8; coronation of Q. Eliz.: **VI**/5; funeral of Ed. VI: **VII**/126; liberate for: **VIII**/13; livery: **VII**/120,134,139,141,147; **VI**/6,8,9,10,12,14,15,19; payments to: **VII**/341(2),342(2),343,344(2), 345,346,347,348(2),349,350(2); **VI**/172,173,174(3),175,176(3),177 (2),178(2),179,180,181; subsidy: **VI**/17,23

BELL, James. Sacristan in Jas. II's Catholic Chapel. **V**/85; **VIII**/281
BELL, Thomas. Clerk. **IV**/234
BELL, Thomas. Farrier. **VI**/134
BELLAMY, John. **II**/70,78,179
BELOO, David. Chaplain. **VII**/42
BENARD, John James. **I**/173
BENBOW, Thomas. **V**/42,224
BENBOW (BENDBOW), John. Gentleman of the Chapel. Appointment/place: **VIII**/320; involvement in conspiracy: **VII**/423; coronation of Q. Mary: **VII**/130; of Q. Eliz.: **VI**/3; establishment: **VII**/124; **VIII**/11; funeral of Ed. VI: **VII**/127,128(2); of Mary: **VI**/1; grant of office: **VII**/133; subsidy: **VII**/113,419,421; **VI**/13,17,24,34,55
BENESE, Richard. Clerk; surveyor of the works. **VII**/84
BENFORD, Augustine (Austin). Choirboy in the Chapel Royal. **I**/144, 161(2)
BENG, William. **I**/166
BENNET, Samuel. Scrivener's apprentice. **I**/210
BENSON, -. **VIII**/58
BENSON, Matthew. Choirboy in the Chapel Royal. **II**/80(2); **V**/292, 293,294,(295); **VIII**/304
BENSON, Mrs. Singer. **I**/145
BENSON, Robert. Trumpeter. **VI**/43, 45,46,47(3),48-51,53-4,56-7,59, 60,63-7,69-72,74,137-8,140-1, 143,145-6,148-150,152-3,155-7, 159,161-2,164-5; **IV**/2,5,6,15, 16,21,41,43,48,51,72,73,75,77- 9,81,84,86,88,90,92,94-5,97,99, 100,103,105(2),231
BENSKYN, Thomas. **I**/210
BENTHAM, Samuel. Gentleman of the Chapel Royal. Appointment/ place: **V**/82,88,97,287,289,290, 292-6; expenses: **II**/72,81(2), 84,89,92,97,102,110,114,117, 155; payments: **V**/236,238,241, 243
BENTLY, Richard. Singing man at Westminster Abbey. **IV**/3
BENYON, Mr. **I**/206; **VIII**/252

BENYON, Richard. **I**/54
BERDWELL [see BEARDWELL]
BERENAY, Paul Jasper. **V**/52
BEREPE, -. Chapel of Cardinal Wolsey. **VII**/62
BERKHAMSTED. **IV**/214
- St Peter's. **V**/34
BERKSHIRE. **VI**/56,60; **VIII**/44
BERMONDSEY, co. Surrey
- St Mary Magdalene. **I**/198
BERNARD, Jasper [see **BARNARD**]
BERNARDO, Signior. Gentleman of the Catholic Chapel. **II**/21
BERNERS, Lord. Deputy of Calais. **VII**/58
BERNEYHOSKI, Hans. Kettle drummer. Appointment/place: **I**/27,223; **V**/32; **VIII**/167; payments: **V**/107,110,114,116,117, 120,128; subsidy: **I**/51; **V**/44;
BERTAU (BERTO). Dancer. **I**/146,150
BERTI (BARTI), Francesco. Merchant. **VII**/339,341(2),242(2)
BERTIE, Charles. **VIII**/222(2),224, 225,226(2),227,228,229(2),230, 231(2),232,233,234
BERTIE, Peregrine. Vice-Chamberlain of the Household. **VIII**/293
BERWICK (BARWICK), Northumberland. **VI**/167; **IV**/73; **VIII**/23
BERWICK, Duke of. **II**/18
'BESINGBIE', Yorks. **VIII**/19
BETHAN, Dr. John. Chaplain in Jas. II's Catholic Chapel. **V**/86
BETHUNE, Madame de. **VIII**/225
BETON (BYTTON), William [I]. Organ maker. Appointment and place: **VII**/75,118,123,133; **VIII**/10; grant of rent: **VII**/100,115; payments to: **VII**/269,270,271,272,274,275,276, 277,279,280,281,283,284,286, 287,288,289,291(2),292,293,294, 296,298,299,300,302,303,305, 307,309,310,313,315,318,320, 378,384; **VIII**/9
BETON, William [II]. Son of William Beton [I]. **VII**/100,115
BETTENHAM, George. Gentleman of the Chapel. Appointment/place: **V**/88,287, 289; expenses: **I**/109,143,186; to attend at Windsor: **I**/136;

subsidy: **I**/51; **V**/45
BETTERTON, Thomas. Comedian. **II**/63
BETTS, Richard. **I**/91
BEXLEY, co. Kent. **IV**/57; **VIII**/85
BIBBY, John. Groom of the Chamber: **VI**/131
BICKNER, Robert. Bellringer. **IV**/50
BIGG, Huntly. **I**/282
BILLING MAGNA, co. Northants. **VI**/38, 56; **VIII**/35
BILLINGSLEY, Charles. **V**/53
BILLINGSLEY, Lt. Col. L. **II**/184
BINFIELD, co. Berks. **VI**/60
BINGHAM, George. Private Musick. Appointment/place: **II**/26,28,44, 57,124,126; **V**/287,289; coronation of William & Mary: **II**/25; journey to Holland: **II**/35,38, 40,41; livery: **II**/48,163(2),164 (2),165,166(2),167(2); petition against: **II**/56
BIRCH, George. Interlude player. **VII**/313,315,320
BIRCH, John. Interlude player. **VII**/313,315,320
BIRKHEAD [see **PICART**]
BISHOP OF:
  Bath & Wells. **VIII**/98,325,333
  Durham. **V**/85; **VIII**/274,276(2)
  Hereford. **V**/280
  London. **VIII**/159,261
  London [Henry]. **V**/87,235,237, 240,242,280,287
  London [John]. **V**/103,242
  Norwich. **VIII**/333
  Oxford. **V**/280
  St. Asaph. **V**/287
  Salisbury. **VIII**/103
  Winchester. **VIII**/102110,324,333
  Worcester. **V**/69,280
BISHOP, John. **I**/28
BISHOP, Robert. Trumpeter. **I**/173
BITHSEY [see BYTHESEE]
BLACK (BANKE,BLANK), John. Trumpeter. Coronation of Hen. VIII: **VII**/29; funeral of Hen. VII: **VII**/25; livery at marriage: **VII**/37; payments to: **VII**/185,186,187,188; petition of: **VII**/408
BLACK, John. Hardwareman. **VII**/363
BLACK, Patrick, **IV**/221(2),222,223
BLACKDEN, William. Priest of the Chapel. At Field of the Cloth of Gold: **VII**/55; presentation: **VII**/47,48,59,61,63
[BLACKMORE] BLAKMORE, co. Dorset. **VII**/36
BLACKWELL, Isaac. Composer. **I**/206
BLADESMITH, Thomas. Gentleman of the Chapel. Corrody: **VII**/12; ecclesiastical pension: **VII**/10, 18(2); funeral of Prince Edmund: **VII**/14; of Q. Eliz. of York: **VII**/19
BLAGRAVE, Allan. **I**/112
BLAGRAVE, Ann. **I**/112
BLAGRAVE, Anthony. **I**/112; **II**/49
BLAGRAVE, Cheney. **I**/112; **II**/49
BLAGRAVE, John. **II**/49
BLAGRAVE, Mr. [Jonathan]. Sub-Almoner of the Chapel. **V**/287
BLAGRAVE, Mrs. **II**/49
BLAGRAVE, Magdalene. **I**/112
BLAGRAVE, Margaret. **II**/214(2), 216(2),217(2)
BLAGRAVE, Mary. **I**/112
BLAGRAVE (BLACKGROVE,BLOCKGROVE), Richard. Sackbut. Appointment/place: **IV**/45,99,112,114; **V**/246; burial: **III**/114; duty rota: **III**/52,53,74,95; expenses: **III**/104; funeral of Jas. I: **III**/3; New Year's gift: **III**/22; payments to: **IV**/99,101,103,106,108,110,112,114; **III**/133,136,137,139,140,142,143, 145,147,149,151,153,155,157,159; subsidy: **IV**/60,62,64; **III**/9,14, 33,35,37,108; **V**/1
BLAGRAVE, Richard. Son of Anthony. **II**/49
BLAGRAVE, Robert. Violin; wind instruments. Appointment/place: **I**/5,9,216,218,226,228; **V**/26; arrears: **II**/202,203,204,205(2), 206,207,208(2),210,211(2),212, 214,216,217; **VIII**/167; coronation of Chas. II: **I**/16; expenses: **I**/19, 46; **V**/109; payments: **V**/173,174, 183,186,190,192,193,197,199,

202,204,206,207,211,212,219,
221,223; **VIII**/143,186,189,196,202,
209,215,221,225,229,236,239,242,
257(2),270,338; subsidy: **VIII**/165;
witness: **I**/113
BLAGRAVE, Thomas. [a] Gentleman
of the Chapel Royal and Clerk
of the Cheque; [b] wind instru-
ments; [c] violin. Appointment/
place: **III**/99,112,114,129; **I**/2,
9,83,88,218,221,226(3),227-9;
V/282,284; **VIII**/191; arrears: **II**/
202(2),203,204,205(2),206,207,208
(2),209,210,211(2),212(2),214,216,
217; arrest: **I**/193; attorney
for William Child: **II**/10; bequest
by Henry Cooke: **I**/117; board wages
for: **I**/20; musician in the Chapel
Royal: **I**/89,91; excused financial
penalty: **V**/79; executor for John
Mason: **I**/112,280; **V**/61; expenses:
I/19,22,35,46,47,69,100,109(2),
153,183,185-6,205; **VIII**/171; pay-
ments: **III**/159; **V**/108,109,111,115,
121,124,126,129,132,137,139,141,
143,145,150,152,155,159,161,164,
172,175,178(2),181,182,185,186,
191,192,197(2),199(2),200,201,202,
203,204(2),205,206(2),207(2),208,
209(2),210,211,213,215,217(2),218,
223(2),224,229(3),230(4),231(6),
232(2); **VIII**/130,134,143,167,186,
189,193,202,209,215,221,226,230,
236,238,239,244,246,250,251(2),
253,257,258,270,338; subsidy:
I/50,51; **V**/44,45; **VIII**/165;
substitute for Edward Bassano:
III/95; tenor violin for: **I**/34; to
attend at Windsor: **I**/136; witness:
I/214
BLAGRAVE, Thomas. Son of Cheney.
I/112
BLAKE, Robert. General. **VIII**/135
BLANCE, [see WHITE, Edward]
BLANCHE, John. Minstrel. **VII**/363
BLAND, G. **I**/249(2),251,253
BLANGFORD [BLANDFORD], Marquess
of. **I**/121
BLANDFORD, Dr. Dean of the
Chapel. **V**/69,280
BLANKARD (BLANCKERD,BLANKE), Jasper.
Virginal maker. **VIII**/25,28,29
BLASIA, Alvise de (perhaps Alvise
BASSANO). sackbut. **VII**/254
BLATHWAITE, William. Secretary of
the forces. **VIII**/260,278,283,289,
294,302
BLAYDEN, Jonathan. Tallow
chandler. **II**/44
[BLEWBURY] BLUBURY, co. Berks. **VII**/
147
BLITHEMAN, John. Gentleman of the
Chapel Royal. **VI**/2,4,13,17,24,
33,55; **VIII**/319
BLOCKSEIGE, Margaret. **III**/40
BLORE [= John BLOW?]. **I**/225
BLOW (BLEAU), Dr. John. Choirboy/
Gentleman/Master of the Children/
Organist of the Chapel; virginals;
Private Musick; composer for
violins; composer for voices;
tuner.
[a] as child of the Chapel: **I**/
63(2); **V**/125; [b] appointment/
place as composer: **I**/149,194,
201; **II**/3,38,39,40,122,127,130;
V/81; **VIII**/220; anthems by: **I**/162-
4,194; appointment as organist:
V/100; [c] appointment for
virginals: **I**/144,225,228; **V**/68;
VIII/216,217; livery: **I**/134,142;
II/59,61; **V**/66,68; **VIII**/217;
[d] appointment as Gentleman of
the Chapel: **V**/66,88; as Master of
the Children: **I**/140,149; **V**/67,
69,88,97,100,101; **VIII**/220;
expenses: **I**/109(2),144,153,183,
186(2),205; **II**/81,85,97; **V**/163;
payments for education of boys:
I/151,157,165-6,176,182-3,187,212;
V/151,153,163,165; **VIII**/220; pay-
ments for boys' liveries: **I**/144,
151,157,170,174,178,181,183,186,
191,196,200; **II**/5,11,15,20,23,30
(2),33,36,37,43,46,50,53,58,60,
61,65,68,69(2),74(2),77(2),79,
84,88,91; **VIII**/301,302,303,308;
payments for boys' maintenance at
dismissal: **I**/148(2),161,166,169,
177,184,204(2),206,211; **II**/61,65,
74,142; **V**/163(4); coronation
liveries for boys: **II**/24; corona-

tion of James II: **VIII**/261; of Wm. & Mary: **II**/25; of Q. Anne: **II**/72; orders to him concerning people in organ loft: **II**/13,32,42,50; order to 'deliver' organ: **II**/64; he to appoint Chapel musicians for practice: **I**/204; boardwages: **V**/229,230(2),231(3),232; payment of expenses for choirboy's funeral: **II**/95,147; **VIII**/310,311; expenses: **II**/82,85,89,92,98; payments: **V**/235(2),236,237(2),238,239; [e] Place to train two boys for the Private Musick: **I**/149,164; payments: **I**/165,285,287,288; **II**/161; **V**/70; to train 2 boys to sing at royal Birthday: **II**/50; [f] appointment/ place as tuner: **II**/56,94,99,125,129,132; **V**/92,99,101; establishment: **II**/73; Private Musick: **II**/3,5,27,28; arrears: **II**/32,36,156,202,203,204(5),205(2),206(4),208,209(2),210,211,212(3),215(3),216,217(2); attorney: **II**/41; Corporation of Musick: **V**/253,262,263,264(2),265(3),266(2),267(3),268(2),269(3); livery: **I**/251,252(2),253(2),254(2),255(2),256(3),257(2),258(2),259(4),287,288(2),292(2),293,294,295(2); **II**/161; letter recommending Samuel Ackroyde: **VIII**/291; petition to create an Academy of Musick: **VIII**/250; viewed organ: **VIII**/302; sundry payments: **II**/136,137(2),139; **V**/82,166,201,202,203,204(3),205(3),208(4),209(4),210(4),213(4),215,216(4),218(4); **VIII**/221,226,227,230,236(4),238,239(4),242,244,245,246(2),248(2),250(2),251(3),252(2),253(2),254,255,256(2),257(2),259(4),260,263,264,267,284,297,338

BLUNDELL, Hannah. **II**/107
BLUNDELL, John. **I**/86
BLUNDEVILLE, John. Choirboy in the Chapel Royal. **I**/63(2); **V**/125
BLUNT, Mrs. Singer. **I**/145
BLUNT, William. Verger. **III**/4
BOBLEY, John. **II**/10
BOCARD, Frank. Trumpeter.

Coronation of Hen. VIII: **VII**/29; funeral of Eliz. of York: **VII**/21; of Hen. VII: **VII**/25; to attend Queen Margaret into Scotland: **VII**/22; payments to: **VII**/179,182
BOCHAN, Jacques/James. Violin. Appointment/place: **IV**/23,24; royal bounty to: **III**/7,72,77,206,245; **V**/7; teaching dances: **IV**/31; pass for: **VIII**/97(3); payments to: **IV**/141(2),142,143,144,145.146.147(2),149(2),150,151,152,153(2),155(2),156,157,158(2); **VIII**/74; in masque: **IV**/234; musician to Prince Henry: **IV**/213(4),214
BOCLANDE, Richard. **VII**/63
BODENHAM. Musician. **I**/117
BODIN, John. Servant to Nicolas Duvall. **VIII**/99
BOHEMIA, Elizabeth Dowager Queen of. **I**/30
BOLCON, John. Clerk. **VII**/88
BOLD, Edward. **III**/40,50,188,238(2)
BOLEYN, Anne. **VII**/69,73(2),412-5
BOLEYN, George [Lord ROCHFORD]. **VII**/413(2),414,415
BOLEYN (BULLAYN), Sir Thomas. **VII**/217
BOLINGER (BOLANGER) [BOULANGER], Nicholas. Sackbut. Appointment: **VII**/261; payments to: **VII**/261(2),262,264,265,266,267
BOLINGER (BOLLANGER) [BOULANGER], John. Appointment: **VII**/261; payments to: **VII**/261(2),262,264,265,266,267; rewards to: **VII**/365,367
BOLLANY (see BOULANGE)
BOLLS (see BOWLES)
BOLOGNA. **VIII**/24
BOLONIA. **VII**/87
BOLT, Roger. **III**/165
BOND, Sir Thomas. **V**/46(2)
[BONITEMPS?] BONY, Bastianus. Musician. **VIII**/334
BONITAMPS (BONNTAYNS,BON TEMPE, BOUNTANCE,BOUNTIE,BUNTANS, BOWNTEN). John (Possant). [Probably two people]. Minstrel/

flute/ tabret. Appointment/place: **VII**/270; coronation of Hen. VIII: **VII**/29; funeral of Q. Eliz. of York: **VII**/20; livery: **VII**/21,89, 407; New Year's gifts/rewards: **VII**/195,199,202,207,214; payments to: **VII**/164(3),165(4),166(4),167 (4),168(4),169(5),170(4),171 (4), 172(4),173(3),174(3),175(4),176, 177(4),178(3),179(3),180(4),181 (3),182(3),183(4),184(2),185,186, 187(2),188(2),189(2),190(3),191, 192(2),193,194(2),196,197(2),198, 199,200,201,202,203,205,206(2), 207,208,209(3),211,213,215,216, 218,219,270,271,272,273,275,276, 278,280,281,282,284,285,286,287, 288,289,290; **VIII**/341-7; replaced: **VII**/101; reward: **VII**/86; subsidy: **VII**/90; **VIII**/6(2)
BONNE, John. Purser. **I**/173
BONVISE, Anthony. Merchant. **VII**/69,415
BOOKER, George. Bailiff. **I**/102
BOOT, Daniel. Closet Keeper. **V**/88
BOOTELL (see BOUTET)
BOOTH [BOTHE] Francis. **VI**/132
BOOTH, Samuel. Trumpeter. **IV**/48
BOOTHE, Thomas. **IV**/211
BOPIUS (see BEAUPUIS)
BOREMAN, Sir William. **I**/92
BORGIONS (BORGES,BOURGIOS,BRUGES, BURGENS), Glande. Tabret. With the Princess: **VII**/253; payments to: **VII**/239(2),240,242,243, 244,246,247,248,249,251,252
BORROW [see **BURGH**]
BOSGRAVE (BOSGROVE), George. Trumpeter. Appointment/place: **III**/129; **V**/38; **VIII**/158; arrest: **III**/76; livery: **I**/41,43; payments/ arrears [and of liveries]: **I**/239 (3),240-52,268,272,273,274(2),275, 277,285(2),291,292; **V**/115,117,122, 124,127,130,133,138,140,144,146; pension: **I**/45; petition by: **I**/99; **VIII**/151
BOSGRAVE, Isabella. Wife of George. **I**/249,250,251,252,292
BOUCHER (see BOURCHIER)
BOUCKLEY, John. Choirboy to Q. Henrietta Maria. **V**/30
BOUCLE, John [the same as above?] Son of Margaret Prevost. **VIII**/130
BOUDE (BOWDE), Thomas. Singer. Coronation of Ed. VI: **VII**/107; establishment: **VII**/122; **VIII**/9; funeral of Hen. VIII: **VII**/110; payments to: **VII**/289,290,291,292, 294,295,297,299,301,302,304,306, 308,310,312,314,316,319,359;
BOUGHTON, Richard. Gentleman of the Chapel. **III**/32,36,38,110, 115,183; **VIII**/112,324,325,327(2)
BOUGHTON, Stephen. Priest/Subdean of the Chapel. **VIII**/320,324,325; sworn a chaplain extraordinary: **III**/56; funeral of Q. Eliz.: **IV**/3; of Prince Henry: **IV**/38; of Q. Anne of Denmark: **IV**/49; of Jas. I: **III**/ 1; grant: **III**/57; expenses: **V**/ 19; journey to Scotland: **III**/ 70,71,201; payment: **V**/20; subsidy: **IV**/19,21,26,29,59,63,65; **III**/15,31,35,38,109; **VIII**/130; petition of: **VIII**/340; presentation to rectory: **VIII**/118
BOUGHY, Mr. **I**/117
BOULANGER [BOLLANY,BULLANGEE, BULLONGEE], John. Trumpeter. Appointment/place: **II**/131,132; **V**/94; trumpet for: **II**/72; **V**/95(2)
BOULOGNE. **III**/136
BOULTELE, Thomas. Instrument maker. **VIII**/49
BOUNELL, James. Commander of ship. **I**/117
BOUNTAINNE, John. [see **BONITAMPS**]
BOUNTY, William. Trumpeter. Appointment/place: **I**/22,223, 230,233; **II**/1,19,121,123(2); **V**/282,283,285; arrears: **II**/204, 205; arrest for desertion: **I**/59; to attend Q. from Portugal: **I**/44, 45; to attend Prince Rupert: **I**/57; to attend Embassy to Breda: **I**/76; **VIII**/290; expenses: **I**/49,53,141; **V**/120,134; in *Calisto*: **I**/146; payments: **V**/107,110,114,116,117, 120,128; **VIII**/270(2),339; petition of: **VIII**/339; subsidy: **V**/43;

trumpet for: **I**/95,96
BOURCHIER [BOUCHER,BOWGER], Joseph/Josias. Private Musick; Gentleman of the Chapel Royal. Appointment/place: **II**/27,28, 127; **V**/80,88,287-9; journey to Holland: **II**/39,40; payment: **VIII**/284
BOURGES, Jules. Musician. **V**/267(3)
BOURGSE, (see BURGESS)
BOURMAN, Robert. Musician. **III**/5
BOURNE [BORNE], Francis. Trumpeter. Appointment/place: **VI**/110; **IV**/23(2),231; funeral of Q. Eliz.: **IV**/2; livery: **VI**/28(2), 30,34,37,38,40,42(2),44-51,53,56, 57,60,63,64-6,69,74; **IV**/5,6,15,16; payments: **VI**/110,111,114,116,118, 119,121,123,125,129,135,137,138, 140,141,143,145-7,149,150,152,153, 155-7,159,161,162,164,165; **IV**/72, 73,75,77-9,81(2); subsidy: **VI**/33, 54,59,67,72; **IV**/18,26
BOUTET (BOUTELL). French musician. **I**/146,150
BOVALL, John de. Minstrel. **VII**/82
BOVALL, Nicholas [see **PUVALL**]
BOW. **VIII**/38
BOWACK, John. Gentleman of the Chapel. **II**/95,111,115,117,155
BOWER (BOWRE), Richard. Gentleman of the Chapel; Master of the Children of the Chapel. Annuity from Ct. of Augmentations: **VII**/77,135; appointment/place: **VII**/96(2),113,133; **VI**/10; **VIII**/317; coronation of Ed. VI: **VII**/105; of Q. Mary: **VII**/130; of Q. Eliz.: **VI**/3; establishment: **VII**/123,124, 424; **VIII**/10; burden of maintaining choirboys: **VIII**/40; forfeit: **VII**/84; funeral of Hen. VIII: **VII**/109; of Ed. VI: **VII**/127,128; of Q. Mary: **VI**/1; lease of lands: **VII**/143,144; **VIII**/22; payments to: **VII**/297,298,305,306,311,323,335 (3),336(4),337,338,339,340(2),341 (4),342(2),343(4),344(2),345(5), 346(2),347(3),348(4),349(4),350, 353,354(2),355(2),356(3),357(2), 358(2),359(3); **VI**/168,172(3),173 (8),174(5),175; **VIII**/11,12(4); subsidy: **VII**/91,93,99,102,112,419, 421; **VIII**/14,15
BOWER, Roger. Merchant Taylor. **V**/35,53,54
BOWER, Samuel. **III**/27
BOWES, -. **VII**/423
BOWEYE, James. **III**/82
BOWKER, Thomas. **IV**/32
BOWLANDE, Humphrey. **VI**/195
BOWLES, Maria. **III**/197
BOWLES [BOLLS], Thomas. **III**/187, 194,209
BOWLES, William. **VII**/348,349
BOWMAN, John. Bass in the Private Musick. Appointment/place: **I**/213, 232; **II**/3,5(2),27,28,122,127; arrears: **II**/24; coronation of Wm. & Mary: **II**/25; of Q. Anne: **II**/71; served Q. when Wm. III went to Holland: **II**/39,40; payments: **II**/136(2),137,139; **VIII**/263,283
BOWMAN, John. **IV**/122(2),123(2), 124(2),125
BOWMAN, Nicholas. **III**/96
BOWMAN (BEAUMAN,BEAMOND), Robert. Virginals. Appointment/place: **VII**/116; coronation of Q. Mary: **VII**/131; establishment: **VII**/123; **VIII**/10,21; lease: **VIII**/24; livery: **VII**/134; New Year's gifts/rewards: **VI**/127; payments to: **VII**/313,317,320,323,382
BOWMAN, Thomas. Minstrel. Replaced: **VII**/116; payments to: **VII**/262(2), 263,264,267,268,269,270,271,273 (2),274,275,277,278(2),279,280, 282,370
BOWNTANCE, William. Minstrel to Princess Mary. [Possibly an error for John BONITAMPS?]. **VII**/70
BRABANT [BREBAN], Francis. Kettle drummer in Troop of Guards commanded by Duke of Ormond. Appointment/place: **V**/282-4; livery: **II**/31,37
BRACELOVE, Jules. **V**/267(3)
BRACHT, Woulson van. Kettle-drummer. **VIII**/147

BRADBURY, William. Singing boy in the Privy Chamber. **VII**/108,110

BRADDOCK, Edward. Priest of the Chapel Royal. Appointment/place: **V**/88,97,287-8,290-1,293-5; attorney: **II**/32; coronation of Q. Anne: **II**/72; establishment: **II**/73,156; expenses: **I**/109(2),143,153,183, 186,205; **II**/81,84,89,92; **VIII**/297; received Chapel allowance for 3 deer: **II**/144; **V**/278; signed for Chapel boardwages: **V**/227(8); signed for fees for himself and others: **V**/235(4),236(2),237(3),238 (2); to attend at Windsor: **I**/136; subsidy: **I**/51; **V**/44; a tenor: **I**/136; witness: **I**/282

BRADDOCK, Hugh. Choirboy of the Chapel Royal: **I**/183,186,206; **II**/42(2)

BRADFORD, Yorks. **VIII**/47

BRADLEY, A. **II**/176

BRADLEY, John. **II**/108

BRADLEY, M. **II**/177

BRADLEY, Mary. **II**/50

BRADLEY, Richard. Private Musick [unclear whether I or II below]: **II**/90,95,108

BRADLEY, Richard [I]. Private Musick. Appointment/place: **II**/53, 56,124,128,130,132; **V**/291-6; arrears: **II**/70,157,159; **VIII**/297, 298,313; letter of attorney from: **II**/82; expenses: **II**/147; livery: **II**/78,158,166(2),167,168(2),169 (2),170(2),171(2),173(2),174(2), 175,176(2),177; payment: **II**/144, 153; witness: **II**/84

BRADLEY, Richard [II]. Private Musick. Appointment/place: **II**/84 (2),131,132; **V**/295,297; arrears: **II**/159; **VIII**/313; letter of attorney: **II**/84,90,108,116; livery: **II**/105,172(2),173(2), 174,175(2),176(2),177; payment: **II**/153

BRADLEY, Widow. **VIII**/249

BRADSHAWE, Richard. **IV**/55

BRADY, Thomas. Kettle-drummer for Ireland. **II**/8,121,123

BRAGANZA, Queen Catherine of. **I**/22,31; **V**/72,281,283,286,288,290

'BRAKSEY'. **VII**/35

BRAKYNBOROWE, Richard. Clerk. **VII**/13

BRAMPTON. **II**/24

BRANCH, John. **I**/212

BRANCLE, Francois. French musician. **IV**/172

BRAND, John. **III**/67

BRANDON, Sir Thomas. **VII**/166

[**BRASFIELD**] BRASSFEILD, Thomas. Gentleman of the Chapel Royal extraordinary: **III**/1

BRATHER, J. **II**/86

BRAY, Lady. **VII**/162,164,173,360

BRAYNE, Richard. **V**/42

BRAYNE, Thomas. **II**/58

BRAZONG (BRESONG) [**BRESSAN**]. Hautboy. To go to Holland: **II**/39, 40

BREACH, Dorothy. **I**/132,138(2),160(2)

BREAME (see BRESMES)

BREBAN (see BRABANT)

BREDA. **V**/120; **I**/76,141; **VIII**/290

BREDIMAN, George. Groom of the Privy Chamber. **VII**/143; **VI**/3; attorney for Thomas Kent: **VI**/176, 179,180

BREMOND, John. Keeper of the gardens at Windsor. **VII**/1

BRENT, Nathaniel. **VIII**/77,78

BRERETON, Dr. Robert. **VIII**/224

BRERETON, William. Groom of the Privy Chamber. **VII**/413,414(2),415

BRERTON, Mr. **I**/65

BRESCIA, Peter de. Lute. [see also Peter CARMELET] Appointment and place: **VII**/39, 47,56; commercial activities: **VII**/61; in France: **VII**/41; servant of Princess Mary: **VII**/ 70; New Year's gift: **VII**/62; payment to: **VII**/332; **VIII**/4,5; performance by: **VII**/46

BRESCIA, -. Wife of Peter de. **VII**/62,69

BRESCIA, John Peter (Zuan Piero) de. [the same as Peter?]. Commercial: **VII**/43,49,52; courier: **VII**/50; despair concerning rival: **VII**/50

BRESMES [BREAME], Maxent de.

French musician/hautboy. In *Calisto*: **I**/146,150; in the Chapel Royal: **I**/179
BRETTEN, William. Child of the Chapel. To become singing-man at Lichfield: **VII**/97
BREWER, Bartram [see **BROUARD**]
BREWER, Elizabeth. Wife of Robert. **VII**/342,343
BREWER, John. Trumpeter. Appointment/place: **VI**/135,143,146; livery: **VI**/44(2),45,46,47,48, 49,50,51; payment: **VI**/135,137, 138,140,141,143; related to John Winks [*q.v.*]: **VI**/128
BREWER (BRUAR), Robert. Drummer. Appointment/place: **VII**/101; coronation of Eliz.: **VI**/5; establishment: **VII**/123; **VIII**/10; funeral of Ed. VI: **VII**/126; livery: **VII**/120,134,139,141,147; **VI**/6,8,9,10,12,14,15,18,19; payments to: **VII**/336(2),338,339, 340,341,342(2),343(2),344,345(2), 346,347; **VI**/172,173,174(3),175(2), 176(2),177(2); **VIII**/12(2); subsidy: **VII**/420; **VI**/17; **VIII**/14
BREWSTER, Laurence. **IV**/43; **VIII**/73
BREWTON [BRUTON], Somerset. **VIII**/27
BRIAN, Augustine. Habesrdasher. **II**/82
BRICKETT, Christopher. Vicar-choral at Westminster Abbey. **VII**/130
BRIDG(E)MAN, Elizabeth. **I**/207
BRIDGEMAN, James. **II**/9
BRIDGEMAN, W[illiam]. **VIII**/232
BRIDGENORTH, co. Shropshire. **VII**/52,95,120
BRIDGES, John. **VII**/79
BRIDGES, Paul Francis. Viol. Appointment/place: **I**/13,36,89, 91,125,138,220,225,226,227; **V**/137; **VIII**/159,167; assigns money: **I**/119; bass viol bought: **I**/39; **V**/112; lodgings of: **I**/55; payments: **V**/111,115,116,118,124,127, 129,132; **VIII**/199,213,216; petition against: **I**/103,104; petition by: **VIII**/137,199,340; subsidy: **I**/50; **VIII**/165

BRIDGEWATER, B. **II**/18
BRIGGETT, -. Sub-dean, Westminster Abbey. **VII**/129
BRIGHAM, Nicholas. Teller of the Exchequer. **VII**/422; **VIII**/18
BRIGHAM, Margaret. Wife of Nicholas. **VII**/422,423
BRIGNAL/BRIGNELL(S), Thomas. Choirboy in the Chapel Royal. **II**/106(2),108; **V**/296
BRINGFIELD, Captain/Major James. **II**/49,77,194; **VIII**/302
BRISTOL, co. Gloucs. **VII**/29,30,37, 38,60; **IV**/42,56; **VIII**/72
BRISTOW, -. **VII**/384
BROADHURST, John. **I**/241-4-247,282 (2),283
BROCKROGG [BRACHROGGE], Hans. Musician to Q. Anne of Denmark. **VIII**/71
BROCKWELL, Henry. (a) Violin; (b) Lute in the Private Musick; (c) keeper of stringed instruments. (a) Appointment/place: **I**/21,83,88,219,221,225,226,229; **V**/31; **VIII**/140,148,167,191; barred from rehearsing: **I**/24; to attend in the Chapel: **I**/98,109,113; coronation of Charles II: **I**/16; of James II: **VIII**/261; expenses: **I**/35,47,99,102,126,143,152,160, 166,175,184(2),187-8,207(3); **V**/135; violin bought: **I**/29,60; **V**/133,141; New Year gift: **I**/11, 28,29; payment: **V**/107,111,114,116, 121,123,126,128,131,136,138,142, 144,149,154,156,159,161; pay stopped: **I**/78; petition of: **I**/171; subsidy: **I**/50; **V**/44; attendance at theatre: **I**/59,146; (b) Appointment/place: **I**/73,220, 225,227; **V**/54,124,127; **VIII**/178; payment: **V**/127,129,133,137,140, 143,146,150,156,157,159,161 (c) Appointment/place: **I**/84,93, 193,220,227,232; **II**/3,4,5,15,122; **V**/58; **VIII**/197,272; arrested: **II**/15; duties performed: **I**/130, 167,177,178,197,206; **II**/8; **V**/147 (2),160,166; expenses: **II**/6,14,18; payments: **I**/112,125; **II**/136(2),

137(2),138,139(2); **V**/127,130,133, 138,140,143,150,156,158,159,162, 166; **VIII**/195(2),199(2),241,245, 246,247,248,249,251,253,255,258, 259,263,270,272; petition of: **II**/13; **VIII**/173,177,194,195,223, 269,340; poll money: **V**/274; subsidy: **VIII**/165
BRODNAS, Priory of. **III**/57
'BROKEHALL', co. Essex. **VII**/81,143
BROME, George. Scrivener. **III**/44,49
BROME, John. **I**/140
BROOK, Henry. **VI**/131
BROOKE, Lord. **IV**/57; **VIII**/85
BROOKES, John. Trumpeter. **II**/31,37, 45,183,186(2)
BROOKES, Thomas. **II**/58
BROOKES, Thomas. Bell-ringer. **II**/110,111,115,117,155; **V**/101, 242,243
BROOK GREEN, Middlesex. **II**/108
BROOKS, Mr. **III**/93
BROOKNEY, William. **IV**/57
BROOME, Josias. Serjeant-Trumpeter. Appointment/place: **III**/7,11(2),13,113; **VIII**/90,93; as trumpeter to Prince Henry: **IV**/22; as trumpeter to Q. Anne: **IV**/201; funeral of Jas. I: **III**/4; of Prince Henry: **IV**/36; **VIII**/67; of Q. Anne of Denmark: **IV**/48; expenses: **III**/62; journey to Scotland: **III**/69,71; livery: **IV**/11,16,17,24,28; **III**/6,43,70; sea livery: **VIII**/59; order by: **VIII**/120; payments to: **III**/132, 134,137,139,140,141,143,145,147, 149,150,153,155,156,158; **IV**/80,82, 84,86,200,201,204,211; petition against: **III**/80; reward to: **VIII**/ 112; subsidy: **III**/33,34,36,53,108; **IV**/61,66; **V**/2
BROOME, Robert. Trumpeter. Appointment/place: **IV**/66; **III**/7, 20(2),21(2),22,135; **VIII**/90,94,95; funeral of Jas. I: **III**/4; livery: **III**/6; payments to: **III**/132,135; subsidy: **IV**/61,66; **III**/13; **V**/2
BROOME, William. Trumpeter. Funeral of Jas. I: **III**/2; of Q. Anne of Denmark: **IV**/48 [see also William BROWNE]
BROTHERER, Gilbert. Officer of the Vestry. **VI**/2,?4
BROUCKNER, Henry, Viscount. **II**/viii
BROUARD (BARNARD,BARBRAM,BROUART), Bartram. Minstrel. Funeral of Hen. VII: **VII**/25; coronation of Hen. VIII: **VII**/29; payments to: **VII**/187(2),188,189(2),190(3), 191,193(2),194; **VIII**/2
BROWN, Alice. **I**/283
BROWN, Anthony. **VII**/79
BROWN (BROYNE,BRUME), Benedict [I], Serjeant-Trumpeter. Coronation of Ed. VI: **VII**/106; of Q. Mary: **VII**/130; of Q. Eliz.: **VI**/4; denization: **VII**/87; dwelling at: **VIII**/ 7(2),19; establishment: **VII**/122; **VIII**/9,20; fine remitted: **VII**/83; funeral of Hen. VIII: **VII**/109; of Ed. VI: **VII**/126, 128; of Q. Mary: **VI**/2; livery: **VII**/68,121,134,142,144; **VI**/1, 6,8,9,11,12,14,15; payments to: **VII**/145,205(2),238,254,256,293, 295,296,299,301,302,304,306,308, 309,311,314,316,318,320,350; **VI**/ 80,81,83,84,86,87,89,91,92,93,172; is bequeathed property: **VII**/142; replaced: **VI**/92,93; subsidy: **VII**/ 90,92(2),98,103,417,419,421; **VIII**/7(2),13,19
BROWNE, Benedict [II]. Serjeant-Trumpeter. Appointment/place: **VI**/110,114; **IV**/39; **V**/33; dwelling at: **VIII**/335; funeral of Q. Eliz.: **IV**/2; journey to Scotland: **VI**/167; **IV**/73; livery: **VI**/28(2),30,34,37, 38,40,42(2),44-51,53,56,57,60,63-6,69-71,74; **IV**/5,6,15,16; payments to: **VI**/110,111,114,116,118,119, 121,123,125,130,135,137,138,140, 141,143,145,146,147,149,150,152, 153,154,156,157,159,160,162,164, 165; **IV**/72,73,75,77,78,79,81,84, 86,88,90; received payment for others: **VI**/129(3); subsidy: **VI**/33, 54,59,67,72; **IV**/18,21,26; **VIII**/335
BROWNE, Edmund. Gentleman of the

Chapel Royal. **VIII**/319,321;
funeral of Q. Eliz.: **IV**/3;
subsidy: **VI**/55,62,68,73
BROWNE, Henry. **V**/92(2)
BROWN (BROUN), John. Trumpeter.
Coronation of Hen. VIII: **VII**/29;
funeral of Hen. VII: **VII**/25;
attended French Queen into France:
VII/44; payments to: **VII**/179,207,
208;409
BROWN, John. **VI**/177
BROWN, John. Interlude player.
Appointment and place: **VII**/119;
payments to **VII**/320; **VI**/82,84,
85,87
BROWNE, John. Serjeant-at-Mace,
I/94
BROWNE, Sir Richard. Clerk of the
Privy Council. **VIII**/191
BROWNE, Richard. Violin. Substitute
for Henry Comer. **I**/101,112;
expenses: **I**/143,147; **V**/162;
theatre: **I**/140,146; **I**/101,112,140,
143,146,147
BROWNE, Samuel. Chorister at
Westminster Abbey. **IV**/4
BROWN, Thomas. Singer; viol.
 Appointment/place: **VII**/137;
coronation of Ed. VI: **VII**/107; of
Q. Eliz.: **VI**/5; funeral of Hen.
VIII: **VII**/110; livery: **VII**/132,
134,148; **VI**/9,10,12,13,15,19,20,
21,25,26,27,29,31,35,37,38,39,41,
42,44; gave lute to Queen: **VI**/3;
payments to: **VII**/319,321; **VI**/40,
81,83,84,86,88,90,91,93,95,97,99,
102,107,108,110,112,114,116,118,
120,122,123,125,127,132; subsidy:
VI/16,22,32; **VIII**/13,15
BROWN, Thomas. Trumpeter.
Coronation of Ed. VI: **VII**/106;
of Q. Mary: **VII**/130; of Q. Eliz.:
VI/4; funeral of Hen. VIII:
VII/109; livery: **VII**/121,135,142,
144; **VI**/1,6,9(2),11,12,14,15,18,
19; payments to: **VII**/145,268-9,
293,295,296,299,301,302,304,306,
308,309,311,314,316,318,320,350;
VI/80,81,83,84,86,87,89,91,93,172;
replaced: **VI**/94; subsidy: **VII**/90,
92(2),98,103,111,418,420,421;
VI/16
BROWNE, Thomas. **V**/47
BROWN, William. Priest of the
Chapel. Coronation of Hen. VIII:
VII/28; grant of corrody: **VII**/31,
39; surrender of corrody: **VII**/2,
39; forfeit: **VII**/12; funeral of
Prince Edmund: **VII**/14; of Q. Eliz.
of York: **VII**/19; of Hen. VII:
VII/26; of Prince Henry: **VII**/33;
presentation: **VII**/41
BROWN, William. Singer.
Coronation of Ed. VI: **VII**/107;
funeral of Hen. VIII: **VII**/110;
payment to: **VII**/357; subsidy:
VI/247;
BROWNE, William. Trumpeter.
[Probably William **BROOME** q.v.]
III/5
BROWNE, William. Keeper of
Instruments. Appointment/place:
II/90,131,132; **V**/99,288,295,297;
appointed attorney: **II**/42,62,67,
75,96,101,105,112; ?bequest to:
II/49; journey to Holland: **II**/35,
36,38,141; **VIII**/283; livery: **II**/
168,171(4),172(3),173(3),174(4),
175(7),176(5),177(2),179; is
assigned money: **II**/109; payments
to: 154,159; witness: **II**/50,65,75,
78,79,108,113,115
BROWNE, William. of Kimberley,
V/77
BROYSON?, John. **VII**/345
BRUNOT, Lewis. Private Musick of
Charles II. **II**/205,214
BRUNTON, Thomas. **VII**/138
BRUNTON, William. **VII**/138
BRUSSELS. **VIII**/137
BRUSSELS, Peter van. Drummer.
Payments to: **VII**/208(2),209,210
(2),211(2),212(3),213(2),214
BRUTAIGN. **VIII**/346
BRUTAIGN, Abbot of. **VII**/183
BRYAN [BRYNE], Albertus. Composer.
I/193
BRYAN, Andrew. Choirboy to Catherine
of Braganza. **V**/72
BRYAN, Francis. **VII**/217
BRYAN, Richard. Choirboy to
Catherine of Braganza. **V**/72

BRYAN, Silvester. Clerk in Chapel of Catherine of Braganza. **VIII**/265, 270,277

BRYDALL, Captain J. **VIII**/153

BUCK, George. Gentleman of the Chapel Royal. **VIII**/321; funeral of Q. Mary: **VI**/2,4; funeral of Q. Eliz.: **IV**/3; lease to: **VI**/41; **VIII**/38; subsidy: **VI**/13,17,24,33, 55,62,68,73

BUCK(E), William. Organ maker. Appointment/place: **VII**/133; lease: **VIII**/18; payments to: **VII**/346,347 (2),348(2),349,350; **VIII**/12(2); replaced: **VI**/19; subsidy: **VII**/91

BUCKAN [see **BOCHAN**]

BUCKETT, Lionel. **II**/42

BUCKHURST, Lord. **VIII**/30

BUCKINGHAM, Duke of. **VII**/361; **III**/44; **I**/221

BUCKINGHAMSHIRE. **VI**/41,60; **VIII**/44

BUCKLAND, William. **I**/282

BUCKLER, Augustine. Trumpeter. **I**/199

BUCKOAK, Daniel. **III**/27

BUDD, Elizabeth. **III**/236

BUDD, Robert. **III**/236

BULFOUR, John. Clerk in the Chapel of Henrietta Maria. **V**/xv

BULFRANK, Peter. **VIII**/8

BULKELEY, Sir Richard. **VII**/413

BULKELEY, Richard. **VII**/413

BULL, Alexander. Petty canon, Westminster Abbey. **VII**/130

BULL, Emmanuel. Clock maker. **IV**/219

BULL, Dr. John. Gentleman of the Chapel Royal; organist. Appointment/place: **IV**/11; **VIII**/ 319,322; as musician to Princess Elizabeth: **IV**/207(2); to Prince Henry: **IV**/211,212(3); expenses: **IV**/70,87; funeral of Eliz. I: **IV**/3; of Prince Henry: **IV**/36; instrument-maker: **VIII**/49; appointment to Gresham lectureship: **VIII**/47 lease of tenements to: **VI**/61; **VIII**/46; of lands for his service: **VIII**/47; New Year's gift to: **IV**/13; payments to: **IV**/ 123-5,127,130(2),132-7,139(2),140, 141(2),143,144,146(2),147-53,154 (2),157; subsidy: **VI**/55,62,68,73; **IV**/19,21,26,29; 207(2),211,212(3)

BULL, John. Servant to Sir John Norris. **VI**/78

BULL, Stephen. Trumpeter. livery: **VII**/43,68; payments to: 244, 254,256; subsidy: **VII**/75

BULL. Whitlock. **I**/167,280; **II**/20

BULL, (**BULLEY**), William. Trumpeter. Appointment and place: **VII**/409; attended French Queen into France: **VII**/44; livery: **VII**/38,43,68; payments to: **VII**/200,201(2),203(2),207, 208,209,254,256

BULL, William. Trumpeter/trumpet maker. Appointment/place: **I**/177,222,233; **II**/2,29,66,121, 123,125,129(2); **V**/282,283,285, 286; delivered the Mace: **II**/22; journey to Holland: **II**/34,35 (2),41; New Year's gift: **VIII**/274, 275(2); petition by : **II**/52,53; as maker/repairer: **II**/181,182 (3),184,185,186(2),187(3),188, 189; **V**/87,92,93,95

BULLAR(D), John. Kettle-drummer. **II**/31,37,45

BULLONGEE (see **BOULANGER**)

BULMAN, William. Gentleman of the Chapel. **VIII**/318

BULSON, JOHN, **VII**/

BUNCKLEY (BUNCKLE), George. Recusant. **VIII**/124

BUNTANCE (BOUTAS) [see **BONITAMPS**]

BUNTING, John. Yeoman of the Vestry. **VII**/14,19,26,28,34,55

BURBAN, -. Chapel of Cardinal Wolsey. **VII**/62

BURBURY, Solomon. Lastmaker. **I**/238,240,261(2),284; **V**/38,41, 47,57,73,176,183,187,191; **VIII**/ 187,188,193

BURCH, Solomon. **I**/283

BURCHALL, John. Yeoman of the Vestry. **VI**/34,55

BURDWAYES, William. Tabret. **VII**/82

BUREN, Count of. **VIII**/6

BURFIELD, (see BARFIELD)

BURGE, John. **VII**/349
BURGENS, Glande [see **BOURGIOS**]
BURGES, Mr. **III**/68
BURGESS, -. Sarjeant drummer. **VIII**/185
BURGESSE, Charles. Trumpeter. **II**/182
BURGESS, Isaac. Gentleman of the Chapel Royal. **VI**/55,62,68,73; **VIII**/49,51,319,320
BURGESS, John. **VII**/349
BURGES, John. **IV**/122(2),123
BURGESS, Robert. Trumpeter. **I**/223(2)
BURGESS, William. Executor of George Hudson. **V**/39(2),61(2),68,139,143,145,198
BURGH (BOROWE,BORROW,BOURGH), William van de. Sackbut/Shalm. Coronation of Hen. VIII: **VII**/29; funeral of Q. Eliz. of York: **VII**/20; of Hen. VII: **VII**/25; livery: **VII**/21,32,35; payments to: **VII**/155,156
BURGHLEY, Thomas, Lord. **VIII**/53
BURLAMACHI, Philip. Merchant. **III**/12,244,245(3),249; **V**/7(2),8; **VIII**/93
BURLEY [BURLEIGH]. **VIII**/87
[BURNESTON] BURMESTON, co. Yorks. **VII**/138
BURNETT, Avery. Gentleman of the Chapel. Annuity: **VII**/75,113; establishment: **VII**/424; in France: **VII**/62; grant of property/rent: **VII**/82
BURNFORD, John. **III**/10
BURR, Symon. Musician. **I**/104
BURRELL, William. **VIII**/88
BURRO (BORRE,BURY,VANDEBARRO), William van de. Sackbut. Appointment/place: **VI**/41,109,138; drowned: **VI**/136; dwelling at: **VIII**/ 336; payments to: **VI**/109,110,112,114,116,118,120,122,124,126,127,133,136,138; subsidy: **VI**/33; **VIII**/336
BURTON, David/Davy. Gentleman of the Chapel. in France: **VII**/55; funeral of Prince Henry: **VII**/33; grant of rent: **VII**/61,86; grant of office: **VII**/35,38;

payment for composition: **VII**/153; payments to: **VII**/257,258,262,264,266; surrender of office: **VII**/51; subsidy: **VII**/59
BURTON, Francis. Trumpeter in Ireland. **I**/104,185,223
BURTON, James. Trumpeter in Ireland. **II**/54,126,130
BURTON, John. **I**/112; **V**/52
BURTON, John. Yeoman of the Guard. **VIII**/130
BURTON, John. Trumpeter in Ireland. **II**/19,43,121,123,126,130
BURTON, Simon. Virginals. Corrody: **VII**/60,63; ?grant of fee: **VII**/52; livery: **VII**/67,412(2); servant to Princess Mary: **VII**/67,73,374-381; payments to: **VII**/286(2),287,288,289,291(2),292(2),293,332?,338?,374(3),375(4),376(4),377(9),378(3),379(4),380(3),381,415(2)
BURTON, -. Wife of Simon. **VII**/377
BURTON-IN-KENDALL, Westmorland. **VIII**/27
BURWARD, John. Organmaker. **III**/94,141,148,245; **V**/5(2),7,10,11(2),13(2),17(2),18; **VIII**/104,107,109,127,128,325
BURWARD, Margery. Wife of John. **VIII**/109
BURY, Mr. French singer. **I**/145,150
BURY (BERY,BURIE), Thomas. Gentleman of the Chapel. Coronation of Ed. VI: **VII**/105; corrody: **VII**/52; establishment: **VII**/424; in France: **VII**/55; funeral of Hen. VIII: **VII**/108; to marry: **VII**/101; prebend: **VII**/72,101; presentation: **VII**/75; subsidy: **VII**/59,89,91,93,99,102,112,418,421; wages unchecked: **VII**/100
[BUSH] BOOSHE, Sir George. **VIII**/138
BUSHELL, William. **II**/41
BUSTARDE, William. **VII**/58
BUTLER, Edward. Choirboy in the Chapel Royal. **I**/177,178,186; **V**/159
BUTLER, Matthew. Messenger. **I**/94
BUTLER, Mr. **VIII**/251

BUTLER, Mrs. Singer. **I**/145
BUTLER, Mrs. **VIII**/248
BUTLER, William. **III**/126(2)
BUXTON, William. **III**/45,180
BUYS, John de. Licence to print music books. **VII**/85
BYCKERE(S), Christopher. **VII**/138
BYERLEY, Colonel. **VIII**/285
BYRD, Henry. Yeoman of the Chamber: **VII**/86
BYRD, Robert. **VII**/128
BYRD (BIRD), Thomas. Gentleman of the Chapel. **VIII**/317; annuity from Ct. of Augmentations: **VII**/77,135; coronation of Ed. VI: **VII**/105; of Q. Mary: **VII**/130; of Q. Eliz.: **VI**/3; establishment: **VII**/123, 424; **VIII**/11; forfeit: **VII**/85; funeral of Hen. VIII: **VII**/108; of Ed. VI: **VII**/127,128,129; of Q. Mary: **VI**/1; grant of lands: **VII**/145; payments to: **VII**/311,344,345, 346,347,348(2),349,350,351,353, 354(2),355(2),356(2),357(3),358(2),359(3); **VI**/168,172,173(2), 174(2); subsidy: **VII**/89,91,93, 99,102,112,419,421
BYRD (BIRD), William. Gentleman of the Chapel Royal. **VIII**/318,324; funeral of Q. Eliz.: **IV**/3; of Q. Anne of Denmark: **IV**/50; grant: **VI**/38; **VIII**/34; letters by: **VI**/42-3; petition against: **VIII**/62; privilege granted for printing: **VI**/29(2); **VIII**/32; music by: **IV**/208; **I**/162; subsidy: **VI**/34, 55,62,68,73; **IV**/19,21,27,29
BYRD, William. Messenger of the Chamber. **VI**/78
BYRNE, Albertus. Organist of St Paul's Cathedral. **VIII**/139
BYRON, Sir Thomas. **VIII**/138
BYTHESEE (BITHSEY,BLITHSEE), Robert. **VII**/42,47,56,63
BYWOOD GRANGE, Devon. **VIII**/19

C

CADET, Mr. Theatre musician. **II**/91,102
CADGE, John. **VIII**/120
CAESAR, Sir Julius. Master of the Rolls; Chancellor of the Exchequer. **VIII**/36,49,50
CAHILL, Daniel. Harper. **IV**/196; appointment/place: **VIII**/103; bounty for: **IV**/204; payments to: **IV**/175,182,194,195; **III**/162,178(2),193,194,197,203,206(2),217, 222,232,233,234,235,240,246(2), 247,248,249,250,251; **V**/4,7,9,10, 11,12,14(2),16,17,19; **VIII**/102(2), 123; pension for: **IV**/51; petition of: **VIII**/79
CAHILL, Ludovic. **III**/235
CAHILL, Richard. son of Daniel. **III**/222
CALAIS. **VII**/41,55,62,120,152
CALCOTT, Evan [Ed.]. Servant to John Clement. **I**/248,252,281
CALCOTT, Giles. Gentleman of the Chapel. **VIII**/318(2)
CALCOTT, Joseph. Apothecary. **I**/281
CALLENGWOOD, John. Merchant. **VIII**/121
CALLINDER [KALENDAR] [=CAHILL?], Daniel. Harper. Bounty for: **IV**/204; to Germany with Princess Elizabeth: **IV**/209
CALTHORPE [CALTHROP], Thomas. Trumpeter. **II**/181 [see **SCULTHORPE**]
CALTON, Sir Francis, **VI**/76
CALVERT, [Sir George]. Secretary of State. **VIII**/85
CAMBERWELL, co. Surrey. **VII**/57,61
CAMBRIDGE. **I**/110,151,277; **V**/135; **VII**/5,162,184
CAMDEN, William. [Clarenceaux king-of-arms]. **IV**/57
CAMPIAN, John. **VIII**/242
CAMPION, Giles. Guilded organ: **V**/274
CAMPION, Dr. Thomas. Payment for masque: **IV**/234
CANCELLOR, James. Gentleman of the Chapel. **VIII**/317(2),318; coronation of Q. Eliz.: **VI**/6; funeral of Ed. VI: **VII**/127,129; grant to: **VII**/138; **VIII**/23; lease to: **VII**/136,138,144,147; **VIII**/19,27; pardon for: **VIII**/14
CANDLER, Richard. Teller in the Exchequer. **VI**/179,180(3)

CANON, Nicholas. Drummer. Sworn: I/60; death noted: I/224
CANTERBURY, co. Kent. I/56,105,203; III/7,134(2); V/119,251; VII/137, 138,152,162,172,373; VIII/74,90,91
CAPERON [CHAPRON,CHAPERONE, SHAPERONE], Nicholas. Trumpeter. Appointment/place: I/1,2,216,222, 228,230; VIII/167; livery: I/129; payments to: I/27; V/32,43,107, 110,114,116,117,119,120,128; to attend at sea: I/71 (3),77; subsidy: I/50,43; surrendered place: I/138,228
CAPON, William. Dean of Cardinal College, Ipswich. VII/63
CAPPE, Thomas. Trumpeter. VII/43
CAPPER, William. Messenger. I/59
CARD, Andrew. II/58
CARDELL, Ellen. Wife of Thomas. IV/54,134,136,185(2)
CARDELL, Francis. Dancing master to Princess Elizabeth. Appointment/place: IV/9(2); VIII/56; death noted: IV/13; payments to: VI/?224; IV/123-7
CARDELL, Thomas. Lute/dancing master. VI/viii,78; IV/207; appointment/place: VI/117; IV/7 (2),9(2),13(2),45; VIII/46,56,62, 71,74; funeral of Q. Eliz.: IV/2; of Prince Henry: IV/37; payments: VI/61(2),117,119,120,122,124,126, 136,138,139,141,142,144,146,147, 149,150,151,153,222,224(2),226, 229,230,231(2),232,233,235(2),237 (2),239(2),240,241(2),242,243(2), 244,245(2); IV/119,120(2),122-4, 125(2),126,127,129,132,134,136, 138,139,140(2),141-5,146(2),147-155,157,158(2),159,160(2),161-4, 165(2),166-9,171-3,175(2),176,177, 184,185(2),197,233; riding charges/expenses: VI/153-5,157, 158,160,162,163,165,167; IV/74, 197; subsidy: VI/59,67,72; IV/18, 26; will noted: IV/54
CARDONELL, Mr. V/98
CAREW, Sir George. Receiver General to Queen Anne of Denmark. IV/196, 197(3),198,202,203

CAREW, [George]. Dean of the Chapel Royal. VI/1,3
CAREW, George. I/85
CAREY, Sir Henry. VIII/69
CAREY, Sir Robert. VIII/58,84
CARLETON, Alice. Wife of Sir Dudley. VIII/67,70
CARLETON, Sir Dudley. English agent, France/Netherlands; Clerk of the Council. VIII/51,52,58(2),61(3), 62,68(2),69(2),70(2),71(2),72,75 (2),76(4),77(3),78(2),80,81,82(2), 83(2),85(2),86(2)
CARL(E)TON, George. Gentleman of the Chapel. Appointment: V/103(2); expenses: II/117,155; payment to: V/244(2)
CARLISLE, co. Cumberland. VIII/48
CARLO, John. Cardinal. VIII/168
CARMELET, Peter. Dancer. Payments to: VII/242(2),243-9,251(2),253 [see Peter de BRESCIA]
CARNE, Monsieur. Musician to Q. Henrietta Maria. VIII/114
CARR, John. V/156
CARR, Robert, Earl of Somerset. VIII/70,81
CARR, Robert. Viol. Appointment/place: I/208,209,232; II/2,4,5, 27,28,44,56,122,124,127; V/82, 288,289; arrears: II/23; in Catholic Chapel?: II/17,21; V/84, 87; coronation of Jas. II: VIII/261; of Wm. & Mary: II/25; expenses: II/6,12,34; journey to Holland: II/35,38(2),40,41; livery: II/47,163(2),164(2),165 (2),166,167(2); payments to: II/136(2),137,139; V/164,165; VIII/257,258(2),262,284; petition against: II/44,47
CARR, Samuel. II/20
CARRINGTON, [see CHERRINGTON]
CARSIDONI, Anthony. VII/94
CARTER, Andrew. V/40
CARTER, Ann. II/95
CARTER (CATER,KATER), Giles. Yeoman of the Vestry. VII/91,93,99,103, 105,109,113
CARTER, Richard. Messenger. I/49,73
CARWENALL, John. Clerk. VII/47

CARY(E), Edward. Groom of the Privy Chamber. **VIII**/22
CARY, Sir Robert. Chamberlain to Prince Charles. **IV**/219,223,224, 225,229
CASANOVA, Peter de. Marshall of the Trumpeters. Coronation of Hen. VIII: **VII**/29; dwelling at: **VIII**/5; funeral of Q. Eliz. of York: **VII**/20; of Hen. VII: **VII**/25; livery: **VII**/21; journey to Scotland: **VII**/22; payments (a) for banners: **VII**/2,11,18,202; (b) fee: **VII**/4,179, 182,206(3),207,208
CASE, Brian. Priest of the Chapel Royal. **VII**/65,66
CASE, Thomas. Chorister at Westminster Abbey **IV**/4
CASTELLO, Italy. **VIII**/168
CASTILIONE, John Baptista. Groom of the Privy Chamber. **VI**/84
CASTILLE, [Philip], King of. **VIII**/2
CASTLE(S), Francis. Trumpeter in Ireland. **II**/19,43,54,121,123, 126(2)
CASTLE(S), James. Trumpeter in Ireland. appointment: **I**/139,165, 172,223,230; **II**/10,43,121,123, 126,130; journey (a) to Dantrick: **I**/160; (b) to Dunkirk: **V**/154; trumpets delivered to: **II**/43
CASTLE(S), John. Trumpeter in Ireland. **II**/49,126
CASTLE(S), Nicholas. **I**/185; **II**/12, 43,49,126
CASTLE(S), William. Trumpeter in Ireland. **I**/104,165,223
CATHERENS [KATHERINS], William. **III**/66,178,206,220,231
CATTELL, Richard. **VI**/235
'CAUSHAM' [see CAVERSHAM]
CAUSTELL, Lucas/Luke. Gentleman of the Chapel Royal. **VII**/124; **VIII**/11; coronation of Q. Mary: **VII**/130; funeral of Ed. VI: **VII**/127,128
CAUSTON/CAUSTER, James [see **CANCELLOR**]
CAUSTON (CAUSTEN), Thomas. Yeoman/Gentleman of the Chapel Royal. **VII**/124; **VIII**/318; coronation of Q. Mary: **VII**/131; (b) of Q. Eliz. **VI**/4, funeral of Ed. VI: **VII**/127, 129; of Q. Mary: **VI**/2; grant: **VIII**/19; subsidy: **VI**/13,17
CAVE, John. Gentleman of the Chapel Royal. Subsidy: **I**/51; **V**/45
CAVE, Lady. **VIII**/76
CAVELL, Thomas. Singing-man, Westminster Abbey. **VII**/129
CAVELY, John. **VI**/3
CAVENDISH, -. **VII**/363
CAVENDISHE, Sir William. Treasurer of the Chamber. **VII**/116,117,293, 304
CAVERSHAM HOUSE, Wilts. **VIII**/69
CAWBRAEST, Walter. Kettledrummer. **I**/68
CAZALL, Jean. **VIII**/281
CECIL (CICILIA,DECESSID), John de. Trumpeter. Banner for: **VII**/16; coronation of Hen. VIII: **VII**/29; funeral of Q. Eliz. of York: **VII**/20; of Hen. VII: **VII**/25; licence to import wine: **VII**/43; expenses/wages for French journey: **VII**/44,197; payments: **VII**/179,202, 207,208,409
CECIL, Sir Robert, Earl of Salisbury. **IV**/1,15,23,197; **VIII**/51,52,69
CECIL, Sir William [Earl of Leicester]. **VIII**/22
CECIL, Sir William, 2nd Earl of Salisbury, **III**/127
CECIL, William, Lord Burghley. **VI**/75
CECILIA, Lady. **VI**/91
CEFALO, Pietro. Italian musician. **I**/222; **VIII**/175,212
CENTLIVRE, Joseph. Choirboy in the Chapel Royal. **V**/296
CENTON (SENTON, KENTON). Roger. Gentleman of the Chapel Royal. **VII**/124; **VIII**/11,318; coronation of Q. Mary: **VII**/130; of Q. Eliz. **VI**/4; funeral of Ed. VI: **VII**/128; of Q. Mary: **VI**/2; subsidy: **VI**/13, 17,24
CERNE Monastery, co. Dorset. **VIII**/20
CESAR, Benjamin. **V**/60
CHALONER, Sir Thomas. Chamberlain to Prince Henry. **IV**/33; **VIII**/63-4

CHAMBER, Allan. Of the Middle
Temple. **II**/30
CHAMBER, John. Marshal of the
Minstrels. Appointment/place:
VII/31,44,49; coronation of Hen.
VIII: **VII**/28; funeral of Hen.
VII: **VII**/26; payments to: **VII**/30,
31,331(4)
CHAMBERLAIN, Abraham. **V**/13,14(2)
[CHAMBERLAIN] CHAMBRELAN, A[braham],
'junior'. **VIII**/123
CHAMBERLAIN, John. **VIII**/51,58(2),61
(3),62,67,68,70(3),71(2),72,75(2),
76(3),78,81,82(2),83(2),85(2),86
(2),87,88,90,92
CHAMBERLAIN, Robert. Gentleman of
the Chapel Royal. **VII**/123;
coronation of Ed. VI: **VII**/105; of
Q. Mary: **VII**/130; funeral of Hen.
VIII: **VII**/108; of Ed. VI: **VII**/127,
128; subsidy: **VII**/93,99,102,112;
VIII/10
CHAMBERS, John. **V**/62
CHAMBERS, William. Chorister at
Westminster Abbey. **IV**/4
CHAMPIONS, Piers. **VII**/184
CHANCELLOR, James. [see **CANCELLOR**]
CHANTARDE [CHAUNTRED,CHANTERD,
SHANSTARE] John. French musician
to Q. Anne of Denmark. Funeral of
Q. Anne: **IV**/49; payments to:
IV/52,201,204(2),205,206;
VIII/80
CHAPERONE [see **CAPERON**]
CHAPMAN, Francis. **III**/85
CHAPMAN, George. Poet/writer. **IV**/38
CHAPPELL [CHAPPLE], James.
Bellringer. **III**/4
CHAPPELL [CHAPPLE], John.
Bellringer. **IV**/4
CHARBO, Monsieur -. Musician of
Henrietta Maria. **III**/252
CHARLES, (a) as Duke of York: **IV**/
45,91; (b) as Prince of Wales.
IV/205,216-230; **V**/15,16,18(5),24,
298(2); **VIII**/316
CHARLES, William. **VII**/136
CHARLSTON, Sir Edward. **III**/121
CHARLTON [see **CARLTON**]
CHARMINSTER, co. Dorset. **VIII**/27
CHARNOCK, Bedford. **V**/55

CHARNOCKE, -. **VIII**/201(3),210
CHARTERHOUSE, London. **IV**/1
CHASIE, Jean de. French musician.
IV/172
CHATTILION, Monsieur. **VII**/381
CHATTYNES, Mr. **III**/31
CHAUNDLER, George. **I**/91
CHEEKE, Mr. **I**/131,229
CHELSEA
Hospital. **VIII**/278
CHEMISSE, Thomas. **III**/23
[= Alexander **CHESHAM**?]
CHERHILL (CHEARHILL), co. Wilts.
II/11
CHERIER, Monsieur. Dancer. **II**/102
CHERITON, co. Kent. **VII**/81
CHERTSEY, Surrey. **VIII**/217
CHERRINGTON, John. Choirboy in the
Chapel Royal. **I**/166; **V**/154
CHERRINGTON, Richard. Choirboy in
the Chapel Royal. **I**/176,183,186
CHERTSEY, co. Surrey. **VII**/15;
VIII/217
CHESHAM (CHEESMAN), Alexander.
Violin. Appointment/place: **IV**/17,
22; **VIII**/61,62; grant of fine:
IV/58; funeral of James I: **III**/3;
in masque: **IV**/33; New Year's gift:
VIII/64; payments to: **IV**/80,82,84,
86,88,90,92,94,95,98,99,100,103,
105,108,109,111,113; **III**/133,135
(2); subsidy: **IV**/60,65; **III**/9; **V**/1
CHESHIRE. **VIII**/138
CHESTENWOOD, co. Kent. **VII**/1,5,6,35,
38,51
CHESTER, co. Cheshire. **II**/20;
III/84,98,128; **IV**/211; **V**/250,252;
VI/51; **VIII**/48
CHESTERFIELD, Lord. **VIII**/180
CHETHAM, George. Trumpeter. **I**/24
CHEVALIER, Thomas. Oboe. Musician to
Princess Anne. Played at Royal
Birthday: **II**/47,52,55,65,69,140,
141,142; musician to Prince George
of Denmark: **V**/291,(292)
CHEVIER, JOHN, **III**/82
CHEYNEY, Master. **VII**/156
CHEYNEY, Sir John. **VII**/167
CHEYNEY, Thomas. Gentleman of the
Chapel Royal. **VII**/55,252
CHICHESTER, co. Sussex. **VII**/157;

VIII/32
CHIFFINCH, William. **II**/155
CHILD [CHYLD], John. **II**/105
CHILD, Dr. William. Music by: **I**/162-4; appointed as attorney: **V**/46; arrears paid to: **II**/viii,ix;
(a) Composer of wind music. Appointment/place: **I**/3(2),7; **V**/29; **VIII**/145,167; appoints attorney: **II**/10,11,32; livery: **I**/8(2),13,55, 58,237(2),239,240-8,249(2),251-4, 255(2),256-8,259(2),267,270,272, 273,277-80,281(2),283-5,288-9,293-4,296; **II**/161; **V**/49; **VIII**/153,183;
(b) cornett. Appointment/place: **I**/23,212,216,218,226,227; **V**/30,82; appoints attorney: **I**/119,170; expenses: **I**/46; payments to: **V**/111,121,124,126,129,132,137, 139,143,145,150,152,155,157,159, 161; **VIII**/171,245,246,251,254,258, 270; petition of: **I**/97; subsidy: **I**/50; **V**/44
(c) gentleman of the Chapel Royal; appointment/place: **V**/88; expenses: **I**/109;
(d) organist. Appointment/place. **I**/89,91,226; **V**/282,284,287,288; to attend at Windsor: **I**/136; expenses: **I**/143; petition of: **III**/126(2); subsidy: **I**/51; **V**/45; **VIII**/165
CHILD, William. **III**/126(2)
CHILTON CANTELLO ['CANTON'], co. Somerset. **VII**/66
'CHISHILL', co. Essex. **VIII**/38
CHITTIE, Henry. Grocer. **III**/28,175
CHOCKE, George. Private Musick extraordinary. **II**/61,128
CHOLMLEY, John. **II**/163(2),164(2)
CHOLMONDLEY, George. **II**/52,61
CHOLMONDLEY, [Robert] Lord. **III**/120
CHOLMOLEY, William. **VI**/199,200,205
CHOPPINGTON, John. Organmaker. **VI**/167
CHOSELY, Manor of. **VII**/147
CHOUCHE, John. **I**/73
CHRISTIAN, Nicholas. Messenger of the Counting House. **VI**/102(2),132
CHRISTMAS, John. Trumpeter. Appointment/place. **I**/2,120,138, 177,222,224,228(2); in *Calisto*: **I**/146; in Guards: **I**/120,132; journey to Sweden: **I**/108,118,124; **V**/135; **VIII**/290; to the Netherlands: **I**/124(2),139; **VIII**/290; to Poland: **I**/161,171,188; **V**/154(2); killed there - trumpet to be replaced: **I**/172; - bounty in compensation for his widow: **I**/174; **V**/154; **VIII**/231
CHRISTMAS, Mrs Sarah. Wife/widow of John. **I**/174; **V**/154; **VIII**/231
CHRISTMAS, Thomas. Trumpeter. **I**/224
CHRISTMAS, Thomas. Choirboy in the Chapel Royal. **II**/47(2)
-, **Christopher**. Drumslade. **VII**/372
-, Christopher.. Milliner. **VII**/364, 369
-, **Christopher**. Trumpeter. (see **POPE/PAPE**)
CHURCH, Edmund. **III**/225,232
CHURCH, John. Gentleman of the Chapel Royal. Appointment/place: **V**/93,97,290,291,293-6; coronation of Q. Anne: **II**/72; expenses: **II**/81,82,84,89,92,97,102,110,114, 117,155; paid for Chapel Feast: **II**/145; payments to: **V**/236,237(2), 238(7),239,240(4),241(10),242(2), 243
CHURCHILL, Lord. **II**/8,13,18; **VIII**/273(2),275(2)
CHURCHILL, Sir Winston. **I**/85
CHUTE, Charles. **V**/16,18(2)
CIRENCESTER, co. Gloucs. **II**/20,105; **VII**/6
CLANZICKARDE, Earl of. **IV**/76
CLARE, Dr. Andrew. Chaplain to Charles II as Prince. **V**/17
CLARENDON, Earl of. Lord Lieutenant of Ireland. **II**/7,8,12
CLARVYS, Ralph. **VII**/340
CLARKE/CLERKE
[CLARKE] CLERKE, Alexander. Chirugion. **I**/92,93
CLARKE, Christopher. Groom/Yeoman of the Vestry. **IV**/29; **VIII**/321, 322,333
CLARKE, George. **II**/65
CLARK, James. **V**/59
CLARKE, Jeremiah. Child/gentleman

of the Chapel Royal; composer; organist. Appointment/place: **V**/99(2),100; dismissal as choirboy: **II**/xii,45(2),61,140; expenses: **II**/85,89; payments to: **V**/235(2), 237(3); ?petition by: **V**/89

CLARKE, John. Chorister and singing man at Westminster Abbey; gentleman of the Chapel Royal. **IV**/4; **VIII**/322,326; funeral of Prince Henry: **IV**/37; of Q. Anne of Denmark: **IV**/50; of Jas. I: **III**/1, 4; journey to Scotland: **III**/71; subsidy: **IV**/29,59,63,66; **III**/15, 32,36,38;

CLARKE, Jonas. [?=Josias CLERKE]. **I**/114

[CLARKE] CLERKE, Josias. **I**/158

CLARKE, Mr. **I**/86

CLARKE, Mr. Dancer. **I**/150

CLARKE, Thomas. Choirboy in the Chapel Royal. **II**/67(2),142; **V**/290

[CLARKE] CLERKE, William. **VII**/143

CLARKE, William. Choirboy in the Catholic Chapel of James II. **V**/85

CLAY, Nathaniel. Player. **IV**/41

CLAYTON, co. Suffolk. **VIII**/336

CLAYTON, Elizabeth. Wife of William. **II**/58

CLAYTON, Margaret. Daughter of William. **II**/58

CLAYTON, Samuel. Bellringer. **V**/61

CLAYTON, Thomas. Private Musick. Appointment/place: **II**/26,28,44, 49(2),56,88(2),124,125,127(2),128, 130,131; **V**/287,289; arrears: **II**/70,158; **VIII**/297,298; assignment of livery money: **II**/101; livery: **II**/78,158,163(2),164(2), 165(3),166(2),167(2),168(2),169 (2),170(2),171(2),172,179; payments to: **II**/144; **VIII**/284; bequests in will of father, William: **II**/58

CLAYTON, William. Violin; wind instruments. Appointment/place: **I**/58,83,92,93,127(2),219-21,225 (2),226(2),228,229; **II**/2,4,5,26, 28,44(2),59,122,124,125,127; **V**/31, 51,58,62,63,287,289; **VIII**/142,148, 167,169,170,191,197,213; arrest of: **I**/45; to play in the Chapel Royal: **I**/76,98,110,113; coronation of Charles II: **I**/16; of Jas. II: **VIII**/261; of Wm. & Mary: **II**/25; expenses: **I**/47,100,102,109 (2),143,147,152,184(2),187-8,192, 196,201; **II**/6,12,18,21; **V**/117; instruments for: **I**/21,29,134,192; **V**/141,148; journey to Portsmouth: **I**/32; to Holland: **II**/39,40,46; livery: **I**/93,94,246-254,255(2), 256-8,259(2),276(2),278,285,287, 288(2),291,292,293(2); **II**/47,161, 163(2),164(2),165(2),166,167(2), 168(2); **V**/58; New Year gifts: **I**/11,28,29; payments to: **I**/75,88; **II**/23,136,137(2),139,201,202,204 (2),205,206,207(2),209,210,211, 212,213,214,215,217; **V**/107,111, 114,120,123,126,128,132,136,139, 142,144,149,152,155,159,161,165, 180,183,186(2),187,190,198(3), 199(3),201(3),202(3),214(3),215 (3),216(3),217(3),218(3),224; **VIII**/186,188,193,200,201,203,205, 209,215,221,226,230,236(2),238,240 (3),242,244,246,247,248,251(3), 252,255,257(2),262(2),270,284,338; petition against: **I**/175(2); petition by: **II**/57; **VIII**/177; to practise with Beckett: **I**/73; to practise with Grabu: **I**/168; prevented from practising with other violins: **I**/24; subsidy: **I**/50(2); **V**/44; **VIII**/165; to play in the theatre: **I**/59,214; in *Calisto*: **I**/146; will & burial of: **II**/57-8

CLEAVELAND (CLEVELAND), Augustine. Groom of the Vestry. **III**/110; **VIII**/327,333

CLEESE, Mr. **I**/65

CLEGORNE, Mr. **III**/89

CLEMENT(S), John. Lutes and Voices. Appointment/place: **I**/3,7,39,216, 217,219,228; **V**/39; **VIII**/156,158, 167; Corporation of Musick: **V**/260, 267; ?denization: **V**/59; livery: **I**/40,41,238,239,240(2),241-8,249 (2),251-3,254(2),255-7,258(2),269, 270,273,277(2),281,284,286,287,293

(2),294,296; **II**/18,160; **VIII**/158; payments to: **II**/203,204(2),205, 206,207,209,210,211,212,214,216, 217,222,223; **V**/174,175,178,180, 183,186,187,190,191,193(2),198, 199,200,203,204,206,209,211,212, 216; **VIII**/186,188,196,203,204,208, 215,221,226,230,236,239,242,252, 259(2),270(2) subsidy: **I**/50; **VIII**/165
CLERKE (see CLARKE)
[CLEVEDON] CLEVENDEN, co. Somerset. **VII**/115
CLEVES, Ann of. **VII**/79(2),80,379
CLIFF, John. Minstrel. **V**/245
CLIFFORD, Lord. **III**/119
CLIFFORD, (Sir Thomas) Lord. **VIII**/212(2),213(2),339
CLIFTON, Bridget. **V**/41
CLIFTON, John. Servant of Wolsey. **VII**/62
CLIFTON, John. **V**/39(3),40(2),41(3)
CLINCH, Herbert. Musician. **II**/127
CLINKARD, Gabriel. **III**/61
CLIVE, Edward. **II**/87
CLODIO [CLAUDIO], Signior. Musician. **II**/102
'CLOPTON', co. Somerset. **VII**/115
CLOTHIER, Devereux. Kettle-drummer. Appointment/place: **I**/54,62,97,224, 230; **II**/19,25,121,123,126,130; **V**/59(2),94; **VIII**/167,201; arrest of: **I**/59,181; to attend Prince Rupert: **I**/57; payments to: **II**/201, 206,207(2),210,212,213,215-7; **V**/185,188,194(2),197,198(2),201, 212,203,205,207,223; **VIII**/201,203, 209,215,216,220,225,231,235,268, 299; petition of: **I**/49,51(2); reward to: **VIII**/273; subsidy: **I**/51; **V**/43
CLOTHIER, John. Kettle-drummer. Appointment/place: **II**/64,130,132, 133; **VIII**/300; executor for his father, Devereux: **VIII**/299; livery: **II**/106; payments to: **II**/143,144(2),145,146(2),147(2), 148,149,154,159
CLOTTERBROOKE, Richard. Merchant. **III**/77,80,85(2)
CLOWES, Serjeant -. **III**/47,51

CLYNTON, Lord Admiral. **VII**/145
COAKER, John. **V**/9
COATES, Abraham. Musician. **III**/5
COBB, James. Gentleman of the Chapel Royal. Appointment/place: **V**/88, 287,288; expenses: **I**/109,143,153, 183; exempt from bearing public office: **I**/54; subsidy: **I**/51; to attend at Windsor: **I**/136; **V**/45
COBB, John. Gentleman of the Chapel Royal. **VIII**/326(3); payment for Chapel Feast: **III**/102,156; to be Master of the Children of the Chapel after Thomas Day: **III**/98; subsidy: **III**/110; payments to: **V**/25; **VIII**/134
COBHAM, Lord. **VIII**/50
COBHAM, Sarah. **I**/247
COBHAM, Thomas. **I**/122
COCK, Arthur. Gentleman of the Chapel Royal; organist. **VI**/73; **IV**/3; **VIII**/320,321
COCKERELL, Ralph. **VII**/102
COCKEREN, Petit John. Minstrel. Funeral of Q. Eliz. of York: **VII**/20; livery: **VII**/39; payments to: **VII**/191,192(3),193,194,196, 197(2),198-203,205; petition for place: **VII**/408; reward to: **VII**/30, 86,192,195,202,207
COCKES, -. Dean of Westminster Abbey. **VII**/129
CODLINGTON, Thomas. Catholic preacher. **V**/86
COFFEN, Ralph. Child of the Chapel Royal. **VII**/422
COGGESHALL, John. Lutes and Voices. Appointment/place: **III**/19,113; **I**/3,9,27,32,34,38,217,220; **V**/34; **VIII**/94,155; Corporation of Musick: **V**/246(2),248; death: **III**/128; funeral of James I: **III**/5; livery: **III**/18(2),40,46,56,67; New Year's gift for: **III**/22; payments to: **IV**/217,220,222-6,228-9; **III**/165,171,173,175,178(2),183,188, 191,193,195,199,200,205,208,211, 212,215,218,221,225,227,229,233, 236(2),237,241; **VIII**/112,115; payments for lute strings: **III**/41, 44,54,57,63,69,76,80,84,93,100,

106,138,141,144,146,148,150,152, 155,156,158; **VIII**/108; petition of: **VIII**/111; subsidy: **III**/10,33, 38,109; **V**/1

COKE, Sir John. Secretary of State. **III**/72; **VIII**/332

COKEREN, Petit John. [see **COCKEREN**]

COLCHESTER, Lord. **II**/45,48; **VIII**/287

COLCOMBE PARK, co. Devon. **VII**/88,95, 101

COLE, Edward. **I**/199

COLE, Sir John. **VIII**/87

COLE, John. Priest/Sub-Dean of the Chapel Royal. At Cloth of Gold: **VII**/55; coronation of Hen. VIII: **VII**/27; excused fine: **VII**/412; funeral of Q. Eliz. of York: **VII**/19; of Hen. VII: **VII**/26; of Prince Henry: **VII**/33; grants to: **VII**/22,36,46,53,62,408; payments for Oxford exhibitioners: **VII**/365, 367,369

COLE, Richard. **I**/248,279

COLE, Richard. Choirboy in Catholic Chapel of James II. **V**/85

[COLEMORE] 'COLEMERE', co. Hants. **VII**/27,47,63

COLBROOKE. **IV**/201

COLERYLE [see SUTTON COLDFIELD]

COLES, RICHARD [perhaps John **COLE**]. Priest of the Chapel Royal. **VII**/56

COLEBRAND, Dr. Richard. Sub-Dean of the Chapel Royal. **V**/61,68,229,280; **VIII**/213

COLEMAN/COLMAN

COLEMAN, Dr. Charles [I]. Viol; composer. Administration of estate: **V**/48; appointment/place: **III**/129; **I**/2,55,216,217,219,221 (2),225(2),227; **V**/26,39,40,48(2); **VIII**/140,167,169; letter of attorney by: **V**/47; Corporation of Musick: **V**/254,256,259; funeral of James I: **III**/3; hire of room by: **V**/141; **I**/19,33,47; expenses: **I**/47; livery: **I**/16,17,38,63,66,237(2), 238,239(2),273,284; **VIII**/144; payments to: **V**/173,174(2),176(3), 177,178,179,180(2),181,221; **VIII**/ 143,159,188; excused subsidy: **III**/33,35,38,109; **I**/50; **VIII**/165; viol bought: **I**/33; **V**/112

COLEMAN, Charles [II]. Viol; Private Musick. Appointment/place: **I**/219, 229; **II**/3,5(2),27,28,44,53,54,56, 122,124(2),127; **V**/26,288,289; **VIII**/140; appointed as attorney: **II**/11; **V**/75; coronation of Jas. II: **VIII**/261; of William & Mary: **II**/25; expenses: **I**/164; **II**/22; livery: **I**/16,63,66,237(2),238-9, 241-53,254(2),255(4),256,257(2), 258(3),259(3),264(2),272,276(2), 282,283(2),284,285,287,288(2), 291,292,293,294(3),295(3),296; **II**/48,161,163,164(2),165(2),167; in *Calisto*: **I**/145; payments/ arrears to: **II**/24,136(2),137,139, 141(2),201-5,206(2),207,209-11, 213,215,216,217; **V**/166,178,179, 181,182,184,186,187,190,192,193, 198,199,201,202,204,205,208,209 (2),210,212,213,214,215,216,218, 222,224; **VIII**/143,188,189(2),196, 203,204,208,215,221,226,230,235, 237,238(2),239(2),242(2),244,246 (2),250,251,252,257,259,262,263, 267,270,284,338; petition against: **I**/159; poll tax: **VIII**/267; attended the Queen: **II**/39,40,46; surrendered patent: **VIII**/264; witness: **I**/158; **V**/74,75

COLEMAN, Edward. Lutes and Voices. Gentleman of the Chapel Royal. Appointment/place: **I**/3,7,28,93, 216,217,219,225(2),228; **V**/33,34, 58; **VIII**/150,167,197,200; assigns fee: **V**/34,42; livery: **I**/27,32,34, 38,94,237(2),238,240,241,242,243, 244,245,246,265,266,271,272,273, 275,284; **VIII**/156; payments to: **V**/173,175,180,183,188,191,221; **VIII**/155,186,188,193,196,197; petition against: **I**/73; subsidy: **I**/50,51; **V**/45; **VIII**/165

COLEMAN, Elizabeth. **II**/166

COLEMAN, Grace. Wife of Charles [I]. **V**/47,48,177,178,179,180(2),181

COLEMAN, John. Lutes and Voices. **I**/225.

COLEMAN, Richard. **VIII**/95

COLEMAN, Richard. Yeoman of the Vestry. **III**/32
COLEMAN, Robert. Groom/Yeoman of the Vestry. **IV**/38; **III**/4,15,36,39; **VIII**/324,333
COLEMAN, Thomas. **II**/33
COLEMAN, William. **III**/97
COLMAN, William. Child/Gentleman of the Chapel Royal. **VII**/25,28,34,39, 55,59,64,69,424
COLEMAR, Henry. [= John COLMARK, *q.v.*]
COLINGE (COOLIN), Richard. Secretary to the Lord Chamberlain. **II**/33; **VIII**/223,232,290
COLLARDE, Edward. Lute. **VI**/159; **VIII**/49
COLLETT, Richard. **VI**/131
COLLINS, Cuthbert. Trumpeter. Appointment/place: **III**/11,12,20, 21,114; **V**/299; **VIII**/93(2),94; funeral of James I: **III**/2; to make brass trumpets: **III**/102,104; **VIII**/126; livery: **IV**/69; **III**/6,43(3), 54,72; payments to: **III**/123,132 (2),135,137,139,140,142,143,145, 147,150,153,155,156,158; **VIII**/126; petition by: **V**/299; **VIII**/120; subsidy: **III**/33,34,37,108
COLLINS, Elizabeth. Wife of Cuthbert. **III**/123
COLLINS, Francis. **II**/103
COLLINS, Joan. **V**/47
COLLINS, John. Gentleman. **I**/73
COLLINS, Timothy. Lutes and Voices. Appointment/place: **III**/113; **I**/1, 6,219; **V**/34,108; funeral of James I: **III**/3,5; lute for: **III**/50; New Year's gift to: **III**/22; payments to: **IV**/101,103,106,108,110,112, 114,133,136,138,140,142,143,144, 145,147,149,151(2),154(2),155,157, 159; petition against: **III**/64,65, 89(2),90; subsidy: **IV**/61,62; **V**/1; **III**/9,14,33,35,38,109
COLLINS, William. **I**/114; **II**/87
COLLIS, John. Musician. **I**/119
COLMAN, Michael. **VI**/220(3)
COLMARK(E) [COLMARSH], John. Musician to Prince George and Princess Anne of Denmark.
II/65,69,142; **V**/292,(292); **VIII**/295
COLOGNE (COLOIGNE), Germany. **I**/139; **VIII**/290
COLSON, Francis. **II**/44
COLSON, Robert. Music Copyist. **VII**/85,287,289,292-4,296,298,302, 305,307,309,316,318
[COLYTON] COLLYTON, co. Devon. **VII**/88
COMBERT, Monsieur. [= Robert CAMBERT]. **I**/140
COME(Y), Abigail. **III**/79
COME [COMY, CONYE], Anthony. Violin. Appointment/place: **VI**/166; **IV**/4, 231; **III**/46,47(2); funeral of Q. Eliz.: **IV**/1; of Jas. I: **III**/2; New Year's gift: **IV**/10,12; **III**/23; **VIII**/64; payments to: **IV**/72,73,75, 77,78,80,82,84,86,88,90,92,94,95, 99,100,103,105,108,109,111,113; **III**/133,135,137,140(2); subsidy: **V**/1; **IV**/18,20,25,60,65; **III**/9,14, 33,35,37
COME (COMBA, COMI, CONYI), George de. Viol/violin. Appointment/place: **VII**/96; coronation of Ed. VI: **VII**/106; denization: **VIII**/16; funeral of Hen. VIII: **VII**/110; of Ed. VI: **VII**/125; of Q. Mary: **VI**/1, 5; import licence granted to: **VII**/419; **VIII**/32; livery: **VII**/120, 134,139,141,147; **VI**/9,10,12,13,22; payments to: **VII**/294,295,297,298, 300,301,303,304,307,308,310,312, 314,317,319,321,420; **VI**/80,81,83, 84,86,87,88,90,91,93,95,97,99(3), 102,107,108,110; **VIII**/12; mentioned in petition of A. Dinale: **VIII**/37; subsidy: **VI**/16; **VIII**/15
COMER [COME], Henry. Violin. Appointment/place: **I**/3,10,88,158-160,216,218,225,226,229,231; **V**/143; **VIII**/167,191; coronation of Charles II: **I**/15; deputy appointed in his absence: **I**/39,76,89,101, 112,138; expenses: **I**/47,100; journey to Portsmouth: **I**/32; pass for: **VIII**/135; payments to: **I**/75; **V**/107,111,115,121,123,126,129,132, 137,139,142,145; payment for his

help in securing appointment of James Banister: **I**/158-160; petition of: **I**/60; subsidy: **I**/50; **V**/44; **VIII**/165; violin for: **I**/29; **V**/110

COME (COEMES,COMBA,COMMY,CONNEY), Innocent de. Viol/violin. Appointment/place: **VII**/118; **IV**/4, 72; coronation of Q. Eliz.: **VI**/3; dwelling at: **VIII**/21,25,26,29,45, 335; funeral of Ed. VI: **VII**/125; livery: **VII**/120,134,139,141,147; **VI**/6,8,9,10,12,13,40; New Year's gift: **VI**/50,66,70,74; payments to: **VII**/146,312,314,317,319,321,351; **VI**/40,80,81,83,84,86-8,90,91,93, 95,97,99,101(2),102,107,108,110, 112,114,116,118,120,122,123,125, 131,136,137,139,140,142,144,145, 146,148,149,150,152,154-6,158,159, 161,162,164,166,172; **IV**/72; passport for: **VII**/119; mentioned in petition of A. Dinale: **VIII**/36-7; subsidy: **VI**/16,22,32,54,58,66,71; **VIII**/15

[COME] COMY, Jane. Wife of George. **VIII**/37

COMEY, Juan/John Maria da. Viol/violin. **VII**/282(2),284,285,286; **VIII**/334

COME(Y), Richard. Violin. Appointment/place: **III**/107,113; **I**/3,10,218; payment to: **III**/159

COMING [Caminge], William. Scrivener. **V**/63,75

COMINS, John. Servant to Robert Maugridge. **VIII**/286

COMPLEDICK, Elizabeth. Recusant. **IV**/15

COMPTON, Dr. Henry. **V**/280

COMPTON, Spencer. **VIII**/309,310

COMPTON, Lord [William], **IV**/197; **III**/27

CONFESSE [CONFAIS], Nicolas. Dancing master. **III**/246; payments for work in masques: **IV**/30,31,147,154,234; **VIII**/114

CONGREVE, Mary. Witness. **III**/71

CONINGSBY, Gilbert. Choirboy in the Chapel Royal. in *Calisto*: **I**/145; dismissal: **I**/187; **V**/163; expenses: **I**/144,183,187; **VIII**/259

CONNAUGHT, Ireland. **IV**/76

CONTI (CHANNTIE,CHONTISCHOUNTI, CONNTEY,COUNTES,COUNTIE,COUNTYE), Anthony. Lute; keyboard. Appointment/place: **VII**/123; **VI**/viii; **VIII**/10; denization: **VIII**/27; dwelling at: **VIII**/28,30; funeral of Ed. VI: **VII**/126; gift to: **VI**/179; lease: **VIII**/29; livery: **VII**/120,134,139,141,148; **VI**/11,13,15,19,20,21,25,26,27,29, 30,35,37,38,40,42; payments to: **VII**/313,315,317,320,323; **VI**/85,86, 88,90,92,93,95,97,100,102,105,107, 109,111,112,114,117,118,120,124; mentioned in petition of A. Pagano: **VIII**/24; subsidy: **VI**/16, 23,33; **VIII**/15

CONTI, Elizabeth. **VI**/78,123

CONTI, Lucretia [*alias* da TEDESCHI]. Wife of Anthony. **VI**/78,96,102,105, 123; **VIII**/21,24,27,30

CONWAY, Sir Edward. Secretary of State. **IV**/59(2); **VIII**/84(3),87(2), 89,127

CONWAY, Secretary. **VIII**/291

COOKE/COKE

COOKE, Amey. **I**/116,117

COOKE, Arthur. Musician. **I**/95

COOKE/COKE, Edward. Child of the Chapel Royal. **VII**/25,28

COOKE, George. Gentleman of the Chapel Royal. **VIII**/321; funeral of Prince Henry: **IV**/37; of Q. Anne of Denmark: **IV**/50; of Jas. I: **III**/1; journey to Scotland: **III**/71; payment: **VIII**/132; subsidy: **IV**/29, 59,63,65; **III**/15,32,36,38,109

COOKE, Henry. [a] Lutes and Voices; [b] composer; [c] Master of the Children of the Chapel Royal. [d] Education of two singing boys. Abused: **I**/100; appoints attorney: **V**/39; burial of: **I**/118; Corporation of Musick: **V**/254,255(5),256 (3),258(2),259,261; daughter of: **VIII**/339; death of: **I**/117; replaced as gentleman of the Chapel: **V**/61; payments to: **V**/171(6),172 (2),173(2),174(2),175(2),177,179 (5),180(3),181(6),182(5),184(5),

185(4),187(5),188(2),189(3),190, 191(4),195(4); **VIII**/169,182(4), 184,185(3),186,188,189(2),190,196, 202(2),205(3),206,208,209,220,222 (3); probate granted to: **V**/60,61; will of: **I**/116-7;
[a] Appointment/place: **I**/4,167, 216,219,225,227,230; **II**/59,61; **VIII**/142,167,219; to hire room: **I**/19,33,47; **V**/141; livery: **I**/14, 18,21,168,237(3),238(2),239(2), 240(2),241(2),242(2),243(2),244 (3),245(3),246(2),247(4),273,277, 291,292; **V**/72; **VIII**/146; for strings etc. **I**/47; subsidy: **I**/50;
[b] Appointment/place: **I**/55(2), 129,149,221,225,227; **V**/48(2); **VIII**/168,220;
[c] Appointment/place: **I**/6,118, 149,216,219,227,230; **V**/27; **VIII**/ 141,216,220; to allocate musicians to serve in the Chapel: **I**/76; expenses: **I**/22,44(2),69,106,108-110; to fetch boys: **I**/19,98; **V**/27 (2),28; house alterations: **I**/66, 90; livery: **I**/14; boys' liveries: **I**/15,22(2),24,32,49,53,56,57,61, 67,69,73(2),80,86,90,91(2),94,100, 105,262,263(2),264,266,269,272, 284; **V**/29,55(2); **VIII**/146,182; boys' liveries worn out: **VIII**/184 (2),185(3); for boys' education, materials & maintenance: **I**/31,39, 40,44,49,53(2),56(2),57(2),59,61, 62,63(2),64,67,68,72,74(2),76,77, 82,83,85,87,88,90,98,99,104,105, 107(2),114; **V**/42,51; **VIII**/145,159, 181,195,196,198(3),200,202; petition of: **I**/78,80; **VIII**/146, 147,152,162,173,176,182,193,195, 202,207; payments for various Chapel expenses: **V**/109,113,118, 120,122,125,134,135,162; subsidy: **I**/51; **V**/45; **VIII**/165;
[d] Appointment/place: **I**/6,17,19, 128,132,135,149,227; **V**/27(2); **VIII**/142,145,216,220
COOKE, Isaac. Groom of the Vestry. **V**/91
COOKE, John. Gentleman of the Chapel Royal. **VIII**/324(2); Funeral of James I: **III**/2; subsidy: **IV**/59, 64,66; **III**/15
COOKE, John. **II**/9,10
COOKE, John. **II**/113
COOKE, Joseph. **I**/154
COOKE, Margaret. Witness: **II**/36
COOKE, Mary. Wife of Henry. **V**/162
COOKE, Mr. **I**/177
COOKE, Nicholas. Lutes and voices extraordinary. **III**/112,113
COOKE (COKE), Richard. Interlude Player. **VII**/313,315,320
COOK, Samuel. Witness: **II**/82
COOKE, Thomas. Groom of the Chamber. **III**/44
COOKE, Thomas. Salesman. **II**/16
COOKE, William. **I**/195
COOKES, Mr. **VIII**/251
COOKNOW, Thomas. **III**/72,196
COOLING, co. Kent. **III**/44,49
COOPER, Edmund. Drummer extraordinary. **III**/49,114
COOP[ER], Francis. **III**/237
COOPER, Francis. **I**/107
COOPER, William. Drummer in Ireland. **II**/43,126,130
COPE, Walter. **VI**/222
COP(E)LAND, William. Priest of the Chapel Royal. Coronation of Ed. VI: **VII**/105; funeral of Hen. VIII: **VII**/109; grant: **VII**/97(2); subsidy: **VII**/91,93,99,103,113
COPENHAGEN, Denmark. **VIII**/290
COPFORD, co. Essex. **VI**/38; **VIII**/35
COPLEY, Nicholas. Messenger. **I**/55, 95,104(2),107,117,119
COPLEY, Robert. Trumpeter. Appointment/place: **VII**/99; coronation of Ed. VI: **VII**/106; death noted: **VII**/118; funeral of Hen. VIII: **VII**/109; payments to: **VII**/293,295,296,299,301,302,304, 306,308,309,311,314; subsidy: **VII**/90,92(2),98,103,112,418,419
COPRARIO, John. Composer; lutes and voices. Appointment/place: **III**/19, 21,171; **I**/4,7,20; **V**/30,31; **VIII**/ 93,146,155; executor of: **III**/26, 27; **VIII**/97; funeral of James I: **III**/5; pass for: **VIII**/74,75; payments to: **III**/27; payment for

compositions: **IV**/197; **III**/81,150; journey to Heidelberg: **IV**/209; payment for work in masque: **IV**/234; payments as a musician of Prince Charles: **IV**/217,226(2),228, 229; leader of music group: **V**/299; subsidy: **III**/9; **V**/1

COPSHALL, [see **COGGESHALL**]

COPSON, Richard. **I**/111

COPYNGER, John. Wood-ward. **VII**/51

CORBETT, Francisco. Guitar; Groom of Privy Chamber to Q. Catherine of Braganza. In *Calisto*: **I**/146; livery: **VIII**/173,337; musician of Princess Anne: **II**/121; petition of: **VIII**/336,337(2)

CORBETT, Symon. Choirboy in the Chapel Royal. **II**/26(2)

CORBETT, William. Private Musick. Appointment/place: **II**/101,113,131, 132; livery: **II**/115,116,177(2); payments to: **II**/154 theatre: **II**/102

CORBRAND, -. Singing-man. **VII**/216

COREDON, Roger. **II**/106

COREN, Hugh. Dean of Hereford. **VII**/146

COREN, Richard. Chaplain. **VII**/75

CORK, Ireland. **IV**/73

CORNEBURGH, Alvered. Keeper of the Great Wardrobe. **VII**/4

CORNEBURGH, Beatrice. **VII**/4

CORNELISON, Nicholas. **IV**/56; **VIII**/83

CORNELIUS [CORNAILLE]. French Musician. **I**/145,150

CORNELIUS, Mary. **I**/28

CORNISH/CORNYSH

CORNYSH, Jane. Wife of William. **VII**/58.

CORNYSH, John. [Probably an error for William]. Gentleman of the Chapel Royal. **VII**/19

CORNYSH, WILLIAM. Gentleman/Master of the Children of the Chapel. Appointment/place: **VII**/32,49; Cloth of Gold: **VII**/55; coronation of Hen. VIII: **VII**/28; funeral of Prince Edmund: **VII**/14; of Hen. VII: **VII**/26; of Prince Henry: **VII**/33; grants: **VII**/58(2),407; livery: **VII**/32,36; payments/

rewards to: **VII**/30,56,157,158,169, 176,206,216(2),227,331(3),332(2); **VIII**/4(3),344; payment for a composition: **VII**/361; payments for literary/theatrical work: **VII**/152, 172(3),172(2),188,238,240,242,246, 247,251; payments for maintenance of choirboys: **VII**/209,211,212,214, 217,219,230(2),231(2),233,235,236 (2),240,242,243,244,246,247,248, 250,251,253; for maintenance of the Chapel buildings: **VII**/222,223, 409; theatrical: **VII**/400-5; praises a choirboy from Wolsey's chapel: **VII**/410,411(2); notes poor accommodation: **VII**/411; able to lodge visitors: **VIII**/334

CORNWALL. **III**/26; **VI**/52; **VII**/60,61; **VIII**/46,138

[CORNWALLIS] CORNEWALLIS, Sir Thomas. **VIII**/33

CORSHAM, co. Wilts. **II**/62,75,112

COSSYN, Martin. **VI**/189

COST, William. Priest of the Chapel Royal. **VII**/14

COTES, Robert. Gospeller in the Chapel Royal. **VII**/55

COTMAN, Nicholas. Sackbut. Appointment/place: **VII**/116; funeral of Ed. VI: **VII**/125; funeral of Q. Mary: **VI**/5; livery: **VII**/120,134, 139,141,147; **VI**/7,8,9,11,12; payments to: **VII**/146,312,314,317, 319,322,351; **VI**/81,82,83,85,86(2), 172; subsidy: **VIII**/15

COTTELL, Mark. **V**/47

COTTERAU, Symon. Italian musician. **I**/222

COTTON, Clement. **VI**/222

COTTON, Joseph. **I**/199

COTTON, Ralph. **VII**/143-4

COTTON, Richard. Gentleman of the Chapel Royal. **VIII**/321; funeral of Prince Henry: **IV**/38; of Q. Anne of Denmark: **IV**/49; of James I: **III**/1; subsidy: **IV**/19,21,29,59,63,65; **III**/15,31,35,38,109

COTTON. Roger. Gentleman of the Chapel Royal. **VII**/127 [= **CENTON**]

COUCHE, Robert. Gentleman of the Chapel Royal. **VI**/13,17,24,34;

VIII/319
COUPER, Gylkyn. **VII**/?
COUPER, Robert. **VII**/12(2)
COURTENAY, Edward. **VIII**/230
COURTENAY, Henry. Marquis of Exeter. **VII**/88
COUSANT, Thomas. **VIII**/74
COUTE, Prince de. **V**/275
COURTVILLE, Raphael. Gentleman of the Chapel Royal. Death noted: **V**/70; expenses: **I**/109,136,143; subsidy: **I**/51; **V**/45
COVENTRY, co. Warwicks. **II**/20; **VII**/152
COVENTRY, Henry. Diplomat. **I**/76,108 (2),118,141; **V**/120,135
COWPER, William. Clerk of the Kitchen to Margaret Beaufort. **VIII**/1
COWTES, -. Tuner and repairer. **VII**/374,375(3),376,377
COX, Mary. **I**/41
COXE, Richard. **III**/40,214
COX, Robert. Private Musick. Appointment/place: **II**/96,131,132; appoints attorney: **II**/101; livery: **II**/99,173,174,175(2),176(2),177; payments to: **II**/153,159; **VIII**/313
COX, William. **II**/34
COX(H)ALL [see **COGGESHALL**]
COZENS, Francis. **III**/3
CRADDOCK, Alice. **III**/194,229
CRADDOCK, Thomas. Organmaker. Appointment/place: **III**/16,47; **I**/14,220; **V**/28,29; **VIII**/93; payments to: **III**/194,206(2),210,213, 216,219,222,229; **VIII**/113,116; payment for making an organ for Prince Charles: **IV**/225; petition against: **III**/73
CRADOCK, William. **I**/91
CRAIGG, Mr. Musician. **II**/102
CRANBORNE, co. Dorset. **VIII**/46
CRANE, Jacob. **VII**/332
CRANE, Margaret. Wife of William. **VII**/80
CRANE, William. Gentleman/Master of the Children of the Chapel. Appointment/place: **VII**/60,424; at Cloth of Gold: **VII**/55; coronation of Henry VIII: **VII**/28; debt by: **VII**/95; dwelling at: **VIII**/334; funeral of Hen. VII: **VII**/26; of Prince Henry: **VII**/33; grant: **VII**/27,35,43,58,67,72,80,94; licence to export/import: **VII**/39,44,47,61, 85; livery: **VII**/30,37; loan by: **VII**/203; payments to: **VII**/332(2), 333(7),334(7),335(3),354(2),355, 356(3),362(3),363,364,365(2),366 (2),368,371; **VIII**/2; payment to him for property: **VII**/416; his involvement with ship repairs: **VII**/40(2),45,62,206; subsidy: **VII**/59,89,91; theatrical: **VII**/255, 260,265,273,278,283,400,401,402;
CRAUNERS, Edward. **II**/16
CRAY (River), co. Kent. **IV**/57; **VIII**/85
CREED, Elizabeth. **II**/7
CREIGHTON, John. **III**/87
CREMONA, de. [see COME]
CREMOUR, Thomas. Draper. **VII**/35,94
CRESET, Mary. **II**/7
CRESPION [CRISPIN], Steven. Gentleman of the Chapel Royal; Confessor. Appointment/place: **V**/62,70,88,93,96,102,282,284,285, 287,288,293,294; Chanter of Westminster Abbey: **I**/118,134; expenses: **I**/153,183,186,205; **II**/81(2),84,89,92,97,102,107,110; payments to: **V**/236,238,241
CRESSETT, Francis. **V**/71
CRESSY, Thomas. **V**/42
CRESWELL, Elizabeth. Wife of Thomas [II] [see TAYLOR]
CRESWELL, George. **VII**/347
CRESWELL, Margaret. Wife of Thomas [I]. **I**/241
CRESWELL, Thomas [I]. Trumpeter. Appointment/place: **III**/99,100,101, 113,115(2),116(2),129; **I**/62; **VIII**/125; livery: **III**/99,101; **I**/41,264, 266,268,272(2),273,285(2); at Newark: **III**/121(2); on Northern Expedition: **V**/300; payments/pension to: **III**/155,157,158(2); **I**/43,45,123,239(3),240,241,242, 243; **V**/38,115,116,122,130,133; **VIII**/158,259; petition of: **I**/274; **VIII**/151; subsidy: **III**/108

CRESWELL, Thomas [II]. Trumpeter. Appointment/place: I/139(2),176, 191,222; V/67,79; journey to Denmark: I/161; VIII/290; payments to: V/142,144,149,151(2),(156,158, 164)

CRESWELL, William. Trumpeter. [probably Thomas [II]]. imprisoned: I/78

CREVILA (CRAVILA,CRAVISA,CREVELA), Christopher. Minstrel. Appointment/place: VII/412; payments to: VII/238(2),239,241, 243,244,245

CREWE, John. III/125

CREWES [CRUX], Jeffery. Fife; drummer. Appointment/place: IV/29,32(2); III/114; executor of Robert Tedder: III/49; funeral of James I: III/2; pass for: VIII/81; payments to: IV/147(2),148-154, 155(2),156-160,161(2),163(2),164-5,166(2),167-175,176(2),177-180, 182,183,185-9,190(2),191,193,194 (2); III/165-7,169,172,176,180, 181,185(2),187,188,190,192,193, 196,197(2),199,202(2),204,207,210, 213,215,218,221,224,227,230,233, 234,237,242; VIII/115,116; subsidy: IV/61,63,66; III/13,33, 34,36,107; V/2

CREWES, Jeremy. Drummer. Appointment /place: III/49(2),50(2),114,129; I/4,67,95,96,104,189,216,224(2); V/6; VIII/167,200; certifies work of gutstringmakers: VIII/121; infirm: I/54; payments to: III/125,127,187,190,193,196(2), 199,202,204,207(2),210,213,215, 221,222,224,227,230,233(4),234, 237; V/172,174,175,176,178,220, 221; VIII/113,115,116,130,133; petition of: I/21,58; subsidy: III/107; V/43

CREWES, Marie. Wife of Jeffery. III/167,169,180

CRISPIN, [see CRESPION], I

CRISPE, John. Choirboy in the Chapel of Catherine of Braganza: V/72

CRISPE, Laud. Of the Wardrobe. I/240; VIII/159

CROCKER, John (see CROKER)

CROFTON (CRAFTON), William. Page of the Chamber. VII/102

CROFTS, Dr. Herbert. Dean of the Chapel Royal. V/280;

CROFTS, Sir Herbert. VIII/76

CROFT(S), Dr. William. Gentleman/ Master of the Children of the Chapel Royal/Organist/Composer. Appointment/place: II/73,99; V/99 (2),100(2),101(2),295(2),296(2); dismissal as choirboy: II/64(2), 142; expenses: II/85,89,92,98,103, 111,115(2),117,155(3); liveries/ mourning liveries delivered to: II/96,100,105,109,112,116; VIII/ 311,312(2),313(2); payments to: V/235(2),237(5),240(2),241,242(3), 243,244; II/64(2),73,85,89,92,96, 98,99,100,103,105,109,111,112,115 (2),116,117,142,155(3)

CROIX [la CROUY, LACRIG], Nicholas la. Gentleman of Q. Mary's Cath. Chapel. II/17,21; V/286; VIII/341

CROKER (CROCKER), John. Child/ Gentleman of the Chapel. VIII/324 (2); Funeral of James I: III/1,4; expenses as choirboy: VI/163; subsidy: IV/59,64,66; III/15;

CROMWELL, Thomas. Chief Minister. VII/68,69(2),73,77,78(2),80,81, 136,413,414(2)

CROSSE, Anthony/Henry. Sackbut. Payments to: VII/193,200(2),201, 202,203,205,208,209,211,213,215, 216,218,219,221,223,224

CROSSE, Henry. Drumslade. VII/236, 237(3),238(2)

CROSSE, William. Gentleman of the Chapel Royal; Deputy Master of the Children. VIII/322,327; Funeral of Q. Anne of Denmark: IV/49; of Jas. I: III/1; payment for travelling charges to take up boys: III/61; subsidy: III/15,32,36,38; IV/59, 64,66

CROTFORD, Thomas. Usher, Westminster Abbey. VII/130

CROUCH, John. [a] Violin/Private Musick. Appointment/place: I/200, 201,232; II/2,3,5,122; V/81;

instrumentalist in Catholic
Chapel: **II**/17,21; **V**/84,87;
coronation of Jas. II: **VIII**/261;
expenses: **I**/187,188; **II**/6,12;
payments to: **II**/23,136,137(2),139,
202,205,206,207,209,210,211,212,
214,215,217; **V**/159,161,164,165;
VIII/236,238,239,244,248(2),249,
250,251(2),252,255,257(2),262;
theatre: **I**/214; **II**/91;
[b] wind instruments. Appointment/
place: **I**/187,189,232; **V**/78(2);
payments to: **V**/209,210,213,214,
215,216,218
CROUY, Nicholas [see la **CROIX**]
CROWE, Richard. Clerk. **VII**/8
CROWLAND, John. **VII**/ CHECK
CROWTHER, [CROWDER], John.
Trumpeter. Appointment/place:
I/68,139,223,224,230; **V**/53;
deserted: **I**/59; livery: **I**/55;
journey (a) to Denmark: **I**/161;
VIII/290; (b) to Morocco: **I**/90,
119; **V**/122; **VIII**/193; (c) to
Netherlands: **I**/76,141; **V**/120;
payments to: **V**/116,117,120,128;
assigns pay: **I**/114; to attend
on Prince Rupert: **I**/57,71(3),77;
V/119
CROXTON, William. **VI**/188
CROYDON, co. Surrey. **VIII**/2
CROYLAND, Monastery of. **VII**/1
CRUMP, Richard. Porter. **V**/286
CRUYS (CREWES), Francis. Violin.
Appointment/place: **I**/129,130;
II/27,28,44,98(2),124,127,128,130,
131; **V**/64,65,288,289,291-5; **VIII**/
214(2); appoints attorney: **II**/11,
78,95; expenses: **I**/184; journey to
Holland: **II**/35(2),38,39,40,41;
livery: **I**/167,168,242,243,253,254
(2),255(2),256(3),257(2),258(4),
259(2),281,283,287,288(2),293,294,
296; **II**/48,78,161; **V**/72; payments
to: **II**/70,144,157,158,163,164(2)
165(2),166(2),167,168(2),169(2),
170(2),171(2),172,173(2),179,203,
204,205,206,207(2),209,211(2),213,
215,217; **V**/202,204,206,208,209,
210; **VIII**/221,226,229,236,238,239,
268,297,298,338; petition against:

I/160; petition by: **VIII**/226
CUCKAW, [CUCKOW] Mr. Gentleman in
the Catholic Chapel of James II.
II/17,21; **V**/84,86
'CUDWORTHE', co. Yorks. **VIII**/23
CULPEPER, [Thomas]. **VII**/413
CUMBERLAND, Francis Clifford, Lord
of, **IV**/214
CUNISBY [see **CONINGSBY**], I
CUNNINGHAM, David. Cofferer to
Prince Charles: **IV**/218(2),220;
V/298(2); Receiver General to the
Prince of Wales: **III**/100(2)
CUNSTABLE, Dr. **I**/117
CURKAW, Mr. [see CUCKAW at present]
CURSON, Thomas. Minstrel; fife.
Appointment/place: **VII**/113;
Coronation of Ed. VI: **VII**/106,
108; funeral of Ed. VI: **VII**/126;
of Q. Mary: **VI**/5; livery: **VII**/139;
payments to: **VII**/294,296,297,298,
300,302,303,305,306,307,309,310,
313,315,317,319,322; subsidy: **VI**/
17,23; **VIII**/14
CURTEIS, George. **III**/260
CURTEYS, James. Child of the Chapel
Royal. **VII**/25
CURTEYS, John. Gentleman of the
Chapel Royal. **VII**/14
CUTHBERT, Dougall. Scrivener. **II**/94
CUTHBERT, Thomas. **II**/113
CUTLER, James. Choirboy in the
Chapel Royal. **I**/192,206; **V**/163;
VIII/252,254
CUTLER, Mr[s?]. **VIII**/242
CUTLER, Widow. **VIII**/245,246,248,250,
251,253,255
CUTOM, Mr. Guitar. **I**/146
CUTTELER, Richard. Priest of the
Chapel Royal. **VII**/5
CUTTING, Thomas. Musician to Prince
Henry. **IV**/37,39,211,212(2)
CUTTS, Lord. **VIII**/290

D

DADES, William. **II**/107
DALE, Dr. Master of the Requests.
VIII/42,43
DALE, William. Groom in Prince
Henry's Vestry. **IV**/27

DALEY, Brian. Professor of Theology. **VII**/23
DALISON, William the younger. **VIII**/18
DALLAM, John. Organ maker. **I**/229
DALLAM, Ralph. Organ maker. **I**/70
DALLAM, Robert. Organ maker. **I**/70; **V**/15(2),17; **VIII**/115,126
DALLAM, Thomas. Organ maker. **IV**/44,46,168; **VIII**/74,76
DALLIMAN, Steven. **VI**/131
DALLINGTON, Sir Robert. Governor of the Charterhouse. **III**/23
DALLOWE, Phillip. **V**/47
DALLWEN, Thomas. Bricklayer. **III**/71
DAMAN(O), Ann. Wife of William. **VI**/217,219
DAMAN(O) (de AMMANNO,DE MAN, DEMAWNDE,DYAMOND), William. Flute. Appointment/place: **VI**/36(2),58,191; **VIII**/45; composer: **IV**/226; dwelling at: **VIII**/24,28,30,335; payments: **VI**/191,193-5,197,199,200,201,204,206,207,209,211,212,215,217,219(3); subsidy: **VI**/53,58,127
DAMASCENE, Alexander. Gentleman of the Chapel; composer. Appointment/place: **II**/130; **V**/92,97,288,290,291,293-6; composer: **II**/27,28,126; coronation of Wm. & Mary: **II**/25; of Q. Anne: **II**/72; vocal consort (1691): **II**/39,40; expenses: **II**/81(2),84,89,102,110,114,117,155; payments: **V**/236,238,240,243; **VIII**/284
DAMSALL, Edward. **I**/262
DANBY, Treasurer [Henry, Earl of Danvers], **V**/72; **VIII**/217,219,220,225,227,228(3),229,231,232(2),233(4),234
DANCE, Humphrey. **I**/32
DANEIL, John. Actor. **VIII**/72
DANIEL, Edmund. Sub-dean of the Chapel Royal. **VII**/146; **VI**/1,3
DANIEL, John. Lutes & Voices; player. Funeral of Jas. I: **III**/5; licence to direct a boys' company of actors **IV**/42,55; musician to Prince Charles: **IV**/217,220,222-6,228,229; subsidy: **III**/9; **V**/1

DANIEL, Lieutenant Colonel. **VIII**/138
DANIEL, Samuel. Groom of the Privy Chamber to Queen Anne of Denmark. **IV**/35
DANPORT, Thomas. Singing-man, Westminster Abbey. **VII**/129
DANTRICK [DANZIG]. **I**/297; **VIII**/225
DARCY, Lord. **VII**/133,137
DARCY, Mr. **I**/206; **VIII**/252,261,262,263(3),266
DARCY, Stafford. Private Musick. **I**/5,216
DARCY, Thomas. **VII**/133
DARDON [see DURDON]
DARLEY, Anne. **VI**/232
DARLING, Edward. **I**/85
DARNEY [see **DORNEY**]
DARRANT, Symon. Musician. **I**/229
DARTFORD, Kent. **VII**/153
DARTMOUTH. **VII**/27
DASECOTE [see DOORESCOURT]
DAUBENEY (DAWBENEY,DOBENEY), William. Gentleman of the Chapel. Cloth of Gold: **VII**/55; Coronation of Hen. VIII: **VII**/28; funeral of Hen. VII: **VII**/26; of Prince Henry: **VII**/33; grant of fee farm: **VII**/57; rewards to: **VII**/252,254; subsidy: **VII**/59;,252,254
DAUBIE, John. **VII**/138
DAUBIGNY, Lord. **I**/220
DAUNCE, Sir John. **VII**/45,62
DAVENPORT, John. Private Musick. **II**/27,28,127; **V**/288; **VIII**/284
DAVAIN, Mr. Musician. **II**/102
DAVENT [DAVANT,DEVANT, de VANT, DAVIN,DAVIENT], Hendrick. Trumpeter. Appointment/place: **II**/2,29,74,121,123,125,129,131,132; **V**/286; in 4th Troop of Guards: **II**/98; in Spain: **II**/118; trumpet for: **II**/118,189,195,197,198; **VIII**/309; trumpet lost: **II**/118
DAVID, John. **V**/57
   DAVIES/DAVIS
DAVIES. - . Chorister. **IV**/39
DAVIES [DAVIS,DAVYES], James. Gentleman of the Chapel. **VIII**/320,324; Funeral of Q. Eliz.: **IV**/3; of Prince Henry: **IV**/37; of Q. Anne of

Denmark: **IV**/50; subsidy: **VI**/68, 73; **IV**/19,22,27,29
DAVIES, John. Groom of the Vestry. **IV**/19; **VIII**/321,333
DAVIES, Mrs. Singer. **I**/145
DAVIES, Laurence. **III**/237
DAVIES, Leonard. Gentleman of the Chapel. **IV**/3,19,21,26,28,38,49; **VIII**/318,320,324
DAVIES, Thomas. Lute. **IV**/39
DAVIS (DEVIS), Edward. Sackbut. Appointment/place: **VII**/119; **VI**/82; funeral of Ed. VI: **VII**/125; of Q. Mary: **VI**/5; livery: **VII**/120,134, 139,141,147; payment: **VII**/146,319, 322,351; **VI**/82,172; subsidy: **VIII**/15
DAVIS, Griffith. Innholder. **II**/78, 170(2)
DAVIES, William. Vicar-choral, Hereford. **VIII**/41
DAVY, William. Minstrel. **VII**/2(2), 329
DAWLEY, Shropshire. **VIII**/33
DAWSON, Mr. Messenger. **I**/100
DAY, Henry. **V**/34
DAY, John. Publisher. **VIII**/22
DAY, Thomas. **V**/34
DAY(E) [DAIE], Thomas. Gentleman of the Chapel/Master of the Children; lute & voice. Master of the Children at Westminster Abbey. Appointment/place: **IV**/56; **III**/19, 76,98,113; **I**/4,6,7,14,17,27,28,32, 34,38,217,219(2); **V**/27; **VIII**/84, 94,145,151,323,325,326; burial: **III**/128; certificate on behalf of gutstringmakers: **VIII**/121; received gift for Chapel Feast: **IV**/112; Corporation of Musick: **V**/246(2),248; funeral of Prince Henry: **IV**/37; of Q. Anne of Denmark: **IV**/49; of Jas. I: **III**/1,3,5; journey to Scotland: **III**/71; licence for water works: **IV**/47; livery: **III**/18(2),56,68; in masque: **IV**/39; New Year's gift to: **III**/23; payments: **IV**/211,212 (2),217,220,222-5,226(2),227,228 (2),229(3); **III**/41,42,45,46,57,70, 124,170(2),172,173(2),175(3),176 (3),179(3),183(2),185(2),186(2), 189(2),193,196(3),198(2),200,204 (2),207(2),208,209,210(2),212(3), 214(3),218(3),220(3),223(3),226 (3),229(3),232(3),235(3),238(3), 239(3),240(3),241(6); **V**/22; **VIII**/114,116(2),130,132; privilege for manufacture of strings: **IV**/55; subsidy: **IV**/59,64,66; **III**/15,32, 36,38,109(2); trained singing boys: **III**/17,19,25(4),55,59,60,75
DAY, Thomas. **II**/85
DAY, William. Musician. **I**/128
DEAL, Kent. **V**/113
DEAN, Manor of. **VII**/147
DEANE, Elizabeth. **IV**/224
DEAN(E), Gervase. Choirboy of the Chapel. **II**/95,147; **V**/292,293,294, (295); **VIII**/310,311
DEAN(E), Richard. Trumpeter. Appointment/place: **I**/22,216,223, 230,233; in Queen's Troop of Guards: **V**/282,283; expenses: **I**/53; payments: **V**/107,110,114,116,117, 120,128; Poll Tax: **VIII**/270; journey to Portugal: **I**/44,45; signed for fee at Oxford, 1645: **III**/120; subsidy: **V**/43; trumpet for: **I**/95
DEANE, William. **III**/97
DEBORDES, -. Servant to William Allaby. **VIII**/113
DEEK, Jonathan. **II**/75
DEERING [see DERING]
DEIVES, [Daniel]. Tailor. **I**/264,291
DELABBAPINE, Michael. **V**/90
DELAWARE, Earl of. **II**/127
DELAWARR, Daughter of Lord. **VIII**/76
DELAWNY, Mr. Guitar master. **V**/284 [see DELLONEY]
DELINERS [see HAKENET de LEWYS]
de LYONS [see LYONS]
DELLONEY, Mr. Guitar. **I**/146 [See DELAWNY]
DELONY, Henry. Musician. **V**/267(3), 267-8
DELROY, Abraham. **I**/72
DENBIGH. **VII**/34,37,47,75
DENBIGH, Countess of. **II**/32
DENBY. **VIII**/49
DENBY, Humphrey. Hautboy. **V**/104;

VIII/309,310
DENDY, Edward. V/19
DENES, Hugh. VII/155(2),159
DENHAM, Anthony. Trumpeter. Appointment/place: VI/156; III/132; VIII/91; funeral of Q. Eliz.: IV/2; of Prince Henry: IV/36; of Q. Anne of Denmark: IV/48; of Jas. I: III/2; VIII/89; livery: VI/65,66,69,70,71,74; IV/5,6,11,15,16,41,43,54,68; III/6; VIII/59; payments: VI/156,157,159,161,162,164,165(2); IV/72(2),73,75,77,78,79,81,84,86,88,90,92,94,95,97-100,103-4,105(2),107(3),109,111,113; III/132(2); subsidy: VI/68,72; IV/19,21,26,61,63,65
DENHAM, Thomas. III/14
DENMAN, John. Yeoman of the Vestry; Gentleman of the Chapel. VII/124,127,129,131; VI/2,4,13,17,24; VIII/11,317
DENMARK. IV/206; I/111,161; II/96; VIII/71,80
DENMARK HOUSE. IV/206; V/5(2),11(2),13,17
DENMARK, King of. V/135
DENMARK, Queen Anne of. IV/35,36,48,49,51,52,163,196-206,208,214; III/13,294
DENMARK, Princess Anne of [Later Queen Anne]. [See ANNE]
DENMARK, Prince George of. II/96
DENNY, Sir Anthony. Keeper of the Great Wardrobe. VII/100,102,384,389
DENOWS (ANNOS,DENOUS,DENOYS,DYNOWS), Richard. Minstrel. Appointment/place: VII/407; funeral of Hen. VII: VII/27; grant by: VII/30; livery: VII/15,21,39; messenger?: VII/194,197; payments to: VII/190,191,192(2),193,194(3),195,196,197(3),198,199,200,201(2),203,205,207(2),208,209(2),211,213,361; reward to: VII/184(2)
DENTON, James. Clerk. VII/29
DEODATE, Theodore. III/67,194
DEPTFORD. I/280; VIII/104
DERBY [co.]. VIII/47,49
DERBY, Lady. VIII/58

DERING [DEERING,DIRRIN,DURIN], Richard. Organist to Henrietta Maria. Appointment/place: III/19,51(2),54; I/4,68,74,220; VIII/94,96,99,102(2),104; dwelling at: VIII/101; livery: III/18(2),40; New Year's gift: III/23; payments: III/169,171,173,174,175,180,188(2),246; V/3(2),4,6; probate for: III/50(2); subsidy: III/10,33; V/2; virginals provided by: III/138
DERING, Robert. Virginals. I/4,216
DERKING [DORKING]. VII/13
DESABAYE, Mr. Gentleman of Jas. II's Catholic Chapel. II/16,21,91,102
DESCOATE [see DOORESCOURT]
DESCUER, Christian. Musician. V/267
DE SART, Nicolas. Musician. V/267
DESHORT, Monsieur. Musician [the same as above?]. VIII/95
DESINIE, Gerard. Musician. V/267
DETHICKE, John. Conspirator. VII/422,423(3)
DEVANT, Anthony. I/91
DEVES [see DEIVES]
DEVLEY, Dr. VII/176
DEVON. VI/52,59; III/26
DEVONSHIRE. VIII/46
DEVONSHIRE, Earl of. VII/422
DEWE[?], Henry. VI/216(2)
DEWELL [DEWITT,DUWELL,DUETT], Nicholas. Trumpeter. II/29,125,129,183,186; V/286
DEWES [see **DUWES**]
DIAS [DIAZ], Father Emmanuel. Catholic Priest: Chapel of Q. Catherine of Braganza. V/72; VIII/264,265,266(2),267,269,271,272,275,277(3),278,279
DIBBEN, Richard. I/158
DICK (DIKKE), 'Blinde'. Harper. Expenses in France: VII/42; livery: VII/37,45; payments to: VII/210(2),211(2),213,215,216,218,219,221(2),223,224,226
DIECKES, Robert. [?JUXE, EDWARD]. III/14
DIENVAT(E), [see **VAITE**]
DIEPPE. VII/422; VIII/50
DIEUPART, Mr [Charles]. Theatre

musician. **II**/91,102
DIGGES, John. Trumpeter. **VIII**/120
DILKE, William. **II**/105
DINALE, Agostino. Prisoner. **VIII**/36-37
DIXON, John. **III**/64
DIXON, Thomas. Messenger. **I**/56
DOBSON, Benjamin. **I**/91
'DODDINGTON' [Duddington], Northants. **VIII**/33
DODGWELL, Ferdinand. **IV**/125(2)
DOGAN, John. Hautboy. **V**/103
DOGGETT, -. Priest of the Chapel. **VII**/424
DOLBEN, John. Sub-dean of the Chapel. Appointment/place: **V**/117; expenses: **II**/117,155; payment: **V**/242
DOLLOW, Edward. **V**/222
DOMINGO, -. Drummer. **VIII**/90
DOMINIC (DOMONYS) [see JUSTINIAN]
DOMINIS, Antonio de. Archbishop of Spalato. **VIII**/82,(83)
DONNE, John. Sub-dean of the Chapel. **VII**/105,108,112
DOORESCOURT [DASECOTE,DESCOATE, DOORES COURT,D'OVESTOT], John. Trumpeter. **II**/29,125,129,183,186; **V**/286
DORCASE, Mrs. Singer. **I**/145
DORCHESTER, Oxon. **VII**/146
DORCHESTER, Marquesse of. **III**/120,121
DORMER, Dr. John. Catholic preacher. **V**/86
DORNEY Family. **V**/22
DORNEY, Anne. **III**/73
DORNEY (DARNEY), Margaret. [possibly two women, wives of Richard [I] and [II]. **III**/110,111,122,242; **V**/21,(22),23,42,63,214,215,216, 224; **VIII**/129,130,131(2),188,195, 196,224,247,249,253,260
DORNEY, Morgan. Sister of Richard [II]. **V**/63
DORNEY (DARNEY), Richard [I]. Violin. Appointment/place; **III**/16 (2),18,46(2),47(2),111(2),113,114, 115; **I**/2,6,33,218; **V**/33,38; **VIII**/ 157; boardwages: **V**/6; burial: **III**/ 110; funeral of Jas. I: **III**/3; New Year's gift: **III**/23,114; payments to: **III**/140,142,143,145,147,149, 150,153,155,157,169,171,174(2), 175,177,179,181,183,186,188,190, 192,195,197,201,204,206,209,212, 214,217,220,223,227,229,233,235, 238,239,241,242; **V**/21,23; **VIII**/ 108,112,114,115,131; petition against: **III**/20; petition by: **III**/44,45,48,62; probate: **III**/110; subsidy: **III**/33,37,109
DORNEY, Richard [II]. Violin. Appointment/place: **III**/111(2),112, 129; **I**/2,33,88,195,196,197(2),216, 218,221,225,226,228,229,232(2); **V**/35,38,42,79,80; **VIII**/157,167; arrest of: **I**/143; assignment of money by: **I**/92,124,182; **V**/42,63; coronation of Chas. II: **I**/15; duty rota: **I**/83; expenses: **I**/35,100, 143; New Year's gift: **III**/114; **I**/40; payments: **III**/122,124; **V**/22 (2),23,24,25,107,110,111,114,117, 120,123,126,128,131,136,138,142, 144,149,152,154,156(2),158,162, 169,173,174,176,177(2),178,179, 180,183,184,187(2),191,193,194, 196,197,199,201,203(2),205,207, 209,210,211,214,215,216,221,222, 224(3); **VIII**/131,182,186,188(2), 190,191,196(2),202,205,208,211, 215,221,227(2),230,236,237,239, 241,247,248(2),250,252,338; petition of: **VIII**/219,223; subsidy: **I**/50; **V**/44; **VIII**/165; in Theatre: **I**/140,146
DOROSSELL [see ROSSELL]
DORRELL, Sir Sampson. **VIII**/332
DORSET, Countess of. **II**/32,33
DORSET, Marquis of. **VII**/409
DOTTON PARK, Bucks. **I**/279
DOUBLEDAY, Edward. **VI**/224(3),232
DOVE, Henry. Violin. Appointment/ place: **I**/140,141(2),164(2); **V**/71; payments to: **V**/139,142,145; violin for: **I**/156; **V**/151
DOVE, Humfrey. **I**/162
DOVER, Kent. **VII**/41,42,52,55,60,152; **III**/6,114,134; **I**/99,100(2),113, 125; **V**/109,134,135; **VIII**/91,134, 135,281

DOVER, Henry, Lord. **II**/11(2),17, 181; **V**/83,285; **VIII**/273(2),275(2)

D'OVESTOT [see DOORESCOURT]

DOWLAND, John. Lute. Appointment/place: **IV**/35,89; **III**/16,136(2); funeral of Jas. I: **III**/3; lute for: **III**/134; in masque: **IV**/39; payments to: **IV**/89,90,93,94,96,98,101,103,106,108,110,112,114; subsidy: **IV**/61,62; **III**/9; **V**/1

DOWLAND, Robert. Lute. Appointment/place: **III**/16,111,112; **I**/4,9,218; in masque: **IV**/39; New Year's gift: **III**/23,114; payments to: **III**/136,138,139,140,142,144,145,147,149,151,153,155,157,159; subsidy: **III**/33,38

DOWNE, Richard. **I**/279

DOWNING, Sir George. Secretary to the Treasury Commissioners. **VIII**/185,190,198,200,201(3),202(2),203,205,209

DOYLY, [Sir William]. **VIII**/198

DRABILLYS, Nicholas. **VII**/332

DRAGHI, John/Giovanni Baptista. Organist to Q. Catherine of Braganza. Appointment/place: **V**/72,86,283,286,288,290; denization: **VIII**/243; funeral of: **VIII**/309; payments to: **VIII**/265(2),266(2),268,269(2),271,272(2),275,277(2),278,279(2),282; petition of: **VIII**/237,300; secret service payments to: **V**/272,277,278(2)

DRAGHI, Sibilla Baptiste. Wife of John Baptista. **VIII**/194?,309

DRAYTON and 'EST CAMELL', Somerset. **VIII**/35

DREW, John. Lute and voice. Appointment/place: **IV**/213; **III**/19,113; **I**/3,7,16,27,32,34,38,217,219; **V**/33,34; **VIII**/94,154; Corporation of Musick: **V**/246,248; funeral of Jas. I: **III**/4,5; livery: **III**/18(2),56,68; in masque: **IV**/39; New Year's gift: **III**/23; payments to: **IV**/217,220,222-6,228,229; **III**/124(2),170,173,175,178(2),182,185,186,189,192,196,197,198,201,202,203(2),204,205,209,211,213,215,218,221,224,227,230,233,237,239; **VIII**/113,115; privilege for water works: **III**/23; reward: **III**/66; subsidy: **III**/10,33,109; **V**/2; virginals provided by: **III**/144

DREW, Susan. Wife of William. **VIII**/123

DREW(E), William. Musician to Q. Henrietta Maria. payments to: **III**/245-251; **V**/4,7,8,9,11,12,14(2); **VIII**/99,102,123

DREWERY, Sir Robert. **VII**/197

DRIFT, Adrian. **II**/116

DROMOND, Robert. Trumpeter. Appointment/place: **VI**/165; **IV**/23(2); payments to: **VI**/165; **IV**/72,73,75,77,78,79,82(2); livery: **IV**/5,6,15,16; subsidy: **IV**/9,18,26; **VIII**/56

DROUGHT, Robert. Drummer. Appointment/place: **IV**/211; **VIII**/67; funeral of Prince Henry: **IV**/36; of Jas. I: **III**/5; payments to: **IV**/201,203; subsidy: **IV**/66,67; **III**/13; **V**/2

DROYT, Ambrose. **VIII**/21

DROYT, Comiken. **VIII**/21

DROYT, John. Minstrel. returns to his native country: **VII**/363; payments to: **VII**/261(2),262,264-267,363

DROYT, John. Musician. **VIII**/21

DROYT, Lodowick. **VIII**/21

DROYT, Susan. **VIII**/21

DRUMLARICK, Earl of. **II**/45

DUBLIN. **IV**/87; **V**/10

DUC [DUKE], le. **I**/146,150

DUCHE, MICHAEL. Drumslade. Payments to: **VII**/208(2),209,210(2),211(2),212(3),213(2),214,215(2),216,217(3),218(2)

DUDDELEY, Sir John. **VII**/414

DUDENY, Francis. Musician. **V**/257

DUDLEY, Sir Henry. **VII**/422

DUFFILL [DUFFELL], Caesar. Violin. **I**/92,123(2),144,146,150

DUKE
of Albemarle. **V**/283,284
of Argyll. **VIII**/309
of Buckingham. **VII**/361; **VIII**/180
of Grafton. **VIII**/290
of Lennox. **VIII**/70,75,80

of Marlborough. **VIII**/301,302,303
of Monmouth. **V**/282; **VIII**/229
of Newcastle. **VIII**/135,254
of Norfolk, Thomas. **VI**/7
of Northumberland. **VII**/118; **V**/285; **VIII**/274,275,306
of Ormond. **V**/287,289,291; **VIII**/143,154,269,271,285
of Richmond. **VII**/367; **VIII**/290
of Savoy. **VIII**/66
of Suffolk. **VII**/118
of York. **V**/165,281; **VIII**/153,290
DUN, David. **III**/86
DUNCKERLEY, James. Brewer. **II**/115,174,175
DUNCOMB, John. Choirboy of the Chapel. **V**/296
DUNDONALD, Earl of. **II**/118
DUNKIRK. **I**/18; **V**/154
DUNMOWE, John. Clerk. **VII**/6(2)
DUNNRAILLE [see MURAITE]
DUNSTABLE. **VII**/379
DUNSTAN, John. Musician. **V**/257
DUPPA, Jeffery. **VI**/131(2)
DUPPA, Dr. **VIII**/163
DUPRE, Charles. Musician. **V**/267
DURAS, Lord. **I**/122(4),129,134
DURDEN, John. **II**/44,47
DURHAM. **VII**/82; **III**/65; **VIII**/46
DUTTON, Sir Thomas. **VIII**/77
DUVALL, Charles. **III**/107
DUVALL, Christian. **III**/107
DUVALL, Jane. **III**/107
DUVALL, Margaret. Wife of Nicolas. **III**/107; **VIII**/129
DUVALL, Mary. **III**/107
DUVALL [Du vall], Nicolas. Musician of Henrietta Maria; Page of the Queen's Bedchamber; lute & voice. Appointment/place (a) as musician; (b) as groom: **III**/21; **V**/xv; (c) as lute & voice: **III**/73,74,75(2),113; **I**/6,14,18,21,217,219,225; **VIII**/90,94,96(2),99(2),101,102; arrest of: **VIII**/129; Corporation of Music: **V**/246; dwelling at: **VIII**//114; funeral of Jas. I: **III**/5; journey from France: **VIII**/129; livery: **III**/74; **VIII**/110; lute for: **III**/83,150; New Year's gift: **III**/75; pass for: **III**/107; **VIII**/98-9,129(2); payments to: **III**/211,213,216,218,221,224,227,230,234,236,239,241(2),245-251; **V**/3(2),4,7,8,9,11,12,14(2),16,17,19; **VIII**/98,107,108,112,115,116,119,122(2),127; subsidy: **III**/109
DUWELL [see DEWELL]
DUWES (DEWES), Arthur. Lute. Payments to: **VII**/194(2),196,197,198(2),199-203,205,207-8,209(2),211,213,215,216,218,219,221,223,224,226,228,229,231,233,235-7,239,240,242-4,246-9,251,253(2),254,256-260,262-4,266,267,271-4,276(2),278,280(2),282; provided lute for the Duke of Richmond: **VII**/367; reward: **VII**/371
DUWES (DEWES,DUES,DU WES), Giles ['Master Giles']. Lute; keeper of library at Richmond; keeper of the Prince's Wardrobe. Appointment/place: **VII**/30,31,38,70,71; board-wages: **VII**/54; funeral of Q.Eliz. of York: **VII**/20; of Hen. VII: **VII**/25; commercial licence for: **VII**/36,44(2),47,62,66,70; livery: **VII**/16,24,35,36,45,60,64,66,68,70; New Year's gift: **VII**/62; payments to: **VII**/178,180,181,183-5,187,189,191-3,194(2),195-6,197(2),198,199(2),200,201(2),202-3,205,206(2),207(2),208(2),209,211,213-16,218-19,221(2),222,224,226-9,231-2,234-8,240(2),241,243-9,251(2),252-9,260(2),262-4,266-7; **VIII**/344-7
DUWES, Mrs. [Wife of Giles]. **VII**/69
DYBLE, Richard. **I**/112
DYER, Edward. 'Composer'; haberdasher. Appointment/place: **I**/167,174,176,229,231; **V**/75; **VIII**/233; letter: **I**/159; **V**/89; livery: **I**/180(2),254,255,256(2),257,258,259(2),283(2),287,288(2),294(2),295(2); **II**/161; **V**/75, payments: **V**/190,195,208,210,213,215; arrears: **II**/202,203,204(2),205(2),206,207,209,210,211,212,214,216,217; **V**/89
DYER [?], Gavin. **VI**/217
DYER, Mary. **I**/159; **V**/128,187,215
DYER, Mr. Dancer. **I**/146,150

DYKET, John. **VII**/52
DYNHAM, Lord. **VII**/3
DYSON, John. Yeoman of the Vestry.
  VI/2,4,13,18,24,34,55

E

EAGLES [**ECCLES**?], Mr. Violin.
  I/146,150
EALMES, Ann. **I**/112
EAMES, William. Musician. **I**/119
EARL
- of Denbigh. William. **VIII**/95,121
- of Dorset. **VIII**/69,70
- of Essex. **VI**/75; **VIII**/336
- of Faversham, Louis. **V**/282,283,
  285(2)
- of Leicester. **VI**/75
- of Manchester. **VIII**/140
- of Marlborough, John. **V**/285,287
- of Montgomery. **VIII**/70,75,77(2),
  78
- of Montagu. **VIII**/293(2),295
- of Northumberland. **VIII**/112
- of Oxford. **VIII**/299
- of Pembroke. **VIII**/58,70,95,127
- of Ranelagh. **VIII**/278,285(2),287,
  288,292,299
- of Rivers. **V**/291; **VIII**/315
- of Sandwich [Edward Montagu].
  VIII/195,198,214
- of Scarborough. **V**/287,289
- of Suffolk. **VIII**/63(2),70
- of Sussex **VI**/75(4)
- of Warwick **VI**/11(2)
- of Worcester. **VIII**/63(2),73,137
       EARL(E)/ERLE
ERLE, John. **VII**/102
ERLE, Nichola. **VII**/102
EARL(E), Thomas. Son of Walter.
  VIII/39
EARL(E) (ERLE), Walter. Groom/
  Gentleman of the Privy Chamber.
  Appointment/place: **VII**/79,117;
  VI/viii; **IV**/106; **VIII**/10; corona-
  tion of Q. Mary: **VII**/131; funeral
  of Q. Mary: **VI**/1,2,; gift to: **VII**/
  100,379,380; grant/lease/licence
  to: **VII**/88,95,101,102,119,120,136,
  140,147; **VIII**/19,39; in household
  of Katherine Parr: **VIII**/7,8;

livery: **VII**/132,133,136,143(2),
148(2); ,379,380; subsidy: **VII**/
417,421
EAST DEREHAM, Norfolk. **VIII**/38
EAST HAM, Essex. **V**/70
EAST INDIES. **I**/154; **VIII**/137,138
EASTMAN, John. Constable. **I**/100
ECCLES, Henry. Private Musick.
  Appointment/place: **II**/3,27,28,44,
  107,124,126,128,130,131; **V**/287,
  289,291-6; arrears: **II**/70,157,158;
  VIII/297,298,313; journey to
  Holland: **II**/35(2),38,39,40,41;
  livery: **II**/47,78,163(2),164,165
  (2),168,169(2),170(2),171(2),172
  (2),173,174(2),175(2),176,178;
  payments to: **II**/144; will: **II**/106-
  107
ECCLES, John. Private Musick/Master
  of the Musick. Appointment/place:
  II/53,55(3),58,67(3),124,127,128
  (3),130,132; **V**/291-6; arrears:
  II/70,92; **VIII**/297,298(2); assigns
  money: **II**/86,94(2),109; expenses:
  II/76,83(2),87,89,92,93,94,98,106,
  116; **VIII**/315; executor: **II**/106;
  livery: **II**/78,167,168(3),169,170
  (2),171(2),172(2),173,174(2),175
  (2),176,177,178; payments to: **II**/
  143(3),144(3),145(3),146(4),147
  (3),148(2),149(3),150(2),151,157
  (2),158,159; **VIII**/313; witness:
  II/105
ECCLES, Rebecca. **II**/105,113,173(2),
  174
ECCLES (EAGLES,EALES), Solomon.
  Private Musick. Appointment/place:
  II/4,5,27,28,44,104,122,124,126,
  128,130,131; **V**/288-9,291-6;
  arrears: **II**/24,70,157,158; **VIII**/
  297,298,313; assigns money: **II**/96;
  coronation of Wm. & Mary: **II**/25;
  expenses: **II**/6,12,18,34; journey
  to Holland: **II**/35,38,39,40,41;
  livery: **II**/47,78,113,163(2),164,
  165(2),166,167(2),168,169(2),170
  (2),171(2),172,173(2),174(2),175,
  176(2),178; payments to: **II**/136,
  137(2),139,144; **V**/166; **VIII**/263,
  284; petition against: **II**/51(2);
  will: **II**/105

ECHLIN, Waly. II/109
EDEDS, Thomas. Musician. I/119
EDGEHILL. IV/117
EDINBURGH. IV/1,44,46,168; VIII/74, 76
EDMONDS (EDWARD), John. Singer. VII/108,110
EDMONDES (EDMUNDES), William. Gentleman of the Chapel. VII/1,7
EDMONTON, Middlesex. V/50,52
EDMUND, Prince. (Son of Henry VII). Funeral, VII/14(2)
EDNEY (ADNYE,EDNYE), Peter. Flute. Appointment/place: VI/57(2); IV/52 (2),231,233; VIII/45; funeral of Q. Eliz.: IV/1; New Year's gift: VI/74; IV/10,12; VIII/64; payments to: VI/221,224,226-8,229(2),231-7, 238(2),240-2,243(3),245,246; IV/ 89,104,119(2),120,121(2),122-7,128 (2),129,131-140,141(2),142-3,144 (2),145-6,148(2),149-152,154(2), 155-7,159,160(2),162-4,165(2),166-171,172(2),174(2),175; privilege for making instruments: IV/22; subsidy: VI/58,67,71; IV/17,20,25; teacher of boys: IV/104,215
EDNEY, William. Gentleman of the Chapel. VI/34; VIII/318,319(2)
-, Edward. [see De PELER]
EDWARD, Prince (later EDWARD VI). VII/74,106,108,113,376,416,417
EDWARDS, George. Gentleman of the Chapel. VII/124,127,128,130; VIII/11
EDWARDS, Hugh. Bellringer. IV/4
EDWARDS, John. VI/206(3),208
EDWARDS, Richard. Gentleman/Master of the Children of the Chapel. Appointment/place: VII/423; VI/8, 10; VIII/16; to take up children: VIII/17; coronation of Q. Eliz.: VI/4; his expense of keeping boys: VIII/40; funeral of Q. Mary: VI/2; grant/lease to: VII/147; VIII/18; payments to: VI/173(3),176(5),177 (4); subsidy: VI/13
EDWARDS, Thomas. III/127
EDWARDS, Thomas. Child of the Chapel. I/56(2); V/125
EDWARDS, Thomas. Gentleman of the Chapel. Appointment/place: V/97, 292-6; coronation of Q. Anne: II/ 72; expenses: II/81,82,84,89,92, 97,102,110,114,117,155; payments: V/236,238,241,243
EELES, Henry. Messenger. II/2
EFFINGHAM, Lady Susan. VIII/58
EGHAM, Surrey. I/211; II/33; VIII/ 217
EGLESTON MONASTERY, Yorks. VIII/17
EGLESTON, Gilbert. VII/67
EGLYFELD, Laurence. Groom/Yeoman of the Chamber. VII/333
ELDRICHE, Thomas. VII/147
ELDRIDGE (EDRIDGE), John. II/8,11
ELFELD (OLFELD), ANTHONY. Trumpeter. VII/200,207,208,408,409(2)
ELFORD, Richard. Gentleman of the Chapel. Appointment/place: V/97, 293-6; VIII/308; arrears: V/103; expenses: II/81,82,84,89,92,97, 103,110,114,117,144,155; VIII/308; payments to: V/236,238,241,243; petition of: VIII/307(2)
ELGERE/EDGARE, Thomas. VII/147
ELIOT/ELLIOT/ELLYOTT
ELLIOT, Anne. II/51
ELIOT (ELYOT), Edward. Trumpeter. Appointment/place: VII/118; coronation of Q. Eliz.: VI/4; journey to the North: VII/140; livery: VII/121,130,135,140,142, 144; VI/1,6,9(2),11,12,14,15,18, 19,20,21,22,25,26,27,29,30,34,37, 38,40(2); payments to: VII/145, 306,308,309,312,314,316,318,320, 350; VI/80,81,83,84,86,87,89,91, 92,94,97,98,107,108,110,113,116, 117,119,121,135(2),172; subsidy: VI/17,23,33; VIII/13
ELLIOT, Nicholas. Musician. I/95
ELLYOTT, Richard. Singing-man, Westminster Abbey. VII/129
ELLIOT (ELLIATT), William. Trumpeter. Appointment/place: VI/135; funeral of Q. Eliz.: IV/2; livery: VI/39,42(2),44,45-51,53, 56,57,60,63-6,69-71,74; payments to: VI/135,137-8,140,141,143,145-7,149,10,152,153,155-7,159,161, 162,164,165; IV/72; subsidy: VI/

54,59,67,72
ELIZABETH, Queen (wife of Henry VII). **VII**/4(3),15,19-20,328(3),329(3),330,361,407(2)
ELIZABETH, Queen (also as princess; daughter of Henry VIII). **VII**/73, 374,375,416,422
ELIZABETH, Princess (daughter of James I). **IV**/38,74,207-9
ELLEKER, Ralph ('the younger'). **VII**/144
ELLESWORTHE [see AYLESWORTH]
    ELLIS/ELLYS/ELYS
ELLIS, Edward. Gentleman Usher. **VIII**/85(2)
ELLYS, Edward. [the same as above?] **IV**/234
ELYS, Henry. **VII**/366
ELLIS, Isaac. Bellringer. **II**/82,85,89,92,98,103; **V**/101,236, 239,242
ELLIS, Mrs Judith. **I**/79
ELYSS, Mr. **I**/294
ELYS, Richard. Priest of the Chapel. **VII**/49,54,55,424
ELLIS/ELLES, Thomas. Musician. **VI**/5
ELLISON, Nathan. **II**/108,109
ELMES, Richard. Child of the Chapel. **I**/184(2)
ELRINGTON, John. **II**/94,174,175
ELSDEN [Elton?]. **VII**/45
ELTHAM. **VII**/137,403,416
ELTON, Richard. Gent. **I**/239,242,268, 269
ELWART [see AYLEWORTH], II
ELWORTH [see AYLEWORTH], I
ELY. **VIII**/194
ELY MONACHORUM, Suffolk. **VIII**/35
ELYTHORNE, Richard. Singing-man, Westminster Abbey. **VII**/129
EMPS, Mr. **I**/295
EMPS, Mrs Frances. **II**/8
EMPTON, Roger. Singing-man, Westminster Abbey. **VII**/129
ENBANKE [see UBANKE], I
EPINE, Margherita de l'. Singer. **II**/102
ERLE [see EARL]
ERMYSTED, William. **VIII**/15
ERNST (EARNST,GODFREY), Johann Gotfried. Trumpeter. Appointment/place: **II**/65,74,129,131,132; trumpet for: **II**/190,196
ERWIN, Sir William. **III**/49,79
ESHER ('Eshaw *alias* Sandy Chapple') **II**/100
ESSENDON, Hertford. **V**/89
ESSEX. **VI**/38,41,46,53; **VIII**/44,342
ESSEX, Lord. **VIII**/290
ESTAMPION, Gregory. Organmaker. **VII**/254
ESTE, Alphonso d'. Duke of Ferrara. Presented a lute to Henry VIII: **VII**/50
ESTERFELD, Roger. Servant of Wolsey. **VII**/62
ETKINS [?ATKINS], William. **II**/115
ETON, Bucks. **VI**/56; **V**/61; **VIII**/44
EVANS, Anne. **II**/213,214,216,217
EVANS, Charles. Harp. Appointment/place: **I**/1,216,220,228; **V**/26; **VIII**/140,142,167; abuse of: **I**/84; arrears: **II**/202-6,207(2),209-11, 213(2),214,216-7; harp for: **I**/51; strings for: **I**/59,68,75,81,87,96, 104,111,122,133,147,157,167,178, 182,188,193,198,205,210; **V**/122, 141,148,151,153; New Year's gift: **I**/10; payments to: **V**/171-3,175, 177-9,183,185(2),188,189,191,195, 196,198,199,202,203,206,207,210, 217,221,222(2); **VIII**/186,189,203 (2),204,,209,215,221,225,229,236, 239,254(2),259(2),338; petition against: **I**/142; subsidy: **I**/50; **V**/44; **VIII**/165; witness: **I**/261
EVANS, David. **II**/95
EVANES, Elizabeth. **III**/125
EVANS, Elizabeth. **II**/107
EVENS, Henry. Musician. **I**/119
EVANS (*alias* WILLIAMS), Lewis. Harp; lute. Appointment/place: **III**/73, 75,78,113,129; **I**/35,73,220,227; **V**/37,54; **VIII**/167,178; instruction of: **IV**/47,177,183; **III**/45, 181,185,192,217; **VIII**/78,117; New Year's gift: **III**/75; payments to: **III**/125,147,149,151,153,155,157, 159; **V**/108,112,115,122,124,127; **VIII**/131; reward to: **VIII**/82; sick: **VIII**/82; subsidy: **III**/109;

I/50; **VIII**/165
EVANS, Roger. Bellringer & woodbearer. **IV**/28; **III**/4,122; **VIII**/324
EVANS, Sarah. Wife of Roger. **III**/122; **V**/25
EVANS, Thomas. Rebec. Appointment/ place: **VII**/121; livery: **VII**/45, 370; New Year's reward: **VII**/378, 380; payments to: **VII**/211,213,216, 218,219,221,223,224,226-9,231,233- 237,239,240(2),242-4,246-8,250- 1,253(2),254,256-60,262(2),263(2), 264,266-71,273(2),274-6,278(2), 279,280,282-7,289(2),290-2
EVANS, William. Vicar-choral, Hereford. **VIII**/41
EVE, Sarah. **II**/49
EVERARD, Henry. Teller of the Exchequer. **VIII**/3
EVERARD, William. **II**/24
EVERETT, John. Musician. **I**/119
EVESEED (EVESEDE), Henry [I]. Gentleman of the Chapel. **VIII**/319, 322; Funeral of Q. Eliz.: **IV**/3; of Prince Henry: **IV**/37; subsidy: **VI**/ 55,62,68,73; **IV**/19,21,29
EVESEED (EVESEEDES,EVESTED), Henry [II]. Groom of the Vestry. **IV**/38, 50; **VIII**/74?,322,323,333
EVESHAM. **VII**/8
EXETER. **VII**/85,160; **VIII**/50,157
EYNE, Thomas. **II**/42
EYTON, Richard. Vicar-choral, Hereford. **VIII**/41

F

FAIRFAX, Robert. Gentleman of the Chapel. Cloth of Gold: **VII**/55; composition by: **VII**/360; coronation of Hen. VIII: **VII**/28; corrody: **VII**/12,18,40; expenses for choirboys: **VII**/36,195,198,202, 207; funeral of Prince Edmond: **VII**/14; of Q. Eliz. of York: **VII**/ 19; of Hen. VII: **VII**/26; of Prince Henry: **VII**/33; grant: **VII**/11,12, 27,42,44,47,56,63; livery: **VII**/35, 36; rewards for books: **VII**/221, 227,234,240,245; **VIII**/2(2)

FAIRLESS (FAIRFACE,FAIRLACE,FAIRLIS) Matthew. Groom of the Vestry. **II**/72,73,81,82,85,89,92,98,156; **V**/92,96,100,236,239
FALCONBRIDGE [see FAUCONBERG, Thomas]
FANE, Sir Thomas. **VIII**/50
FANSHAW, Robert. Calico printer. **II**/104,112
FAREWELL, Peter. Trumpeter. **VII**/142
FARLEY [see FURLEY]
FARMELO, Francis. Musician. **V**/246
FARMER, -. Lute. **VII**/382
FARMER, John. Child of the Chapel. **I**/87,90,175
FARMER. John. Violin. **I**/146,150
FARMER, Mary. **II**/215(2),217
FARMER, Thomas. Violin. Appointment/ place: **I**/151,160,186,188,189,230, 231; **II**/vii,2,4,5,22,122(2); **V**/78 (2),84,87; arrears: **II**/23,202-6, 207(2),209-12,215(2),217; coronation of Jas. II: **VIII**/261; expenses: **I**/109(2),144,147,149,152,175 (2),184,187-8,202(2),204; **II**/6,12, 17,21; **V**/163; *Calisto*: **I**/146; patent inspected: **VIII**/264; payments to: **II**/136(2),137,138; **V**/ 142,145,149,152,155,157,159,161, 163,165,209,210,211,212,213,214, 216,217,218; **VIII**/236,238,240,242, 244(2),246,247,248(2),249,251,252, 253,255(2),257,258,262(2); to practise with Grabu: **I**/168; reward for: **VIII**/273,274; violin for: **I**/177; wages stopped: **I**/196,197
FARMER, Richard. Musician. **I**/56
FARNHAM ROYAL, Bucks. **VI**/41,56; **VIII**/38,44
FARR, James. Organ maker. Appointment/place: **I**/14,195,220,228,232; **V**/28,29; **VIII**/167; appoints attorney: **I**/41; arrested: **I**/41; maintenance for Michael Wise: **I**/54(2); **V**/120; New Year's gift: **I**/65; payments to: **V**/175,181,183,185, 191,200,223; **VIII**/150,186,188,196, 202,203,208,215,221; subsidy: **I**/ 50; **VIII**/165
FARRANT, Daniel. Viol. Appointment/ place: **IV**/50,80; **III**/113; **I**/2,6,

16,17,217,219; **VIII**/60; burial: **III**/128; Corporation of Musick: **V**/246(2),248; funeral of Jas. I: **III**/3; as instrument maker: **III**/134; livery: **IV**/55,68; **III**/10,40, 56,67; assigns livery money: **III**/107; New Year's gift: **III**/23; **VIII**/64; payments to: **IV**/80,82,84, 87,88,90,92,94,96,99,100,103,105, 108,109,112,113; **III**/123,125,133, 134,135,137,140,142,143,145,147, 149,151,153,155,157,159; **VIII**/132; subsidy: **IV**/61,62; **III**/9,15,33,35, 37,38,109; **V**/1

FARRANT, Katherine. Wife of Daniel. **III**/123,125; **VIII**/132

FARRANT (FERRANT), Richard. Gentleman of the Chapel; master of the choirboys at Windsor. Appointment/place: **VII**/124; **VIII**/11,318(2); composition: **I**/162; coronation of Q. Mary: **VII**/130; of Q. Eliz.: **VI**/2; expense of keeping boys: **VIII**/40; funeral of Ed. VI: **VII**/127,128; of Q. Mary: **VI**/4; payments received by: **VI**/190,191(4),193(2),195(3),197(4); presents plays: **VI**/94,96,98(2),100,108,109, 111,113,115,117,119(2),121(2),123; **VIII**/21,31,36; subsidy: **VI**/13,24,34

FARTHING (FERDYNG), Thomas. Gentleman of the Chapel. Annuity: **VII**/57; Cloth of Gold: **VII**/55; corrody: **VII**/41; funeral of Prince Henry: **VII**/33; grant: **VII**/34,56; livery: **VII**/36,38,42,44

FASHION, Alica. **II**/212

FASHION (FASHEN), Joseph. Violin. Appointment/place: **I**/99,188,189, 225(2),229,232; **II**/2,4,5,122; **V**/59,78(2); arrears: **II**/23,202, 204,207,212,216; **V**/272; coronation of Jas. II: **VIII**/261; of Wm. & Mary: **II**/25; deputy for Henry Smith: **I**/83,84; duty rota: **I**/83; expenses: **I**/143,149,152,160,166, 175,184(2),187-8,192,198,203; **II**/6,18,22; financial agreement by: **I**/152; *Calisto*: **I**/146; payments to: **II**/136(2),137,139; **V**/128,131, 135,138,144,145,146,149,152,154, 156,158,161,164,165,209,211,212, 213,214,215,217(2),218(2); **VIII**/236,238,240,244(2),245,246,248(2), 249,250,251,253,254,255(2),256(2), 257,258,260(3)262(2); petition by: **I**/171; to practise with Grabu: **I**/168; violin for: **I**/114,119; **V**/135

FAUCONBERGE, Roger. **III**/106

FAUCONBERG, Thomas. Receiver of Crown revenues. **III**/105,121(3),122(2),124,125,126(2),127; **V**/20-25

FAULKE, Martin. Trumpeter? **III**/108,110

FAVA, ALEX de la. **VII**/196

FAVA, LEWIS de la. **VII**/196

FAVERSHAM, Lord. **VIII**/274,275

FEBREWYKE, Windell van. Drumslade. **VII**/204,205

FEBURE, James le. Choirboy in James II's Catholic Chapel. **V**/85

FEDE, Signior [Innocenzo]. Gentleman in James II's Catholic Chapel. **II**/61,21; **V**/84,86; **VIII**/281(2)

FEDE, Mrs Katherine. **VIII**/279

FEIRBY, Laurence. **VII**/138

FELIBERI [see PHILIBERI]

FELTON, Edmond. **III**/23

FEN, Michel la. Servant of Nicolas Duvall. **VIII**/114

FENAN, Mr. French dancer. **I**/137

FENKALOO. **VII**/82

FENTON, Lord Thomas. **IV**/202

FENWICK, John. **VIII**/267

FERAN, John. **II**/107

FERDINANDO, Mr. **I**/53,55,58,63 [see also FLORENCE]

FERRABOSCO, **I**/162,163

FERRABOSCO, Alfonso [I]. Lute? Appointment/place: **VI**/viii,19,78, 84; **VIII**/21,26,34; letters from: **VI**/75(7); **VIII**/22; New Year's gift from: **VI**/36; payments to: **VI**/84, 85,87,89,90,92,94,115,177,178(2), 179(2),180(4),181,182,183(2),185(3),186(2),187,188(3),189,190,192, 193,195,197,202(2),204,206,207, 209,247; rewards: **VI**/84,85; subsidy: **VI**/25,35

FERRABOSCO, Alfonso [II]. Viol;

teacher; composer. Appointment/ place: **VI**/57,78,164; **IV**/11(2),233; **III**/18(2),21,28(3)29(2),30(2); **I**/3,4,6,7(2),8(2),10(2),11,13,20, 27,32,36,38,217,218,219(2); **V**/30-32; **VIII**/59,66,71,93,94,98; compositions: **IV**/31; funeral of Q. Eliz.: **IV**/2; of Jas. I: **III**/5; father of John: **VIII**/130; grant to: **IV**/15,51; **VIII**/81; letter of attorney: **IV**/58,68; **III**/6,7,10; livery: **III**/10,18(2),27; **VIII**/92; in masques: **IV**/31,33; New Year's gift: **III**/23; payments to: **VI**/152, 153,154,155,157,158,160,162,163, 164,166; **IV**/72,74,75-8,80,82,84, 87,88,90,92,94,96,98-100,103,105, 108,109,111,113,114,124-7,128(2), 129,131,132(2),133,135-140,141(2), 142-6,147(3),148-153,154(2),155, 157(2),158-9,160(2),161-5,166(2), 167-9,170(2),172(2),174(2),175-180,182(2),185,186(2),189,190,191, 192(2),194,195,217-19,220(2),222-6,228,229; **III**/133,135,137,138, 139,140,164,166,167,169,170-2,173 (2),177(3),182; petition of: **VIII**/51; subsidy: **VI**/59,67,72; **IV**/18, 21,26,61,62; **III**/9,14; **V**/1; bought/maintained viols: **IV**/76, 102,114; **III**/138

FERRABOSCO, Alfonso [III]. wind instruments; instructor of Royal children. Appointment/place: **III**/28(2),29(3),30(2),112; **I**/3,4,6,7 (2),8(2),10(2),11,13,20,27,32,36, 38,217,218,219(2); **V**/29,31,32,74; **VIII**/98,145,148,154; Corporation of Musick: **V**/246(2); duty rota: **III**/74,94; expenses: **III**/104; livery: **III**/31,55,67; **VIII**/100; cornetts/books provided for: **III**/69; New Year's gift: **III**/23; payments to: **III**/142,143,145,147, 149,151,153,155,157,159,182,186, 190,195,198,199,201,204,205,207, 208,210,212,215,218,220,224,226, 229,232,234,236,237,240,242; **VIII**/112,115,116; subsidy: **III**/32, 35,37,38,108; witness: **III**/107

FERRABOSCO, Mrs [Elizabeth].
VIII/124

FERRABOSCO, Henry. Wind instruments. Appointment/place: **III**/7,28,29,30, 112; **V**/29,30,31(2),32,49; **VIII**/98, 145,148,154,183; Corporation of Musick: **V**/246(2),248; duty rota: **III**/52,74,95; expenses: **III**/104; cornetts and books for: **III**/69; livery: **III**/8,27,28,29,31,39(2), 40(3),55,57,58,67; **VIII**/100,105, 110; New Year's gift: **III**/22; payments to: **III**/119,120(6),121, 133,136,137,139,140,142,143,145, 147,149,151,153,155,157,159,184, 187(2),190(2),192,193,195(2),198 (2),199(2),201(2),204(2),205(2), 207(2),208(2),210(2),212(2),215 (2),218(2),220(2),224(2),227(2), 230(2),232(2),234(2),236(2),238 (2),240(2),242(2); **VIII**/112,115, 116; subsidy: **III**/32,37,108

FERRABOSCO, John. Livery paid to: **III**/57,58,68,123,125; **VIII**/105, 130

FERRAND [see FARRANT]

FETTIPLACE, Anthony. Chirugion. **II**/113,175,176

FEUNCE, Jacques le. **III**/50

FEVER (LEFFEBRE, La FEAVOUR, Le FEBRE, La FAVOR, La FEVRE), Daniel le. Trumpeter. Appointment/place: **II**/1,29,74,96121,123,125,129,131; **V**/282,283,285,286; trumpet for: **II**/43,57,71,182,185,187,192; **V**/87

FEVRE, Elias le. Trumpeter. **II**/182

FEVRE, Stephen le. Musician to Princess Anne of Denmark. **II**/65, 69,142

FIAVET, Francis. Lute. **VI**/134

FICKERT [see FITCHERT]

FIELD (FEILD), Marmaduke. Chorister at Westminster Abbey. **IV**/4

FIELDING, Colonel. **II**/111

FILIBER, Segnior [John Baptista]. Gentleman in James II's Catholic Chapel. **II**/21 [**MOVE**]

FILLER, Le. French musician. **I**/150

FILLIER, Simon de. Husband of Rince de Gowges. **VIII**/99

FINALL, Ann. **II**/32

FINALL (FINELL, FYNELL), Thomas.

Violin. Appointment/place: **I**/102, 126,222; **V**/61; **VIII**/211; coronation of Jas. II: **VIII**/161; deputy for Robert Strong: **I**/79; duty rota: **I**/83; to play in Chapel: **I**/98,110,113; to practise with Combert: **I**/140; *Calisto*: **I**/146; expenses: **I**/143(2),164; executor for Henry Bassano: **V**/53; **VIII**/187, 189,190; letter of attorney: **I**/115; **II**/32; payments to: **V**/128, 131,136,138,142,144,149,152,154, 156,159,161,162,168,184,187,192; **VIII**/244,245,246,251,253,258,270; petition against: **I**/129; wages stopped: **I**/196
FINCH, Thomas. Chorister. **III**/4
FINDLEY, John. **II**/101
FINET, John. Master of Ceremonies. **VIII**/68,77
FINGER, Mr. [Godfrey]. Musician in James II's Catholic Chapel. **II**/17, 21; **V**/84,87
FINNIS, William. Trumpeter. **VII**/268
FIREBRACE, Henry. **III**/105

FISHER/FYSHER

FISHER, Charles. **II**/7
FISHER, David. (Brother of John). **VII**/115
FISHER (FITCHERT,FICKERT), Hugh. Trumpeter. Appointment/place: **I**/1, 27,216,223,230,233; **II**/2,121,123; **V**/32,283,284; **VIII**/167; arrears: **II**/205; attorney for: **II**/7; burial: **II**/6; expenses: **I**/61; payments to: **V**/107,110,114,116, 117,120,128,134; **VIII**/270; petition of: **VIII**/172; probate for: **II**/6; subsidy: **I**/50; **V**/43; suspended: **I**/133
FISHER, Jane. **II**/6,7
FISHER, John. Gentleman of the Chapel; Merchant Tailor. Appointment/place: **VII**/424; Cloth of Gold: **VII**/55; coronation of Hen. VIII: **VII**/28; of Ed. VI: **VII**/105; funeral of Q. Eliz. of York: **VII**/19; of Hen. VII: **VII**/26; of Prince Henry: **VII**/33; of Hen. VIII: **VII**/108; grant: **VII**/32,40,50,52,57,83, 94,103,114,115,408; subsidy: **VII**/59,74,89,91,93,99,102,112; will: **VII**/115
FISHER, John. **I**/262
FISHER, Margaret. (Wife of David). **VII**/115
FISHER, Martyne. (Wife of John). **VII**/115
FISHER, Phoebe. **II**/7
FISHER, Richard. **III**/88
FISHER, Thomas. Trumpeter. Appointment/place: **VI**/47,63,140; funeral of Q. Eliz.: **IV**/2; livery: **VI**/47, 48,-51,53,56,57,60,63,64-66,69-71, 74; payments to: **VI**/140,142,143, 145,146,148,149,150,152,155,156, 157,159,161,162,164,165; **IV**/72; subsidy: **VI**/54,59,67,72; **IV**/61; **III**/14; **V**/2
[FISHER] FYSHER, William. **VIII**/34
FITCHERT [see **FISHER**, Hugh]
FITCHETT, Wilks. Yeoman of the Woodyard. **III**/126
FITZ, Mary. **I**/110,114
FITZ, Mr. **I**/64,157
FITZ (FITIS,FITSTZ), Theophilus. Violin; flute. Appointment/place: **I**/5,6,61,62,88,216,218,219,221, 225,226(2),228,229; **II**/3(2),5,27, 28,44,96; **V**/29,50,51,288,289,291-6; **VIII**/145,167,191; arrears: **II**/24,70,157,201,202,204(2),205 (2),206,207,208,210,211,213(2), 214,216,217; **VIII**/297,298; arrest: **I**/45; to attend in the Chapel: **I**/76,98,113; attended Q. Mary when Wm. III in Holland: **II**/39,40,46; letter of attorney: **II**/79; bequest to: **II**/49; coronation of Chas. II: **I**/15; of Jas. II: **VIII**/161; of Wm. & Mary: **II**/25; Corporation of Musick: **V**/266,267(2),268(2),269; duty rota: **I**/83; expenses: **I**/47, 70,72,100,102,109(2),110,143,147, 152,184(2),187-8,191,196,202; **II**/12,18,22,34; livery: **I**/62,242-254,255(2),256-8,259(2),276(2), 284,285,287,288(2),292,293(2),294 (2); **II**/48,78,158,161,163(2),164 (2),165,166(2),167(2),168,169(2), 170(2),171(2),172,173(2),179; exempt from Trained Bands: **I**/64;

New Year's gift: I/11,28,29;
payments to: I/75; II/122,124,126,
128,130,131,136,137(2),139,144;
V/107,111,114,116,117(2),121,123,
126,128,130,131,134,138(2),141,
142,144,149,152,154,156,159,161,
165,184,185(2),188,190,191,197,
199,201,202,203,206,209,211,212-
18,222,223; VIII/172,188,195,203,
209,210,215,221,226,230,236,238,
240,242,244,245,246,248(2),249,
250,251(2),253,255,257(2),258,262,
263,270,284; petition of: I/171;
VIII/177; to Portsmouth: I/32; to
practise with Beckett: I/73; with
Grabu: I/168; probate for: II/100;
subsidy: I/50; V/44; VIII/165; to
attend at theatre: I/59,214;
Calisto: I/146; violin for: I/29,
141

FITZ, Thomas. Violin. Appointment/
place: I/80,83,88,170(2),173,174
(2),176,218,221,225(2),226,227,
229,231(3); V/56,57,73(2); VIII/
183,191; deputy for Henry Smith:
I/76; duty rota: I/83; expenses:
I/94,100,109(2),110,144,147,149,
152,160,166; to attend in the
Chapel: I/98,113; to play in
Theatre: I/59; *Calisto*: I/146; to
practise with Grabu: I/168;
payments to: I/101; V/121,123,124,
126,127,129(2),132,133,137(2),139,
140,142,143,145,146,149,150,152,
153; VIII/195; petition of: I/110,
114,120; VIII/194,195; petition
against: I/165; violin for: I/141

FITZWILLIAM, Roger. VI/21

FLANDERS. VII/99,155,196; II/51,141,
186,194; VIII/136,281,286

FLEETWOOD, Arthur. VIII/219

FLEETWOOD, Robert. VII/114

FLEGE, Robert. VII/331

FLELLE (FLAEL, FLAISLE), John de,
Harp. Appointment/place: III/47,
113,252; consort of: III/83; harp
for: III/65; VIII/108; strings
for: III/95,154; petition against
[? possibly Francis de la France]:
III/88

FLETCHER, Margaret. I/73

FLETCHER, Ralph. Serjeant of the
Vestry. VI/62,68,73; IV/3,19;
VIII/321,333

FLETCHER, Richard. VII/332

FLEURI, Nicolas. French musician.
I/221; VIII/160(2),167

FLEXNEY, George. Child of the
Chapel. I/57; V/119

FLIGH, John. Yeoman of the Robes.
VII/11,12

FLINT. VIII/47

FLINT, Richard. VI/226,229,237

FLOID, FLOOD, FLOYD, FLUDD [see
LLOYD]

FLOREDECE, Mary. II/108,109

FLORENCE. VIII/168

FLORENCE, Ferdinand de [see also
FERDINANDO]. French musician.
I/221; VIII/160(2),167,205

FLOURE (FLORYE), Gerarde de.
Trumpeter. VII/68,254,256

FLOWER, Edmund. Violin; wind
instruments; theorbo. Appointment/
place: I/98,113,120,132,159(2),
179,181(4),231(2); II/vii,2,4,5,
27,28,44,112,122,124,127,128,131
(2); V/73,76(2),287,289,291-6;
VIII/225,234; arrears: II/23,70,
157,158,203(2),204-6,207(2),209-
212,214,215,218; VIII/297,298;
letter of attorney: II/42,62,67,
75,112; boardwages: V/229(2),230
(5),231(5),232(2); coronation of
Jas. II: VIII/261; of Wm. & Mary:
II/25; expenses: I/144,147,149,
152,160,175(2),184(2),187-8,201
(3); II/12,18,20,21; V/160,162;
Calisto: I/146; Holland journey:
II/35,38,39,40,46; livery: I/255,
256(2),257,258,259(2),287,288(2),
295; II/48,78,161,163,164(2),165
(2),166(2),167,168(2),169(2),170,
171(2),172(2),173(2),174(2),175,
178,179; V/75; VIII/313; patent
inspected: VIII/264; payments to:
II/136(2),137,139,142,144; V/152,
154,156,158(2),160(2),162,165,204,
206,208,209(2),211(2),213(2),214
(2),215(2),216(2),217(2),219(2);
VIII/229,236(2),238,240(2),243,
244,245,246,248(3),249,250,251(2),

253,254,255,257,258,262(2),272,
284,295,338; petition of: **I**/171;
II/13; **VIII**/269; petition against:
I/210; to practise with Grabu:
I/168; to practise for a ball:
I/214; tenor violin for: **I**/114;
II/62; **V**/135; bass violin for:
II/62; theorbo for: **I**/124,187;
VIII/243; **V**/148,158; double sack-
but for: **I**/177; **V**/151; will of:
II/112
FLOWER, Rebecca. **I**/210; **V**/103; **VIII**/
308
FLOWER, William. **II**/112(2)
FLUDD [see LLOYD]
FLUSHING. **IV**/85
FOEINYART (FUNYARTE), James. Flute.
Appointment/place: **VI**/41,82; **VIII**/
20; coronation of Q. Eliz.: **VI**/6;
death: **VI**/149,151; livery: **VI**/6,8,
9,11,12,13,15,19,20,21,25,26,27,
29,31,34,37,38,39,41,42,44,45(2),
47,48,49,50,51,53,56,57; payments
to: **VI**/82,83,85,86,88,90,91,93,95,
97,99,103,107,109,110,112,114,116,
118,120,122,124,125,127,132,136,
137,139,141,142,144,145,146,148,
149,151; subsidy: **VI**/16,23,32,54
FOLKE, T. S. **IV**/32
'FOLSHILL'. **VIII**/48
FOOT. -. **I**/78
FOOTES, Thomas. **IV**/122,123,125,126
FORBENCH, Richard. Yeoman of the
Guard. **III**/125
FORCHEVILLE (FORCELLE,FORCVIL,
FORECHEVIBLE,VORCIFAL), Clays/
Nicolas de. Sackbut. boardwages:
VII/82; dwelling at: **VIII**/6; pay-
ments: **VII**/222(2),223(3),224,225
(3),226,227(2),228(2),229(2),230
(2),231,232(3),233(2),234,235(2),
236(2),237(3),238(2),239(2),240
(2),241(2),242(2),243(3),244(2),
245,246(3),247(2),248(2),249(3),
250(2),251(2),252(2),253,255-260,
262-4,266-8,270,271(2),273,275(2),
277,280,281(2),368?; subsidy: **VII**/
75,82
[FORCHEVILLE] FORCIVELLE, Frances
de. (Wife of Clays/Nicholas).
VII/84

FORD, Mr. Singer. **I**/145,150
FORD (FOORD), Thomas. Lute & voice;
Appointment/place: **IV**/211,212;
III/19,79,113; **I**/2(2),7,16,17,217,
219; **VIII**/94,144; burial: **III**/128;
Corporation of Musick: **V**/246(2),
247,254; funeral of Prince Henry:
IV/37; of Jas. I: **III**/5; livery:
III/18(2),40,46,56,68; in masque:
IV/39; New Year's gift: **III**/23;
payments to: **IV**/212(2),217,218,
220,222(2),223-6,228,229; **III**/125,
170,171,173,175,178(2),180,181,183
(2),186,189,192,194,195,198,200,
203,206,208,210,212,215,217,220,
223,225,226,229,231,233,236,239,
241; **VIII**/112,114; subsidy: **III**/
10,33,109; **V**/2
FORDHAM, Thomas. **I**/189; **V**/74
FORDON, Yorks. **VI**/56; **VIII**/45
FORREST, Robert. Singing-man at
Westminster Abbey. **IV**/3
FORSITH, Dr. **III**/45
FORSTER, Joseph. Child of the
Chapel. **II**/100(2),147; **VIII**/311
FOSCARI, Alvise. **VII**/46,50
FOSTER, Benjamin. Musician. **I**/119
FOSTER, Emmanuel. **I**/283
FOSTER, Joseph. **II**/30
FOULKE, Martin. Trumpeter. **V**/25
FOURDE [FORD], Shopshire. **VIII**/33
FOWKE, Gerrard. **V**/39(3),40(2),41(5),
220(3)
FOWLER, John. Groom of the Privy
Chamber. **VII**/114; **VIII**/20
FOWLER, John. **I**/97(2)
FOX, Charles. **VIII**/264
FOX, John. Lute & Voice. Appoint-
ment/place: **III**/60,161; **I**/7,28,
219; **V**/33(2); **VIII**/149,151; den-
ization: **III**/86; **VIII**/117; pay-
ments to: **III**/189,190,193,194,195,
197,198,200,201,203,207,211,213,
216,219,222,225,228,231,234,237,
239;**I**/7,28,219; **V**/33(2); **VIII**/
112,129,134
FOX, John 'the younger'. Attorney.
V/39
FOX, Sir Stephen. Comptroller of the
Household; Paymaster General of
the Forces. **V**/91; **VIII**/178,222

FRAMPTON, William. Gent. **I**/86
FRANCE. **VII**/44,9304,142,156; **VI**/84; **IV**/81,83(3),206; **III**/78,107,134, 244; **I**/64,93,118,121,129,134; **II**/22,61,114; **V**/77,91,271; **VIII**/ 81,97(2),98,99,104,113(2),134,135 (2),205,235,279(3),281(2)

FRANCE, Francis de la. Violin. **III**/83,84,96,97,154; **V**/12

FRANCIS, Peter. Trumpeter. Coronation of Ed. VI: **VII**/106; death: **VI**/89; excused fine: **VII**/83; funeral of Hen. VIII: **VII**/109; of Q. Mary: **VI**/4; livery: **VII**/68,121, 130,135,140,142,144; **VI**/1,6,9(2), 11,12,14,15; payments: **VII**/145, 254,256,293,295,296,299,301,302, 304,306,308,309,311,314,316,318, 320,350; **VI**/80,81,83,84,86,87,89 (2),172; subsidy: **VII**/90,92(2), 98,103,417,419,421; **VIII**/13

FRANCISCO, Segnior [Francisco Lodi?]. I; **II**/21

FRANCISCO, Mr. [Francisco Conti]. **II**/91,102

FRANCK, Anthony. Trumpeter. **I**/216, 223

FRANCKLAND, -. Gent. **I**/103
FRANCKLAND, Charles. **III**/124
FRANCKLAND, John. **V**/72
FRANCKLYN, William. **II**/33
-, FRANK [see BOCARD].
FRANKE, Captain Throness. **III**/82
FRANKES, John. Minstrel. [Perhaps John Furnes]. **VII**/330

FRANKS, Henry. Child of the Chapel. **II**/114(2),150; **V**/293,294,(295), 296

FRANSUM, Richard. **II**/104
FRAUNCES. **VII**/157
FREDERICK, Elector Palatine. **IV**/38,154,208,209
FREKE, Richard. Teller in the Exchequer. **VI**/219

FREMAN/FREEMAN

FREMAN, John. **VII**/69
FREEMAN, John. Gentleman of the Chapel. Appointment/place: **V**/96, 98,295,296; expenses: **II**/82,84,89, 92,97,103,110,114,117,155; payments to: **V**/236,238,241,243

FREEMAN, Ralph. **III**/86
FREEMAN, Sir Ralph. **IV**/58
FREMAN (FREMYN,FREMIN), Edward. Musician to Q. Henrietta Maria. **III**/252; **V**/14(2),16,17,19,46(3), 52; **VIII**/123
FREMAN, Thomas. Trumpeter. **VII**/15,20,21,22,179
FREMAN, William. Trumpeter. **VII**/20
FRENCH? (FRAINCH), George. **V**/40
FRENCH, Nathaniel. Appointment/ place: **I**/202(2),232; **II**/2,3,5,122; **V**/81; arrears: **II**/23; letter of attorney: **II**/10,16,29; coronation of Jas. II: **VIII**/261; of Wm. & Mary: **II**/25; expenses: **I**/192; **II**/ 6,12,18,21; payments to: **II**/136 (2),137,139; **V**/162,164,165; **VIII**/ 249,251,253,255,258,263
FRENES, Rowland de. Minstrel. **VII**/216,217(2),218,219,221,223, 224,226,228
FRENSHAM. **VII**/412

FRIAR/FREER/FRERE/FRYER etc.

[**FRIAR**] (FREARE,FREER,FRERE,FRIER, FRYDE,FRYER). Edmond. Trumpeter. Appointment/place: **VII**/83,285; coronation of Ed. VI: **VII**/106; funeral of Hen. VIII: **VII**/109; payments to: **VII**/293,295,296,299, 301,302,304,306,308,311,314; subsidy: **VII**/90,92(2),98,103,112,418, 419,421;

FRIAR, John (the elder). Trumpeter. Appointment/place: **VII**/268; coronation of Hen. VIII: **VII**/29; expenses in journey to France: **VII**/44; funeral of Hen. VII: **VII**/26; livery: **VII**/68; payments: **VII**/191,207,208,254,256,409; petition of: **VII**/408

FRIAR, John (the younger). Trumpeter. Coronation of Ed. VI: **VII**/106; funeral of Hen. VIII: **VII**/109; livery: **VII**/68,121; payments: **VII**/254,256,293,295,296, 299,301,302,304,306,308,309,311, 314,316; subsidy: **VII**/75,90,92(2), 98,103,112,417,419,421

[**FRIBOURG**] FRYBROUGH (FRIBROKE), George. Drumslade. **VII**/204(3),205

(2),207-9,210(3),213(2),214,215
(2),216,217(2),218(2)
[**FRIBOURG**] FRIBROKE, Stephen van.
Drumslade. **VII**/204,205
FRIEND/FRENDE/FRIND/FRYNDE
FRIEND, John. Viol; sackbut.
Appointment/place: **IV**/43; **III**/113,
117; **VIII**/137; denization for
wife: **III**/61; **VIII**/105; funeral of
Jas. I: **III**/3; New Year's gift:
III/22; payments to: **IV**/94,99,100,
103,105,108,109,111,113; **III**/133,
135,137,140,142,143,145,147,149,
151,153,155,157,159; subsidy: **IV**/
61,62,109; **III**/9,15,33,35,38; **V**/1
FRIEND, Lucretia. Wife of John.
III/61; **VIII**/105
FRIEND (FRENDE,FRIND,FRYNDE),
Richard. Trumpeter. Appointment/
place: **VII**/121; coronation of Ed.
VI: **VII**/106; death: **VI**/116;
funeral of Hen. VIII: **VII**/109; of
Q. Mary: **VI**/4; sea voyage: **VII**/
142; livery: **VII**/121,130,135,142
(2),144; **VI**/1,6,9(2),11,12,14,15,
19,20,21,22,25,26,27,29,30(2),34;
payments: **VII**/145,293,295,296,299,
301,302,304,306,308,309,311,314,
316,318,320,350; **VI**/80,81,83,84,
86,87,89,91,92,94,97,98,107,108,
110,111,116,172; subsidy: **VII**/90,
92(2),98,103,112,418,419,421; **VI**/
17,23,33; **VIII**/13
FRIEND, William. Trumpeter.
Coronation of Ed. VI: **VII**/106;
funeral of Hen. VIII: **VII**/109;
payments: **VII**/293,295,296,299,301,
302,304; subsidy: **VII**/90,92(2),98,
103,112
FRIGOZI, William. [Musician].
VI/224(2)
FROST, Edward. Child of the Chapel.
I/212
FROST, Frances. **II**/49,50,214(2),216
(2),217(2)
FROST, Gualter. **VIII**/134
FROST, Henry. Gentleman of the
Chapel. Appointment/place: **V**/88,
93,288; expenses: **I**/109,143,153,
183,186; exempt from public
office: **I**/54; subsidy: **I**/51; **V**/45;
to attend at Windsor: **I**/136
FROST, JOHN [I]. Gentleman of the
Chapel. **VIII**/322,326,327; Corpor-
ation of Musick: **V**/246; funeral
of Prince Henry: **IV**/37; of Q. Anne
of Denmark: **IV**/49; of Jas. I: **III**/
1,3; in masque: **IV**/39; Scotland
journey: **III**/71; subsidy: **IV**/59,
64,66; **III**/15,32,36,38
FROST, JOHN [II]. Gentleman of the
Chapel. **III**/109; **VIII**/323,324,327;
burial: **III**/128; Corporation of
Musick: **V**/246; funeral of Jas. I:
III/1; Scotland journey: **III**/71;
subsidy: **IV**/59,64,66; **III**/15,31,
36,38
FROST, John. **II**/49,50
FROST, William. Scrivener. **II**/88,90
FRYE, Lady. **II**/33
'FRYTHE LLOYDE', Carnarvon. **VIII**/26
FULBECK. **VII**/43
FULLER, John. Gentleman of the
Chapel. **VII**/424
FULLERTON, Sir James. **IV**/226
FULTHORPE. **VI**/56
FUNYARD [see FOEINYART]
FURLEY (FARLEY), Elias. Cook.
III/47,181,182
FURNACE, Fleetwood. **III**/42
FURNES (FARNESS,FERNES,FOURNEYS,
FURNEYS), John. Minstrel.
VII/,7,21,26,28,329(2)
FURNES, John. Trumpeter. Appointment
/place: **VII**/268; expenses in
France: **VII**/44; to King of Aragon:
VII/197; to sea: **VII**/200; livery:
VII/38,68; payments: **VII**/203,207,
208,209,254,256,409
FUTARD, Joiay. Servant to Nicolas
Duvall. **VIII**/114
FYDINGTON (FEDINGTON,FYDDINGTON).
VII/65,85
FYNALL [see FINALL]
'FYNSBERRIE FIELDS'. **VIII**/26
FYSHER [see FISHER]

G

GABRIELL. Minstrel to Margaret, Queen of Scotland. **VII**/20

GADBURY, Richard. Gentleman of the Chapel. **I**/136,143,153; **V**/66,77

GAFFOYNE (COFFYMAN,GAFFYN,GAFOHAM, GASSYN,GRAPHINE), Jasper. Italian dancing master. Appointment/ place: **VII**/288; **VIII**/21; denization: **VII**/419; dwelling at: **VIII**/ 24,28,30,335; funeral of Hen. VIII: **VIII**/7; of Ed. VI: **VII**/126; licence for: **VII**/417; livery: **VII**/120,134; New Year's gift from: **VII**/380?; payments to: **VII**/288, 289,291(2),292-4,296,298,300,302, 305,306,307,309,311,316,318,320; subsidy: **VII**/90,98,112,420,422; **VIII**/14

GAGE, George. **III**/50

GALE, Robert. Haberdasher. **I**/280

GALLAWAY (GALLOWAY), Joseph. Musician. **I**/56; **V**/255

GALLOWAY, Mr. **V**/269

GALLAWAY, Robert. **II**/113

[**GALLI**] GALLY, Father. [F. or M. A.] **VIII**/341

GALLI, Francisco. Italian musician. **VIII**/237

GALLI (GALLY), Mark Anthony. Gentleman of Q. Mary's Catholic Chapel. **II**/17,21,139; **V**/274,286

GALLIARD, John Ernst. Hautboy. **V**/104; **VIII**/309,310

GALLIARDELLO, Caesar. Violin. Appointment/place: **VI**/49,59,142; **IV**/231; **III**/140; funeral of Q. Eliz.: **IV**/1; of Jas. I: **III**/2; at installation at Windsor: **VIII**/96; livery: **VI**/59; New Year's gift: **VI**/50,66,70,74; **IV**/10,12; **III**/23; **VIII**/64; payments to: **VI**/142,143, 145,146,148,149,151,152,154,155, 156,158,159,161,162,164,166; **IV**/ 72,74,75,77,78,80,82,84,87,88,90, 92,94,96,99,100,102,103,105,106, 108,109(2),110,111,113,114; **III**/ 133-140; subsidy: **VI**/54,58,66,72; **IV**/18,20,25,60,62,64; **III**/9,14; **V**/1

GALLIARDELLO, Mark Anthony. Violin. Appointment/place: **VII**/96; coronation of Ed. VI: **VII**/106; of Q. Eliz.: **VI**/5; denization: **VIII**/23; dwelling at: **VII**/111; **VIII**/31, 334?; funeral of Hen. VIII: **VII**/ 110; of Ed. VI: **VII**/125; livery: **VII**/120,134,139,141,146,147; **VI**/6,8,9,10,12,13,40; New Year's gift: **VI**/11?,14,18,28,29,31,36,37, 38,76; payments to: **VII**/294,295, 297,298,300,301,303,304,307,308, 310,312,314,319,321,351,359; **VI**/ 40,80,81,83,84,86,87,88,90,91,93, 94,97,99,101(2),107,108,110,112, 114,116,118,120,122,123,125,131, 132,133,135,137,139,142,172; reward to: **VII**/116,359,421; subsidy: **VII**/418,420,422; **VI**/16, 22,32; **VIII**/13,15

GALLIARDELLO, Paul [de Venice]. Violin. Appointment/place: **VII**/ 290; **VI**/86; funeral of Q. Mary: **VI**//5; livery: **VII**/139,141,147; **VI**/6,8,9,10,12; payments to: **VII**/146,290-2,319,321,351; **VI**/80, 81,83,84,86,172; subsidy: **VIII**/13, 15

GALLOWAY, James. Master of Requests for Scotland. **III**/79

GALLWAY, Andrew. Groom of the Queen's Privy Chamber. **VIII**/176(2)

GALLYARD, Joshua. **V**/52

GALYLEE, John. Servant of the Vestry. **VII**/109

GAMBLE, Elizabeth. Wife of John [I]. **I**/255,256,257,258(2); **II**/215-17

GAMBLE, John [I]. Wind instruments. Appointment/place: **I**/11,38,216, 217,218,226,227; **V**/27,31,32; **VIII**/ 149,167; arrears: **II**/202-5,206(2), 208,210-12,215-17; arrest of: **I**/143; to attend in the Chapel: **I**/98,110,113; appoints attorney: **I**/167,207,276-7,281,283; **V**/80; coronation of Chas. II: **I**/16; expenses: **I**/46,143,164; **V**/162; livery: **I**/36,238(3),240-2,243(2), 244,246(2),247,248(2),249,250,251 (2),252-7,258(2),268,269,270,272, 273,275(2),276,277,283,284,285,287

(2),288,291,292,294(2),295; **II**/160; **VIII**/156; loan to: **I**/267,268,270,271(4); payments to: **V**/172,175,183,186,188,194-7,199,200,202,204,206-8,210,213,216,218,224; **VIII**/151,186,188,196,203,208,215,221,226,230,236,245,252,257,338; petition against: **I**/92,125,126; petition of: **VIII**/176-7,182; to practise in the Theatre: **I**/140; to practise with Grabu: **I**/168; subsidy: **I**/50; **VIII**/165

GAMBLE, John [II]. Wind instruments. **V**/269

GAMBOYS, William. Trumpeter. **V**/282,283

GANLEY, Mr. **V**/257

GARDE(S), Madame Mary. **III**/261

GARDE(S), Simon de la. Musician to Henrietta Maria. **III**/5,245-252,261; **V**/3(2),4,7,8,9,11,12,14(2),16,17,19,46(2),48,52; **VIII**/90,96(2),99,102,114,122,125

GARDINER (GARDEN), Thomas. Trumpeter. **VII**/39,44,194,200,205,207,208,409(2)

GARDINER, Thomas. **VI**/176

GARDNER, John. Musician. **I**/115; **II**/6; **V**/255

GARDNER (GARDINER), William. Kettle drummer. **II**/132,143,144(2),145,146(2),147; **V**/94; **VIII**/299,300

GARET, Hans. Drumslade. **VII**/86,279,280,281,282,284-8

GARET, Henry. Shoemaker. **VII**/363,364?,365,367?,369?,370?,372?

GARNETT, Peter. **VII**/145

GARNIER, John. Groom of the Privy Chamber to Q. Henrietta Maria; [musician]. **III**/5; **V**/xv,9,46(2); **VIII**/127

GARRARD, Francis. [See GERRARD]

GARRETT, John. **IV**/125

GARSH, Katherine. **III**/184

GARSH (GUERSH), Samuel. Wind instruments. Appointment/place: **VI**/39(2),195; **IV**/231,233; **III**/27,28,180; **VIII**/35-6,98; funeral of Q. Eliz.: **IV**/1; of Jas. I: **III**/3; Installation of Frederick, Elector Palatine: **IV**/91; lease for: **VI**/56;

VIII/44; New Year's gift/reward: **VI**/74,127; **IV**/10,12; **III**/22; **VIII**/64; payments to: **VI**/195,196,198(2),200,201,203,205,207,209,210,212,214,216,218,221,223,226,228,229,230,231,232(2),234,235,236,237,238,239(2),240,241(2),242,243(2),244,245(2),246; **IV**/119(2),120(2),121-9,130(2),132(2),134-9,140(2),141-3,144(2),145-8,149(2),151,152(2),153-9,160(2),161-5,166(2),168-172,173(2),174,175,177(2),178-9,181-3,185,186(2),187,188,190(2),191-4; **III**/164,166,167,169,172,176,180; subsidy: **VI**/54,58,67,71; **IV**/17,20,25,60,62,64,67; **III**/9,14; **V**/1

GARSON, Marie. Wife of William. **VI**/190

GARSON, William. Drummer. Appointment/place: **VI**/19,32,189,190; **VIII**/33; livery: **VI**/18,21,25,26,27,28,30,34,37; payments to: **VI**/178(2),179(2),180,182-4,185(2),187(2),188-190

GARTESIDE, James. **VII**/52/

GASCOIGNE, Sir Bernard. **VIII**/168

GATES, -. Musician. **I**/117

GATES, Bernard (Barnett). Child/Gentleman of the Chapel. **II**/79(2),97,103,110,114,117,155; **V**/xvi,100,103,238,239(2),241,243,290,292-4,(295),296; **VIII**/296,298,303

GATTAKER, Elizabeth. Recusant. **IV**/15

GAUDY, Anthony. **II**/41

GAULLE, Francis. Clerk of the Signet. **III**/17

GAULTIER, Charles. Choirboy in the Catholic Chapel of James II. **V**/85

GAULTIER (GWALTIER,GETEERE,GOETIER,GOTTIERE,GOUTIER,GUALTIER), James (Jacques). Appointment/place: **III**/8; **I**/2,7,10,220; **V**/26,31,32; **VIII**/155; assigns money: **III**/61,66,72,78,82,86,89; in Corporation of Musick: **V**/246; dwelling at: **VIII**/96,114,125; expenses for journey to Spain: **IV**/227; lute provided for: **III**/96,154; payments to: **III**/46,59,161,165(2),182,186,190,194,197,200,203,206,210,213,

216,219,222,225,228,231,234,237, 239; **V**/21,22; **VIII**/91,112,123; as musician to Charles, Prince of Wales: **IV**/227,228,229; as musician to Henrietta Maria: **III**/246(2), 247-252,260(2); **V**/3,5,7,8,10,11, 12,14(2),16,17,19; **VIII**/90,102(2), 123; subsidy: **III**/109
GAY, Monsieur de la. French dancing master. **VIII**/125
?GAYER, George. **VI**/247
GAYNSFORTH [Gainford]. **VII**/66
GECE/GOW, John. Trumpeter. **VII**/20
GEERINGE, Hercules. Chorister. **III**/4
GEER(Y) *alias* WEBSTER, Elizabeth. **I**/245
GENTILESCHI, Giulio. **VIII**/140
GEORGE, Katherine. **I**/282
GEORGE, Matthew. Gent. **I**/254,282
GEORGE, William. Clerk of the Great Wardrobe. **III**/34
GEORGES (GORGES), Cecil. **VI**/53; **VIII**/44
GERMAIN, Sir Thomas. **VIII**/58
GERMANY. **IV**/208-9; **III**/90; **VIII**/75, 79
GERRARD, Alexander. Child of the Chapel. **II**/53,54,141
GERRARD, Colonel. **VIII**/138
GERRARD (GARRET,GARRARD), Francis. Wind instruments; violin. Appointment/place: **I**/131,173,177,226,229, 231; **V**/73; **VIII**/232; arrears: **II**/202-4,205(2),206-7,209-12,215-17; arrest of: **I**/199; payments to: **V**/208,210,213,217; **VIII**/236,239, 245,255,259(2)
GERRARD, Sir Gilbert. Master of the Rolls. **VIII**/42
GERRARD, John. **II**/53,54,141
GERRARD, Lord. **I**/224; **III**/120
GIBB, John. Groom of the Bedchamber. **IV**/11,40
GIBBONS, Dr. Christopher. Organist; virginals. Appointment/place: **I**/3, 4,7,81,89,91,165,216,220(2),225, 226,227(2),231; **V**/57,71; **VIII**/167; Corporation of Musick: **V**/254,256; debts of: **I**/168; recommended for D.Mus.: **VIII**/159; livery: **I**/116; music by: **I**/163,193; payments to:

V/108,112,115,122,124,127,130,133, 137,140,143,150,153; petition against: **I**/115; petition of: **VIII**/142; scholar's place for: **III**/23; subsidy: **I**/50; **V**/45; **VIII**/165
GIBBONS (GIBBINS), Orlando. Organist; virginals. Appointment/place: **IV**/106; **III**/7,133; **VIII**/321,324; death/illness: **VIII**/89, 90(2); funeral of Prince Henry: **IV**/37; of Q. Anne of Denmark: **IV**/49; of Jas. I: **III**/2,3; grant to: **IV**/43,55; **VIII**/73; journey to Germany: **IV**/209; music by: **IV**/208; **III**/150; payments to: **IV**/93,106 (2),108,110,112,114; **III**/133; as musician to Charles, Prince of Wales: **IV**/217(2),220(2),222-6,228, 229; petition of: **VIII**/65; scholar's place for son: **III**/23; subsidy: **IV**/19,22,27,29,59,63
GIBBONS, Sarah. **II**/156; **VIII**/297
GIBBS, Francis. Of Worcester. **VIII**/106
GIBSON, Stephen. Drummer. **I**/224
GIDDINS (GIDDINGS,GIDDENS,GIBBONS), Francis. Trumpeter. **II**/29,51,64, 125,129,183,186,190,191; **V**/286, 289
GIFFORD, Mr. Musician to Henrietta Maria. **III**/252
GILBERT, Edward. **I**/189
GILBERT, Richard. **VII**/335
GILBERT, Thomas. Scrivener. **I**/206
GILES/GYLES
GILES, Anna. **III**/77,206
GILES, Daniel. **III**/107
GILES, George. Trumpeter. **III**/107
GILES, John. Gentleman of the Chapel. **VII**/33,55,59,241
[GILES] GYLLS, John. **VII**/338,339
GIL(L)ES, John. Instrument maker. **IV**/102
GILES, 'Master' [see DUWES]
[GILES] GYLES, Mr. Organist. **VII**/216
GILES, Dr. Nathaniel. Gentleman/Master of the Children of the Chapel. Appointment/place: **VI**/65, 230; **IV**/56,233; **III**/76,208; **VIII**/48(2),320,325; commission to take up children: **IV**/8,14; **III**/20;

VIII/48,55,60; expenses: **IV**/86, 89,93,97,104,110,114; funeral of Q. Eliz.: **IV**/3; of Prince Henry: **IV**/38; of Q. Anne of Denmark: **IV**/49; of Jas. I: **III**/1; letter to: **VIII**/84; payments to: **VI**/230-240, 241(2),242(2),243(2),245(2); **IV**/76,78,85,116-17,119(2),120-5,127 (2),128,130-139(2),140(2),142(2), 143-6,147(2),148-9,150(2),151,153 (2),154-8,159(2),161(2),162,163 (2),164-8,169(2),170,172,173(2), 175(2),177(3),178,180-2,185(2),186 -194; **III**/164,166-7,169,170,172, 174,175,178(2),180,183(2),186,189, 191,195,197,200,203,206; **VIII**/62, 66; payment for plays performed: **VI**/163,165; prebend for: **IV**/40,46; **VIII**/72; grant of rectory: **IV**/48; probate for: **III**/77; son of: **VIII**/125; subsidy: **VI**/68,73; **IV**/19,21, 26,29,59,63,65; **III**/15,31,35,38

GILES, Nathaniel. **III**/175,180; **VIII**/125

GILES, Richard. Gentleman of the Chapel. **III**/1,4

GILES, Thomas. Master of the children at St Paul's. **VI**/65,68, 73,163,165,230-240,241(2),242(2), 243(2),245(2); **VIII**/41

GILES, Thomas. Dancing master. **IV**/12(2),28,32,36,46,116,127(2),129 (2),131,132,133(2),134,137,138 (2),139,140,141,142(2),143,144, 145(2),147,148,149(2),150,151,153, 157,158,159,160,162(2),163,211,234

GILL, George. Musical instrument maker; servant to Prince Henry. **III**/113; **IV**/22

GILLIARD, Eustace. Trumpeter. **II**/181,182

GILLINGHAM, Kent. **III**/26

GILMYN/GYLMYN, John (the elder). Marshal of the Minstrels. **VII**/44, 49,54,56,60,64,332(3),408; **VIII**/3 (2),4(7),5,334?

GILMYN, John (the younger). Usher of the Chamber. **VII**/60

GILPIN, George. Agent in the Netherlands. **VI**/160,163

GIMBART, Richard. **II**/108

GIPPS, Thomas. **III**/77

GIRARDO, Baroness Mad[ll]. Singer. **II**/102

GITON (see GUITON)

GIUSTINIAN, Sebastian. **VII**/48(2),50, 51(2),53

GLANDVILL, William. **VIII**/289

GLASCOCK, Sarah. **I**/103,104

GLASEBURY, Henry. Marshall of the Minstrels. **VII**/10,18,21,162,330 (3),361; **VIII**/2

GLOUCESTER. **VII**/31,39; **IV**/43; **I**/72, 166; **II**/20; **V**/154; **VIII**/73

GLOUCESTER, Henry Duke of, **I**/6,8,9,30,52; **II**/75

GLOUCESTERSHIRE. **VI**/38,52

GLYNNE (GLYN), Edward. **I**/136,159; **V**/62

GLYNN, Thomas. Minstrel. **VII**/269, 274,288

GOATLEY, Thomas. Vintner. **II**/78,170

GOCH, Amb. van. **VIII**/170

GODBALL, William. Singer. **IV**/39

GODFREY (see ERNST)

GODINGE, Thomas. Singing-man of Westminster Abbey. **IV**/2

GODOLPHIN, Colonel/Lord Sidney. **II**/83; **V**/9,274,275; **VIII**/301(2), 302(3),303(3),304(3),305(2),306 (4),307(2),308(3),309(2),310(2), 311

GOHORI, Frances. Wife of Jeremy. **V**/60; **VIII**/211

GOHORI (GOHORY), Jeremy. Dancing Master; Groom of the Privy Chamber to the Queen. Appointment/place: **I**/196; **V**/50, 228,281,282,284; **VIII**/171,279; arrears: **II**/203(4),204(2),205,209 (2),210(2),211(2),213(2); denization for: **V**/60; **VIII**/211; payments to: **II**/137,139; **V**/181, 185,187,189,204,222; **VIII**/186, 201,202,227,229; as Groom: **V**/54, 72; **VIII**/176; petition of: **VIII**/176(2); Poll Tax: **VIII**/268(2); surrendered letters patent: **II**/201; attended Queen at Tonbridge: **V**/229

GOLDE (GOULDE), Thomas. Gentleman of the Chapel. **VI**/62,68,73; **IV**/3,19;

VIII/320,322
GOLDEGAY, Edward. Messenger. I/107, 247,277
GOLDEN, Ruben. Musician. I/117
GOLDSMITH, Robert. V/52
GOLDT (GOLD), Melchior. Trumpeter. I/1,2,22,46,50,51,137,184,216,222, 230; V/43,107,110,114,116,117,120, 127,282; VIII/167,273
GOLDSMITH, Mr. VIII/33
GOMELDON, William. Groom of Queen's Privy Chamber. VIII/55
GOOD, Robert. III/71
GOODALE, Adam. Keeper of the gardens, Windsor. VII/1
GOODALE, James. Drum maker. I/175
GOODALE (GOODALL), Robert. Gentleman of the Chapel. VI/24; VIII/318(2)
GOODEGNEY (see GOLDEGAY)
GOODGROOME, John. Gentleman of the Chapel; lutes and voices. Appointment/place: I/58,59,219,225,228; V/50(2),88,97,287,289-291,293-4; VIII/139,169; arrears: II/203(2), 204-7,209-13,215-17;to attend at Windsor: I/136; letter of attorney from: I/276; V/52; coronation of Q. Anne: II/72; expenses: I/109 (2),143,153; II/81(2); VIII/171; livery: I/90,243-8,249(2),251-4, 255(2),256-7,258(2),259,284,285, 287,288(2),291,292-5; II/161; V/ 57; VIII/169,192; received livery of his son: I/195; payments to: V/183,187(2),191(2),198,199,201, 203,204,206,208,210,224; VIII/ 186,188,196(2),203,215,221,226,230, 236,239,270(2),272,338; receipt for: VIII/171; subsidy: I/51; V/45; witness: II/13
GOODGROOME, William. Child of the Chapel. I/144,183,186,195
GOODMAN, Joseph. Trumpeter. II/96, 197
GOODRICK, Matthew. Painter. IV/225
GOODSENS (GOODSAY), Francis(co). Private Musick; Bass Violin in the Chapel. Appointment/place: II/108, 131,132; V/102; expenses: II/115, 117; livery: II/115,116,175-7; received gift to Chapel: II/149;
payments to: II/152,159; V/242,244
GOODWIN, John. Violin; Private Musick; instrumentalist in Catholic Chapel of Jas. II. Appointment/place: I/202(2),232; II/3(2),5,27,28,44,49(2),56,122, 124,127; V/81,84,87,287; arrears: II/23,214(2),216(2),217(2); bequest to: I/112; burial of: II/49; coronation of Jas. II: VIII/161; of Wm. & Mary: II/25; estate of: II/50; expenses: II/17, 21,34; journey to Holland: II/35, 38(2),39,41; livery: II/47,163(2), 164(2),165(3),166,167(2); payments to: II/136(2),137,139; V/161,165; VIII/251,253,258,263; to practise for a ball: I/214; suspended from his place: II/47; will of: II/49
GOODWIN, William. Parish Clerk. V/72
GORING, Sir George. VIII/75,77
GORTON, Elizabeth. II/171,172(2),173 (2),174
GORTON, William. Private Musick. Appointment/place: II/57,108,124, 128,130,131; V/291-5,297; arrears: II/70; VIII/297,298,313; letter of attorney (a) from: II/103,104; (b) to: II/108; burial of: II/108; livery: II/78,158,163(2),164(2), 165,166(3),167,168(2),169(2),170 (2),171,172(2),173(2),174(2),175, 176; payments to: II/144
GOSSETT, Benjamin. Trumpeter. II/197
GOSSON, Elizabeth. III/179
GOSSON, Faith. III/184,188
GOSSON (GOSSHEN), William. Drum-major. Appointment/place: VI/69; IV/231,233; III/43(3),44; V/299; VIII/50(3); funeral of Jas, I: III/2; expenses: III/136; payments to: VI/237(2),238,240(2),241,242 (3),243,244(2),245,246; IV/119(2), 120(2),121-4,126(2),127,128(2),130 (2),131-2,134-7,139(2),140-2,143 (2),144-5,146(2),147-151,152(2), 153-160,161(2),162-5,166(2),168-170,171(2),172-7,178(2),181-4,186, 187(2),189(2),190-2,194(2); III/ 164,166,167(3),168,172(3),176,179, 182,184,188; subsidy: VI/72; IV/

18,21,26,61,63,66; III/13,33,34, 36; V/2
GOWGES, Renee Ann de. Lute. III/245; V/4,7
GOSTLING (GOSLIN, GOZLIN), John. Gentleman of the Chapel; Private Musick; Chaplain. Appointment/ place: II/3,4,5,27,28,30,39,40,41, 59,61,122,127,130; V/76,88,96,282, 284,287,288(2),290-1,293-6; arrears: II/24; to attend at court: I/203; coronation of Wm & Mary: II/25; of Q. Anne: II/72; expenses: I/186,214; II/81(2),84, 89,92,97,102,110,114,117,155; grant of prebendary's place: V/87(2); payments to: II/136(2), 137,139,150; V/165,235,237,240, 243,277(3),278(5); VIII/263,284, 314,315; paid the Chapel gift: II/154
GOUGH, Bevis. Son-in-law to Humphrey Madge. VIII/288(2),291,293,294,296
GOULD, Thomas [see GOLDE]
GOWGES, Rince de. Lute. VIII/102(3)
GOWLDYN, Robert. Gentleman of Mary I's Chapel. VIII/11
GRABU, Louis. Master of the Musick. Appointment/place: I/74,75,80,147, 153(2),218,221,225,226,227,229, 230(2); V/55(3); VIII/176,177,179, 180,181(2),182,196(2),223; arrears: I/171,172,290; II/201, 203,204(2),205,211,212,213; letter of attorney from: I/125,276; V/66; bill signed by: I/130,131; expenses: I/113; livery: I/87,243-251, 276,290,295; V/57; VIII/191; pass for: VIII/235; payments to: V/64, 65,182,184,186,188,190,192,193(2), 196,197(3),222,223; VIII/186,189, 192,195(2),197,201(2),202,204(2), 205,208,224,225,268,338; dispute concerning payment: VIII/231(2); payment for music copying: I/83, 113; V/134; special payment for violins to him: I/75,76; petition against: I/86,133; petition from: I/170,171,290; VIII/185,198; to lead practice: I/74; subsidy: I/50; to teach 2 boys: I/88;

theatre scenes delivered to: I/135,137; theatre agreement by: V/67(2)
GRAFTON. IV/215
GRAFTON, Duke of, I/188; V/158
GRAHAM, Richard. Solicitor. V/255
GRAHAME, Dr. Chaplain. II/73
GRAND (GRANDY,GRAUNGE), John. Trumpeter. VII/103,106,109,121, 130,135,293,295,299,301,301,304, 306,308,309,312,314,316,318,320
GRA(U)ND, William le. Musician to Q. Anne of Denmark and Henrietta Maria. IV/49; V/14,16,17,19(2),43, 48,52,54,56(2),60(2),62; VIII/206
GRAND. Monsieur le. III/252
GRANDI (GRANDE), Antonio Maria. Gentleman in the Catholic Chapel of James II. II/16,21; V/84,86; VIII/281
GRANDISON, Viscount [Villier]. VIII/ 284
GRANEFF, Samuel. I/277
GRANGE, Ann Darel le. V/104
GRANGER, John. Child of the Chapel. VII/25,28
GRANGE(S), Claude de. French Singer. I/88,108,145,206,221,227,229,231; II/16,21; V/84,86,90; VIII/160(3), 167,191,210,247,260,340
GRANGES, Hester. Wife of Claude. VIII/340
GRANTE, David. II/170,171
GRANVILLE (GRANVELL). -. Hautboy. II/39,40,41; VIII/273,275
GRANWELL (GANWELL, GRANWALL), Richard. Gentleman of the Chapel. IV/3,19; VI/34,55,62,68,73; VIII/ 318,321
GRASSO, Ambrosio (de Pavia). Violin. VI/40(2),120,122,123,125,132,136; IV/4; VIII/336
GRATE (see GROATE)
GRAVELEY, Edward. VI/194(2),196(3), 199(3),201,203(4),204(4),206(4), 208(4),209(2),210(2),212(4),213 (4),215(4),217(4),221(2),224(3), 226(4),229-235,237,239
GRAVENOR (GRAVENER), Thomas. Singing boy. III/56(2),65,209,228
GRAVES, James. Hautboy. V/104; VIII/

309,310
GRAVESEND, Kent. **VIII**/136
GRAVESEND, William. Priest of the Chapel. Appointment/place: **VII**/123; **VIII**/10,317(2); coronation of Ed. VI: **VII**/105; of Q. Mary: **VII**/130; funeral of Hen. VIII: **VII**/108; of Ed. VI: **VII**/127,128; of Q. Mary: **VI**/3; subsidy: **VII**/112
GRAY [see also GREY]
GRAY, Lord (of Wilton). **VI**/7
GRAYE, James. Musician. **III**/5
GRAY, Walter. **III**/62
GREAT MARCLE, co. Hereford. **III**/57
GREAVES (GRAVES), Richard. Sackbut. Appointment/place: **VI**/vii,51(2), 74; **VIII**/43,53; New Year's gift: **VI**/70; payments to: **VI**/213,214, 216,218,221,224,226,228-235,236 (2),238-240,244; subsidy: **VI**/54, 58,67,73

GREEN(E)/GRENE

GREENE, George. Chorister; gentleman of the Chapel extraordinary. **III**/4; **IV**/4
GREENE, Henry. **VI**/193
GRENE, Hugh. Minstrel. Appointment/place: **VI**/vii; funeral of Hen. VIII: **VII**/110; payments to: **VII**/114,333(3),334(2),337,338,340 (2),341(2),342,343,345,346(2),347, 348,349,350(2); **VI**/168,172,173(2), 174(2),175(3),176(3),177(2),178, 179-181; subsidy: **VII**/90,417
GRENE -. Wife of Hugh. **VI**/178,179
GREENE, James. Child of the Chapel. **I**/141(2)
GRENE, John. Coffermaker. **VII**/141; **VI**/7
GREENE, John. Collector of Customs at Bristol. **VII**/38
GREEN (GRENE), John. Gentleman of the Chapel. **VIII**/323(2)
GREEN, Mrs. Catholic Chapel-sweeper. **VIII**/265
GREEN, Peter. Trumpet repairer. **VI**/45
GREEN, Ralph. Sackbut. Appointment/place: **VI**/41,88; **VIII**/20; dwelling at: **VIII**/335; grant of forfeitures: **VI**/31; livery: **VI**/15,16,19, 20,21,25,26,27,29,30,34,37,38,39, 41,42,44,45(2),47,48,49,50,51,53, 56,57,60,63,64,65,66,69; payments to: **VI**/88,90-1,93,95,97,99,102(2), 104,107,109,110,112,114,116,118, 120,122,124,125,127,133,136,138, 139,141,142,144,145,147-9,151,153-5,157-9,161; subsidy: **VI**/23,33,54, 58,67
GRENE, Richard. Sergeant of the Vestry. **VII**/65,68,69
GRENE, Robert. Minstrel. **VII**/2(2),3
GREEN, Robert. Gentleman of the Chapel. **VII**/74; **VI**/17,24,30; **VIII**/33,34,317,319,320
GREEN, Timothy. Gentleman of the Chapel. **VI**/55,62; **VIII**/319,320
GREENE, Walter. Clerk. **VII**/60
GRENE, William. Minstrel. **VII**/2(2),21,329(3)
GREENBURY, Johan. **VIII**/123
GREENBURY, Richard. Organ blower to Henrietta Maria; keeper of the Queen's pictures.. **III**/251,252; **V**/12,14(2),16,17,19; **VIII**/101,123
GREENINGE, William. **III**/28
GREENWAY, Anne. **II**/51
(EAST) GREENWICH. **VII**/46,53,56,77, 79,100,136,186,222,223,247,363, 374,379,401,402,403(2),404,405(2), 409,423; **VI**/31,115,121,132,141, 163,175; **IV**/1,44,58,68,83,85,97, 101,102,106,113,203,215,218,229; **III**/6,10; **I**/68-9,121,271; **II**/16; **V**/27,30,40,52,56,61; **VIII**/17,29, 33,52,104,329
- Palace: **III**/63,66,80,89(2),106, 134,141,150
- St Alphage: **III**/107,128
GREETING, Edward. Violin. Appointment/place: **II**/2,4,5,122; **V**/282,284; arrears: **II**/23; letter of attorney from: **II**/6; coronation of Wm. & Mary: **II**/25; expenses: **II**/18; payments to: **II**/136(2),137,139; **V**/165; **VIII**/262
GREETING, Joyce. Wife of Thomas. **II**/6; **V**/157,274,275(3),276(4),277 (2); **VIII**/246,248,251,255,259,278, 287,288(2),289,293,294,296,298
GREETING, Thomas. Violin; sackbut;

musician to James, Duke of York. Appointment/place: **I**/133,134,200, 201,222,232; **II**/121; **V**/66,81; *Calisto*: **I**/146; duty rota: **I**/83; in Chapel: **I**/98,113,134; expenses: **I**/143,152,184,199; **V**/162,164; payments to: **V**/137,139,145,149, 152,155,157,159,161; **VIII**/242; payments to widow Joyce [*q.v.*]: **V**/274,275,281(2); practice with Cambert: **I**/140; practice with Grabu: **I**/168; violin for: **I**/130; **V**/148

GREFFORTH. **VII**/408

GREGORY, Henry. Wind instruments; trainer of 2 boys. Appointment/place: **I**/28,30,36,45,48,227,228; **V**/36(2),51; arrears: **II**/202,203, 204(3),205(2),206,207,209,210,211, 212,214,216,217; **VIII**/155,158,167; letter of attorney from: **I**/280; letter of attorney to: **I**/278-9; coronation of Jas. II: **VIII**/261; Corporation of Musick: **V**/263,264 (3),265(3),266(2),267(3),268(3), 269(2); executor for William Gregory [I]: **V**/43; **VIII**/161-2; livery: **I**/42,238,239(2),240,241 (2),242(2),243(2),244(2),245(2), 246(2),247(3),248(2),249(2),250, 251(3),252(2),253(2),254(2),255, 256(3),257(3),258(2),259,266,270 (3),273,275,284,285,287,289,292, 294,295; **II**/161; **V**/43; **VIII**/158, 160; loan to: **I**/268; payments to: **V**/124,126,129,132,137,140,143,145 (2),150,152,155,157,159,161,176, 183,186,191,195,197,199,202,204, 206,207,209,211,217,223; **VIII**/186 (2),196,202,203,205,209,215,221, 225,229,,236,238,240,245,246,251, 255(2),258(2),260,270,338; petition against: **I**/53,82; petition by: **VIII**/219; subsidy: **I**/50; **V**/44; witness: **I**/119,148

GREGORY (GREGORIE), John. Singing-man of Westminster Abbey. **IV**/3

GREGORY, Joyce. Wife of William [II]. **II**/217; **V**/90

GREGORY, Mary. Wife of William [I]. **VIII**/161

GREGORY, Mary. Daughter of William [I]. **VIII**/161

GREGORY, Mr. **I**/31,44(2),163,291,296

GREGORY, William [I]. Wind instruments; Appointment/place. **III**/11, 112,129; **I**/28,30,36,48,217; **V**/36 (2),43; **VIII**/92,155,158; administration for: **V**/43; boardwages for: **I**/20; burial: **I**/48; coronation of Chas. II: **I**/16; Corporation of Musick: **V**/246,251,252,254?(2); duty rota: **III**/52,74,95; expenses: **I**/46; funeral of Jas. I: **III**/3; livery: **I**/16,42,45; **VIII**/144-5, 158,160; New Year's gift: **III**/22; payments to: **III**/136,137,139,140, 142,143,145,147,149,151,153,155, 157,159; **V**/108,111,115,121,124, 176; **VIII**/129,131; subsidy: **III**/ 14,32,34,37,108; **VIII**/165; will of: **VIII**/161-2

GREGORY, William [II]. Viol. Appointment/place: **I**/2,6,15,16,17, 179(2),216,217,219,225,226(2),227, 231; **V**/74(2); **VIII**/233; arrears: **II**/202-6,207(2),209-11,213,215-17; letter of attorney from: **I**/148, 276(2); **II**/13; letter of attorney to: **I**/282,283; to attend in the Chapel: **I**/35,89,91; coronation of Chas. II: **I**/15; of Jas. II: **VIII**/ 261; Corporation of Musick: **V**/ 254?(2),256,262(2),263(3),264(2), 265(2),267(3),268(2),269(3); expenses: **I**/109(2),147,164; **V**/113; livery: **I**/237(4),238(2),239-253, 254(2),255(2),256-7,258(2),259, 268,269,272,273,278,284,285,287, 288(2),292,293,294(2),295; **II**/161; payments to: **V**/108,112,115,122, 124,129,133,137,140,143,146,150, 153,157,210(2),211(2),212(2),213 (2),215(2),216(2),217(2),218(2); **VIII**/236,238,240(2),242(2),244, 246,250,251,252,255,,270; petition against: **I**/211; probate for: **V**/90; subsidy: **I**/50; **V**/44; **VIII**/165; bass viol to play in Chapel: **I**/60; **V**/113

GRENERIGGE, William. **VII**/86

GRENYNG, Thomas. Still minstrel.

VII/21,26,28,54,332(3); **VIII**/3,4
GRESHAM, Sir Thomas. **VIII**/47
GREVE, John. Clerk. **VII**/23
GRAY/GREY
GREY, -. Minstrel. **VII**/376(3),377
[GREY] GRAY, Nicholas. **VII**/32
GREY, Thomas. **III**/127
GRICE, JOHN. Serjeant of the King's Confectionary. **VII**/15
GRIEVES (GREVES), Peter. Clerk of the Closet. **VII**/178(2),180(2),181(2),183,185(2),186(2),187(2),189(2)
GRIFFIN, Sir Edward, **I**/89; **VIII**/192(2),193,198,199(2),212,213,217,223,225,226,240,241,338,339
GRIFFIN, Justice. **III**/62
GRIFFIN, WILLIAM, **V**/63
GRIFFITH/GRYFFITH
GRYFFITH [GEORGE]. Priest, Westminster Abbey. **VII**/129
GRIFFITH (GRIFFETH), Humphrey. Gentleman of the Chapel. **II**/82,85,89,92,97; **V**/96,98,100,236,238,295
GRIFFITH, Richard. Organ blower. **III**/2
GRIMSTON, Mr. **VIII**/33
GRIMSTONE, co. Norfolk. **IV**/233
GROATE, Elizabeth. Wife of Malcolm. **V**/22,24
GROATE, Malcolm. Harper. **IV**/49; **V**/18,22,24; **VIII**/79
GROME, Roger. Clothier. **VIII**/19
GROME, Thomas. Son of Roger. **VIII**/19
GROSSE, Robert le. **I**/158
GROVE, Henry. Musician. **I**/119
GRYFFITH [see GRIFFITH]
GRYNDALL, -. Priest, Westminster Abbey. **VII**/129
GUALDINE, Thomas. **VIII**/24
GUEROLT (GUEROULT), Charles. Fencing-master to Prince Henry. **IV**/7
GUERRY, Peter. **V**/275
GUIGAUT (GINCAULT,GUIGANT,GUIGNANT), Eleanor. French musician. **I**/221; **VIII**/160(2),167
GUILDFORD. **II**/96,105(2)
-. GUILLAUME (GILLIS). Minstrel. **VIII**/6(2)
-. GUILLIAM [William]. Piper. **VII**/20

-. GUILLIAM [William] 'little': either William TROCHES or du VAIT. **VII**/366(2),367,371
-. GUILLIAM [William] 'great': either William TROCHES or du VAIT. **VII**/366,367,368,371(2),372
-. GUILLIM [William]. 'Servant' [with Johannes Son.] **VII**/151,176,177(4),178(3),179(3),180(4),181(3),182(3),183(4),184,185,200,201(2),203,205; **VIII**/344-7
-. GUILLIAM. Lute. **VII**/165; **VIII**/342,343
GUILLIARD, Mr. Messenger. **I**/95
GUISNES. **VII**/55
GUITON (GITON), Peter. French musician. **I**/146,150,179
GUNN, William. **V**/55
GUY, Amy. **VIII**/131
GUY, Henry. **VIII**/237(2),238,239(2),240(2),241(5),242(3),243(5),244,245(2),246(2),247,248(2),249(4),251(2),252,253,254(2),255(3),256(5),257(2),258,259(3),260,261(4),262(2),263(3),264(3),265(2),266(4),268(3),269,270(2),273,274,275(3),277,278(2),279,284(2),285(7),286,287,288(4)
GUY, Isabel. Wife of Peter [I]. **VI**/31; **VIII**/33
GUY, Nicholas. Flute. Appointment/place: **IV**/43; **III**/45,46(2),47; **VIII**/73; letter of attorney from: **III**/28; funeral of Jas. I: **III**/3; New Year's gift: **III**/22; payments to: **IV**/162-5,166(2),167-171,172(2),173-4,176(2),177-180,182-4,186,187(2),189,190(2),191-4; **III**/164,165(2),166-7,169,171,174-5,178,180-2; subsidy: **IV**/60,61,64,66; **III**/9,14,32,34,37; **V**/1
GUY, Peter (Piero) [I]. Flute. Appointment/place: **VII**/101,123; **VI**/41,75; **IV**/14(2),231; **VIII**/10,20; boardwages: **VI**/35; coronation of Ed. VI: **VII**/107; of Q. Eliz.: **VI**/6; funeral of Hen. VIII: **VII**/111; of Ed. VI: **VII**/125; of Q. Eliz.: **IV**/1; grant: **VI**/vii,66; lease: **VI**/31; **VIII**/33; livery: **VII**/89,120,134,139,141,147; **VI**/6,

8,9,11,12,13,15,19,20,21,25,26,27,
29,31,34,37,38,39,41,42,44,45(2),
47,48,49,50,51,53,56,57,60,63,64,
65,66,69,70,71,74; **IV**/6,7,14; New
Year's gift: **VI**/70,74; **IV**/10,12;
payments to: **VII**/289-292,294,296,
298,300,302,303,305,307,309,311,
313,315,317,319,320,322,323,373?;
VI/80,82,83,85,86,88,90,91,93,95,
97,99,103(2),107,109,110,112,114,
116,118,120,122,124,125,127,132,
136,137,139,140,142,143,145,146,
148,149,151,152,154,155,156,158,
159,161,162,164,166,233(2),234;
IV/72,74,75,77; subsidy: **VII**/418,
420,422; **VI**/16,23,32,54,58,67,71;
IV/25
GUY (GAYE), Peter [II]. Flute.
Appointment/place: **VI**/50; **IV**/231,
233; **III**/112; **I**/9,218; attorney
for his father: **VI**/132(3); funeral
of Q. Eliz.: **IV**/1; of Jas. I:
III/3; New Year's gift: **III**/22;
VIII/64; payments to: **VI**/212-214,
216,218,221,223,225,227,229,230-
4,235(2),237,238(2),239-40,241(2),
242,243(2),244(2),245(2),246; **IV**/
119(2),120(2),121-7,128(2),130(2),
131,133-5,137(2),138-9,140(2),142
(2),143-7,148(2),149-152,153(2),
154-9,160(2),161-5,166(2),168(2),
169,170,171(2),172-6,178(2),179-
181,183-4,186-7,188(2),189-194;
III/164,166-7,169,172-3,176,178-
9,181,183,186,189,192,194,197,201,
203,206,209,212,214,217,220,223,
227,229,232,235,237,240(2); **VIII**/
114,115,131; subsidy: **VI**/58,67,71;
IV/17,20,25,60,61,64,66; **III**/14,
32,34,37,108; **V**/1
GUY, Peter [III]. **VIII**/131
GWATKINS, William. Child of the
Chapel. **II**/88(2),145; **V**/292,293,
294,(295); **VIII**/307,308
GWERCY, Balthasar. **VII**/142
GWYLLEM, Mr. **I**/114
GWILLIM, John. **VIII**/120
GWIN, Francis. **I**/213
GWYN, Sir Rowland. **VIII**/282
GWYN, Francis. **VIII**/258,267
GYLDERLAND. **VII**/197

GYLES [see GILES]
GYLDAR, Simon. Gospeller in the
Chapel. **VII**/424
GYLMYN [see GILMYN]
GYNDER, John. **VII**/137
GYNDER, William. **VII**/137

H

HACKNEY. **VIII**/46
HADDEN, Derbyshire. **V**/42,74,75
HADWYN, Thomas. Trumpeter
extraordinary. **I**/223
HADWYN, William [Error for Thomas?].
Trumpeter extraordinary. **I**/223
HAGE, John. Fardingale maker. **VIII**/
95
HAGUE, Netherlands. **VIII**/128,290
HAINES (see HAYNES)
HAKE, John. **III**/213
HAKENET, John [see de LEWYS]
HALES, Elizabeth. Wife of Robert.
IV/203
HALES (HALE,HALLES,HAILES), Robert.
Lute/singer. Groom of the Privy
Chamber to Q. Anne of Denmark.
Appointment/place: **VI**/viii,136;
IV/44,96,231; **I**/34,38,217; christ-
ening of son?: **IV**/214; funeral of
Q. Eliz., **IV**/2; of Prince Henry:
IV/35; grant to: **VI**/56; **VIII**/60;
lease: **VIII**/45; **IV**/15; New Year's
gift: **VI**/70,74; **IV**/10,12; **VIII**/64;
payments to: **VI**/136,138,139,141,
142,144,145,147,148,150,151,153,
154,155,157,158,159,161,163,164,
166; **IV**/73,74,76,77,79,80,83,85,
87,89,90,93,94,197(2),198(2),199.
(2),200,203(2); **VIII**/74; subsidy:
VI/54,59,67,72; **IV**/18,21,26
HALE(S), Thomas. **III**/24,176
HALES, William. Priest at
Walsingham. **VII**/190
HALE(S), Zacheus. Drummer. **IV**/18,21,
22,23,26,29,32,140(2),142,143,147
HALL, -. Dancer. **VIII**/190
HALL (HALE), Francis. Trumpeter.
Appointment/place: **VI**/152; funeral
of Q. Eliz.: **IV**/2; livery: **VI**/60
(2),63(2),64(2),65,66,69,70,71,74;
payments to: **VI**/152,153,155-7,159,

161,162,164,165; **IV**/72; subsidy: **VI**/68,72; **IV**/2,72
HALL, Francis. Trumpeter. **I**/224
HALL, Henry. Choirboy of the Chapel. **I**/121(2)
HALL, Henry. **II**/97
HALL, John. Clerk. **VII**/45
HALL [HALE, HAULL], John. Serjeant-trumpeter. Appointment/place: **VII**/100; **VI**/63,152(2); coronation of Ed. VI: **VII**/106; of Q. Mary: **VII**/130; of Q. Eliz.: **VI**/4; death: **VI**/152; funeral of Hen. VIII: **VII**/109; journey to France: **VII**/140(2); to sea: **VII**/145; livery: **VII**/121,130,135,142,144; **VI**/1,6,9(2),11,12,14,15,18,20,21,22,25,26,27,29,30(2),34,37,38,40(2),42(2),44,45(2),46,47,48,49(2),50,51,53,56(2),57,60; payments to: **VII**/145,293,295,297,299,300-2,304,306,308,309,311,314,316,318,320,350; **VI**/80,81,83,85,86,87,89,91,92,94,97,98,107,108,110,111,113,116,117,119,121,123,125,128,135,137,138,140,141,143,145-7,149,150,172; subsidy: **VII**/112; **VI**/17,23,33,54,59; **VIII**/13
HALL, John. **VII**/137
HALL, Mary. **II**/68,168,178
HALL, Mr. **I**/109
HALL, Thomas. Priest of the Chapel. **VII**/33,40,47,52,55,58,60,66,81,424
HALL, William. Violin/viol. Appointment/place: **I**/190(2),232; **II**/2,4,5,27,28,44,67,75,122,124,127,128(2); **V**/78,287,289,290; arrears: **II**/23,157; **VIII**/298; *Calisto*: **I**/146,150; to attend in the Chapel: **I**/113; in Catholic Chapel: **II**/17,21; **V**/84,87; coronation of Jas. II: **VIII**/161; of Wm. & Mary: **II**/25; expenses: **I**/152; **II**/12,34; attended Q. Mary when Wm. III in Holland: **II**/35(2),39,40,46; livery: **II**/48,163(2),164(2),165(2),166,167(2),168,169(2),179; money assigned to: **I**/119,190(2),232; payments to: **II**/136(2),137,139; **V**/156,157,159,161,165; **VIII**/245,246,253,255,258,262,284;

probate for: **II**/68
HALL, William. Cath. Preacher. **V**/86
HALLIDAY, Walter. Minstrel. **V**/245
HAMARESTON (see HOMERSTON)
[HAMBURG] **AMBRUGE**, George van. Drumslade. **VII**/241,242(2),243(3),244(2),245,246(2),247(3),248(2),249(3),250(3),251,252(3)
HAMILTON, -. **VIII**/77
HAMLETT, Mr. **IV**/215
HAMMOND. C. **I**/189
HAMMOND, Dr. **VIII**/42(2),43
HAMMOND, Rev. Henry. King's chaplain. **VIII**/316
HAMMOND. Jer. **V**/93
HAMMOND, John. Physician. **VIII**/316
HAMMOND, Richard. **IV**/85
HAMPSHIRE. **VII**/56
HAMPSTEDE MARSHALL. **VII**/80
HAMPTON. **I**/116; **II**/49,79; **VIII**/346
HAMPTON COURT. **VII**/74,88; **VI**/151; **IV**/74,102,111,114,200(2),204,205,228; **III**/42,63,80,89(3),94(2),101,106,138,150,152(2),154,156; **I**/32,34,35,43,64,65,70,73,81,143,208,262; **II**/4,6,81,107,110,117,148,150,157; **V**/13,113,118,119,130,131; **VIII**/133,207,329
- Chapel Royal. **II**/33,107(2),112,148,149(2); **V**/113,119
- The Old Bowling Alley. **I**/66,90
HAMPTON IN ARDEN, Warwicks. **VIII**/53,73,80
HANBURY, Philip. **I**/199
HANCOCK, William. Tailor. **VIII**/46
HANDEL, George Frederick. Composer. **VIII**/314,315
HANKEY, Henry. Goldsmith. **II**/103
HANNAM, John. **II**/49
-. **Hans**. Lute. [possibly HOSSENET?]. **VII**/378,380
HANSON, Nicholas. Player. **IV**/56
HANSON, Thomas. **VIII**/132(2),134
HARBORD, Sir C. **VIII**/209
HARDEN (HARDING), Edward. Wind instruments. Appointment/place: **IV**/46,47; **III**/11(2); **VIII**/92; funeral of Jas. I: **III**/3; paid for music books: **IV**/110,114; payments to: **IV**/169,170,171(2),172,174(2),175-181,183,184,186-8,189(2),190-

4; **III**/164(2),165,167,168; probate for: **III**/10,(17); subsidy: **IV**/60, 62,64,67; **III**/9; **V**/1
HARDEN (HARDING), James. Wind instruments. Appointment/place: **VI**/41,112; **IV**/231; **III**/9; **VIII**/92; dwelling at: **VIII**/336; funeral of Q. Eliz.: **IV**/1; of Jas. I: **III**/3; grant to: **VI**/53; lease: **VIII**/44; New Year's gift: **VI**/74; **IV**/10,12; **VIII**/64; payments to: **VI**/112,114, 116,118,120,122,124,125,127,133 (2),136,137,139,141,142,144,145, 146,148,149,151,153,154,155,157, 158,159,161,162,164,166; **IV**/72, 74,76,77,78,80,82,85,87,88,90,92, 94,96,99,101,103,105,108,110,112, 114; **III**/133,136(2); subsidy: **VI**/32,54,58,67,71; **IV**/17,20,25,60, 61,64,66; **III**/9; **V**/1
HARDEN, Marie. Wife of James. **III**/10,17,165,167
HARDING. -. **III**/9
HARDING, John. Chorister. **III**/4
HARDING, John. Gentleman of the Chapel; lute/voice. Appointment/place: **III**/14,129; **I**/2,7,213,216, 217,219,225,228,232; **V**/31,32,82; **II**/59,61; **VIII**/149,150,167,326; Corporation of Musick: **V**/260(2), 261(2),262,266,267,268(2); debt to: **I**/117; expenses: **I**/109,136, 143,153,183; **VIII**/171; livery: **I**/27,32,34,38,237(2),238,240,241-7,248(2),249-252,254(2),255-7,258 (2),266,269,273,276,284,285,287, 293,294(2); **VIII**/156; payments to: **I**/40; **V**/172,175,178,180,183,185 (2),191,194,197,199,201,206,207, 210,222(2); **VIII**/186,196,202,208, 215,221,225,229,236,239,259,338; subsidy: **III**/110; **I**/50,51; **V**/44; **VIII**/165
HARDING, Richard. **V**/47
HARDWICK, Gregory. **V**/47
HARDWICK, R. Messenger. **I**/56
HARDY, -. Priest of the Chapel. **VII**/14
HARDY (HARDIE), Abraham. Fife. **IV**/28,36,199,201,203,205,211; **VIII**/67,74

HARDY (HARDING), Ann. Wife of Abraham. **IV**/205
HARE, George. Scrivener. **III**/47
HARE, Mr. **VII**/97
HARFORD, John. Organ blower. **I**/55
HARFORTH, William. Petty Canon at Westminster Abbey. **VII**/130
HARINGTON, Sir John. **IV**/207
HARLAND, Ralph. **V**/74
HARLESTON. **VII**/76,86
HARLEY, T. **VIII**/313,315
HARMAN, Christopher. Trumpeter. **IV**/48
HARMAN, Edward. **VII**/417
HARMSWORTH, Robert. **II**/201
HAROP [AMBROKE = HAMBURG?], Gery van. Drumslade. **VII**/204,205
HAROP, Melchoir van. Drumslade. **VII**/204,205
HARPER, Thomas. Chaplain. **II**/156
HARRIETTE (HERRIETTE). -. French dancer. **I**/146,150
HARRINGTON, co. Lincoln. **IV**/15
HARRIOTT, Henry. Interlude player. **VII**/313,315
HARRIS, Edward. **III**/21
HARRIS, John. Trumpeter. **II**/98,195,197; **VIII**/309
HARRIS, Joseph. Choirboy in Chapel of Catherine of Braganza. **V**/72
HARRIS, Morgan. Gentleman of the Chapel; violin. Appointment/place: **II**/27,28,44,60,124,127,128(2); **V**/77,88,287-9; arrest of: **I**/143; expenses: **I**/143,205; **V**/162; Holland journey: **II**/35,38(2),40, 41; livery: **II**/48,163(2),164(2), 165(2),166,167(2),168,169; to practise in the theatre: **I**/140; will of: **II**/36; ?bequest in will of John Goodwin: **II**/49
HARRIS, Mr. Yeoman of the Revels. **I**/84,145;
HARRIS, Renatus (Rene). Organ builder. **V**/273,274(2),275
HARRIS, Thomas. **VIII**/265,269,277
HARRIS, Ursula. Wife of Morgan. **II**/36,163(2),164(2),165,166(2),167
HARRIS, William. Musician. **V**/259
HARRISON. -. **I**/84
HARRISON, Anthony. Gentleman of the

Chapel. **IV**/3,7,19,21,26,29,38,49; **VIII**/54,319,324
HARRISON, Edmund. **II**/116
HARRISON, Edward. **II**/173(2),175,176
HARRISON, Thomas. **II**/116
HART, Mr. **I**/138,145,150; **V**/67; **VIII**/259
HART, Elizabeth. Wife of Richard. **II**/34,41
HART, George. Gentleman of the Chapel. **V**/93,290
HART, James. Gentleman of the Chapel. **I**/109,136,143,153,177,183, 186; **II**/71,72,81(2),84,89,92,97, 102,110,114,117,155; **V**/63,88,97, 159,235,240,242,282,284,287,288, 290,291,293,294,295,296
HART [HERT], John. Trumpeter. **VII**/26,29,191,206(2),207,208,250, 408
HART, Philip. **II**/86,170,171
HART, Richard. Child/Gentleman of the Chapel; lutes & voices. **I**/83, 85,109(2),136,143,153,154,161,183, 186,205,231; **II**/34,41; **V**/134,145, 150,153,156; **VIII**/246,248,251,258
HART, William. Trumpeter. **VII**/43,67, 215-6,218-9,221-2,224,226,228-9, 231-2,235-7,254,256
HARTIGAN, Thomas. **II**/86
HARTOVER, Peter Christopher. Painter. **I**/70
HARTWELL, Francis. **VI**/240
HARVEL MARKET, co. Norfolk. **IV**/23
HARVEL, Edmond. Agent in Venice. **VII**/78,95,280
HARVEY, Joseph. **II**/216
HARWICH. **VIII**/178,286
HARWOOD, Christopher. Tuner. **IV**/49
HARWOOD, Sir Edward. **VIII**/76
HARWOOD, James. **II**/10
HARWOOD, Jo. **II**/10
HARWOOD, John. **II**/37
HARWOOD, Robert. **IV**/57
HARYNGTON, John. **VII**/75,114
HASILWOODE, -. **VIII**/36
HASLER, Robert. **V**/35
HASLETON, James. Child of the Chapel. **V**/292,293,294,(295)
HASPERE, John de. Minstrel. **VII**/21
HASSARD (SEE HAZZARD)

HASSARD, Robert. Officer of the Jewel House. **VIII**/85(2)
HATCHEMAN, Richard. Gentleman. **VII**/146
HATLEY, Andrew. Clerk. **V**/77
HATTON, Sir Christopher. **IV**/202
HAUGHTON (HAWTON), Sir Gilbert. **VIII**/77(2)
HAUTE, Jacques [Jakes]. **VII**/170
HAUTE, Sir William. **VII**/137
HAVERING-AT-BOWRE. **VII**/58,59,416
HAYWARD(E), Charles. **VII**/283(2)
HAYWARD, Sir Edward. **VII**/200
HAWARD, Sir George. **VI**/7
HAYWARD, Lord William. Admiral. **VII**/142
HAWES, Anne. Wife of Henry. **V**/42,74; **VIII**/210
HAWES, Henry. Viol; lutes & voices. Appointment/place: **I**/3,7,11,189 (2),216,219,225,228,232; **V**/33,35, 78; **VIII**/150,157; attorney for: **I**/41,42,58,74,75; payments to: **V**/172,174-6,177(2),178,181,184, 187,192,196,199,201,203,206,208, 220-2,224(2); **VIII**/186,189,196, 200,202(2),208(2),210(3),215,225, 229,236,338; petition against: **I**/57; subsidy: **I**/50; **VIII**/165; bass viol for: **I**/55; **V**/119
HAWHOFF, Richard. Bell-ringer at Westminster Abbey. **VII**/129
HAWKINS, H. **II**/32
[**HAWKINS**] HAWKYNS, John. Minstrel. **VII**/2(2),329(2); **VIII**/4
[HAWKINS] HAWKYNS, John. **VII**/115
[HAWKINS] HAWKYNS, Margaret. **VII**/115
[HAWKINS] HAWKYNDS, Robert. Epistoler. **VII**/26,28,33,55,59
HAWKINS, Thomas. Minstrel. **VIII**/5
HAWKINS, William. **III**/172
HAWLEY, Lord [Francis]. **I**/60,71,74,105,115,132,152; **III**/120; **VIII**/178
HAYE, Lady. **VIII**/76
HAYE, Lord. **VIII**/70,75
HAYES, Daniel. Musician to Queen Anne of Denmark. **IV**/49
HAYES, Sir James. **VIII**/58
HAYM, Signior [Niccolo Francesco]. Musician. **II**/102

HAYNES, Richard. **II**/16
HAYNES (HAINES), Thomas. Serjeant of the Vestry. **I**/120,144,153,170,186, 205,239,242-5,249(2),251-4,155(2), 256-8,259(2),267,280-1,293,296; **II**/11; **V**/28,45,46,139,145,155(2), 157,164,229(2),230(2),231(3),232
HAYNES, William. **I**/120
HAYWARD, Charles. Virginal maker. **I**/156,157
HAYWARD, Edward. Verger. **III**/4
HAYWARD, Edward. **I**/56
[HAYWOOD] HAWARD, Sir George. **VIII**/33
HAYWOOD, John. **VIII**/78,85,87
HAYWOOD (see HEYWOOD, John. Virginals)
HAZARD. - [Thomas?]. Tuner. **IV**/207
HAZARD, Mr. Musician. **V**/269
HAZARD (HASSARD, HAZZARD), Thomas. Gentleman of the Chapel. **I**/51; **III**/110,129; X 2,,**V**/44; **VIII**/325, 326
HEALE (HELE), Henry. Violin. Appointment/place: **I**/205(2),232; **II**/3,4,5,27,28,44,101,122,124,127, 128,130,131; **V**/161,288-9,291-6; arrears: **II**/24,70,157,158; **VIII**/297,298,313; attorney for: **II**/37; coronation of Jas. II: **VIII**/261; of Wm. & Mary: **II**/25; expenses: **II**/6,12,18,22,34; Holland journey: **II**/35,38(2),40,41; livery: **II**/48, 78,163(2),164(2),165,166(2),168, 169(2),170(2),171(3),172,173(2), 174(2),175,176(2),178; money assigned to: **II**/88; payments to: **II**/136(2),137,139,144,157,158; **V**/161,164,165; **VIII**/251,253,258, 263,284; to practise for a ball: **I**/214; probate for: **II**/101
HEALE, Mary. Wife of Henry. **II**/37,101,171(2),172,173(2),174
HEARNE, Jeremy [see HERNE/HERON]
HEARNE, Mr. **II**/49
HEARNE, Thomas. Fife. **III**/5
HEARNE, Thomas. Librarian. **VIII**/316
HEATH, George. Chorister. **III**/4
HEATH, Samuel. Parish Clerk. **I**/125
HEATHER (HETER,HETHER), Dr. William. Gentleman of the Chapel. **IV**/2,49, 55,57(2),59,63,65; **III**/1,15; **VIII**/85,322,325
HEATHMAN, John. Gentleman of the Chapel. **VI**/73; **VIII**/320,321
HEBBURNE, Alice. **I**/78,79
HECHINS (HECHYNS,HOCHINS,HUTCHINS, HYCHYNS), William. Gentleman of the Chapel. **VII**/55,59,61,63,91,93, 99,102,105,108,112,123,127,418, 421; **VI**/1,3,13; **VIII**/10,14,317
HEIDELBERG. **IV**/207,208,209
HEILDER, Henry. **III**/45
HENBROUGH, Ambrose. **I**/142
HENDERSON, George. Choirboy in the Chapel. **II**/95(2)
HENGROVE. **VII**/147
HENLAKE (HENLOCKE), Robert. Tuner, maker & repairer of instruments. Appointment/place: **VI**/166; **IV**/5, 33; **VIII**/65; funeral of Q. Eliz.: **IV**/2; payments to: **VI**/165-7; **IV**/73,74,76(2),77,79,81,83,85,232; work for Q. Anne of Denmark: **IV**/197,198,199,200(2)
HENLEY (HENLIE), David. Gentleman of the Chapel. **IV**/29,37; **VIII**/321, 323
HENMAN, Richard. Choirboy in the Chapel. **II**/45(2),61
HENNEAGE, Sir Thomas. Treasurer of the Chamber. **VII**/96,97,101; **VIII**/41
HENRIETTA MARIA, Queen. [see SUBJECT INDEX]
HENRY, Prince/Duke of York [later Henry VIII]. **VII**/10,16
HENRY. Prince, son of Henry VIII. **VII**/33
HENRY, Prince of Wales, son of James I. [see SUBJECT INDEX]
HENSMAN, Francis. Servant to scrivener. **III**/44,49,72
'HENXWORTH' [HINKSWORTH], Herts. **VIII**/118
HEPWORTH, John. **VI**/185,188,198,208, 210,212,214(2),216(2),218
HERBERT, Ann. **VIII**/8
HERBERT, Edward. **V**/71
HERBERT, Sir Gerald. **VIII**/77,80
HERBERT, Lady. **VIII**/58
HERBERT. Sir Philip, 4th Earl of

Pembroke. **III**/127
HERBERT, William. **III**/50
HEREFORD. **VII**/11,12(2); **I**/72,166; **V**/154; **VIII**/41
HERMAN, Gerhart. **VII**/79
HERNE/HERON (HEARNE), Jeremy. Musician to Prince Henry; bass viol; dancing master. Appointment/place: **IV**/22,43,44,80,184,210,211; **III**/106; **VIII**/62,74; assigns money: **IV**/57; **III**/68; expenses: **IV**/87; in masque: **IV**/147,234; New Year's gift: **VIII**/64; payments to: **IV**/80,82,84,86,88,90,92,184,188, 189(2),190,191,192(2),194(2),213, 234; **III**/163; **VIII**/113
HERNE, Nathaniel. **II**/87,172
HERON (see HERNE, Jeremy)
HERRICKE, William. **III**/26
HERT [see HART]
HERTFORD, Earl of. **VII**/377
HESELTINE, James. Choirboy in the Chapel. **II**/91(2)
HETHE, Thomas. Master of the Children, Westminster Abbey. **VII**/129
HEVENINGHAM, Elizabeth. **V**/66
HEVENINGHAM, Jean. **V**/66
HEWES [see HUGHES]
HEWLETT (HOWLETT,HULETT), John. Gentleman of the Chapel. **III**/1,15; **IV**/3,19,21,27,29,38,49,59,63,65, 83; **VI**/62,73; **VIII**/319,323,325
HEWSON, Mr. Violin. **I**/146
HEXTON. **VII**/66
HEYBOURNE (HEIBOURNE), [alias RICHARDSON], Ferdinand. Groom of the Privy Chamber. **VI**/viii,46,48 (2),51,56,150; **IV**/4,6,13,14,15,16, 25,33(2),211(2); **VIII**/44,47,64,65, 71
HEYBOURNE (HEIBOURNE), John. **IV**/122,123; **VI**/229,232,237,238
HEYDON (HAYDEN,HEIDEN), John. Violin. Appointment/place: **IV**/50, 103; **III**/98,100(2),153; **VIII**/125; complaint by: **III**/72; duty rota: **III**/59; funeral of Jas. I: **III**/3; New Year's gift: **III**/22; payments to: **IV**/103,105,108-11,113; **III**/ 133,135,137,139,140,142,143,145, 147,149,150,153; receipt for fee at Installation: **VIII**/112; subsidy: **IV**/60,62; **V**/1; **III**/14,33, 35,37; tenor violin for: **III**/51, 143
HEYRICKE (HERRICK), Thomas. **III**/26
HEYWOOD, Austin. **III**/62
HEYWOOD, John. Virginals; Sewer of the Chamber. Appointment/place: **VII**/123; **VIII**/10; expenses for 'mask'/play: **VII**/416(2),376; funeral of Ed. VI: **VII**/126,128; grant to: **VII**/56,81.137(2),143, 148; payments to: **VII**/244-5,247- 50,252,254-5,257,258(2),262-6,269- 72,274-7,279-81,283-4,286-9,291 (2),292-4,296,298,300,302-3,305, 307,309,310,313,315,317,320,346, 347(3),349(2),350,382; **VIII**/12(3); transported virginals: **VII**/374
HEYWOOD, Sir Rowlande. **VIII**/36
HEYWOOD, Stephen. **VII**/349
HEYWOOD, Thomas. Lute. Child/Gentleman of the Chapel. Appointment/place: **I**/137(2),165,231; **II**/3,4,5,121,122; **V**/71(2),73,282-4; **VIII**/228; arrears: **II**/202,204(2), 205,208,210,211,212; dismissal as Child of Chapel: **I**/123(2),146; **V**/148(2); expenses: **I**/183,186,205; ?pass for: **VIII**/281; payments to: **II**/136(2),137; **V**/166,203,206,208, 209,210,213,216,218; **VIII**/230(2), 232,236,238,239,245,252,256,257, 262,263
HEYWOOD, William. Gentleman of the Chapel. **I**/205
HICKES, Captain William. **I**/211
HICKSON (HIXON), John. Wind instruments. Appointment/place: **III**/99,100,101,103,110,112,116; **I**/9,220; expenses: **III**/104; payments to: **III**/235,238,241,242; subsidy: **III**/108
HIDE, James. Harp. **VII**/151
HIGGINS, Martin. **II**/13
HIGGINS, Richard. **III**/7,167
HIGGS, John. **II**/88
HIGHORNE, Hans. Viol. Appointment/place: **VII**/114; boardwages for: **VII**/82; livery: **VII**/67,89?;

payments to: **VII**/253,255-60,262-4,266-71,273-5,277-8,280(2),282, 284-6
HIGHLAND, Roger. **VI**/175
HILDRED, Philip. **V**/140
HILL, George. Private Musick; Dancing Master. **II**/85,87(2),88; **V**/99,294
HILL, John. Gentleman. **I**/149,250, 251,254(2),293
HILL, John. Musician. **V**/257
HILL, John. **I**/212
HILL, Mr. Auditor. **VIII**/42(2)
HILL, Mr. **I**/276
HILL, Roger. Gentleman of the Chapel. **I**/51,109; **V**/45,66
HILL, William. Musician. **I**/119,148
HILL, William. Lutemaker. **V**/50
HILLS, James. Singer. **VII**/417
HILTON, Richard. **III**/48
HIND, William. **II**/90
HINGESTON, John. Viol; tuner & repairer of wind instruments; viol. Appointment/place: **I**/1,4,5, 6,126,208(2),209,210,216,217,219, 220,225,226,227(2),229,232(2); **V**/26,82(2),164; **VIII**/140,167; assigned money: **I**/86; in Chapel: I.89,91; coronation of Chas. II: **I**/15; Corporation of Musick: **V**/251 (2),252,254(2),255,256,258(2),259, 260(2),261(2),262(2),263(3),264 (3),265(2),266(2),267,268(2),269 (3); expenses: **I**/46; payments for instruments/repairs: **I**/8,12,18,32 (2),34(3),37,43,49,58,62,69,81,89, 98,105,124,156,180,208; **V**/38,110, 113,119,125,162; **VIII**/153,156,157, 169,175,201,212,213,227(2); livery: **I**/11,17,237(3),238-44,245 (4),246(6),247-57,258(2),273,276 (2),279,284,285,287,294; **VIII**/144; payments to: **V**/108(2),112(2),115 (2),122(2),124(2),127(2),129,130, 133(2),137(2),140(2),143(2),146, 150(2),153(2),156(2),164,172,176, 177,182,183,185,188,189,191,193, 196,212; **VIII**/242(2),245,246; petition against: **I**/158,161; petition by: **I**/107; subsidy: **I**/50,51; **V**/44,45; **VIII**/165(2);

witness: **V**/47
HINSTOCK, Robert. Interlude player. **VII**/313,315
HIPWELL, Richard. **II**/52
HIXON (see HICKSON)
HOARE, Leonard. Carpenter. **I**/82
HOBBEY, Robert. Verger, Westminster Abbey. **VII**/129
HOBBY, [Philip?]. **VII**/381
HOBSON, Charles. Drummer. **II**/126
HOBSON, Nathaniel. Violin. **III**/113
HOBSON, Robert. Scrivener. **II**/58,113
HOCHINS [see HUTCHINS]
HOCKLAND/HOLLAND [see OKELAND]
HODGE, -. **VIII**/77
HODGES, Robert. Coroner. **VIII**/26
HODGES, Thomas. Tailor. **IV**/219
HODGESKINS [see HUTCHINS, John]
HODGESKYN [see HECHINS, William]
HODGSON, Edward. Trumpeter. **III**/76
HODGSON, James. Trumpeter. **III**/76,108
HODSON, Miles. **I**/85
HOLBAGE, John [I]. **VIII**/19
HOLBAGE, John [II]. **VIII**/19
HOLBECK (HOLBECH), John. **II**/34,41,79,104; **VIII**/313
HOLBERT, Mrs. Mary. **I**/175(2)
HOLBORNE, Anthony. **VI**/64,160,163
HOLDEN, Alexander. Grocer. **II**/101
HOLDEN [HOLDRY], Richard. Vestry. **VII**/91,93,105,109,113
HOLDER, Dr. William. Sub-Dean of the Chapel. **I**/162,163,193-4; **V**/68(2), 146,229,230(2),231(3),232,280,285; **VIII**/234
HOLDER, William. Choirboy of the Chapel. **I**/144,148(2)
HOLDFORTH [HOLDWORTH], Thomas. Trumpeter. **VI**/19,21-3,25-8,30(2), 33-4,37-9,40(2),41,42(2),44,45(2), 46,47(2),94,97,98,107,108,110-12, 113(2),116-17,119,121,123,125,129, 135,137,138,140(2)
HOLDNAY, William. **V**/81
HOLFORD, Stephen. **V**/56
HOLGATE, Thomas. Musician. **V**/255
HOLINDER, Nathaniel. Servant to scrivener. **V**/50
HOLLANBY, John. Bailiff. **I**/28
HOLLAND. **VI**/141,160,163; **III**/244;

I/100,174; II/34,35(2),36,38(2),
39(2),40(2),41,46,48,76,92,102,
141,142; V/134,154; VIII/136,147,
282,283,286,301
HOLLAND, Henry. Bell-ringer,
Westminster Abbey. VII/129
HOLLAND, Robert. VI/61; VIII/47
HOLLAND, William. II/57
HOLLIS (HOLLES), Lord [Denzil].
I/76,141; V/120; VIII/169
HOLLYMAN, William. Choirboy in
Chapel of Catherine of Braganza.
V/288,290
HOL(E)MAN (HOEMAN, HOLLMAN), John.
Trumpeter. Appointment/place:
IV/51,54,100; III/12(2),20,21,137;
V/299(2); VIII/81; expenses: IV/
105,107(3); funeral of Q. Anne of
Denmark: IV/48; of Jas. I: III/2;
livery: IV/46,68; III/6; payments
to: IV/100,103,105(2),107,109,111,
113; III/132(2),135(2); subsidy:
IV/61,63,65,66; III/13; V/2
HOLMES, Giles. I/86
HOLMES, Matthew. Singing-man at
Westminster Abbey. IV/2
HOLMES, Thomas. Gentleman of the
Chapel. VIII/103,325(2),326(2)
HOLMES, William. III/87
HOLT, Thomas. VI/226,230,231,233,
235(2)
HOMERSTON (HAMARESTON, HUMERSTON),
Edward [I]. Trumpeter. Appoint-
ment/place: I/11,22,177,216,223,
230,233; VIII/167;expenses: I/49;
V/134; payments to: V/107,110,114,
116,117,120,123,126,127,131,136,
138,142,144,149,151,160,164; Poll
Tax: VIII/270; subsidy: I/50
HOMERSTON, Edward [II]. Trumpeter.
I/177
HONEY, (HUN,HUNNE,HINNE), Robert.
Trumpeter. VI/34,42(2),116,118,
119,121,123,135
HONNOR, William. II/116
HONYBOURNE, Gloucs. VI/52
HOOPER (HOOP), Edmund. Gentleman of
the Chapel; composer. IV/4,19,22,
27,29,37,49; I/163; VIII/321,323
HOOPER (HOOP), James. Singing-man at
Westminster Abbey. III/4; IV/3

HOOPER (HOOP), John. Chorister at
Westminster Abbey. IV/4
HOOTON (HOOTEN), Charles. Private
Musick. Appointment/place: II/76,
108,131(2); V/293-6; letter of
attorney from: II/88; letter from
executor of: II/116; livery:
II/78,170,171(2),172(2),173(2),174
(2),175; VIII/313; payments to:
II/144
HOOTON (HEWTON,HOODEN,HOWTON,
HUITON), Edmund (Edward). Violin;
lutes & voices; Page of the
Bedchamber. Appointment/place:
I/101,170,173(2),174,188,221,226,
228,231(3); II/3,5(2),27,28,44,76,
122,124,126,128,130,131; V/69,71,
73,287,289,291-2; VIII/228;
arrears: II/23,70,157,158,202,204
(2),205-8,210-12,214,216,217;
VIII/298,298; in Catholic Chapel:
II/17,21; V/84,87; coronation of
Jas. II: VIII/261; of Wm. & Mary:
II/25; Corporation of Musick:
V/266,267(2),268(3),269(2); debt
to: I/117; duty rota: I/113;
expenses: I/143,147,164,166,175;
II/6,12,34; V/162(2); journey to
Holland: II/35,38(2),39,41;
livery: I/134,142,145,248-254,255
(2),256-8,259(2),285,287,288(2),
292,293(3),294,296; II/47,161,163
(2),164(2),165(2),166,167(2),168
(2),169,178; V/69; payments to:
II/136(2),137,139,144; V/150,153,
156,157,159,162,165,204,205,208,
209,210,215,218; VIII/230,236,238,
239,245,247,250,251,253,257,258,
263,284; Poll Tax: VIII/267; to
practise at Theatre: I/140
HOPE, Ralph. III/62,169
HOPKINS, Christopher. Trumpeter.
III/2,22(2),25,33,34,37,43,54,63,
69(2),72,108,113,137,139,140,142-
3,145(2),147,149,150,153,155-6,
158; VIII/95,112
HOPKINS, Daniel. Trumpeter. II/98,
111,195,197; VIII/309
HOPKINS, Edward. Trumpeter. I/224
HOPKINS, Francis. I/189; V/42
HOPKINS, Peter. Gentleman of the

Chapel. **III**/1,15; **IV**/4,50,59,64, 66; **VIII**/322,324
HOPKINS, William. Trumpeter. **III**/113,114,115(3),116(2),158; **I**/1,5,22,24,33,44,216,223-4; **V**/38, 107,110,114; **VIII**/137,138,147
HOPPER, John. Violin. Appointment/ place: **IV**/54,108; **III**/113; **I**/4,9, 218; expenses: **IV**/228; funeral of Jas. I: **III**/2; New Year's gift: **III**/22; payments to: **IV**/108,109, 111,113; **III**/123,133,135,137,139, 140,142,143,145,147,149,150,153, 155,159; **VIII**/130,134; subsidy: **IV**/60,62; **III**/9,14,33,35,37,108; **V**/1; played bass violin: **III**/59; witness: **III**/111
HOPPER, Simon. Violin; violin for dancing. Appointment/place: **III**/ 100,114,115,129; **I**/6,88,216,218, 221,225,226,227,229; **V**/27,28(2); **VIII**/142,143,167,191; arrears: **II**/202,204(2),205,206,207(2),208, 209,211,213,214,216,217; **VIII**/313; arrest of: **I**/45; letter of attorney from: **V**/40; to attend in Chapel: **I**/98,109,113; coronation of Chas. II: **I**/15; of Jas. II: **VIII**/261; Corporation of Musick: **V**/254,256; duty rota: **I**/83; expenses: **I**/47,70,100; payments to: **V**/15,16,18(2),22,107,111,114, 120,12,126,128,130,131,136,139, 142,144,149,152,155,157,158,161, 164,173,174,179,183,185,186,192 (2),198,199,201,203,206,208,211, 213,216,221,223,224; **VIII**/145,186, 189,195,202,208,215,221,225,229, 236,240,244,246,252,260; petition of: **VIII**/139,177; Poll Tax: **VIII**/ 268; to attend Queen: **I**/32,72(2); in select band of violins: **I**/75; **VIII**/172; subsidy: **I**/50; **V**/44; **VIII**/165; witness: **I**/261; **VIII**/ 141
HOPWOOD, William. Gentleman of the Chapel. **I**/153,183,186,205
'HORHAM'. **VIII**/33
HORNCLIFF, Nicholas. Vestry. **VII**/26,28,34,55
HORSLEY, John. **II**/103,109,112,115

HORSLEY, Samuel. Scrivener. **II**/75, 84,103,104,109,112(2),113,115,118
HOSIER, Eliza. Wife of Richard. **VIII**/134(2)
HOSIER, Richard. Gentleman of the Chapel. **III**/110(2),123; **VIII**/134
HOSIER, Thomas. Vicar-choral, Hereford. **VIII**/41
HOSIER, William. Vicar-choral, Hereford. **VIII**/41
HOSSENET [HANSNEST,HANSNEY,HANSKYN, HARNEST,HOSMUST], Hans. Viol. **VII**/67,75,82,89?,90,92,93,98,107, 111,112,137,253,255-260,262-4,266-8,270(2),271,273,275(2),277,278, 280(2),284-7,289-92,294-5,297,299, 301,303-4,307-8,310,312,314,317, 319,418,420,422
HOTTOST, John. Gentleman of the Chapel. **VIII**/34,320
HOUGHKIRKE/HOFCHIRCHE. **VII**/50
HOUGHTON, Jeremiah. Servant. **II**/10
HOWARD, Sir Charles. **VIII**/70
HOWARD, Lady Elizabeth. **VIII**/58
HOWARD, Frances. **VIII**/70
HOWARD, Lord. **VIII**/193,290
HOWARD, Sir Henry. **VIII**/70
HOWARD, Lord Henry. **I**/89,90,119
HOWARD, James. Hautboy. **V**/102
HOWARD, John. Musician. **V**/255(2)
HOWARD, Katherine. Queen. **VII**/80,84
HOWARD, Sir Phillip. **I**/91,96,105, 115,120,132,146,152,172,183,185; **V**/282,283,284; **VIII**/229
HOWARD, Sir Robert. **V**/72,82,122; **VIII**/88(2),216,237,340
HOWARD, Sir Thomas. **VIII**/70,78
HOWARD, Colonel Thomas. **I**/224
HOWARD, Mr. Thomas. **VIII**/258
HOWELL, John. Gentleman of the Chapel. **II**/59,61,72,81(2),84,89, 92,97; **V**/93,97,236,238,239,291, 293-5
HOWELL, William. Player. **IV**/41
HOWES, Anne. Wife of William. **V**/203; **VIII**/247
HOWES, Burgess. Gentleman of the Chapel. **I**/136,143,153; **V**/61,77
HOWES, William. Gentleman of the Chapel; violin; wind instruments. Appointment/place: **III**/117,129;

I/4,9(2),88,159(4),216,218,220(2),
221,225(2),226(2),227,229,231(2);
V/26; **VIII**/167(2),191; boardwages:
I/20; Corporation of Musick: **V**/
251,252; expenses: **I**/19,22,35,46,
69,100,109,143; payments to: **V**/
107,109,111,115,121,123,129,132,
136,139,142,145(2),149,152,155,
173,175,184,186,190,192,197,199,
200,203,221,222,223; **VIII**/143,186,
189,196(2),202,204,209,215,221,
225,226; subsidy: **I**/50,51; **V**/44,
45; **VIII**/165; to attend at
Windsor: **I**/136
HOWLETT, Anthony. **II**/215,217
HOWLETT, John (see HEWLETT)
HOWLETT, Robert. Sackbut. **VI**/7-9,11,
12,14-16,19-21,23,25-7,29,30,33,
35,39(2),82,83,85,86,88,90,92,93,
95,97,99,102,104,107,110,112,114,
195; **VIII**/20,35
HOWMAN, William. **II**/82
HUDGEBUT, James. **V**/73,75
HUDSON, Elizabeth. Wife of Richard.
I/101,151,281; **V**/121,129,132,139;
VIII/211(2),212(2),214,218,219(2),
220,222
HUDSON, George. Lute and voice;
composer for the violins.
Appointment/place: **III**/112,113,
129; **I**/2,9,88,111,128(2),132,135,
216,217,219,221,225-7,229,230;
V/26,63(2); **VIII**/141(2),167,191;
arrears: **V**/68; arrested: **I**/94,101,
111; assigned money: **I**/275; letter
of attorney from: **I**/261,276; **V**/41,
47,55; coronation of Chas. II:
I/15; Corporation of Musick:
V/254(2),255,257,258(2),259,260,
261(2),262(2); dispute of: **I**/103;
expenses: **I**/35,47(2); livery:
I/12,17,237(2),238-240,242(2),243-
9,265,269,273,280,281,284,291;
VIII/144; payments to: **V**/107,111,
114,116,118,119,121,123,126,129,
132,137,139(2),141,143,145(2),149,
167,171(3),175,179,180,181(2),183,
184,186,192,198,222,224; **VIII**/186,
189,195,204,208; to direct practi-
ces: **I**/18,63; present from Parlia-
ment: **VIII**/150; to hire room:

I/19,33,47; to receive official
list of musicians: **I**/79; subsidy:
I/50; **V**/44; **VIII**/165; probate/will
of: **I**/121; **V**/61; witness: **V**/47;
VIII/141
HUDSON, Richard. Violin; keeper of
the lutes & viols. Appointment/
place: **I**/2,10,33,84,101,153(2),
216,218,221,226,227; **V**/57,58;
VIII/167,197,223; arrest: **I**/45;
assignment of money: **I**/112,151;
coronation of Chas. II: **I**/15;
Corporation of Musick: **V**/251,252;
to attend Queen: **I**/32,72(2); duty
rota: **I**/83; expenses: **I**/47,70,72;
livery: **I**/67,237,238(2),240,241
(2),243-5,252,261(3),266,275,281,
292; **VIII**/183; New Year's gift:
I/40; payments to: **V**/107,111,112,
115(2),117,118,121(2),122,124,129
(2),130(3),132,133,137,138,139(2),
140-3,150,153; **VIII**/172; petition
of: **VIII**/177; to cause Royal Arms
to be cut into instruments: **I**/43,
68; payment for strings: **I**/37,48;
subsidy: **I**/50; **V**/44; to attend in
Theatre: **I**/59; to practise with
Beckett: **I**/73; in select band:
I/75; witness: **V**/35,53,54; **VIII**/
141
HUDSON, Richard. Clerk. **V**/258
HUETTE, Paul. **III**/70
HUGGESFORD, Lucas. **VIII**/265
HUGHES, Evan. **I**/193
HUGHES, Francis. Gentleman of the
Chapel. **II**/97,103,110,114,117,147,
155; **V**/100(2),238,239(2),241,243,
296
HUGHES (HEWES), Henry. Trumpeter.
VI/11,13,15,17,18(2),20-3,25-7,
29,30(2),33,35,37,38,40(2),42(2),
44,45(2),87,89,91,92,94,97,98,107,
108,110,111,113,116,117,119,121,
123,125,128,129,135(2); **VIII**/167
HUGHES, Ralph. **III**/30
[HUGHES] HEWES, Robert. Yeoman of
the Vestry. **VI**/62,68,73; **IV**/3;
VIII/321,323
HUGHES, Thomas. **VIII**/138
[HUGHES] HEWES, William. Servant in
the Vestry. **III**/2

HULL, Francis. Gentleman of the Chapel. **III**/117
HUME, Peter. **II**/215,217; **VIII**/203, 205(2)
HUME, Tobias. Composer. **IV**/197,198
HUMERSTON (see HOMERSTON)
HUMFREY (HUMPHREYES), Katherine. Wife of Pelham. **I**/130,249,250(4), 291,292; **V**/140,200(2),202; **VIII**/253,259(2),339
HUMFREY, Pelham. Child/Gentleman of the Chapel; Master of the Children; lute & voice; composer. Appointment/place: **I**/71,84,89,91, 111,117,128(2),129,131,135,140(2), 165,201,221,225(2),226,227,229, 230; **V**/56,63(3),66,67,69(2),81, 229; **VIII**/184,216; assignment of money: **I**/107; compositions of: **I**/162-4; Corporation of Musick: **V**/259,261(2),262(3); death: **I**/140; expenses: **I**/109(2),143; directs Chapel musicians: **I**/116; livery/maintenance: **I**/63,64,81,88,131, 135,245-9,250(4),276,278,285,291, 292; livery/maintenance of choirboys paid to him: **I**/119,120,121 (2),123(2),124,125,130,131,135, 137,142,169; makes agreement with Lilly to teach choirboys: **I**/129-30; alterations to his house: **I**/130,147; to attend at Windsor: **I**/136,139; payments to: **V**/64,124, 125,129,132,137,140(2),143(2),146, 148,197,200(2),202,271(3); **VIII**/215,253,259(2),339; will of: **I**/137; **VIII**/215,216,253,259(2),339
HUMFREYS, Thomas. Ironmonger. **V**/89
HUMFREYS, William. Gentleman of the Chapel. **VI**/13
HUMPHRYES, John. Trumpeter. **I**/224
HUMPHREYS, Mr. Trumpeter. **VIII**/172
HUN/HUNNE (see HONEY)
HUNMANDBY, Yorks. **VI**/56
HUNNIS (ENNYS,HONNYS,HUNNYS), William. Gentleman of the Chapel; Master of the Choristers. Appointment/place: **VII**/124; **VI**/18,65; **VIII**/11,317,320; involved in conspiracy: **VII**/422-3; funeral of Ed. VI: **VII**/127; grant: **VII**/119; **VIII**/17; lease: **VIII**/33; payments to: **VI**/175,178(4),179(2),180(3),181, 182,184(3),185(2),187(3),188(2), 190,191,194,195,197,199,200,201, 204,205,207,209,211(2),215,217, 218,220,221,222,225,227,233; petition against: **VIII**/18; petition by: **VIII**/39; directed plays: **VI**/98,100,108,113(2),(124),(126), 136,(138); **VIII**/31; subsidy: **VI**/13,17,24,33,55,62
HUNNS, Richard. **V**/78
HUNT. Dr. Dean of Durham. **III**/65
HUNT, Durant. Gentleman of the Chapel. **I**/51; **V**/45
HUNT(E), William. Trumpeter. **IV**/2
HUNT, William. **II**/163,164(2),165(2)
HUNTINGDON. **VII**/164
HUNTON, John. **VII**/138
HUNTYNGFELD. **VII**/46
HUQUET, John. **III**/58(2),60,61
HUSBAND(S), Charles. Gentleman of the Chapel. **I**/109,136,143; **V**/73
HUSBANDS, Charles. Choirboy of the Chapel. **I**/206; **II**/16(2),140
[HUSSEY] HUSSEE, John. **VII**/415
HUSSEY, John. Wind instruments. Appointment/place: **IV**/39,40; **III**/43; **VIII**/70; bought two sackbuts: **IV**/113; funeral of Jas. I: **III**/3; New Year's gift: **III**/23; payments to: **IV**/156(2),157-9,160(2),161-4, 165(2),166-170,171(2),172-181,183-6,188-194; **III**/164-6,167(2),169, 172,173,176,179,180; subsidy: **IV**/60,62,67; **III**/9,14,32,35,37; **V**/1
HUSSEY, John. **III**/179
HUSSEY, Richard. Servant. **II**/36; **V**/90
HUSTED, co. Suffolk. **IV**/15
HUTCHINS [HECHONS,HODGEKYNNE, HOWCHINS,HYCHEN], John. Drummer. **VII**/101,120,123,126,128,130,134, 139,336(2),338,339,340,343,345(2), 346,347,348,349(2); **VI**/8; **VIII**/10,14
HUTCHINS, Mr. **VIII**/230
HUTCHINS, Richard. Chorister at Westminster Abbey. **IV**/2
HUTCHINSON, George. **II**/68,70,78(2), 82,83,85,86,90,91,94,95,97,99,108,

116,175
HYDE, Hon. Laurence. **I**/161,171,172,
188; **V**/154; **VIII**/222
HYDE PARK. **V**/34
HYLDEN [HILDEN]. **VII**/58

I

IANOA [see **LANOA**]
INGHAM, Abraham. Butcher. **II**/113
INNES, Philip. Keeper of Greenwich
Park. **VIII**/17
IPSWICH. **VII**/63,69
IRELAND. **VII**/103,158; **VI**/160,167;
IV/73,75,76,78,83,106; **I**/12,27,29,
31,34,43,97,104,165,173,174,185
(2),191,223(3),224(2),230; **II**/7,8,
10(2),12,15,19,43(3),123,126,130,
185; **V**/9,10
IRETON, Henry. **V**/291
IRISHE, John. Trumpeter. **VII**/121,
145(2),350
IRONMONGER, John. **II**/75
ISAAC, Edward. **VI**/21
ISAACK, Mr. Dancer. **I**/146,150
ISAACK, Bartholomew. Child of the
Chapel. **I**/144,166(2) [also JACK?]
ISAAC(K), Peter. Child of the
Chapel. **I**/107(2); **V**/135
ISAAKE. -. Musician. **IV**/36
ISAKESON, John. **VIII**/11
ISLEWORTH. **III**/10; **VIII**/111
 - Sion House. **I**/65
ISLYPPE, John. Abbot of Westminster.
VIII/3
ITALY. **VII**/97; **V**/91,271,272; **VIII**/
93,166,212,213
IVE, Simon. Groom of the Chamber.
III/51
IVY (IVE), Nicholas. Choirboy of the
Chapel. **VII**/25,28

J

JACK (see ISAACK, Bartholomew)
JACKE, Thomas. Groom of the Vestry.
IV/3
JACKSON, Alexander [I]. Trumpeter.
I/104,191,223
JACKSON, Alexander [II]. Trumpeter.
I/191; **II**/10,43,121,123,126,130

JACKSON, Benjamin. Child of the
Chapel. **II**/113-4,114,150; **V**/296;
VIII/313
JACKSON, Thomas. Trumpeter. **VI**/47,
51,53,54,56,57,59,60,63,64,65,143,
145,146,148,149,150,152,153,155,
156(3)
JACKSON, William. Gentleman of the
Chapel. **I**/51; **V**/45
JACKSON, William. **II**/159
JACQUES, Mr. Musician. **V**/269
JAKET. Minstrel. [see Jacques de la
ROCHES]
JAKETT. Trumpet. [probably **LANOA**,
q.v.]
JAMES, Duke of York. **V**/15,16,18(2),
165,281
JAMES, King of Scotland. **VII**/16
JAMES, Ptolomy. **II**/113
[JAMES] JAMYS, Robert. Petty Canon
at Westminster Abbey. **VII**/130
JAMES, Walter. **VIII**/72
JAMES, William. **III**/65
JAQUESON, Richard. Clerk. **VII**/11
JEE, Thomas. Chorister at
Westminster Abbey. **IV**/4
JEFFE, Robert. **VI**/128
JEFFERY, Samuel. **V**/53
JEFFERIES, George. Composer. **I**/162
JEFFREY, Arnold. Organ player.
VII/163
JEFFREYS, Sir George. **VIII**/231
JEFFRIES, Lewis. Servant in the
Vestry. **III**/2
JENENS, Jo. **II**/7
JENKES, Mr. Catholic Preacher. **V**/86
JENKES, Jonathan. Musician. **I**/107
JENKINS (JENKINSON, JENKYNS),
Humphrey. Trumpeter. **III**/2,13,33,
34,36,43,54,72,108,113,132,134,
137,139,140,142,143,145,147,149,
150,153,155,156,158; **IV**/66,67;
V/2; **VIII**/91(2)
JENKINS, John. Theorbo. Appointment/
place: **I**/3,9,178(2),181(2),216,
217,220,225,228,231; **V**/32,34,74;
VIII/150,167,232,233; letter of
attorney from: **I**/52,262,276; **V**/47;
livery: **I**/27,32,34,38,237(2),238,
240,241-3,244(2),246-7,248(2),249-
252,254,273,284,285,287,291-3,294

(2); **V**/75; **VIII**/156; payments to: **V**/168,173,175,180,181,183,185,186, 189,191,193,196,199,201,204,207, 221,223(2); **VIII**/155,186,189,196 (2),203(2),208,211,215,221,225, 229,236,338; strings for:**I**/19; **V**/116; subsidy: **I**/50; **VIII**/165
JENKINS, Sir Leoline. **I**/124,139
JENKINSON, Humphrey [see JENKINS]
JENKINSON, Matthew. **II**/115
JENKYNSON, William. **VII**/35
JENNINGS, Francis. **I**/76
JENNINGS, James. **I**/159
JENNINGS, Jane. **V**/90
JENNINGS, John. **VI**/209,211(2)
JENNINGS, Pardon. **V**/68
JENNINGS, Richard. Gentleman of the Chapel. **III**/110; **VIII**/326(2)
JENNINGS, Theodore. **I**/136,139(2), 145,159
JENNINGS, Thomas. Gentleman of the Chapel. **II**/72,82,84,89,92,97,102, 110,114,117,146,155; **V**/93,97,236, 238,241,243,290,291,293-6
JENYNS, John. Chaplain. **VII**/53
JEOFFREYES, George. Esq. **I**/103
JEPHSON, William. **VIII**/281,282(3), 283(3)
JETTO (JYTTO), Francis. **VIII**/28,30
JEWETT, Randolph. Singing-man at St Paul's Cathedral. **VIII**/267
JEWETT, William. Gentleman of the Chapel. **VI**/24,34,55; **VIII**/317,320
JEWILL, John. Chorister at Westminster Abbey. **III**/4
JEWKS/JEWKES (see JUCKES)
-. JOHANNES. Sackbut. [see de **PELER**]
JOHN, Barba. Sackbut. **VII**/369
JOHN BAPTISTA. Lute string maker. **VIII**/114
JOHN de JOHN. Priest; organ maker. **VII**/64,79,85,254,255,257,258(2), 261,263-6,367,373
JOHNSON, Alice. Wife of John. **VIII**/46
JOHNSON, Allen. Fletcher. **III**/106
JOHNSON, Anna. **III**/73,205
JOHNSON, Bridget. **I**/112
JOHNSON, Daniel [Error?]. Musician. **V**/246
JOHNSON (JOHNSTON), Edward. Trumpeter. **III**/95(3),96(2),99,100, 101(2),108,113,121(2),153(2),155 (2),156,158; **VIII**/124,125(2)
JOHNSON, George. Keeper of the Whitehall Theatre. **I**/102
JOHNSON, Gilbert. Musician to Q. Anne of Denmark. **III**/5; **IV**/49
JOHNSON, James. Violin. **III**/12,14, 23,33,35,37,59,103(2),104,135,137-140,142,143,145,147,149,150,153, 155,157; **VIII**/126
JOHNSON, John. Constable. **I**/57
JOHNSON, John. Lute. **VI**/viii,54,59, 124,126,127,134,137-9,141,142,144-8,150(2),151,153,159; **VIII**/46,49, 335
JOHNSON, John. **VI**/61
JOHNSON, John. Vintner. **I**/168
JOHNSON, Matthew/Mathias. Singing-boy to Prince Henry. **IV**/37,39,211, 212(2)
JOHNSON, Nicholas. **V**/40
JOHNSON, Robert. Musician to Prince Henry and Prince Charles; lutes and voices. Appointment/place: **IV**/15,211; **III**/19,73(2),74,75(2), 78; **I**/35,220; **V**/37; **VIII**/94; funeral of Jas. I: **III**/3; livery: **III**/18(2),40,46,56,68,74; messenger?: **IV**/70,85?; music for masques: **IV**/31,32,33,39,234; New Year's gift: **III**/23,75; **VIII**/64; payments: **IV**/79,81,83,85,87,89,90, 93,94,96,100,101,103,106,108,110, 112,113,114,212(2),217,220,222-6, 228,229; **III**/133,136,138,139,140, 142,144,145,147,170,173,178(2), 180,185,188,189,192,195,198,205, 210; petition against: **III**/40; petition of: **III**/45,47,51; **VIII**/99-100; probate for: **III**/73; strings for lutes: **IV**/87,89,90,92, 93(2),95,98,100,102,104,107,109, 113,114,219,220,222-4,228,230; **III**/48,49,61,66,134,136,141,144; **VIII**/108; subsidy: **IV**/61,62; **III**/9,14,33,35,38; **V**/1
JOHNSON, Thomas. **VI**/196
JOHNSON, Thomas. **I**/36,41,44(2),45,52
JOHNSON, William. Musician. **IV**/197
JOINER (JOYNER), Cuthbert. Serjeant

of the Vestry. **VI**/235; **III**/2,8,15;
IV/29,38,50,60,64; **VIII**/321,333

JOLLY, William. Choirboy in Catholic Chapel of Jas. II. **V**/85

JONES, Mr. **II**/21

JONES, Andrew. Musician. **II**/127

JONES, Charles. Private Musick. **II**/105,131,132,152,159,174,175(2),176(2),177; **V**/296; **VIII**/313

[JONES] **JOHNES**, Edward. Sackbut. **VII**/25,29

[JONES] **JOHN**, Edward. Gentleman of the Chapel. **VII**/2,4,14,19,22,26,28,33,35(2),37,38(2),41

JONES, Francis. Private Musick. **II**/70,78,100,113(2),115,130,131,144,154,157,170(2),171(2),172,173(2),174(2),175,176(2); **V**/94,293-6; **VIII**/297,313

JONES, Griffin. **III**/72

JONES, Inigo. Surveyor of the works; designer. **III**/34; **IV**/30,31,234; **VIII**/84

[JONES] **JOHNES**, John. Singer. **VII**/108,110

JONES, John. (Executor of Henry LANIER) **III**/78,208

JONES, John. Trumpeter. **I**/8,22,50,53,90,119,139(2),216,223,230,233; **V**/43,67,107,110,114,116,117,120,122,123,126,127,131,136,138,142

JONES, John. Apothecary. **VIII**/207

JONES, Luke. Gentleman of the Chapel. **III**/1,15; **IV**/29,37,49,59,63,65; **VIII**/325

JONES, Mary. **III**/127; **V**/23

JONES (JONS,JOHNS), Peter. Trumpeter. **III**/2,6,7,13,33,34,36,43,54,69,70,71,108,113,127,132(2),135,137,139,140,142,143,145,147,149,150,153,155,156,158; **IV**/53(3),54,61,63,65,66,107(3),109,111,113; **V**/2,23,299(2),300; **VIII**/91

JONES, Richard. **VI**/233

JONES, Richard. Musician. **I**/112,119

[JONES] **JOHNS**, Robert. Gentleman of the Chapel. **VII**/55,56,59,424

JONES, Sarah. **II**/113,115

JONES, Dr. Walter. Sub-dean of the Chapel. **I**/95; **V**/44,61,134,227(3),228(3),229; **VIII**/163

JONES, William. Epistoler; gentleman of the Chapel. **VI**/2,4; **VIII**/317,318

JONGVELLO. French minstrel. **VII**/372

JONSON, Ben. Playwright. **IV**/31; **VIII**/58,61(2),70,72,75,78,83,87

JORDAN, Henry. **VI**/210

JOSSE, Jean Noel. Kettle-drummer. **I**/224

JOY, John. Trumpeter. **V**/282,283

JOYNER, Thomas. **II**/103

JUCKES (JEWK(E)S,JUKES,JUXE), Edward. Trumpeter. **III**/2,6,12,13,20,21,25,33,34,37,43,49,53,69,70,71,86,95(3),96(2),132(2),135(2),137(2),139,140,142,143,145,147,149,150,153; **IV**/56,57,61,63,65,68,109,111(2),113;,**V**/299(2)

JUCKES (JEWKS), John. Trumpeter. **VI**/47(2),48,49(2),50,51,53,54,56,57,59,60,63-7,69-72,74,140,142,143,145,146,148-150,152,153,155-7,159,161,162,164,165; **IV**/2,5,6,15,16,19,21,26,36,41,43,48,52,53,72,73,75,77-9,81,84,86,88,90,92,94,95,97,99,100,103,105,107(2),231

JUDD, Roger. Groom of the Vestry. **III**/110(2),122(2); **VIII**/326,333

JUSTINIAN, Dominic. Trumpeter. **VII**/20,21,22,25,29,179,182,408

JUXE (see JUCKES)

JUXON, William. **VIII**/333

K

KALENDAR (see CALLINDER)

KAYNELL, Matrin. Musician. **VI**/5

KEALISH, Thomas. Chorister of Westminster Abbey. **III**/4

KEBYLL, -. Priest, Westminster Abbey. **VII**/129

KECHYN, William. Bagpipe/'the wait'. **VII**/45,198(2),199(2),200-3,205,210,211(2),213,215,216,218,219,221,223,224,226,228,229,231,233,235,236,237,239,240,242,243,244,246,247,248,250,251,253,409

KEILING (KEELIN,KERTING), John Casper. Tenor in the Catholic Chapel of James II. **II**/21,57,127;

V/87
KEITFEILD, Cornelius. I/46,51
KELING, John. V/52
KELLENS (KALLANS,KELLYNS), Arthur. Singer. VII/99(2),101,107,110,336, 337(2),338-340,341(2),342(2), 343(2)
KELLETT, Richard. I/283
[**KELLIM**], Albert ['de Venice']. Viol/violin. Appointment/place: VII/282; VI/80; coronation of Ed. VI: VII/106; of Q. Eliz: VI/5; funeral of Hen. VIII: VII/110; of Ed. VI: VII/125; livery: VII/120, 134,139,141,147; VI/6; payments to: VII/146,282(2),284-6,290-2, 294-5,297-8,300-1,303-4,307-8,310, 312,314,317,319,321,351,359; VI/ 80,172; reward: VII/116; subsidy: VII/418,420,422; VIII/13,15
[**KELLIM**], Francis ['de Venice']. Viol/violin. Appointment/place: VII/290; VI/55; coronation of Ed. VI: VII/106; of Q. Eliz.: VI/5; dwelling at: VIII/28,30; funeral of Hen. VIII: VII/111; of Ed. VI: VII/125; livery: VII/120,134,139, 141,146,147; VI/6,8,9,10,12,13,40; New Year's gift: VI/46,50; payments to: VII/290-2,294-5,297-8, 300-1,303-4,307-8,310,312,314,317, 319,321,351,359; VI/40,80,81,83-4, 86,87(2),88,90-1,93-4,97,99,101 (2),107,108,110,112,114,116,118, 120,122-3,125,131(2),136-7,139, 140,142-3,148,172; reward: VII/ 116; subsidy: VII/418,420,422; VI/16,22,32; VIII/13,15; viols sold by: VI/12
[**KELLIM**], Vincent ['de Venice']. Viol; violin. coronation of Ed. VI: VII/106; funeral of Hen. VIII: VII/111; of Ed. VI: VII/125; livery: VII/120,134,139,141; payments to: VII/282(2),284-6,290-2,294-5,297-8,300,301,303,304,307, 308,310,312,314,317,319,359; reward: VII/116; subsidy: VII/418, 420,422
KELLEY, Edward. Master of the Chapel Royal in Scotland. III/73

KELLWAY, Thomas. Trumpeter. VI/60 (2),63(2),64(2),65,152,153,155, 156(3)
KELLY, John. Trumpeter. IV/2
KELLY, John. Lutes and voices. Appointment/place: III/18,19,113; I/3,7,9,27,32,34,38,217,220; V/34; VIII/94,155; letter of attorney from: III/25; Corporation of Musick: V/246; livery: III/18,56, 68; lute for: III/76,138,148; New Year's gift: III/23; payments to: III/170,173,175-6,180,184,186,189, 192,198,201,205,207,211,214(2), 217,221,224,227,230,233,234,236, 238; VIII/113,114; petition against: III/40; subsidy: III/33, 109
KELLY (see SHELLY)
KEMPE, Lady. VII/380
KENILWORTH. VIII/87
KENNEDY, Nicholas. Choirboy in Chapel of Q. Catherine of Braganza. V/288,290
KENNER. -. Minstrel. VII/20
KENRICK, Hugh. VI/61
KENRICKE (KENACKE,KENRYCKE), Richard. Gentleman of the Chapel. VII/91,93,99,103,105,109,113
KENSINGTON. II/10,82,84,95
- Palace. II/118
KENT (county). VII/136,140; VI/59; III/(26,44,49),165; VIII/46,89
KENT. -. II/93
KENT, Widow Ann. VIII/214
KENT, Thomas. Singer; viol; yeoman of the Chamber. Appointment/place: VII/122,124; VIII/9,11; coronation of Ed. VI: VII/107; of Q. Mary: VII/131; of Q. Eliz.: VI/6; funeral of Hen. VIII: VII/110; of Ed. VI: VII/126,128; of Q. Mary: VI/1; livery: VII/114,134; New Year's gift: VII/118; VI/3; payments to: VII/289-292,294-5,297, 299,301-2,304,306,308,310,312,314, 316,319,321; VI/168,172,173(4),174 (3),175(3),176(4),177(4),178(3), 179(2),180(4),181,182,184(2),185 (3),187(3),188(2),190,191,194,195, 197,198,200,204,209,211(2),215,

247(3); riding charges: **VI**/113, 115,125; subsidy: **VIII**/13
KENT, William. Trumpeter extraordinary. **III**/104,114
KENTON [see CENTON]
KEREY, Humphrey. **VI**/200
KERR, Lord John. **II**/111
KERTING (see KEILING)
'KESWORTH', Cambs. **VIII**/38
KEW. **IV**/207(3)
KEYE (KAYE), John. Priest of the Chapel. **VII**/91,93,99,100,102, 108,112,123; **VIII**/10
KEYES, Richard. Servant in the Chapel. **II**/72
KEYNE, John. Locksmith. **VII**/142
KIDWELL, William. Violin. **I**/108, 146,150,229
KIERDANE, James. **V**/67
[KILBY] KYLBEY, John. Landlord of Peter Lupo. **VIII**/25
KILLIGREW, Charles. Master of the Revels. **I**/171
KILLIGREW, Henry. Teller at the Exchequer. **VI**/180
KILLIGREW, Thomas. Master of his Majesty's Comedians; manager of the Theatre Royal. **I**/59,61,137(2), 222; **V**/67; **VIII**/176,183
KIMBERLEY, co. Norfolk. **V**/77
KINDERSLEY (KENDESLEY,KINNERSLEY), Robert. Lute/voice. Appointment/ place: **III**/11,21,77(3); **I**/7; New Year's gift: **III**/23; payments to: **III**/172,175,179,182,184,187,194, 197,202,209; subsidy: **III**/15,33, 35(2),37,38
KINESLEY, Mr. **III**/81
KING, -. Hosier. **VII**/369-371,372(2), 373
KING, Mr. **V**/237
KING, Robert. Violin. Appointment/ place: **I**/188,189,231; **II**/2,4,5,26, 28,44,122,124,126,128,130,132; **V**/78(2),287,289,291-6; arrears: **II**/23,70,157,202-6,207(2),209-12; arrears: **VIII**/297,298,313; coronation of Jas. II: **VIII**/161; of Wm. & Mary: **II**/25; attended Queen when Wm. III in Holland: **II**/35(2),39,40; expenses: **II**/18,

21; licence to set up concerts: **VIII**/281; livery: **II**/48,78,158, 163(2),164(2),165,166(2),167(2), 168,169(2),170(2),171(2),172(2), 173,174(2),175(2),176,177,178; patent inspected: **VIII**/264; payments to: **II**/136,137(2),139, 144,151-2; **V**/165,209-14,216-18; **VIII**/236,239,252,255(2),257,262, 284; proportion of pay to be stopped: **II**/46; to practise for a ball: **I**/214
KING, Thomas. Drummer. **VI**/43,45(2), 47-51,53,55-7,59,60,63-6,68,69(2), 202-5,207,209,211(2),214-16,218, 220,222,226,228,230,231(2),233(2), 235-7; **VIII**/50(3)
KING, -. [wife of Thomas]. **VI**/211,214(2),215(2),218(4),220 (3),222,226,228(2),229,233,235,236
KINGDON, Mrs. **II**/13
KINGSTON (place). **VII**/161
KINGESTON, -. **VII**/165
KINGSTON, -. Musician. **I**/107
KINGSTON, Earl of. **II**/57
KINGSTON, Sir William. Keeper of the Tower of London. **VII**/413,414(2)
KINNASTON, Edward. Comedian. **II**/57
KINNERSLEY (see KINDERSLEY)
KINWARD, Thomas. Joiner. **I**/65,70
KIPPE, John. **II**/78
KIRCHER, Dr. [Robert]. Canon of Winchester. **VIII**/142
KIRCHER, Mary. Wife of Christopher Gibbons. **VIII**/142
KIRKBY (KERKBYE,KERBY,KIRBY, KIRKLEY), Anthony. Gentleman of the Chapel. **IV**/3,19,21,26,29,50, 59,63,65; **III**/1,15,31,35,38,109; **V**/21,22(2); **VIII**/321
KIRKBY, Elizabeth. **VI**/60,61
[KIRKBY] KIRKEBY, William. Minstrel. **VII**/54; **VIII**/4(2)
KIRKBY-FLEETHAM, Yorks. **VI**/60
KIRKE, George. Gentleman of the Robes. **III**/76; **VIII**/89,95
KIRKE, John. **I**/129,131
KIRKE, Sir John. **V**/70,75
KIRKMAN, Henry. **VI**/179
KIRWOOD, Mr. **VIII**/238
KITCHINGS, Dorothy. **I**/43

KITE (KYTE), John. Priest/Sub-dean of the Chapel. **VII**/9(2),14,19,26, 27,31,32,33,42,188,400,401
KITHERMINSTER, Thomas. Groom of the Vestry. **VIII**/326(2),333
KITLEY, John. Clerk. **VII**/67
KNEVET, Sir Henry. **VII**/79,97
KNEVET, Thomas. Groom of the Privy Chamber. **VIII**/42
KNIGHT, Dr. **VII**/83
KNIGHT, John. Groom of the Stables. **III**/124
KNIGHT, John. **II**/85
KNIGHT, Mrs. Singer. **I**/145
KNIGHT, Richard. Vintner. **I**/87
KNOLLES, Robert. **VII**/184
KNOLLYS (KNOWLES), Thomas. Trumpeter. **I**/22,66,223(2); **V**/43, 51,107,110,114; **VIII**/147
KNOLLES, [William, First] Lord. **VIII**/69
KNOWLES, William. **II**/101
KNYF (alias FRANKLYN), Francis. Trumpeter. **VII**/39(2),42,68(2),197, 200,216,254,256,409(2)
KREMBERG, James. Private Musick. Appointment/place: **II**/87(2),131, 132; **V**/295,297; arrears: **II**/159; **VIII**/313; letter of attorney from: **II**/90,103,104,107,108(2),112,113, 118; livery: **II**/88,172(2),173(2), 174(2),175,176(2),177; payments: **II**/153
KYDWELL (see KIDWELL)
KYLLINGRAVE, James. **VII**/115
KYO, Richard. Vicar-choral, Hereford. **VIII**/41
KYRKEHAM, Sir Robert. **VII**/376
KYRTEWON, Thomas. Trumpeter. **VII**/43
KYTES (KYTCH), [Jean Christian]. Musician. **II**/102

L

la (see under la FEVER, la TOUR, etc)
LA CROIX (LACRIG, la CROUY) Nicholas. Gentleman of Queen Mary's Catholic Chapel. **II**/17,21; **V**/286; **VIII**/341
LACY, -. **I**/193

LACY, Mr. [John]. Actor/dramatist. **V**/67
LAKE, Aaron. Trumpeter. **II**/19,43, 121,123,126(2)
LAKE, Sir Arthur. **VIII**/77
LAKE (LEYKE), Edward. Harp. **VII**/90, 106,108,113,126,135,139,141,148, 294,296,297,298,300,301,303,305, 306,307,309,310,313,315,317,319, 345,347(2),348,349,350(2),377,417, 418,420,422
LAKE, Peter. Trumpeter. **I**/104,223, 230
LAKE, Sir Thomas. Secretary of State. **IV**/11; **VIII**/57(3),64,66,70
LAMBE, William. Vestry; Gentleman of the Chapel. **VII**/55,59?; **VIII**/334
LAMBERT [LOMBARDE], Genan/Genyn. Trumpeter. **VII**/207,208,409
LAMBETH. **VII**/53; **I**/198; **II**/113; **V**/259; **VIII**/115
LANCASTER. **VIII**/47
LANCELOT, Bishop of Winton. Dean of the Chapel. **IV**/59
LANDESDALE, Duke of. **I**/106
LANE, Marie. **V**/42
LANE, Mr. Of the Bedchamber. **I**/154
LANE, Richard. Trumpeter. **VII**/90,92 (2),98,99,103,106,109,112,121,130, 135,142,144,145,293,295,296,299, 301,302,304,306,308,309,311,314, 316,318,320,350,418,419; **VI**/1,4, 6,9(2),11,12,14,15,80,81,83,84,86, 87,89(2),172; **VIII**/13
LANE, William. Choirboy in Catholic Chapel of James II. **V**/85
LANGBOROUGH, William. Petty Canon, Westminster Abbey. **VII**/130
LANGDALE, George. Trumpeter. **VI**/36, 42(2),44(2),45,46,47,48,49,50,51, 53,54,56,57,60,63,64,65,66,67,69, 70,71,72,74,118,119,121,123,125, 130,135(2),137,138,140,141,143, 145,146,147,149,150,152,153,155, 156,157,159,161,162,164,165; **IV**/2,72; **VIII**/335
LANGHAM, Henry. **VIII**/121
LANGHORNE, James. Choirboy in Catholic Chapel of James II. **V**/85
LANGHORNE, Thomas. Verger in Catholic Chapel of James II. **V**/85

LANGLEY, Jacob. Drummer. I/154;
II/43; VIII/275
LANGLEY, Jo. I/253
LANGLY, John. II/58
LANGTON, Abraham. Chorister,
Westminster Abbey. III/4
LANIER family. VI/xv
LANIER, Alfonso. Recorder.
Appointment/place: VI/58; IV/39,
40,233; VIII/45,70; funeral of Q.
Eliz.: IV/1; grant (commercial):
IV/34,45; VIII/52,55,117,119;
payments: VI/221,223,225,227,229,
230,231,232(2),234,235,236(2),238,
239,240(2),241(2),242,243(2),245
(2),246; IV/119(2),120,121(2),122,
123,124,125,126,127,128,129(2),
130,132,133,134,135,136,138,139
(2),140,141,142(2),143,144(2),146
(2),148(2),149(2),151,152,153(2),
154,155,156; subsidy: VI/59,67,72;
IV/18,20,25
LANIER, Amphillis. V/53
LANIER, Andrea. (a) Flute; (b)
instructor of two boys on wind
instruments. Appointment/place:
IV/35(2); III/7,24(2),112,118(2),
129,133; I/5,7,14(2),21,23,28,42,
45,216,217,219; V/32,43; VIII/66,
149,155,158; arrears: III/27,28,
123,124,127; V/20,22,23(2),24;
attorney for Alfonso Ferrabosco
[II]: III/10; Corporation of
Musick: V/246(2),248; duty rota:
III/52(3),74,94; expenses: III/
104; funeral of Jas. I: III/3;
to instruct boys on wind instru-
ments: III/75,103; VIII/95,(147-
8); holograph letter: III/124;
livery: IV/41,43,47,55,68; III/8,
27,28,40(3),55,67; VIII/98; for 2
boys: III/17,54,55,60,67,72; New
Year's gift to: III/22; payments
to: IV/152,153(2),154,155,156,157,
158,159(2),160,161,162,163,164,
165,166,167(2),168,169,170(2),171,
172,173,174,175,176,177,178,179,
180,181,183,185,186,187(2),188,
189,190,191,192,193,194; III/133,
136,137,138,139,140,142,143,144,
145,146,147,149,151,152,153,154,
155,157,159,164,165,167,169(2),
171(2),172(2),175(3),177(5),179
(2),182(2),184(2),186,188,190,191
(2),195(2),197(2),200,201(2),204
(2),207(2),210(2),212(2),215(2),
218(2),220(2),224(2),226(2),229
(2),232(3),235,238(2),240(2),242
(2); V/107,169,171,114,116(2),133,
142,168; VIII/133; payment for
music books: III/41,69,75; for
providing cornetts: III/56,69,75,
87; subsidy: IV/60,61,64,66,67;
III/9,14(3),32,34(2),37(2),108;
V/1; probate for: V/27; VIII/149
LANIER, Clement. Wind instruments.
Appointment/place: IV/10,76; III/
43,112,129; I/23(2),27,38,217,218;
V/30,31,38,39,111; VIII/56,57,144;
boardwages for: I/20; burial:
V/30; coronation of Chas. II:
I/16; Corporation of Musick: V/246
(2),248; expenses: III/104;
funeral of Jas. I: III/3; grant:
III/82; VIII/111; livery: III/8,
27,28,40,55,67; I/23; VIII/92;
memorandum on behalf of: VIII/120;
New Year's gift: IV/11,12; III/23;
VIII/64; payments: IV/76,77,79,80,
83,85,87,89,90,93,94,96,99,101,
103,106,108,110,112,114; III/121,
122,127(3),133,136,137,139,140,
142,143,145,147,149,151,153,155,
157,159; III/180,182,184,186,189,
191,195,198,201,204,207,210,213,
215,217,220,224,226,229,231,232,
234,236,238,240,242; V/21,23(4),
24,25(2); V/108,111,192; VIII/112,
114,116,134,149,187,189; payments
for cornetts & books: III/69;
petition against: III/65,79,85,86;
VIII/111,117-8,119; petition of:
VIII/120; probate for: V/30; rota:
III/52(3),74,94; subsidy: IV/60,
62,67; III/9,14,32,35,37,108; V/1;
witness: III/10
LANIER, Elizabeth. Wife of Nicholas
[II]. I/68,271; V/53,54,179,180,
181,184,192; VIII/100,134,190,193,
196,197(2)
LANIER, Ellen [Eleanor,Helen]. Wife
of John [II]. III/238; V/23; VIII/

131(2),134
LANIER, Emilia. Wife of Alfonso.
 VI/232,236,238-240,244; **VIII**/111,
 117,119,120(2) **IV**/129,135,136,138;
 III/85,86
LANIER, Hannah. Wife of Clement.
 III/122,127
LANIER, Hannah. Daughter of Clement.
 V/30,192; **VIII**/149,187,189
LANIER Helen (see Ellen)
LANIER, Henry. Wind instruments.
 Appointment/place: **III**/45,46(2),
 47,73,75,76,182; **V**/6; **VIII**/110;
 payments to: **III**/182,184,187,188,
 191,194,198,200,201,208; petition
 against: **III**/67; petition of
 widow: **III**/75
LANIER, Innocent. Flute. Appointment
 /place: **VI**/151; **III**/7,133; funeral
 of Q. Eliz.: **IV**/1; of Jas. I: **III**/
 5; grant (commercial): **IV**/45,51,
 82; **VIII**/74,81,100; to act as
 intermediary: **VIII**/88(3); holo-
 graph letter: **VI**/76; payments to:
 VI/151,153,154,155,157,158,159,
 161,162,164,166; **IV**/72,74,76,77,
 78,80,82,85,87,88,90,92,94,96,98,
 99,101,103,105,108,110,112,113,
 114,115; **III**/133; subsidy: **VI**/58,
 67,71; **IV**/17,20,25,60,61,64; **III**/
 9; **V**/1
[LANIER] LANEERE, James. Musician.
 VIII/95
LANIER, Jane. Widow. **VIII**/181,189(2)
LANIER, Jerome. Sackbut.
 Appointment/place: **VI**/239; **IV**/46
 (2),233; **III**/11(2),112; **I**/5,9,36,
 38,217; **VIII**/50,92; burial: **III**/
 128; Corporation of Musick: **V**/246
 (2),247,254; expenses: **III**/104;
 VIII/91; funeral of Q. Eliz.: **IV**/
 2; of Jas. I: **III**/3; grant: **III**/
 78,82; **VIII**/52; letter from: **VI**/
 76; livery: **III**/9,27,28,40,55,67;
 VIII/92; New Year's gift: **VI**/70;
 IV/11,12; **III**/22; **VIII**/64; pass
 for: **III**/98; payments to: **VI**/239
 (2),240,241,242(2),243(2),244,245,
 246; **IV**/119(2),120(2),121,122(2),
 124,125,126,127,128,129,130(2),
 132,133,134,135,136,138,139(2),
 140(2),142(2),143,144,145(2),146,
 147,148,149(2),151,152,153(2),154,
 155,156,157,158,159(2),160,161,
 162,163,164,165,166(2),167,168,169
 (2),170(3),171(3),172(2),173(2),
 174(2),175(2),176(2),177(2),178
 (2),179(2),180(2),181(2),182(2),
 184(2),185,186(3),187(2),188(2),
 189(2),190(2),191(2),192(2),193
 (2),194(2); **III**/164(2),165(2),166
 (2),167(2),168(3),169,171(3),174,
 175(3),177(3),179(3),182(3),183
 (3),186(3),189(2),190,191(3),192
 (3),195(3),198(3),201(3),204(3),
 206,207(2),209(3),212(3),215(3),
 217(3),220(3),223(3),226(3),229
 (3),232(3),235(3),237,238(2),240
 (3),242(3); **V**/24,25; **VIII**/112(3),
 114,116(3),132; provides cornetts:
 IV/108,111; **III**/69; provides viol:
 III/134; rota: **III**/52(3),74,94;
 subsidy: **VI**/71; **IV**/17,20,25,60,62,
 64; **III**/9,14(2),32,34,35,37(2),
 108; **V**/1; witness: **III**/10
LANIER, Joan. Wife of Henry. **III**/75
LANIER, John [I]. Sackbut. **VI**/13,15,
 16,18,20,21,23,25,26,27(2),86,88,
 90,91,93,95,97,99,104(2),107;
 VIII/20,25,28,30
- wife of. **VIII**/30
- children of. **VIII**/30
LANIER, John [II]. Sackbut. Appoint-
 ment/place: **VI**/138; **IV**/23,40(2),
 45,159,231; funeral of Q. Eliz.:
 IV/2; grant: **VIII**/48,49; New
 Year's gift: **VI**/74; **IV**/10,12;
 VIII/64; payments to: **VI**/138,139,
 141,142,144,145,147,148,150,151,
 153,154,155,157,158,159,161,163
 (2),164,166; **IV**/72,74,76,77,79,80,
 82,85,87,89,90,91,93,94,96,99,101,
 141,142(2),143,144,145,146(2),147,
 148,149,150,151,152(2),154(2),155;
 VIII/71; subsidy: **VI**/54,58,67,71;
 IV/17,20,25,67; witness: **VI**/61
LANIER, John [III]. Lute/voice.
 Appointment/place: **III**/19,113;
 I/7,27,28,32,34,38,217,219; **V**/33,
 34; **VIII**/94,150; assigns money:
 III/31,67,70,73,79,88; appoints
 attorney: **III**/23,126; Corporation

of Musick: **V**/246(2),248; death:
III/128; funeral of Jas. I: **III**/5;
livery: **III**/18(2),40,46,55,67; New
Year's gift: **III**/23; payments to:
III/170,173,176,177,180,183,187,
189,191,194,198,202,205,211,214,
215,218,220,222,223,225,226,228,
230,231,232,234,235,238,239,241,
242; **V**/20,21,23(4); **VIII**/113,115,
116,131(2),134; petition against:
III/30,42,58(2),60,86; provides
lute: **III**/79,148; subsidy: **III**/10,
14,33,35,37,109; **V**/2
LANIER, John. Messenger. **IV**/106
[LANIER] LANIERE, John. Servant to
Endymion Porter. **VIII**/125
LANIER, Sir John. **VIII**/302
LANIER, Joyce. Wife of Andrea. **III**/
124; **I**/142,247-250,253,279,280,
282,294; **V**/24,27,56,169,220(2),
222(4),224; **VIII**/133,142,168
LANIER, [LOUIS] Lodovico. French
musician. **IV**/172
LANIER, Mr. **III**/56; **I**/65
LANIER (LAMERD,LANERE,LANYELL,
LARYEL), Nicholas [I]. Flute.
Appointment/place: **VI**/83; **IV**/35,
41,43,47,88,231; **VIII**/20; dwelling
at: **VIII**/21,25,,26,29,31(2);
grant: **VI**/10,60,60-1; **VIII**/46;
funeral of Q. Eliz.: **IV**/1; livery:
VI/15,19,20,21,25,26,27,28,30,34,
37,38,39,41(2),42,44,45(2),47,48,
49,50,51,53,56,57,60,63,64,65,66,
69,70,71; **IV**/6,7,14,16; New Year's
gift: **IV**/12; **VIII**/64; payments:
VI/75,83(2),84,85,86,88,90,91,93,
95,97,99,102,103(2),104,105(2),
107,109,110,112,114,116,118,120,
122,124,125,127,132,136,137,139,
140,142,144,145,146,148,149,151,
153,154,155,157,158,159,161,162,
164,166; **IV**/72,74,76,77,78,80,82,
85,87,88, subsidy: **VI**/16,23,32,54,
58,67,71,74; **IV**/17,20,25
LANIER, Nicholas [II]. Singer/lute;
Master of the Musick; Groom of the
Queen's Privy Chamber. Appoint-
ment/place: **IV**/44,96,230; **III**/19,
112,129; **I**/6,71,74,75,80,81,84,87,
88,147,153,216,217,218,221,227,
230; **V**/16,55(2),56,57,129; **VIII**/
94,184; letter of attorney: **I**/261;
authority certified by Ld. Chamb-
erlain: **III**/53; **I**/14; boardwages:
I/20; **V**/227,228; burial: **I**/69;
V/62; signs certificate: **III**/42,
50,69,83,86,95,96(2); **I**/58; **VIII**/
141; certificate supporting gut-
stringmakers: **VIII**/121; coronation
of Chas. II: **I**/15; Corporation of
Musick: **V**/246(2),247(3),254(7),
255,256(5),257(5),258(5),259(3);
death: **I**/69; expenses: **I**/47(2);
funeral of Jas. I: **III**/3; hires
room: **I**/19,33,47; **V**/141; letter
of: **VIII**/69; livery: **III**/17,18(2),
27,28,40,55,67,102; **I**/14,17,34,38,
237(4),238(2),239,240(3),241,242,
264(2),271,273,284,285; **VIII**/98,
110,156; as messenger: **IV**/85,87;
III/133; misdemeanour by: **VIII**/
101; ordered to move to London:
VIII/104; New Year's gift: **III**/22;
order to: **III**/52; **I**/24,41,61;
pass for: **VIII**/135,136; payments:
IV/96,100,101,103,106,108,110,112,
114; **III**/133,136,138,139,140,142,
144,145,147,149,151,154,155,157,
159,170,172,173,177,180,183,185,
188,189,191,193,196,198,202,203,
206,208,209,213,214,219,220,223,
227,229,231,235,238,242; **V**/17,19,
30,46(2),48,51,54,108,111,115,122,
124,129,171,174(2),175,178,179,
180,181,184,192,221; **VIII**/99,112,
114,143,190; performance by: **VIII**/
80,136; petition of: **VIII**/164;
buys pictures: **III**/13; **VIII**/93;
probate: **I**/68; **V**/52; rota: **III**/52;
subsidy: **IV**/61,62,67; **III**/9,14,33,
34,35,37,108; **I**/50; **V**/1,44; **VIII**/
165; taught Thomas Lanier: **VIII**/
148; theorbo for: **III**/70,146; will
mentioned: **V**/53
LANIER, 'Thomas'. **III**/22
LANIER, Thomas. Wind instruments.
Appointment/place: **III**/118(2),129;
I/7,216,217,219,225,226,227,228;
V/31(2),32; **VIII**/148(2),167;
arrears: **II**/203,204(2),205,206,207
(2),209,210,211,212,214,216,217;

arrest: **I**/44,45; letter of attorney: **II**/8; boardwages: **I**/20,77; **V**/229; coronation of Jas. II: **VIII**/261; Corporation of Musick: **V**/254(2),255; executor for Andrea Lanier: **V**/27; goods seized: **I**/28; livery: **I**/13,14,21,23,237(3),238, 240,241,242(2),243,244,245,246, 247,248,249,250,251,252,253,254, 255,256,257,258(2),259,266(2),271, 272(2),273,276(2),278,279,280,282, 284,285,287,288(2),292,293,294, 295; **II**/161; **VIII**/146,149; payments to: **V**/108,111,115,118,121, 124,126,129,132,137,139,143,145, 150,152,155,171(2),172(2),173,174 (2),176,177(2),179(2),180(2),181 (2),182,183,185,186,189,191,193, 194(2),197,200,203,204,206,208(2), 211,220(2),221,222(3),224; **VIII**/ 186,189,196,202,204,208,210,215, 221,225,227(2),230,236,237(2),240, 246; petition against: **I**/10,28,36, 41,44(2),46,52,95,97-8; petition of: **I**/46; **VIII**/147-8,183,184,201?; Poll Tax: **VIII**/270; subsidy: **I**/50; **V**/44; **VIII**/165; training of: **III**/ 103; witness: **V**/53

LANIER, William. Wind instruments. Appointment/place: **III**/11(2),105 (3),112,129; **I**/11,20,218; **V**/27,32, 35,299; **VIII**/92,128,152,154; Corporation of Musick: **V**/246; expenses: **III**/104; New Year's gift: **III**/22,106; payments to: **III**/168 (2),171,175,177,179,182,183,190, 191,192,195,198,201,204,207,209, 212,215,217,220,223,226,229,232, 235,238,240,242(2); **VIII**/114; rota: **III**/94; subsidy: **III**/108; training of: **III**/103

LANIO, Girolamo. **VIII**/82

LANOA/IANOA [JAKETT Trumpet?]. Trumpeter. **VII**/16,20,25,29,43,174, 179,192,195,199,202,207,208,409

LANOWE, Martiryne de. Instrument maker. **VII**/87

LAPP. Gab[riel]. **I**/125

LAPP, Walter. Mercer. **I**/125,248,249; **V**/66; **VIII**/223,224(2),231(2),232

LARKIN. -. **III**/67

LARKIN, Robert. **III**/79

LARKIN, Thomas. **VI**/226

LAST, Thomas. Trumpeter. **VII**/43

LASTRE, Sara de. **III**/86

LATIMER, -. **VIII**/214(3),215,216,217

LATH, Ralph. **VII**/30

LATOUR [see TOUR, Peter la]

LAUD, William. Minister in the Chapel Royal. **IV**/3

LAUGHTON, Thomas. Gentleman of the Chapel. **III**/32,36,38,71; **VIII**/325 (3),326

LAUND, Stephen de la. Minstrel. **VII**/20,25

LAURENCE, Andrew. **I**/206

LAURENCE, Christopher. **I**/206; **II**/7

LAURENCE, Mr. Singer. **II**/107

LAVANDER, Nathaniel. **III**/41

LAVENDER, John. **VI**/178

LAWES, Edward. **I**/238(2),239

LAWES, Eleanor. Wife of Henry. **I**/261; **V**/38,176

LAWES, Henry. Lute/voice; composer; Gentleman of the Chapel. Appointment/place: **III**/57,59,66,67(2), 113,129,199; **I**/2,7,38(2),40,41, 216,217,219,221; **V**/26,35,39,40; **VIII**/144,151,152,159,167,324,325; letter of attorney: **III**/125-6; **I**/261; signed for Chapel boardwages: **V**/227(4); Corporation of Musick: **V**/246,254; journey to Scotland (1633): **III**/71; livery: **III**/59,68; **I**/16,17,237(2),261(2), 284,285; **VIII**/144; lute for: **III**/86,151; payments to: **III**/199, 200,205,208,211,216,217,221,225, 228,231,233,236,239; **V**/108,112, 115,122(2),171,176; **VIII**/115,116, 130,133; probate: **V**/38; subsidy: **III**/32,36,38,109,110(2)

LAWES, John. Brother of Henry and William; singing-man, Westminster Abbey. **III**/221(2); **VIII**/130

LAWES, Thomas. **III**/63

LAWES, William [I]. Gentleman of the Chapel. **IV**/19,21,26,29; **VIII**/321, 322

LAWES, William [II]. Lute/voice. Appointment/place: **III**/82(2),84, 113; **I**/3,7,39,40,41,217,219; **V**/39;

VIII/158; Corporation of Musick: **III**/246; death: **III**/128; livery: **III**/82(3); lute for: **III**/86,151; New Year's gift: **III**/85; payments to: **III**/218,221,225,228(2),230, 233(2),236,239(2); **VIII**/115; subsidy: **III**/109

LAWSON, John. **V**/42

LAWRENCE, George. **III**/40,82,212

LAWRENCE (LAURENCE), John. Lute/voice. Appointment/place: **III**/19, 82,83(4),84,85,171; **VIII**/94,155; assignment of money by: **III**/24,27; assignment of money to: **III**/31; livery: **III**/18(2),40,46,56,68; lute for: **III**/76,148; New Year's gift: **III**/23; payments to: **III**/171,173,175,178(2),185,187,191, 193,195,199,202,204,208,210,212, 218; petition against: **III**/24; probate: **III**/82; subsidy: **III**/10, 33; **V**/2

LAWRENCE, John. **V**/224

LAWRENCE, William. Gentleman of the Chapel. **VI**/62,68,73; **IV**/3,19; **VIII**/320,321

LAYE, George. Gentleman of the Chapel. **II**/97,103,111,115,117,147, 155; **V**/100,102,239(2),240(2),242, 243(2),296

LAYER, Thomas. **VII**/71

LEAKE [?LAKE], Robert. **VI**/128

LECROFTE, William. Skinner. **III**/73

LEDGER (LEDGIER), Mr. Violin. **I**/146,150

LEE, Kent. **VII**/86

LEE, Edward. Groom of the Chamber. **III**/124.

LEE, Godfrey. **I**/136

LEE, Sir John. **VIII**/58

LEE, John. **III**/78

LEE (ALEE,ALLEN,ALYE,LYE), Thomas. Minstrel. **VII**/106,108,113,126, 135,294,296-8,300,302-3,305-7,309-10,313,315,317,319,345,347(2),348-9,350(2)

LEECHE, Edward. **IV**/52(2),217,222; **VIII**/81

LEFEVER, Stephen. Hautboy. **V**/104, 291,(292); **VIII**/309,310

LEGG, Captain. **I**/172,183,185,188, 191,200,233; **V**/158; **VIII**/229

LEGG, Mr. Of the Standing Wardrobe. **VIII**/138

LE GRANGE (see GRANGE(S))

LEHUE, Peter. Property maker in Theatre. **V**/13

LEICESTER. **VII**/159

LEICESTER, Thomas. Violin. **I**/128

LEIGHBOURNE (LEIBOURNE), Robert. Musician. **I**/112,119

LEIGOR (LEIGER), Henry. Musician at Nursery Theatre. **I**/123(2)

LEITHFIELD. **II**/20

LEMAN, John. **II**/95

LENNOX, Duke of. **IV**/209

LENTALL, Nicholas. Clerk, Wolsey's Chapel. **VII**/63

LENTON (place). **VII**/32,76(2)

LENTON, John. Violin; Private Musick; composer; Groom of the Vestry. Appointment/place: **I**/195, 196,232; **II**/3,4,5,26,28,44,122, 124,126,128,130,132; **V**/100,288, 289,291,292,293,294,295,296; arrears: **II**/24,70,153,157,158,159; **VIII**/297,298,313; coronation of Jas. II: **VIII**/261; of Wm. & Mary: **II**/25; expenses: **II**/6,12,18,21,34, 103,107,110,111,115,117; journey to Holland: **II**/35,38,39,40,41; livery: **II**/47,78,163,164(2),165 (2),166,167(2),168,169(2),170(2), 171(2),172(2),173,174(2),175(2), 176,177,178; payments to: **II**/136, 137(2),139,144,153,157; **V**/156,158, 160,164,165,239,241,243; **VIII**/245, 246,248,249,251,253,258,263,284; to practise for a ball: **I**/214; witness: **II**/67

LEOMINSTER. **VIII**/172

LEROCHE, Robert. **VIII**/95

LESLEY (LISLE), Marie. Wife of Norman. **III**/165

LESLEY (LASLEY,LISLE,LISLEY,LISTER), Norman. Violin. Musician to Charles I when Duke of York. Appointment/place: **IV**/13(2),54,96; **III**/16(2),18; **VIII**/60,64,69; funeral of Prince Henry: **IV**/37; of Jas. I: **III**/5; payments to: **IV**/96, 98,99,100,103,108(2),116,127(2),

128,129,131,132(2),133,134,136,
137,138,139,140,141(2),143,144,
145,146(2),147,148,149,150,151,
152,153(2),154,155,156,157,158,
159(2),161(2),162,163,164,165(2),
166(2),167,168,169(2),170,171,173
(2),176(2),177,178,180,181,182,
184,185,186,187,188,189,190,191,
192,193,194,214; **III**/165(2);
VIII/62(3),71; sponsor for gift:
IV/234
LESOM, William. Trumpeter. **III**/2
LESTAUT (LETANG), French dancer.
I/146,150
LETELIER, Mr. French singer. **I**/145
LETHER, William. Clerk. **VII**/17
LEVERIDGE, Mr. [Richard]. Singer.
II/102
LEVISTON (LEVINGSTON,LIVINGSTONE),
Sir James/Mr [THE SAME?].
Gentleman of the Bedchamber.
III/39; **VIII**/91,100(2)
LEVIT, Jonathan. Tailor. **II**/113
LEVIT, Joseph. Tailor. **II**/113
[LEWIS] LEWES, -. **VII**/174
LEWIS, Alexander. Trumpeter. **I**/196
[**LEWIS**] LEWYS [DELINERS, Hakenet de.
(same as John Hakenet?)].
Minstrel. **VII**/20,25,195
LEWIS, Henry. **VII**/85
LEWIS, Humfrey. **III**/87; Scrivener:
V/35
LEWIS, [Richard or Robert]. Private
musick. **II**/14
LEWIS, Richard. Violin; keeper of
instruments. Appointment/place:
I/214(3),232; **II**/15,27,28,44,53,
56,121,122,124(2),126; **V**/288,289;
VIII/272; arrears: **II**/24; letter
of attorney: **II**/58; coronation of
Wm. & Mary: **II**/25; expenses: **II**/
22,34; journey to Holland: **II**/35,
38,39,40, livery: **II**/48,163,164
(2),165(2),166,167,168; payments
to: **II**/139,140,141; **VIII**/284;
petition against: **II**/50,53
[LEWIS] LEWES, Robert. **VII**/299
LEWIS, Robert. Private Musick. **II**/
53,54,56,70,78(2),79,95,124,128,
130,131,141,144,157,158,166,167,
168(2),169(2),170(2),171(2),172,
179; **V**/291-3; **VIII**/297,298
[LEWIS] **LEWES**, Thomas. Minstrel.
VII/234,236-9,241,243-5
LEWIS, Tertullian. Drummer. Appointment/place: **I**/5,33,48,216,224,230;
II/19(2),30,64,121,123,126,130;
V/37(2); **VIII**/156,167; arrears:
II/206,207(2),210,211,213,215,216,
217; arrest of: **I**/40,181; certificate of good service by: **VIII**/153;
payments to: **V**/173,174,175,176,
177,178(2),180,181,182,184,185,
188,192,194(2),197,198(2),201,202,
203,205,207,220,221,222,223(4);
VIII/186,190,201,204(2),209,216,
220,225,231,235,268(2); petition
of: **I**/21,49,51,58; subsidy: **I**/51;
V/43; surrendered patent: **II**/201
[LEWIS] **LEWES**, William. Organ maker.
VII/118,210-12,214,216-17,219-20,
224-5,227,229-30,232,234,236-9,
241,243-5,247-50,252,254-5,257,258
(2),262-6,269-72,274-7,279-81,283-
4,286-94,296,298,363,367,409
LEWISHAM, Kent. **VII**/86
LEY, -. Lord Treasurer. **VIII**/89
LICHFIELD, Staffs. **VII**/97,152; **I**/
105; **V**/89; **VIII**/343
LICHFIELD [see **LITCHFIELD**]
LIDDERDALE, -. **II**/116
LIFFE, Bernard. Scrivener. **III**/260
LIGHTFOOTE, William. **V**/54
LIGON, Richard. Executor of John
Coprario. **III**/26,27; **VIII**/97
LILLE. **VII**/41
LILLIE, Frances. Wife of John.
V/77,168,169,206,207,212,214(2),
215,216; **VIII**/242,249(2)
LILLIE (LELY,LILLY,LYLLY), John.
Theorbo. Appointment/place. **I**/3,
7,9,181(3),182,216,217,220,225,
228,231; **V**/32,34,76(3),77; **VIII**/
150,167,234(2); appoints attorney:
V/41; appointed as attorney: **I**/52;
V/58; in *Calisto*: **I**/145; Corporation of Musick: **V**/257,258(2),259,
260,261(2),262,263(3),264(4),265
(2),266(2),267(2),268(2),269(2);
expenses: **I**/147,164; to instruct 4
Chapel Royal children: **I**/129-130;
livery: **I**/27,32,34,38,237,238,240

(2),241,242,243,244(2),245(2),246,
247,248(4),249(2),250(2),251(2),
252(2),254,267,269,271,272(2),273,
275(2),276,277,284,285,287,291,
292(2),293(3),294(3); **VIII**/156;
lute for: **I**/42; **V**/141; payments
to: **V**/62,141,168,169,173(2),174
(2),177,178,179,180,181,183,185
(2),191,193,197,198,199,200,203,
204,206(2),207,212,214(2),215,216,
221(2),222,223(4); **VIII**/155,186,
188,196(2),203(2),208,215,221,226,
229,236,242,246(2),249,250,253,
338; petition against: **I**/120;
subsidy: **I**/50; **VIII**/165

LINACRE (LENACRE), Thomas. Gentleman of the Chapel. **II**/72,81(2),86,89,
102,110,114,117,155; **V**/93,96,235,
237,240,241,243,290,291,293-6;
VIII/307

LINCOLN. **VII**/84; **I**/19,98,212; **V**/87
(2),109

LINCOLNSHIRE. **VI**/52; **VIII**/43,46

LINDSEY, Anne. Daughter of William. **VI**/129

LINDSEY (LYNDSEY), Edward.
Trumpeter. **VI**/1,4,6,7,9(2),11(2),
12,80,81,83,84; **VIII**/16,17

LINDSEY, Mr. **VIII**/83

LINDSEY, Mrs. Singer. **II**/102

LINDSEY, Roger. **V**/42

LINDSEY, William. Trumpeter. **VI**/18
(2),21,22,23,24,26,27,28,30(2),33,
34,37,38,39,40(2),41,42(2),44,45,
92,94,97,98,99,107,108,110,111,
113,116,117,119,121,123,125,137(2)

LINGEN, William. Gentleman of the
Pantry. **II**/108(2),109

LINNE, Robert. **VIII**/36

LINNITT, Ann. **II**/62

LISBON. **I**/70

LISLE, De (DELISLE). **I**/146,150

LISLE, Lady. **VII**/414

LISLE, Lord. **VII**/42,71,415

LISLE/LESLIE, Norman [see LESLEY]

LISLE, Viscount. **IV**/200(2)

LITCHFIELD, Margaret. Wife of
Thomas. **VIII**/32

LITCHFIELD (LICHEFILD,LICHFIELD,
LYCHEFELD,LYCHFEILD), Thomas. Groom of the Privy Chamber; singer;
[lute]. **VII**/107,110; **VI**/viii,3,14,
18,20,38; **VIII**/13,14,19,23(2),27,
32-3,39

LITTLEBOY, Mr. **IV**/36

LITTLETON, Dr. Fisher. **II**/51

LIVERPOOL. **V**/10; **VIII**/48

LIVINGSTONE (LEVINGSTON), Mr. of the
Bedchamber. **III**/8 [See Sir James
LEVINSTONE?]

LLOYD, David. Minstrel. **VII**/69

LLOYD, David (ap Tudor). **VII**/34

LLOYD (FLOYD), Ellis. Chapel
servant. **IV**/50

LLOYD (FLOYD), Humphrey. Trumpeter.
IV/232,41,44,48,54,61,63,68,69,70,
81(2),83(3),84,85,86,88,90,91(2),
92,94(2),95(2),96,97,98,99,100,101
(2),103,105,107,109,111,113; **III**/
132; **VIII**/75

LLOYD (FLOYDE,LOID), John. Gentleman
of the Chapel. **VII**/12,24,29,30,33,
36,37,38,42,44,55,58

[LLOYD] FLUDD, Mr. **VIII**/50

LLOYD, Mr. **VIII**/201(2)

LLOYD, Philip. Treasurer/Receiver to
Q. Catherine of Braganza. **VIII**/217

LLOYD (FLOID,FLOOD), Randolph
(Randall). Trumpeter. **IV**/6,16,17,
21,36,41,44,54,61,63,65,66,68,78,
79,81,84,86,88,90,92,94,95,97,99,
100,103,105,107,109,111,113; **III**/
6,13,33,34,36,39,43,44,46,48,54
(2),55(2),61,63,65,68,69,70,71,72,
73,77,80,82,84,86,87,88,89,91,93,
97,99,102,103,106,108,113(2),115
(3),116(2),132,134,136(2),137,139,
140,141(2),143(2),145,147,148,149,
150,152(5),153,155(2),156(4),158
(2); **V**/2

LLOYD (FLOOD), Thomas. Trumpeter.
III/69,78(2),79(2),90(2),99(3),101
(2),147,149,150(2),153; **VIII**/125

LOCK(E), Mary/Maria. Daughter of
Matthew. **I**/282; **V**/73,206

LOCKE, Matthew. Composer; organist.
Appointment/place: **I**/4,7,20,21,88,
173,174,176,177,180(2),192,193,
216,217,218,219,221,225,226,228,
229,231,232; **V**/30,31,33,75,79;
VIII/146,167,191,233; assigns

money: **I**/56,84,85,92,162; **V**/47; appoints attorney: **V**/39,53,56,72; coronation of Chas. II: **I**/15; Corporation of Musick: **V**/254,256; deputy to Master of the Musick: **I**/171; expenses: **I**/35,47(2),70; hires room: **I**/19,33,47; livery: **I**/27,32,34,38,237(2),238,240,241, 242,243,244,245,246,247,248(2), 249,250,251,253,265,267(2),269(2), 271,272(2),273,276,278,282,285, 287,291(2),293; **VIII**/156; lodging of: **I**/55; music by: **I**/163; New Year's gift: **I**/11,28,29; musicians to obey him: **I**/63; payments to: **V**/107,111,114,121,124,129,132,136, 139,141,142,145,149,155,172,175, 179,181,183,184,186,190,191,195 (2),198,199,201,204,206,220,222, 223; **VIII**/155,186,189,196,202,203, 210,215,221,225,229,338; petition against: **I**/53,79,114,158; probate: **V**/73; subsidy: **I**/50; **V**/44; **VIII**/ 165; witness: **V**/41

LOCKE, Matthew. Signs for wages of John Knight: **III**/124 [Now considered not to be the musician]

LOCK, Thomas. **III**/72

LODIE, Francisco. Gentleman in Q. Mary's Catholic Chapel. **V**/87

LOEILLET ('LULLY'), Mr. [John]. **II**/91,102

LOGGAN, James. **II**/99,171(2),172, 173,176,177

LOGGAN, Justi[ni]an. **II**/116,174

LOGGINS, John. Child of the Chapel. **I**/74,76

LONDON [see also WESTMINSTER, WHITEHALL]. **VII**/156,157(2),159, 161,166,168,171; **VI**/45,56,102,167; **IV**/1,8,35,42,45,51,58,73; **V**/10,80, 89,245
- Aldersgate Street. **VI**/42
- Aldgate. **VIII**/41,45
- All Hallows Barking. **VIII**/25,26, 31,336
- All Hallows (the Great). **VII**/78
- All Hallows-on-the-Wall. **III**/11
- All Hallows Staining. **VIII**/25 (2),26
- All Saints near Dowgate. **VII**/88
- Arlington Street. **II**/57
- Bankside. **VI**/76
- Bartholomew Lane. **I**/177
- Baynard's Castle. **I**/3
- Blackfriars. **III**/44,49,72
- Bridges Street. **I**/125
- - Theatre Royal. **I**/59,61,135, 137(2),138,214; **II**/58; **V**/67
- - Windmill Tavern. **I**/110
- Chancery Lane. **IV**/208; **I**/127, 211; **II**/88
- Charing Cross. **VIII**/120,172
- Charterhouse. **IV**/1
- - Sutton's Hospital. **III**/23,64
- Cheapside. **VIII**/170
- Christ Church, Newgate. **II**/85; **VIII**/8,25,28,29,335
- Cornhill. **VIII**/101
- Covent Garden. **VIII**/129
- Creechurch, Aldgate. **VIII**/40
- Crutched Friars. **VII**/78
- Denmark House. **III**/51; **VIII**/107, 109,127,132
- Distaf Lane [Maiden Lane]. **VII**/2,15
- Dorset Garden [Theatre]. **II**/63, 91
- Dowgate. **VII**/78,88
- Drury Lane [Theatre]. **II**/63,91, 93; **VIII**/96
- Duke of York's Theatre. **I**/61
- Durham Yard. **V**/256,257,259,262 (2),265,266(3),267(3),268(2)
- Exchange. **VIII**/101,170
- Fleet Prison. **VIII**/88
- Fleet Street. **VII**/100,114,115, 423; **III**/261; **VIII**/67
- - Fleet Bridge, Golden Lyon. **I**/151
- French Church. **VIII**/16-17
- Greenstreet. **II**/7
- Hatton Grounds. **I**/55
- Haymarket: Queen's Theatre. **II**/ 91,93,101-2
- Hertestrete [Hart Street]. **VII**/ 78
- Holloway. **I**/264
- Holy Trinity Minories. **VIII**/31, 336
- Hungerford House. **III**/79
- Inner Temple. **I**/114

- Italian Church. **VIII**/24,25
- King Street: The Fox [perhaps in Streatham]. **I**/142
- Leicester Fields. **I**/168,169
- Leicester House. **I**/CHECK
- Lime Street Ward. **VIII**/7(2)
- Lincoln's Inn. **IV**/38; **III**/62
- - Lincoln's Inn Fields [Theatre]. **II**/63
- Little Bridge Street *alias* Vinegar Yard. **II**/58
- Little Chelsea. **II**/10,65
- Little Distaff Lane. **I**/166
- Longditch. **I**/116-7
- Ludgate. **VIII**/102
- Maiden Lane. **VII**/(2),15; **III**/128
- Mark Lane, All Hallows Staining. **VII**/35,94
- Marshalsea. **III**/80; **VIII**/42
- Merchant Taylors Hall. **VIII**/70
- Middle Temple. **IV**/38; **II**/30
- Minories (Armoury). **VIII**/41
- New Exchange: The Mitre. **I**/111
- Nursery Theatre. **I**/123
- Ossulton Hundred. **VIII**/9
  Port of. **VII**/43,58; **VI**/10
- Princes Street. **VIII**/96
- Princes Wardrobe. **VII**/31
- Puddle Wharf. **IV**/42; **VIII**/117,120
- Queen Street. **VIII**/96
- Rolls Office. **VIII**/67
- St Alphage Cripplegate. **VIII**/30,335
- St Andrew Holborn. **I**/52,83,129,277; **II**/86,96,108,113,116; **V**/35,42,48,53,54,58; **VIII**/113
- St Andrew Undershaft. **VII**/80,142
- St Benet Paul's Wharf. **III**/128; **VIII**/335
- St Botolph without Aldgate. **VII**/145; **VI**/110; **VIII**/30,335,336
- St Botolph without Bishopsgate. **VIII**/28,30
- St Botolph Billingsgate. **VII**/81
- St Bride Fleet Street. **VII**/115; **I**/136; **VIII**/334
- St Clement Danes. **I**/115,278; **II**/9,78,90,95,115,118; **V**/42,43,90; **VIII**/161
- St Clement East Cheap. **II**/108
- St Dionis Backchurch. **VIII**/28,30
- St Dunstan in the East. **VII**/58,114; **VIII**/25,26,31,336
- St Dunstan in the West. **VII**/115; **I**/138,139,158,161,282; **II**/88,101(2),113
- St Ewine (Evan). **VIII**/334
- St Faith under St Paul's. **VIII**/335
- St Gabriel Fenchurch Street. **II**/68
- St Giles in the Fields. **III**/24,27,57,82,117,128; **I**/158,167,282; **II**/58,86,90,113; **V**/54,65,76; **VIII**/38,113
- St Giles without Cripplegate. **III**/105(2),128
- St Gregory by Paul's. **II**/41
- St Helen Bishopsgate. **VII**/80; **VIII**/334
- St James Clerkenwell. **III**/78,128; **I**/212
- St Katherine. **VIII**/5
- St Katherine Colman. **VIII**/24,28,30,335
- St Lawrence. **VIII**/335
- St Margaret Pattens. **VIII**/334
- St Margaret Lothbury. **III**/61
- St Mary Abchurch. **VII**/145
- St Mary Barking. **VIII**/336
- St Mary le Axe. **VII**/142
- St Mary le Bow. **II**/82
- St Mary of Grace monastery. **VII**/35
- St Mary at Hill. **I**/282
- St Mary le Savoy. **I**/162,282; **V**/73
- St Michael. **VIII**/336
- St Michael Bassishaw. **II**/68,70,82,86
- St Michael Cornhill. **V**/77
- St Michael Woodstreet. **VII**/67
- St Mildred. **VIII**/336
- St Olave Hart Street. **VII**/88; **VI**/103; **VIII**/5(2),25,28,30,31,334,335,336
- St Paul's Cathedral. **VII**/74; **VI**/46; **IV**/74; **VIII**/139(2),267,327
- St Paul Covent Garden. **II**/16,57,58,101; **V**/90

- St Peter le Poor. **V**/34; **VIII**/19, 28,30,335
- St Peter Woodstreet. **VIII**/28
- St Sepulchre without Newgate. **V**/45; **VIII**/25,117
- St Stephen. **VIII**/335
- St Stephen Coleman Street. **VIII**/20,26
- St Vedast (Mugwell Street). **VIII**/334
- Savoy. **VI**/21
- Smithfield. **VIII**/117,120,335
- Somerset Chapel. **I**/172
- Somerset House. **I**/141; **VIII**/75, 92,126,129
- Strand. **III**/61; **VIII**/67,96
- Temple. **VII**/114; **I**/195
- Temple Bar. **VIII**/181
- Thames. **IV**/51,57
- Three Tun tavern. **V**/269(2)
- Tower of London. **VII**/35,133,414, 423; **IV**/1; **I**/16; **VIII**/41,73
- - St Peter's Chapel. **VII**/3,5,6, 30(2),31,49
- Tuttle Fields, Middlesex. **II**/41
- Whitefriars. **IV**/234; **I**/145; **V**/67
- York Buildings. **V**/268
- York House. **VIII**/85,86

LONDONDERRY. **V**/276
LONG, Sir Robert. Auditor of the Receipt. **I**/69; **V**/62; **VIII**/171, 182,196
LONGDON [=LANGDALE?] George. **IV**/48
LONGFORD. **VI**/52
LONGLAND, Charles. **II**/58
LONGTON, Dr. Of Magdalene College, Oxford. **VIII**/316
LOPE, Joseph. **IV**/56; **VIII**/83
LOPIER (LAPIER) (see la PIERRE)
LORD, Henry. **I**/280
LORIDEN, Marcus. Minstrel. **VII**/2,3, 4(3),7,21,27,191,192(2),193,194 (2),196,197(2),198-203,205-7,209 (2),211,328(3),329(2),330,361,407
LORKING, Thomas.. Parson of Waltham. **VI**/108
LOUP, Thomas. **V**/223
LOVE, Ann. **II**/105
LOVEKYN, Arthur. Child of the Chapel. **VII**/25,28,35,36,37,195, 198,202,207

LOVEKYN, George. Water-bailiff. **VII**/72
LOVELL, Sir Francis. Recusant. **IV**/23
LOVER, John. **I**/69
LOVING, John. Teller at the Exchequer. **I**/199
LOW, John. **I**/212
LOW, Samuel. **I**/212
LOWE (place). **VII**/34
LOWE, Edward. Gentleman of the Chapel; organist. **I**/51,69; **V**/45, 80,269,282
LOWE, Thomas. Gentleman of the Chapel. **III**/115; **VIII**/327
LOWMAN, Mr. **II**/177
LOWNDES, William. **II**/210; **V**/91; **VIII**/287,289(4),292(3),293(2),294 (3),295(2),301,306,312,313,314(3), 315
LOWTHER, William. Groom/Yeoman of the Vestry. **IV**/38,50,60,64; **VIII**/ 322(2),333
LOYSCOEAN (LOISCEAN,LOYCEAN), Francis. Trumpeter. **II**/15,121,123
LUCAM (LACAN,LUCEM,LUCUM), Richard. Yeoman of the Vestry. **VII**/124,127, 129,131,342; **VIII**/11
LUCAS, Charles. Closet keeper. **II**/73; **V**/99
-, LUCRETIA. Dancing maid to Princess Mary. **VIII**/7
LUCY, Mary. **II**/9,10
LUDDINGTON, William. Child of the Chapel. **II**/142; **VIII**/292
LUDLOW. **II**/20
- Castle. **I**/44
LUFFE, Jacob. Trumpeter. **V**/125
LUGARIO, John Maria. Groom of the Queen's Privy Chamber. **IV**/16,34, 48,51,68,79,81,83,85,87,89,91,93, 94,96,98,100,101,104,106,108,110, 112(2),193,199(6),200,234 **III**/13 (2); **V**/3-6,8,9; **VIII**/66,80,85(3), 96,99,101
LULLY (see LOEILLET)
LUMLEY, Brigadier/Major-General. **VIII**/289.306,307
LUMLEY (LUMPLEY), Viscount. **II**/27, 183
LUND, Francis. **II**/201
LUNICAN, Mr. Musician. **II**/102

LUNTLEY, Sheshbazzar. **II**/51
LUPPINGROTT, Harry. **II**/49
[LUPO], Alexander (da Milan). Viol/ violin. **VII**/282(2),284,285,286, 290,291,292
LUPO (LUPSO), Ambrose (da Milan). Viol/violin. Appointment/place: **VII**/282,290; **VI**/40,65,156; **VIII**/47; coronation of Ed. VI: **VII**/106; of Q. Eliz.: **VI**/5; dwelling at: **VIII**/28,30,335; expenses: **VI**/115, 117,140; funeral of Hen. VIII: **VII**/110; of Ed. VI: **VII**/125; livery: **VII**/120,134,139,141,147; **VI**/6,8,9,10,12,13,40; New year's gift: **VI**/28,29,36,37,38,46,50,76; payments to: **VII**/146,282,291,292, 294,295,297,298,300,301,303,304, 307,308,310,312,314,317,319,321, 351,359; **VI**/80,81,83,84,86,87,88, 90,91,93,94,97,99,101,102(2),107, 108,110,112,114,116,118,120,122, 123,125,130,131(2),135,137,139, 140,142,143,145,146,172; petition of: **VI**/53; **VIII**/44; reward to: **VII**/116; subsidy: **VII**/418,420,422; **VI**/16,22,32,53; **VIII**/13,15
LUPO, Elizabeth. Daughter of Peter. **VIII**/25,29
LUPO, Horatio. Violin. **IV**/34,61,62, 65,88,90,92,94,95,99,100,103,105, 108,109,111,113 **III**/3,9,14,21,133, 135,137(2); **V**/1; **VIII**/66
LUPO, Joseph. Violin. Appointment/ place: **VI**/40,86; **IV**/96,231; dwelling at: **VIII**/28,30; father of Thomas [I]: **VI**/55,69; funeral of Q. Eliz.: **IV**/1; livery: **VI**/12,40; New Year's gift: **VI**/65,74; **IV**/12; **VIII**/64; payments to: **VI**/86,87,88, 90,91,93,95,97,99,101,102(2),106 (3),107,108,110,112,114,116,118, 120,122,123,125,126,131,134,136, 137,139,140,142,143,145,146,148, 149,150,152,154,155,156,158,159, 161,162,164(2),166,183(3),184(4), 185,186(5),241,242,243(2),244(2); **IV**/72,74,75,77,78,80,82,84,86,88, 90,92,94,95; payment for strings: **IV**/83,86,89,91,93,97; reward: **VI**/vii,70; subsidy: **VI**/16,22,32,53, 58,66,71; **IV**/17,20,25
LUPO, Joseph. Son of Thomas [I]? Mariner? **III**/44; **V**/10
LUPO, Katherine (Koven). Wife of Peter. **IV**/81; **VIII**/25(2),29,30
LUPO, Lydia. Wife of Thomas [I]. **III**/(26),68,91,236; **VIII**/120
LUPO (LOPOO,LOUP,LOWPEN), Peter. Violin. Appointment/place: **VI**/40; **IV**/80; dwelling at: **VIII**/25(2),29, 30,336; father of Thomas [II]: **VI**/69,70; **VIII**/50; funeral of Q. Eliz.: **IV**/1; letters from: **VI**/75; livery: **VI**/40; New Year's gift: **VI**/38,46,50,65,74,76; **IV**/10,12; payments to: **VI**/95,97,99,102,107, 108,110,112,114,116,118,120,122, 123,125,131,134,136,137,139,140, 142,143,145,146,148,149,150,152, 154,155,156,158,159,161,162,164, 166; **IV**/72,74,75,77,78,80(2); payments for strings: **IV**/83; reward: **IV**/79; subsidy: **VI**/22,32, 54,58,66,72; **IV**/18,20,25; provides violin: **IV**/81
[**LUPO**], Roman (da Milan). Viol/ violin. **VII**/282(2),284,285,287
LUPO, Theophilus. Violin. Appointment/place: **III**/31(2),41,42,113, 186; **I**/2,9,13,17,217,218; **V**/299; **VIII**/100; arrears: **VIII**/120; assigns money: **III**/44,49; burial: **III**/128; Corporation of Musick: **V**/246; livery: **III**/40,46,51,53,54, 56,68,92; New Year's gift: **III**/41; payments to: **III**/43,44,45,122(2), 186,187,190,193,197,200,203,205, 207,211,213,215,218,221,223,227, 230,233,236,239,240,241,242; **VIII**/103,113,115,116,132; petition against: **III**/57,74; subsidy: **III**/33,38,108; performs on contratenor violin: **III**/59
LUPO, Thomas [I]. Violin; composer. Appointment/place: **VI**/55,148; **IV**/50,53,55; **III**/18,19,31(2),39, 40,41(2),42,53,54,139; **VIII**/99,100 (2); arrears: **VIII**/120; letter of attorney: **III**/26; funeral of Q. Eliz.: **IV**/1; of Jas. I: **III**/2; livery: **III**/18; in masques: **IV**/31-

33; music by: **IV**/31,32,226; musician to Prince Henry: **IV**/211, 212(2); to Prince Charles: **IV**/217-220,222-225,226(2),228-9,231,234; **V**/298(2); New Year's gift: **VI**/65, 69; **IV**/10,12; **III**/23; **VIII**/64; payments to: **VI**/148,149,150,152, 154,155,156,158,159,161,162,164, 166; **IV**/72,74,75,77,78,80,82,84, 86,88,90,92,94,95,97,99,100,103 (2),108,109,112,113; **III**/92,133, 135,137,139,171,174,177; petition against: **III**/24,25; petition of: **III**/26; **V**/299; **VIII**/97?; subsidy: **VI**/58,66,72; **IV**/18,20,25,61,62,65; **III**/9,14; **V**/1

LUPO, Thomas [II]. Violin. Appointment/place: **VI**/69,161; **IV**/231; **III**/113; **I**/3,10,218; **VIII**/50; Corporation of Musick: **V**/246; arrears/expenses: **III**/70,80; funeral of Q. Eliz.: **IV**/1; of Jas. I: **III**/2; livery: **III**/56; New Year's gift: **VI**/70,74; **IV**/10,12; **III**/23; **VIII**/64; payments to: **VI**/ 161,162,164,166; **IV**/72,74,75,77, 78,80,82,84,86,88,90,92,94,95,98, 99,100,103,105,108,109,111,112; **III**/124,133,135,137,139,140,141, 142,143,144,145,146,147,148,149, 150(2),151,153,154,155,157,158; payment for strings: **III**/41,48,57, 141,144,146,148,150,151,154; subsidy: **VI**/72; **IV**/18,20,25,60,62, 65; **III**/9,14,33,35,37,108; **V**/1; plays low tenor violin: **III**/59; provides tenor violin: **III**/66; **VIII**/109; witness: **III**/47
LUTE, George. **V**/61
LUTTERWORTH, Leics. **VI**/52; **VIII**/44
LYDD, Kent. **VII**/80
LYDIARD, Captain Hugh. **IV**/51; **VIII**/81,100
LYE [see LEE]
LYONS, de (Junior). **II**/90
LYLLY, Richard. Sacrist. **VII**/82
LYNELL, Richard. **II**/91
LYNN, Norfolk. **VII**/72,163
LYSNEY, -. **VIII**/111
LYTELLWORTH, John. **VIII**/29
LYTLEBREDYE. **VII**/88

LYTTON, James. **VIII**/18
LYVESEY, Edmund. Yeoman of the Vestry. **VII**/91,93,99,103,424

M

MABBAT, Samuel. **II**/58
MACHENE, Robert. Tailor. **VII**/361
MACK, John. Tailor. **II**/90,173(2), 174
MADDOCKS, Thomas. Gentleman of the Chapel. **VI**/62; **VIII**/320(2)
MADGE, Elizabeth. Wife of Humphrey. **I**/242; **V**/77,212,213,214(2),216, 217,273(5),275,276(5),277(3); **VIII**/241,242,245,253,256,287,288 (2),289,291,293
MADGE, Humphrey. (a) Violin; (b) wind instruments. Abused: **I**/48 Appointment/place: (a) **I**/2,9,88, 187,189,216,217,218,221,226,228, 229,232; (b) **I**/5,9,187,189,226, 228,232; **V**/26,78; **VIII**/167,191; appoints attorney: **V**/52; Royal Bounty to dependants: **V**/174,175 (2); to attend in the Chapel: **I**/98,113; buys cornett: **I**/157; coronation of Chas. II: **I**/15; Corporation of Musick: **V**/254,260, 261(2),262(3),263(3),264(3),265 (2),266(2),267(2),268,269(2); expenses: **I**/35,46,47,100,109; **V**/113; livery: **I**/13,237(2),238, 239,240,242(2),243,244(2),245(2), 246(12),247,248,249,250,251,252, 253,254,268,269,272,273(2),276, 277,284,287,292,293,294(2); **VIII**/ 144; payments: **V**/171,172(2),175 (2),176,177,178,179(2),180(2),183 (2),185(2),186,187,188,189,190, 191(2),193(2),194,197(2),199(2), 200(2),202(2),205(2),206(2),207 (2),212,213,214(2),216,217,222, 223,224,228; **VIII**/143,186,189,193, 203(2),208,209,215,221,226,230, 231,232,236,245(2),249(2),250,252, 256,259(2); petition against: **I**/98,101(2),103,104,132-3,138(2), 160(2),174; petition by: **I**/159; probate: **V**/77; rota: **I**/83; subsidy: **I**/50; **VIII**/165; to attend

in Theatre: **I**/76; buys violin: **I**/21,60; **V**/112; witness: **V**/53
MADGE, Sarah. Daughter of Humphrey. **V**/274(4); **VIII**/294,296
[MADDOCK] MAYDOCKE, Thomas. Vicar-choral, Hereford. **VIII**/41
MAGNION, Mary. **III**/73
MAIDSTONE. **VII**/151
MAIOR, Hester. Wife of Roger. **III**/11,166,168
MAIOR, Roger. Musician in the consort/lute? **IV**/40(2),61,62,156, 157,158(2),159-163,164(2),165-170, 171(2),172-6,178(2),179-181,183-189,191(2),192-4; **III**/3,9,11(2), 21,164,166,168,172; **V**/1
MAIRE (MEAR), Michael. Trumpeter. **II**/2,121,123; **V**/284
MAKESEY. **VII**/34,56
MALEY (see MAYLEY)
MALLARD, Thomas. Italian; lute maker. **VIII**/114
MALMESBURY. **VII**/31
MALPASS, Jane. **II**/33
'MALVERN IN BESFORS'. **VIII**/48
MAN, Allester. Footman. **III**/127
MAN, Ellen. **III**/127
MANCHESTER, Earl of. **I**/175; **V**/119
MANLEY, George. **III**/182,192,203,205, 208,211
MANN, John. Coffeeman. **II**/108
MANNE, Thomas. Gentleman of the Chapel. **VII**/124; **VIII**/11
MANSELL, John. **III**/25
MANSENO (MASON,MASSO,MASSU), Alexander. Sackbut. **VII**/2(3),3(2), 5,25,29,51,54,181(4),182(3),183 (4),184,185,186,188,189(2),190(3), 191,192,193,194(2),196,197,198, 199,200,201(2),203,205,209(2),211, 213,215,216,218,219,221,223,224, 226,228,229,231,232,235,236,237, 238,240,242,243,244,246,247,248, 249,251,252(2),328(2),329(3)
MANSENO, Jacob/James. Sackbut. **VII**/ 204,205,208,209,211,213,215,216, 218,219,221,222,224,226,228,229, 231
MANSHIP, James. **II**/113
MANSHIP, Joseph. Private Musick. **II**/25,26,28,126; **VIII**/284

MANSUE(I)T, Claude. Gentleman of the Queen's Catholic Chapel. **II**/17,21; **V**/286; **VIII**/279
MANTELL, Robert. Singer. **VII**/107,110
MAPLETON, Jonah. Vintner. **I**/251,253, 282,293
MAPLISDEN, Peter. **I**/79,81(2),86,92
MAPPERLEY (MAPLEY,MAUPLEY,MAWPLEY), William. Gentleman of the Chapel. **VII**/90,124,126,127,128(2),130,131, 134,421; **VI**/1,3,12,17,24,33; **VIII**/ 11,319
MARCASYN (MARKASSYN,MARQUESYN), Jenyn. Minstrel. **VII**/7,21,27,191, 192(2),193,194(2),330,361,407
MARCATOR (MERCATOR), Miguel. Organ maker; diplomat. **VII**/76,77(3),80, 83,257,258,262,264,266,269,271, 274,279(2),282,284,288,293; **VIII**/ 6
MARCH (see MARSH)
[MARDEN] 'MEDEN'. **VII**/1
MARDEN, Thomas. **I**/82
MARE, Abigail de la. Wife of Pierre. **V**/21(2),23(4); **VIII**/131
MARE (MARR), Pierre (Peter) de la. French musician. **IV**/49,52,200,201, 204(2),205; **III**/5,8,191,245-252; **V**//3(2),4,7,8,9,11,12,14(2),16,17, 19,21(2),23(2); **VIII**/80,90,91,96, 99,102,114,122,131
MARGARET, Princess. (Later Queen of Scotland). **VII**/16,22(2),361
MARGARETTA (see EPINE)
MARIA (MARY,MAYE) [= CUSON], Anthony. Sackbut. **VII**/82,86,89,90, 91,97,98,106,110,112,120,125,134, 139,141,146,147,273,275,276,277, 278,280,281,282,284,285,286,287, 288,289,290,291,292,294,295,297, 300,301,303,304,307,308,310,312, 314,317,319,322,351,418,420,422; **VI**/5,7,8,9,10,12,14,16,23,35,80, 82,83,85,86,88(2),90(2),91,92,93, 95(2),97(2),99,100,101,104,107(2), 109,172(2); **VIII**/13,15,20,21,31
MARIE (MARYE), Mathurin. French musician. **III**/5,129,245-252; **V**/3 (2),4,7,8,9,11,12,14(2),16,17,19; **VIII**/90,96(2),99,102,123
MARIENS/MARIENO (MARIO), Francis.

Flute. II,**V**/165; **VIII**/263
MARK, Somerset. **VIII**/48
-. MARK ANTHONY. Sackbut. [see **PETALA**]
-. MARK ANTHONY. Violin. [see **GALLIARDELLO**]
-. MARK ANTHONY [**GALLIARDELLO** or **PETALA**]. **VIII**/334
MARKLAND, Elizabeth. Wife of Samuel. **I**/212,258
MARKLAND, Samuel. Trumpeter. **I**/41, 43,45,99,212,239(2),240-256,257 (2),158,264(2),268,272,273,274 (2),277,279,285(2),287,292,293 (2),294,295(2); **III**/129; **VIII**/ 151,158; **V**/38,115,116,122,124,127, 130,133,138,140,144,146,150,153
MARKRETH, Fran. **II**/171(2)
MARLBOROUGH (place). **IV**/202
MARLBOROUGH, Duke of. **II**/76,77,79, 87; **V**/98
MARLBOROUGH, Earl of. **II**/37(2),41
MARQUES (MARKUS) [see LORIDEN]
MARR(E) (CARR), William. Trumpeter. **IV**/66,69(2); **III**/2,6,12,13,33,34, 37,43,45,53,54,72,108,113,132,135 (2),137,139,140,142,143,145,147, 149,150,153,155,156,158; **V**/2
MARRANT, Anthony. Musician. **I**/95
MARRIOT, Francis. Cushion-man in the Catholic Chapel. **V**/86
MARSH (MARCH), Alphonso [I]. Lute & voice; Gentleman of the Chapel. Appointment/place: **I**/4,7,28,197 (2),216,217,219,225,228,232; **V**/33, 34,79(2),80; **VIII**/151; assaulted: **I**/86; in *Calisto*: **I**/150; Corporation of Musick: **V**/260(2),261,262 (2),263(3),264(2),265(2),266(3), 267(3),268(2),269(2); owes debt: **I**/117; expenses: **I**/69,109,183; **VIII**/171; livery: **I**/27,32,34,38, 238(3),240-8,249(2),250,252-3,254 (2),255-6,267,269,272,273,276,284- 5,287,291-5; **VIII**/156; payments: **V**/173,175,176(3),178-180,183,186 (2),190,192,193,195,198,200(2), 202,204,205,208-210,221,223,224; **VIII**/186,189,203(2),204,209,215, 221,226,230,236,238,239,259(2), 338; petition against: **I**/100;
subsidy: **I**/50,51; **V**/45; **VIII**/165; witness: **I**/107
MARSH, Alphonso [II]. Gentleman of the Chapel; Private Musick. **I**/107, 150,183; **II**/27,28,39,40,59,61,127; **V**/88,284,287,288; **VIII**/284
MARSH, Mr. [Alphonso I or II] **I**/136, 143,145
MARSH, -. Widow of Alphonso [I]. **VIII**/259
MARSH (NAISH), Anthony. Gentleman of the Queen's Catholic Chapel. **II**/17,21
MARSH, Gabriel. **III**/72
MARSH, Richard. Trumpeter. **I**/187, 233; **II**/1,29,43,66,121,123,125, 129(2),183,189; **V**/286
MARSH, Robert. Lute & voice: **IV**/217, 220,222,223,224,225,226,228,229; **III**/5,10,18(2),19,23,33,40,46,56, 57,59,66,67(2),81,170,173,174,176, 179,183,186,188,199; **I**/16,17.217. **V**/2,35; **VIII**/94,151,152
MARSH, Sarah. Wife of Robert. **III**/ 57,81,188
[MARSHALL] MERSHALL, John. Singing-man, Westminster Abbey. **VII**/129
MARSHALL, John. Merchant Tailor. **V**/55
MARSHALL, Michael. Child of the Chapel. **II**/69(2),142; **V**/290
MARSON (MERSON,MERSTON(E)), Simon. Lute. **IV**/27,85,86,87,89,90,93,94, 96,98,100,101(2); **VIII**/63,73
'MARTAN' [MERTON], Surrey. **VIII**/24
MARTIN, Griffin. Trumpeter. **VI**/65, 66,68,69,70(2),71,72,74,156,157, 159,161(2),162,164,165(2); **IV**/2,5, 6,15,16,18,21,26,36,41,43,48,54, 61,63,65,68,72(2),73,75,77-9,81, 84,86,88,90,92(2),94,95,97,99,100, 103,105,107,109,111,113,231; **III**/ 2,6,7,132,135; **VIII**/89,91
MARTIN, Henry [I]. Trumpeter. **VI**/47 (2),48(2),49,50,51,53,54,56,57,59, 60,63,64,65,66,67,69,70,71,72,74, 140,141,143,145,146,148,149,150, 152,153,155,156,157,159,161,162, 164,165; **IV**/2,5,6,11,15,21,26,36, 41,43,48,54,59,61,63,65,68,72,73, 75,77,78,79,81,84,86,88,90,92(2),

94,95,97,99,100,103,105,107,109,
111,113; **III**/2,6,11,132,134; **I**/24
MARTIN, Henry [II]. Trumpeter. **IV**/
59; **V**/33; **VIII**/87
MARTIN, James. Child of the Chapel.
V/288,290
[**MARTIN**] MARTEN, John. Gentleman of
the Chapel. **VII**/14,15
MARTIN, John. Timber merchant.
II/50,163(2),164(2)
MARTIN, Margaret. **I**/100
MARTIN, Nicholas. **VIII**/265,270,277
MARTIN, Richard. **VI**/233
MARTIN, Thomas. **V**/53
MARTIN (MERTON), Thomas. Gentleman
of the Chapel. **VI**/2,4; **VIII**/317
MARTINALSI, John. Member of the
Queen's Catholic Chapel. **V**/286
MARTYN/MARTEN. **VII**/17,54,65
MARTIN-HUSSINGTREE, Worcs. **III**/128
MARY [TUDOR]. Princess. Sister of
Henry VIII. **VII**/173,177; **VIII**/2(2)
MARY. Princess (later Q. Mary I).
VII/51,57,59,69,73,374,375
-, MARIE. Maid to Gomer van
Osterwick. **VIII**/29
MARY, Princess. Daughter of Charles
I. **V**/15,16,18(3)
MASCALL, Thomas. Child of the
Chapel. **V**/290
MASEFIELD, Mr. Singer. **I**/145
MASON, Alexander [see **MANSENO**]
MASON, Bartholomew. Gentleman of the
Chapel. **VI**/34; **IV**/3; **VIII**/36,318
(2),321
MASON, Bartholomew. Vicar-choral,
Hereford. **VIII**/41
MASON, Edward. **III**/176
MASON, George. Clerk. [the same as
the next?] **VII**/145
MASON, George. Priest of the Chapel.
VI/1,3; **VIII**/15
MASON, John. Wind instruments;
trainer of boys. Appointment/
place: **III**/17(2),112,129; **V**/36(2),
73; **I**/28,36,177,226,228(2); **VIII**/
93,144,155,158,232; boardwages:
I/20; burial: **I**/125,126; corona-
tion of Chas. II: **I**/16; Corpora-
tion of Musick: **V**/246; executor
for father: **III**/17; expenses:
III/104; **I**/46; livery: **V**/43; **I**/42,
45,270,278-9,280,284; **VIII**/158,
160; New Year's Gift: **III**/22;
payments: **III**/167,169,172(3),175,
176,180,181,184,187,190,193,196,
199,203,205,207,211,213,216,218,
222,224,227,229,232,236,239,240;
II/209; **V**/172,175,176,183(2),186
(2),188,191,192,195(2),197,199,
201,202,204(2),206(2),207,209,211,
217,223(2); **VIII**/112,114,116,129,
130(2),131,134,186(3),188,196(2),
202(2),203,209,221,230,236,313;
probate: **V**/61; rota: **III**/52,53,74,
95; subsidy: **III**/32,35,37,108;
I/112; **VIII**/165; witness: **III**/23
MASON, John. Gentleman of the
Chapel. **II**/85,89,92,97,103,110,
114,117,155; **V**/98,99,236(2),238,
241,243,295,296
MASON. Lady. **IV**/198
MASON. Mathias/Mathathias. Lute.
VI/viii,xv,51,54,59,66,67,72,119,
124,126,127,134(2),136,138,139,
141,142,144,145,147(2),148,150,
151,153,154,155,157,158,159,161,
163(2),164,166; **IV**/1,18,20,26,27,
73,74,76,77,79,80,83,85(2); **VIII**/
63
MASON, Richard. Groom of the Stable.
VII/136
MASON, Richard. Trumpeter. **I**/223
MASON, Thomas. Wind instruments.
Appointment/place: **VI**/vii,73,74;
IV/231,233; **III**/17(2); **VIII**/53,93;
funeral of Q. Eliz.: **IV**/2; of Jas.
I: **III**/3 New Year's Gift: **IV**/11,
12; **VIII**/64; payments: **VI**/244,245
(2),246; **IV**/120(3),121-7,128(2),
129-131,133(2),235-141,142(2),143-
4,145(2),146-150,151(2),152-7,158
(2),159-164,165(2),166-170,171(2),
172-180,182,4,186-7,188(2),189,
190,192(2),193,194; **III**/164,166,
167,169; probate: **III**/17; subsidy:
IV/17,20,25,60,62,64,67; **III**/9,14;
V/1
MASON, William. **II**/15
MASTERS, Mrs. Singer. **I**/145
MATHEW, Richard. Groom of the
Vestry. **VII**/424

MATHEWES, Thomas. Musician. **I**/107
MATHEWS, Christopher. **III**/101
MATHEWS, Thomas. **II**/62
MATTEIS, Nicola. Musician. **II**/11
MAUGARD (MAWGARD), André/Andrew. Musician of Q. Henrietta Maria. **III**/5; **V**/3(2); **VIII**/96
MAUGRIDGE, Ann. Wife of Robert [I]. **V**/93
MAUGRIDGE, Dorothy. Wife of Richard. **V**/72,93,205,207; **VIII**/254,264(2), 267,268(2),282
MAUGRIDGE (MAWGRIDGE), John [I]. Drum-major. Appointment/place: **I**/4,216,224,230; **V**/36(2),283,284; **VIII**/167; arrears: **II**/206,207(2), 210,211,213,215-7; arrest of: **I**/30,40,60(3),94; Royal Bounty: **V**/274,275; expenses: **V**/136; livery: **I**/97,103,155,168,286(2); **II**/160; **VIII**/277,278,284; payments: **V**/173,174,175,176,177(2), 178,179,180,181,182,184,185,188, 192,193,194,197,198(2),200,202, 203,205,207,220,221,222,223; **VIII**/186,190,193,201,204,209,215, 216,220,225,231,235,268; petition against: **I**/21,38,49,51(2),58,192, 209; subsidy: **I**/51; **V**/43; surrender of letters patent: **II**/201; will of: **II**/16,19(2)
MAUGRIDGE, John [II], Drummer/drum-major. **I**/108,115(2),229; **II**/16,19 (2),24,29,34,35(2),41,53,59,80,96, 121,123,125,130,131; **V**/274,276, 289,291-3,295; **VIII**/278(2),283, 285(2)
MAUGRIDGE, Mr. **VIII**/203
MAUGRIDGE, Richard. Kettle-drummer; Keeper of Greenwich Stables. Appointment/place: **I**/11,33,36,169 (2),224,230; **V**/36,37,40; **VIII**/167, 232; bequests to his children: **II**/16; blinded: **VIII**/254; burial: **V**/72; death: **VIII**/254; payments: **V**/172,174-6,177(2),178-182,184-5, 188,192,194(3),195,197,198(2),201-3,205,207,220-3; **VIII**/186,190,193, 201,204,209,215,216,220,225,231, 235; petition against: **I**/72,78(2), 79; reprimand of: **VIII**/214-5;

petition by: **I**/78; probate: **V**/72; subsidy: **I**/51; **V**/43
MAUGRIDGE, Robert [I]. Drummer in ordinary/drum-major. Appointment/place: **I**/66,67,95,96,224,230,233; **II**/8,19(2),80,121,123,126,130,132, 133; **V**/58; **VIII**/199; arrears: **II**/206-7,210,211,213; arrest of: **I**/85; appoints attorney: **V**/93; bequest to: **II**/16; to appoint deputy: **I**/191; livery: **II**/106; pass for: **VIII**/286; payments: **II**/143,144(2); **V**/190,194,197,198(2), 201,202,203,205,207,224; **VIII**/200 (4),204,205,209,215,216,220,225, 231,235,268(2),289,299(2),300; petition by: **I**/209; **VIII**/289; surrender of letters patent: **II**/201
MAUGRIDGE, Robert [II]. Kettle-drummer. **II**/29,52,53,57,121,123, 125,129,131,284-6
MAUGRIDGE, Sarah. Wife of John [I]. **II**/16,215,216,217; **V**/275
MAWGARD (see MAUGARD)
MAXE, William. Child of the Chapel. **VII**/25,28,203
MAXENE, George. Child of the Chapel. **I**/262; **V**/42; **VIII**/152(2),159
MAXSINE, Mr. Singer. **I**/150
MAY, Henry. **I**/139
MAY, John. Of the Kitchen. **VI**/129
MAY (MEY), Robert. Sackbut. **VII**/107, 108,113,126,139,146,294,296,297, 298,300,302,303,305,306,307,309, 310,313,315,317,319,322,351,418, 420,422; **VI**/5,7,8,9,11,12,14,15, 16,19,20,21,23,25,26,27,29,30,33, 35,37,39(2),82,83(2),85(2),86,88, 90,92,93,95,97,99,102,104,107,110, 112,114,116,172,194; **VIII**/7,15,20, 35
MAYDOCKE [see **MADDOCK**]
MAYERNE, Sir Theodore Turquet de. Physician. **III**/260
MAYES, -. Wife of Sir Humphrey. **VIII**/76
[**MAYHEW**] MAYHO(W) (MAIEW,MAYO(U)), Thomas. Minstrel. **VII**/2(2),21,27, 29,54,110,329,337; **VIII**/4(3),5
MAYLAM, Evan. Harper. **II**/127

MAYLEY (MALEY), Alphonso. **I**/112; **V**/133,138,140,143,150,153
MAYLEGH, Thomas. **V**/153
MAYNARD, Edmund. **III**/51,53
MAYNWARING, Sir Arthur. **III**/80
MCDERMOT(T) (DERMOCK,DERMONDE, DORMOUNDE,DORMOUNT), Cormack. Harp. **VI**/167. **IV**/12(2),47,70,73, 75,76,78,83,87,127-131,134-141, 142(2),143-4,145(2),147(2),148-150,151(2),153(2),154-5,157-9,160(2),161,163(2),164-5,166(2),167, 168(2),233; **VIII**/64,78
MEADE, James. Bailiff. **I**/28
MEAR (see MAIRE, Michael)
MEARS (see MEURS)
MEDCALFE (METCALF), Edward. Trumpeter. **VII**/65,68,75,90,92(2), 98,231,254,256,264; **VIII**/334
MEDCALFE, Richard. **V**/81
MEDCALFE (METCALF), Stephen. Trumpeter/serjeant trumpeter. **VII**/100,106,109,112,120,121,130, 135,142(3),144,145(2),293,295,297, 299,300,301,302,304,306,308,309, 311,314,316,318,320,350,418,420, 421; **VI**/1,4,6,7,8,9(2),11(2),12, 14,15,16,18,19,20,21,22,23,25,26, 27,29,30(2),33,34,37,38,40(2),42(2),44,45(3),47,48,49(2),50,51, 53,56,80,81,83,84,86,87,89,91,92, 94,97,98,107,108,110,111,113,116, 117,119,121,123,125,128,135,137, 138,140,141,143(2),172; **VIII**/13,44
MEDEN [see MARDEN]
MEDLICOTT (MEDICOTT), Richard. Keeper of the instruments. **II**/23, 25,29(2),125; **VIII**/284
MEDYLTON [see MIDDLETON]
MEGER, John. **V**/72
MELBOURN, Cambs. **VIII**/38
MELDON, Sir John. **III**/91(2)
MELL, -. **VIII**/201
MELL, Abigail. Daughter of Davis. **I**/237; **V**/42,56,184(2),187,192,222(2),224; **VIII**/160,186,188,197(2)
MELL, Davis (David,Daniel). Violin. Appointment/place: **III**/21,113,129; **I**/2,9,20,35,36,38,42,216,217,219; **V**/35,37,41; **VIII**/154,157,159; arrears: **V**/56 to receive chests for instruments: **I**/20; coronation of Chas. II: **I**/15; Corporation of Musick: **V**/246,251,252,254; funeral of James I: **III**/2; son of Leonard: **III**/107; livery: **I**/12,17,237(2), 284,285; **VIII**/144; provides music books: **III**/70,86,146,152; **I**/15; **V**/110; New Year's Gift: **III**/23; payments: **III**/137,139,140-3,145-7,149-153,155,157-9; **I**/18; **V**/107, 110,111,114,119,184(2),187,192,222(2),224,227(2),228; **VIII**/132,143, 160,186,188,197(2); probate: **V**/42; to organize violins: **I**/18; rota: **III**/59; subsidy: **III**/33,35,37,109; buys violin: **III**/42,86,141,152; **I**/15; **V**/110 witness: **III**/111; **VIII**/141
MELL, Elizabeth. Daughter of Davis. **I**/237,241,280; **V**/42,56,184(2),187, 192,222(2),224; **VIII**/160,186,188, 197(2)
MELL, Elizabeth. Wife of Thomas [II]. **V**/24,183,186,191,192,195, 196,198,224; **VIII**/185,186,188,195, 196,208,209,211,219,224
MELL, Judith. Wife of Thomas [I]. **III**/17,168
MELL, Leonard. Violin. **IV**/53,60,62, 105,108,109,111,112,113; **III**/2,9, 14,23,33,35,37,59,64,107,108,133, 135,137,140,142,143,145,147,149, 150,153,155,157(2); **V**/1
MELL, Thomas [I]. Wind instruments. **IV**/52(2),60,61,64,67,175,176,177, 178,179,180,182,183,184,186(2),188(2),189,190,192(2),193,194; **III**/3, 13,16,17,164,166,168(2); **V**/1
MELL, Thomas [II]. Wind instruments. Appointment/place: **III**/62,63(2), 68(2),112,129; **I**/28,30,36,127(2), 221,228; **V**/35,36(3),62,63; **VIII**/153,155; boardwages: **I**/20; coronation of Chas. II: **I**/16; Corporation of Musick: **V**/246; expenses: **III**/104; **I**/46; livery: **I**/45,270, 278-9,280; **V**/43; **VIII**/158,160; 'in the Parliament service': **V**/24; payments: **III**/200,201,205,208,211, 213,216,219,221,224,227,230,231, 233,237,238,241(2); **V**/24,172,174,

176,183,186,191,192,195,196,198,
220,223,224; **VIII**/113,114,116,156,
158,182?,186,188,208,211,219,224;
duty rota: **III**/74,95(2); subsidy:
III/108; **I**/50; **VIII**/165
MELLER (MILLER), Thomas. Yeoman/
Serjeant of the Vestry; Keeper of
instruments. **IV**/27,38,167,212,213,
220,222,223,224,225,227,228,230;
III/4,15,29,30,32,36,39,71; **V**/3,4,
6,8,9,10,11,12(2); **VIII**/324,326,
333
'MELLICANE'. **VI**/52
MELLOWE, Nicholas. Gentleman of the
Chapel. **VII**/91,93,99,103,105,109,
113,124,127,128,130,419; **VIII**/10
MEMO, Dionysius. Friar; organist.
VII/48(2),50(3),51(2),53,54
MENDEY, Mr. **I**/211
MEIRE, (see MAIRE, Michael)
MERBECKE, John. Organist, Windsor.
VII/88
MERCATOR [see MARCATOR]
MERCER, Morris. Yeoman of the
Vestry. **I**/205
MERCER, Thomas. **VI**/46
MERCHANTS, Mr. Musician in the
Catholic Chapel. **II**/21
MERCURE, John. Lute. **I**/5,220; **III**/
109,111,112,113,114,159
MERCY, James. Joiner. **I**/213
MERICK, John. Scrivener. **III**/97
MERIENS [see MARIENS]
MERSON [see MARSON, Simon]
[MERTON] 'MARTEN', Surrey.
Monastery. **VIII**/24
MERTON [see MARTIN, Thomas]
MERVELL (MERELL), Henry. Child of
the Chapel. **VII**/25,28
METCALF [see MEDCALF]
[MEURS] (MORRIS), Mary. Wife of
Milibert. **VIII**/272
MEURS (MEARS,MORRICE,MORRIS),
Milibert (Gilbert). Trumpeter.
I/6,8,27,50,54,71(2),122(2),161,
198-9,199,210,216,223,230,233;
V/32,44,107,110,114,116,117,120,
128,282,283; **VIII**/167,290
MEYER (see MYER)
MICHELBOURNE, Sir Edward. **VIII**/336
MICO, Richard. Organist to Q.
Henrietta Maria. **III**/129,244,246,
247,248,249,250,251,252; **V**/7(2),9,
10,11,12,14(2),16,17,19; **VIII**/102,
107,109,123,126,127
MID(D)LEHAM. **VII**/45,82
MIDDLEMARSH. **VII**/88,115,119
MIDDLESEX. **VI**/41,52; **VIII**/44
MIDDLETON; 'MEDYLTON', Norfolk.
VII/1; **VI**/61; **VIII**/46
MIDDLETON, Hugh. **IV**/47
MID(D)LETON, John. Trumpeter. **V**/25
MID(D)LETON, John. 'of the Fox, King
Street. **I**/142,144
MIDDLETON, John. 'late of Essenden,
Herts.' **V**/89
MIDDLETON, Maria. **V**/89
MIDDLETON, Richard. Confessor in the
Chapel Royal. **III**/31,32
MIDDLETON, Thomas. **VI**/53; **VIII**/44
de MILAN [see LUPO]
MILBANK, Mr. **VIII**/185(2)
MILDMAY, Sir Henry. **III**/127
MILDMAY, Sir Walter. **VIII**/43
MILLER, Andrew. **III**/25
MILLER, Richard. Mercer. **VIII**/104
MILLER [see MELLER, Thomas]
MILLES, David. **II**/170,171
MILLIART, Mary. **II**/29
MILLINGTON, Thomas. **VII**/347
MILLS, Edward. Musician. **I**/119
MILLS, Mrs. Mary. Daughter of
Theophilus Fitz. **II**/49,79,100,170
(2),171(2),172,173
MILLS, Thomas. Musician. **I**/119
MILWARD, William. Trumpeter. **I**/224
MINERS (MYNARS,MYNORES), John.
Musician to Prince Henry;
Gentleman of the Chapel. **IV**/37,39,
211,212(2); **VIII**/323(2)
MINSTER, Kent. **VII**/143,144; **VIII**/22
MINTERNE. **VII**/116
MIRE (see **MYER**)
MISPLEY, David. Waterman. **II**/90
MITCHAM, Surrey. **V**/52
MITCHELL, -. Musician. **I**/119
MOHUN, Major. **VIII**/135 [=Thomas?]
MOHUN (MOHAN), Thomas. **III**/45,66,193
MOLDER (MOULDER,MOWLDER,MULDRE),
William. Priest of the Chapel.
VII/33,52,55,63,95
MOLINS, John. **II**/182

MOLLER, 'Richard' [see MELLER, Thomas]
MOMPESSON, Sir Giles. **IV**/47
MONASTERIES:
- Abbotisbury. **VII**/38,40
- Bardeney. **VII**/4
- Beaulieu. **VII**/2
- Bristol, St Augustine's. **VII**/37
- Cerne. **VII**/82,88,115,116
- Chertsey. **VII**/15
- Christchurch [Holy Trinity], London. **VII**/78
- Cirencester. **VII**/6,7
- Coggeshall ('Cock(s)hall', Essex]. **VII**/38,64,68
- Croyland.
- Dartford. **VII**/136
- Dorking ('Derking'). **VII**/13
- Egleston. **VII**/144
- Evesham. **VII**/8
- Gloucester, St Peter. **VII**/31, 39(2)
- Henbury. **VII**/50
- Jervaulx. **VII**/136
- Lenton. **VII**/32,76(2)
- Malmesbury. **VII**/31
- Martyn. **VII**/17,53,65; **VIII**/24
- Michelley. **VII**/32
- Monk Bretton, Yorks. **VIII**/23
- Newneham. **VII**/140
- Northampton, St Andrew. **VII**/31
- Norwich. **VII**/4
- Pershore. **VII**/23
- Peterborough. **VII**/52
- Ramsey. **VII**/7,41,408
- Romsey. **VII**/17
- St Alban's. **VII**/66
- St Benet [Hulme, Norfolk]. **VII**/5
- St Mary of Graces, London. **VII**/35
- St Osyth, Essex. **VII**/133
- Salop. **VII**/13
- Stanley. **VII**/18,40
- Tamerton. **VII**/145
- Thame. **VII**/
- Thetford. **VII**/12,58
- Trewordrewith/Tywardeth. **VII**/60, 63
- West Cooker. **VII**/77
- Winchecombe. **VII**/5

- York, Blessed Virgin Mary. **VII**/18(2)
MOND, Joseph du. **VIII**/273,275
MONDOZA, John de. **IV**/229
MONMOUTH, Duke of. **I**/95,105,115,120, 121,129,132,152,154,172,179,183, 184,185,286
MONROE (MONROWE), George. Trumpeter. **I**/90,119,223; **V**/122; **VIII**/193
MONSETT (see MOUSSETT)
MONSON (see ALLANSON)
MONT, Christopher. **VII**/3
MONTAGU/MOUNTAGUE
MONTAGNE/MONTAGUE, Bartholomew. Groom of the Queen's Privy Chamber. **III**/102; **V**/16
MOUNTEGUE, Monsieur. French dancer. **VIII**/114,125
MONTAGUE. Cir Felix *alias* La. **I**/179
MONTAGU/MOUNTAGUE, Henry. Child of the Chapel. **I**/87,89; **V**/133
MONTAGUE, James. Dean of the Chapel Royal. **IV**/28,30
MONTAGU/MOUNTAGUE, Sarah. **I**/89; **V**/133
MONTAGU, Hon. William. Attorney. **I**/103
MOODY, Mr. **II**/95
MOORE, John. Gentleman of the Chapel. **VI**/2,4,13,17,24,33; **VIII**/19,38,319(3)
MOORE, Henry **I**/267
MOORE, Robert. **I**/169; VI
MOORE (MORE), William. Harper. **VII**/90,108,122,126,131,132,134,135, 139,147,219-221,223-6,228,230-1, 233,235-7,239,240,242-4,246-8,250, 251,253(2),254,256-264,266-271, 273(2),274-6,278-280,282-6,289(2), 290-2,294-5,297-9,301-2,304,306, 308,310,312,314,316,318,321,363 (3),366,370(2),378,380,382,415; **VI**/vii,6,10,81,82,83,85,86,88; **VIII**/9
MORDANTE, Lord. **IV**/197
MORDAUNT, Charles. **II**/51
MORECOCK (MAWCOCKE), Robert. Gentleman of the Chapel. **VII**/124, 127,128(2),130,421; **VI**/2,3,12,17, 24,33; **VIII**/11,317,319(2)
MORER, Morris. Yeoman of the Vestry.

V/79,229
MORESON, Mr. **VII**/73
MORGAN. -. **V**/10
MORGAN, Mr. **V**/241
MORGAN, Edward. Recusant. **IV**/15; **VIII**/60
MORGAN, Jenkin. **III**/260
MORGAN, Meredith. **IV**/233
MORGAN, Nicholas. Gentleman of the Chapel. **VI**/17,24,34; **VIII**/319
MORGAN, Richard. **II**/103
MORGAN, Robert. Scrivener. **III**/10
MORGAN, Sergeant. **III**/260
MORLEY, Robert. Singing-man, Westminster Abbey. **VII**/129
MORLEY, Thomas. Gentleman of the Chapel. **VI**/62,78,73; **VIII**/49,320 (2)
MORLEY, William. **VI**/226
MORLEY, William. Gentleman of the Chapel. **II**/115,117,155; **V**/102,242,244
MORNINGTON, Thomas. **V**/42
MOROCCO. **I**/90,119,198; **VIII**/193
MOROCCO, Ambassador of. **I**/198
MOROCCO, Emperor of. **I**/89,90; **V**/122; **VIII**/193
[MORRIS] MORRES, -. Groom of the Queen's Chamber. **VII**/380
MORRIS (MORRICE), Edward. Musician. **I**/86
[MORRIS] MORICE, Geoffrey. Vestry. **VII**/55
MORRIS (MORECE,MORYCE), John. Vestry. **VII**/14,19
MORRICE/MORRIS, Milbert [see **MEURS**]
MORRIS, Mr. **I**/78
MORRIS, Richard. Yeoman of the Vestry. **VIII**/318(2)
MORRIS (MORICE), Thomas. **VIII**/130, 133,134
MORRIS, Wilfred/Vilford [see **MEURS**]
MORRIS, William. **I**/94,262
MORSE, Edward. **III**/73
MORTON, Mr. Sacristan in the Queen's Catholic Chapel. **V**/286
MORTON [MARTIN?], Richard. **VI**/189, 190,192(2)
MORZAY, Ame. Gentleman of Q. Henrietta Maria's Chapel. **VIII**/114
MOSELEY, John. Keeper of the instruments. **II**/29(2),35,38,39,40, 44,48,70,90,125,129,131,142,144, 157; **V**/95,99,288,289,292,293,294; **VIII**/297
MOSELEY, John. Servant to B. Underwood. **II**/8,11
MOSSE. -. Musician. **I**/92
MOSSE, John. Private Musick. **I**/56, 178(2),181(2),231,255,256(2),257, 258,259(2),287,288(2),295; **II**/161, 202,203,204,205,209,210,211,213; **V**/74,75,209,210,213,215,216,218, 255(2),269; **VIII**/232,233,238,239, 244,250,251,252,257,261,270
MOSSET (= MOUSSETT), John (Peter?). Trumpeter. **V**/284
MOTTLEY, Mr. Dancer. **I**/146,150
MOUNSON, Sir Thomas. **VIII**/73
MOUNTAGU(E) (see MONTAGUE)
MOUNTFORD, Edward. **I**/271,275
MOUNTIER(S), Thomas. Child of the Chapel. **II**/100(2),148; **VIII**/311
MOUSSETT (MONSETT,MOUSCETT,MUSCETT), Peter. Trumpeter. **II**/2,121,123
MUGG, Richard. **VII**/336
MULGRAVE, Earl of. Lord Chamberlain. **I**/190(3); **II**/6
MUNGER, John. **III**/65
MUNDY, William. Gentleman of the Chapel. **VI**/17,24,34,55; **VIII**/ 317,320
D'MURAITE (DUNNRAILLE,MURAILE). French dancer. **I**/137,146,150
MURRAY, Mr. **IV**/224
MURRAY, Robert. Tailor. **III**/61,66
MURRAY (MURREY), William. Singing-man of Westminster Abbey. **IV**/2
'MUSCOTE', Yokes. **VIII**/22
MUSSELL, John. **III**/101,102
MUSTON, Leics. **V**/58
MYER (MEYER,MIRE), John. Violin. **I**/38,39,45,76(2),82,87,88,100,113, 115,118,122,127,140,143(2),146, 147,152(2),166(2),168,184,189(2), 205,221,222,225,226,229,232; **V**/ 121,123,126,128,132,133,136,161, 162; **VIII**/191,192,212,245,246
MYLES, William. **VII**/416
MYN, John. **VI**/221
MYNARS (see MINERS)
MYNORS, George. **I**/261

N

NAILLE (NAGLE), Hans. Sackbut/Shawm. **VII**/20,21

NAISH. (see MARSH, Anthony)
? = **NASHE**, Mr. Gentleman of Q. Mary's Catholic Chapel. **V**/286

NASH, Elizabeth. **VIII**/102

NASH, Humphrey. **III**/62; **VIII**/102, 106

NASH, Richard. **VIII**/102

NASH, Richard. Shoemaker. **IV**/222

NASH, Robert. Musician. **I**/119

NASH, Robert. Witness for N. Staggins. **II**/65

NASH, William. Trumpeter. **VI**/36,42 (2),44,118,119,121,123,125,130,135

NASSAU, Henry, Count of. **V**/287,289

NAU, Cornelia. Wife of Stephen. **V**/23

NAU (NANT,NAW(E),NAWSE,NOE), Estienne (Stephen) [I]. Violin; composer. Appointment/place: **III**/23,24,31,39,113; **I**/2,9,12,17,219; **VIII**/100,141; appoints attorney: **III**/44; Corporation of Musick: **V**/246; death: **III**/128; illness: **III**/260; livery: **III**/27,40,56,67; **VIII**/97; provides music books: **III**/70,146; New Year's Gift: **III**/41; payments: **III**/139,140,142,143 (2),145,146,147,148,149,151,153, 155,157,159,170,178,180,181,185, 187,190,193,194,196(2),198,202, 203,206,207,210,213,215,217,221, 224,228,230,232,236,239; **V**/23; **VIII**/112,114,116; music for play: **V**/13; petition of: **VIII**/128; rota: **III**/59; subsidy: **III**/33,35,37,108; provides violins: **III**/50,78,143, 148; witness: **III**/111

NAU, Stephen [II]. Lute. **I**/5,216

NAU, Simon. Violin. **I**/2,10,218; **III**/98,100(2),108,111,113,153,155, 157,159; **V**/21; **VIII**/125

NEEDHAM, Charles. **II**/44,47

NEEDHAM, Clement. **VIII**/172

NEEDHAM (NEDHAM(S)), Richard. Usher/ Servant to the children of the Chapel. **VII**/349(2),350; **VI**/2,4; **VIII**/12

NEEDLER, James. Scrivener. **II**/9,10

NELHAM, Edmund. Gentleman of the Chapel. **IV**/49,59,63,65; **III**/1,3, 15,24,31,35,38,109,128; **VIII**/323

NETHERLANDS. **I**/76,77,124,139; **V**/120, (134)

'NETHERSTRATFORTH', Yorks. **VIII**/17

NEVEL, John. **VII**/78

NEVERS, Duke of. **VIII**/53

NEVITT, Edmund. **I**/101,103

NEW, Henry. **I**/100

NEWARK. **III**/121; **I**/19; **V**/109; **VIII**/318

NEWARK (NEWERK), William. Master of the children of the Chapel. **VII**/5,9(4),10(4),11(3),12(2),13(3),14, 15(3),17,18,19,21,22(2),23(4),24 (3),26,27,28,30(2),31,49,152,170, 330(4)

NEWBERRY, Berks. **IV**/48,201

NEWCOMBE, John. Rector. **VIII**/34

NEWHAVEN. **VI**/11

NEW INN, Middlesex. **V**/75

NEWMAN, Andrew. 'The wait'. **VII**/253, 254,256-260,262-4,266-271,273(2), 274,275,277,278(2),280(2),282(2), 283-287,289(2),290,291

NEWMAN, Andrew. Trumpeter. **VII**/254, 256

NEWMAN, John. Trumpeter. **VI**/14(2), 17,18(2),20,21,22,23,25,26,27,29, 39(2),33,34,36,37,89,91,92,93,94, 97,98,107,108,110,111,113,118(2)

NEWMAN, Mr. Justice. **I**/78(3)

NEWMAN, Thomas. Trumpeter. **VII**/90, 92(2),98,103,106,109,112,268,293, 300

NEWMAN, William. Trumpeter. **VII**/43, 68,71,90,92(2),99

NEWMARKET. **IV**/44,98,104,164; **III**/152; **I**/94,108,110,126,144,149,160, 166,167,174,175(2),184,186,188, 192,193,197,198(2),199,201(4),202 (2),203(2),204,205,207(5),211; **II**/29,34,48,136,142; **V**/135,147, 151,160(3),163,164,165(2),166
- Maypole Alley. **I**/213-4

NEWPORT. **II**/20

NEWPORT, Mr [Andrew]. Comptroller of the Great Wardrobe. **VIII**/193,195, 202(2)

NEWPORT, Edward. Recusant. **IV**/15

NEWPORT, Lady/Viscountess. **II**/32
NEWPORT, Lord/Viscount. **I**/222; **VIII**/258
NEWRER, Hieronimus. **VIII**/41
NEWSON, Peter. Gentleman Usher. **III**/39
NEWTH, Clement. Fife. **I**/120,148,181, 224; **II**/19(2),25,121,123,125,201, 206,207(2),211,212,213,215,216, 217; **V**/64,65,202,203,205,207; **VIII**/216,218,222,224,225,231,235, 260,268
NEWTH, Elizabeth. **II**/215,216
NEWTON. **VII**/144
NEWTON, Sir Adam. Schoolmaster and Secretary to Prince Henry; Receiver General of Revenues to Charles, Prince of Wales. **IV**/217(5),218(4),219(2),220(3),222(2), 223,224(3),225(2),226,228,229; **III**/30(2)
NEWTON, Francis. Trumpeter. **III**/76
NEWTON, Mrs. **VI**/3
NEWTON, Peter. Gentleman Usher. **VIII**/163
NEWTON, Peter. **V**/78
NEWTON-UPON-OUSE, Yorks. **VI**/41; **VIII**/38
NEYDENHANGER (NEWDENHAESER), Mr. Musician in Catholic Chapel. **II**/17,21; **V**/84,87
NEZUMBRYKE (EENBROKE), Hans. Drumslade. ['Hans' only in many entries.] **VII**/207-9,210(2),211(2), 212(3),213(3),214,215(2),216,217(3),218(2),219(2),220(2),221(3), 222,223(2),224,225(3),226(2),227(2),228,229,230(2),231,232(3),233, 234,235(2),236,237(2),238(2),239(2),240,241(3),242(2),243(3),244(2),245,246(2),247(3),248(2),249(3),250(2),251,252(3),[continuity assumed]: 253,255-260,262-3,265-8, 270-3,275-8,280-2,284-7,289
NICHOLAS, Sir Edward. Secretary of State. **III**/115,119; **VIII**/97,100,138
NICHOLAS, Edward. **VIII**/296,307,314(2),315
[NICHOLAS] NICHOLLS, John. Yeoman of the Vestry. **IV**/29,38; **VIII**/321(2), 323,333
NICHOLAS, Monsieur. Fencing-master? **VIII**/59
NICHOLLS, John. Servant to scrivener. **III**/10
NICOL, James. **VII**/407
NICOLINI, Signior. Singer. **II**/102
NICOLSON, Mr. Singer in Catholic Chapel. **II**/16,21; **V**/84,86
[NIGHTINGALE] NIGHTINGALL, James. **I**/158
NIGHTINGALE, Roger. Gentleman of the Chapel. **IV**/59,64,66; **III**/1,15,31, 35,38,71,109,124,127,129; **V**/24, 246; **VIII**/130,134,323
NIGOLL, John. Clerk in Chapel of Q. Henrietta Maria. **V**/xv
NIKKE (NICHE), Richard. Dean of the Chapel. **VII**/14(2)
NOA [Jacques de la] [see **IANOA/ LANOA**]
NOBLE, William. Vestry. **VII**/93,99, 102,105,108,112
NOKE(S), Martha. Wife of William. **III**/61,64(2),65,192
- children of. **III**/64,65
NOKE, William. **VI**/3
NO(A)KE(S), William. Wind instruments. Appointment/place: **IV**/67,68; **III**/62,63(2),68(2); **I**/30; **V**/35,36; **VIII**/87,153; appointed as attorney: **III**/23; funeral of Jas. I: **III**/3; lease: **VIII**/43; New Year's Gift: **III**/22; payments: **IV**/187,189,190,191,192, 193,194,195; **III**/164,166,168(3), 172,174,176,179(2),180(2),182,184, 187,190,192,200; petition against: **III**/27; probate: **III**/61; rota: **III**/52,53; subsidy: **IV**/60,62,64, 67; **III**/9,14,32,35,37; **V**/1
NORBURY, Priest of the Chapel. **VII**/14,16,19,23
NORFOLK. **VI**/61
NORGATE, Arthur. Keeper of the Organs. **III**/116,117; **I**/1,5,220
NORGATE, Edward. Keeper of the Organs. Appointment/place: **IV**/33(2),39,40; **III**/113,116,117,128, 136; **I**/1; **VIII**/65; as messenger: **IV**/89,106,110; housed Van Dyck:

III/65; New Year's Gift: III/23; keyboard manufacture/repairs by: IV/44,113; III/42,48,60,63,66,80, 85,89(2),94(2),97(2),101,106,134, 141(2),144,150,154(2),156; VIII/119; payments: IV/159,160,161,162, 163(2),167(2),169,174,176,177,187, 190(2),193; III/68,138(2),141(3), 142,144(2),146,148,149,150,151, 154(3),156(2),157,159,162,185(2), 186,188,190,192,194,196,200(3), 202,203(2),206(2),212,214,219,220, 223,224,226,229,231,232; VIII/109, 113,119; acted as intermediary in grant of place: IV/47; subsidy: IV/61,62; III/9,15,33,35,38,109; V/1

NORGATE, Ursula. III/192
NORMAN, Robert. Minstrel. VII/110, 114,337,338,340(2),342,343(2),344, 346,348
NORMANDY. VII/193
[NORRIS] NORRES, Mr. VII/71
NORRIS, Henry. VII/413,414(2),415
NORRIS, Sir John. VI/78
NORRIS, John. Priest of the Chapel. VI/1,3,94; VIII/317(2)
[NORRIS] NORRYS, Richard. Joiner. IV/225
[NORRIS] NORRICE, William. Child of the Chapel. I/206; II/8,9,138
NORTH, Dudley, Lord. VIII/69,70
NORTH, Sir Francis. V/260; VIII/232
NORTH. Robert. I/52
NORTHAMPTON. VII/31,152,159,164
NORTHAMPTON, Countess of. II/32,33, 42
NORTHAMPTONSHIRE. VI/38,59; VIII/44 - Priory of Bradnas. III/57
NORTHEDGE, Henry. Singing-man, Westminster Abbey. IV/3; III/4
NORTHLUE [NORTHLEW]. VII/75
NORTH PETHERTON, Devon. VII/88; VIII/35
NORTHUMBERLAND. VI/53; VIII/46
NORTHUMBERLAND, Duke of. II/8,13,18, 83,93,94,103,111,196(2)
NORTHUMBERLAND, Lord of. VII/167
NORTON, John. Grocer. II/95
NORTON, Roger. Priet/Sub-dean of the Chapel. VII/13(2),14,19,26,27,30 (2),31,33,49,55,331
NORTON, Thomas. VIII/41
NORWICH. VII/4,163; I/108,110; II/49; V/135
NORWICH, Earl of. III/119
NOTARI (NODARI,NOTARY), Angelo. Lute & voice. Appointment/place: IV/211; III/19,129; I/38,39,59,217, 219; V/40; VIII/94,155,169; appoints attorney: III/77; I/261 (2); V/38,41; burial: V/47; funeral of Henry, Prince of Wales: IV/37; of Jas. I: III/5; livery: III/18(2),55,67; I/15,21,237,238, 240,261(2),273,284,285; VIII/146; New Year's Gift: III/23; payments: IV/213,217(2),,211,213,217(2),220 (2),222,223,224,225,226(2),227, 228(2),229(2),234; III/171,174, 177,181,183,185,187,190,194,196, 199,203,206,208,211,214,215,219, 222,225,227,230,232,236; V/176, 183,187,191; VIII/115,187,188,193; petition against: III/72; probate: V/47; and Spanish Ambassador: VIII/82(2),83,84; subsidy: III/10, 33; I/50; V/2; VIII/165
NOTT, Mr. Of the Great Wardrobe. I/279
NOTT, Roger. III/24,25,26
NOTTINGHAM. VII/76; III/117
NOTTINGHAMSHIRE. VI/56; VIII/44
NOWELL, -. Priest, Westminster Abbey. VII/129
NOYE, Isaak de la. IV/56; VIII/83
NUDIGATE, Sir George. IV/197
'NUNLEY'. VIII/33
NURSE, Anthony. Brewer. II/57
NUTBROWNE, George. Gentleman of the Chapel. III/110,154; V/24; VIII/130,131,325(3)
NYCCOLSON, Anthony. Under-sexton, Westminster Abbey. VII/129
NYE, Margaret. Fruiterer. I/168

O

OATLANDS. VII/80; III/152,156
OBER [see AUBERT]
OCTON, Yorks. VIII/19
ODDER, John. VIII/265

OGILBY, Colonel. **II**/76,77
OGILTHORPE, Captain. **II**/12
OGLE, Sir William. **III**/120
OGLEB(E)Y, James. Scrivener. **I**/85; **V**/52
OGLEBEY (= MADGE, Elizabeth, *q.v.*)
OKELAND (HOCKLANDE, HOLLAND), Robert. Gentleman of the Chapel. **VII**/93, 99,103,105,108,113
OKELL, John. Scrivener. **I**/199
OLDBERRY (OLBERRY, OLBURY, OULDBURY), Jo. **III**/175,178(2)
OLDER, William. Minstrel. **VII**/2,3,4(3),328(3),329
OLDNALL, Edward. **II**/82
OLDNER, George. Groom of the Vestry. **I**/153,186,205; **II**/41; **V**/70,88,91,230
OLDNER (ADNER), Richard. Groom of the Vestry. **I**/144; **V**/70,229
OLDSWORTH (OLDISWORTH), Michael. **III**/8,93,94,96(2),102,103; **IV**/55,56,57,69; **VIII**/121
OLFELD [see ELFELD]
OLIVER, - [Claude?]. Musician. **IV**/36
OLIVER (OLLIVIER), Claude. Musician to Q. Anne of Denmark. **IV**/49,52,200,201,204,205,206; **VIII**/80
OLIVER, Edward. Sub-almoner. **V**/102,243
OLIVER, Peter. Limner. **III**/109
OLYFFE, Lovedon? **VI**/188
ONEALE, Colonel Daniel. **I**/14,15,17,20,21,35,42,49
ONEBY, John. **V**/66
ONIONS, Richard. **I**/53
OPICIJS, Benedict de. Organist. **VII**/49,51(2),53,55,56,58,224(2),226,228,229,231,233,234,235,236,237,238,240,242,243,244,245,246,247,248,249,251(2),252
ORANGE, Mary, Princess of. **I**/9
ORANGE, William, Prince of. **I**/100,174; **V**/134,154
ORLEANS. **VIII**/211
ORMOND, Duke of. **I**/27(2),29,31,43,97,223,224(2); **II**/26,31,37(3),44,45,48,52,57,63,66,72,75,98,104,183,186; **V**/94,287,289,291
ORPINGTON. **IV**/57; **VIII**/85
'ORSTWICHE IN HOLDERNESS', Yorks. **VIII**/17
OSBORNE, Lord. **VIII**/213
OSBOURNE, Jo. **II**/7
OSBROKE, Leonard van. Drumslade. **VII**/204,205
OSTERWICK (MOSTERWIKE, OOESTERWICKE, OOSTERWYCKE, OYSTERWECK), Gomer van. Flute. Appointment/place: **VI**/41,57(2),99; **VIII**/45; dwelling at: **VIII**/24,25,28,30,336; grant: **VI**/36; **VIII**/32; lease: **VI**/52; **VIII**/43; ?letter by: **VI**/75; payments: **VI**/xv,28(2),99,103,104,107,109,110,112,114,116,118,120,122,124,125,126,127,133,134,136,137,139,141,142,144,145,146,148,149,186,188(4),189,191,192(2),193(3),194,195,196,197,198,199,200,202,203,205,206,208,210,212,213,214,215,216,217,219(6),220(2),247; subsidy: **VI**/23,32,54;
OSTERWICK, Hedrick. Daughter of Gomer. **VIII**/29
OSTERWICK, Hettrott (Heterapp). [Second?] wife of Gomer. **VIII**/28,30
OSTERWICK, Sandriane [First?] wife of Gomer. **VIII**/25
OSTLER, Robert. Serjeant-at-Mace. **I**/32
OSTLEY, John. Singing-man, Westminster Abbey. **IV**/3
OSTLER, ROBERT. I
OTTER, William. **II**/196
OTTLEY (AUTLEY, OATHEY, OATLEY, OCLEY), Edward. Drummer. **III**/91; **I**/5,21,33,41,49,51(2),58,62,97,216,224(2); **V**/18,25,36(2),42,43,54,172,173,174,175,176,177,178,220(2),221; **VIII**/133,167
OT(T)LEY, Anne. Wife of Edward. **V**/25; **VIII**/133
OTLEY (see also SMITH, Anne)
OTTO, Martin. Musician to Q. Anne of Denmark; Gentleman of the Chapel. **IV**/50; **VIII**/71,323(2)
OVEBURY, Sir Thomas. **VIII**/73
OVEN, Jacob. Musician to Q. Anne of Denmark. **VIII**/71
'OVER ELVELL', Radnorshire. **VIII**/33
OVERKIRKE, Lord. **II**/26,31,37,45,54,

183,186
OVERSLEY, Warwickshire. **VI**/38; **VIII**/34
d'OVESOT (see DOORESCOURT)
OVINGTON ('Owvington'). **VII**/71
OXFORD. **VII**/82,362,364,367,369; **III**/117,162,243; **I**/1,65,68,69.70(2),73,166; **II**/20; **V**/119,122,130,131,154; **VIII**/139,153,159,163
- Christ Church. **VIII**/163
- Magdalen College. **VIII**/316
OXFORD, Earl/Lord of. **VII**/180; **I**/18,100,147; **II**/8,13,28,50,65;
OXFORD, Henry. Musician? **IV**/23,233
OXFORD, [Henry]. Treasurer. **VIII**/311(2),312(3),313(2),314
OWEN, Patrick. Trumpeter. **VI**/44,45,46,47,48,49,135,137,138,140,141(2)
OWEN, Patrick. Cushion-man in Catholic Chapel of Jas. II. **V**/86
OWEN, William. **II**/33

P

PACE, Richard. Secretary to Henry VIII. **VII**/410(2),411(4); **VIII**/5
PADUA. **VII**/65; **VIII**/82(2)
PADUA (PADO), John de. Musician. **VII**/181(4),182(3),183(4)184,185
PADUA, John de. Architect; musician. **VII**/94,114,418,419,420,421; **VIII**/7
PAGANO, Antonio. Italian; says he is married to Lucretia Conti. **VIII**/24
PAGE, Mr. **VII**/375
PAGE, Sir Richard. **VII**/413
PAGE, Richard. Water-bailiff. **VII**/?
PAGE, William. **VI**/223(2); **VIII**/48
PAGETT (PAGITT), Charles. Violin. **I**/123(2)
PAGIN(G)TON (PAGYNTON, PAKINGTON), Thomas. Sackbut; flute. Appointment/place: **VII**/113; **VI**/80; **VIII**/20; coronation of Ed. VI: **VII**/107,108; of Q. Eliz.: **VI**/6; death: **VI**/141; dwelling at: **VIII**/336; funeral of Hen. VIII: **VIII**/7; of Ed. VI: **VII**/126; licence to: **VII**/119; livery: **VII**/120,134,139,141,147; **VI**/6,8,9,11,12,13,15,19,20,21,25,26,27,29,31,34,37,38,39,41,42,44,45(2),47,48,50; payments to: **VII**/294,296,297,298,300,302,303,305,306,307,309,310,313,315,317,319,322; **VI**/41,80,82,83,85,86,88,90,91,93,95,97,99,103(2),104,107,109,110,112,114,116,118,120,122,124,125,127,132,136,137,139,141; subsidy: **VII**/418,420,422; **VI**/16,23,32; **VIII**/15
PAGITT, Mr. Violin. **I**/146,150
PAGETT, William. Violin. **I**/222
PAINE [PAYNE], Thomas. Gentleman of the Chapel. **VIII**/321,322
PAINTER, Grace. **V**/38
PAISIBLE (PEACEABLE, PEASABLE, PEASEABLE, PEASIABLE), James. Recorder/flute. **I**/146,150,172; **II**/2,5(2),6,12,17,21,23,91,102,122,136(2),137,139,205,214; **V**/84,87,104,165,291; **VIII**/246,258,261,262,309,310
PALFREYMAN, Thomas. Gentleman of the Chapel. **VII**/124,127,128,130; **VI**/2,4,13,17,24,30,33; **VIII**/11,22,319
PALMER, Benjamin. Chaplain. **II**/156
PALMER, James. **VIII**/77,78,83
PALMER, John. **VI**/189(4),190(3),192(3)
PALMER, John. **V**/157,217
PALMER, Mr. **I**/121
PAMPLIN, Richard. **V**/113
PANINE, -. French singer. **I**/150
PARADISO, Ranaldo. Flute. **VI**/95,97,99(2),103(2)
PARADISO, -. Wife of Ranaldo. **VI**/104
PARGITER, John. Goldsmith. **I**/114,118(2)
PARIS. **IV**/85(2),87(2),89,91(2),94,95,96,98,101(2); **V**/7; **VIII**/52,113
- St Denis. **V**/58
PARIS, John. Scrivener. **V**/46
PARKER, Henry. Serjeant of the Vestry. **II**/72,73,81,82,85,89,92,98,103,107,110,111,115,117,155,156; **V**/88,98,236,238,241,243
PARKER, John. Chapel. **VII**/87
PARKER, Phill. **II**/6
PARKER, Robert. Wind instruments; violin. **III**/26(3),33,35,37,46,47(2),52,59,68,74,95(2),98,104(2),105(3),106,140,142,143,146,147,

149,150,153,155,157,177,178,181,
184,187,188,191,194,198,202,205,
208,211,214,216(2),218,220,221,
222,223,225,226,228,230,231,233,
234,235,239; **V**/246,299; **VIII**/113,
114,117
PARKER, William. **I**/124,127,128
PARKES, William. **I**/136,139(2),145,
148,159(2),161,241,242,243,246,
247,254,255,256(2),257,258,280,
281,282,283(3),291,294(2),295(2);
II/33; **V**/75,138,139(3),145,155,157
PARKIN (see PERKIN, JOHN)
PARKINSON, Thomas. Private Musick.
II/56,67,70,78(2),96,100,127,128
(2),131(2),144,157,170(2),171(2),
172,173(2); **V**/293,294,295; **VIII**/
297
PARKYNS, [John or Humphrey?].
Priest, Westminster Abbey. **VII**/129
PARNELL (PAN(N)ELL, PENNELL), Thomas.
Groom/Yeoman of the Vestry. **IV**/60,
64; **III**/2,15,32,36,39,71; **VIII**/
323,326
PARNEY, Dr. Michael. Physician.
I/117; **V**/52
PARR, Queen Katherine. **VII**/88; **VIII**/
6,7,8
PARR, Lord. **VII**/84,86(4)
PARR, William. Marquis of
Northampton. **VII**/138; **VIII**/9,22
PARRATT (PARROT), Sir John. Admiral.
VI/39,41
PARROTT, Joseph. Founder. **I**/277
PARRY (APPARE), Blanche.
Gentlewoman of the Chamber to
Queen Elizabeth. Received New
Year's gifts: **VI**/3,14
PARRY, Sir Thomas. Treasurer of the
Household. **VIII**/18
PARSONS, Mrs. Frances. **I**/102
PARSONS, Sir John. **II**/8,13,18
PARSONS, John [several persons?].
I/91,102,125,126
PARSONS, Robert. Gentleman of the
Chapel. **VI**/13,17,24,174(2); **VIII**/
317(2),318
PASTON, Mr. Virginals. **VII**/374(2),
375
PATCH. The King's fool. **VII**/364,366
(2)

PATERNOSTER, Robert. Gentleman of
the Chapel. **VI**/2,4,24,34,62; **VIII**/
35,317,320
PATRICK, Richard. Singing-man,
Westminster Abbey. **III**/4
PATTEN, John. Groom/Yeoman of the
Vestry. **VI**/62,68,73; **IV**/3,19,22,
27,29; **VIII**/321,333
PATTEN, Richard. Groom/Yeoman of the
Vestry. **IV**/50,60,64; **III**/2,15;
VIII/323,333
PAUL, Welden. Bailiff. **I**/206
PAULAIN (PULLEN), John. Musician to
Princess Anne of Denmark. **II**/65,
69; **V**/292,(292)
PAUL'S SHEEN. **III**/67
PAVIA. **VII**/87
'PAWLESBURY' [PAULERSPURY],
Northants. **VIII**/34
PAWMESTER/POWMESTER [see **BAUMEISTER**]
PAYNE, William. Child of the Chapel.
V/296
PEACHES (PECHES, PITCHES, PY(T)CHES),
John. Trumpeter. **VII**/68,75,90,92
(2),98,103,106,109,111,121,130,
135,142,144,145,254,256,293,295,
296,299,301,302,304,306,308,309,
311,316,318,320,350,417,419,421;
VI/1,4,6,9(2),11,12,14,15,16,18,
19,20,21,22,23,25,26,27,29,30(2),
33,34,37,38,40(2),42(2),80,81,83,
84,86,87,89,91,92,94,97,98,107,
108,110,111,113,116,117,119,121,
123,135,172; **VIII**/13
PEACOCK, Henry. Trumpeter. **III**/129;
I/41,43,45,99,167,206,239(2),240,
241,242,243,244,245,246,247,248,
249,250,252,253,254,255,256,257
(2),258,262,264,265(2),269(2),270
(2),272,273,274(2),275(3),276,277,
285(2),287,292,294,295(3); **II**/7,
136; **V**/38,115,117,122,124,127,130,
133,138,140,144,146,150,153,158,
162,165,166,273(2); **VIII**/138,151,
158,243,251,254,261
PEACOCK (PEYCOK), John. Sackbut.
VII/125,134,139,141,146,147,319,
322,351; **VI**/5,7,8,9,11,12,14,15,
81,82,83,85,86,88(2),172; **VIII**/15
PEACOCK, Mary. Wife of Henry. **I**/167,
206,241,242,243,252,257,258,265

(2),266,272,292,295; **II**/7,211; **V**/273(2); **VIII**/261
PEACOCK, William. Trumpeter. **I**/22, 44,45,71,90,119,223(2),230; **V**/43, 107,110,114,116,117,119,120,122, 123,126,127; **VIII**/193
PEAKE, William. **VIII**/117
PEARCE (see PIERCE)
PEARE (PERE), Lewis. Haberdasher. **I**/139,145,151,159,248,282; **V**/68, 70,75,139(2),145(2),155,157
PEARE, Matthew. Gentleman of the Chapel. **III**/110(2); **VIII**/326
PEARE/PEARLL, Christian [see PERLL]
PEARSON (see PIERSON)
PEASE, William. Tailor. **III**/102
PEASLEYE (see PRASELEY)
PEAUR, Mr. French dancer. **I**/137
PECKHAM. **VII**/57,61
PECKHAM, Sir Edward. **VII**/136
PEDLEY, Mr. Verger of the Catholic Chapel of Jas. II. **II**/22(2); **VIII**/281
PEDOCK (PEDOOK,PEDYOK), John. Priest of the Chapel. **VII**/14,17(2),19,23
PEERS (see PIERCE)
PEET (PRETE), John. Priest of the Chapel. **VII**/1,6,7
PEGION [see PIGEON]
PEILLOT, Simon. Musician of Q. Henrietta Maria. **III**/246
PEIRCE/PEIRS (see PIERCE)
PEIRSON (see PIERSON)
PEKINS, -. Treasurer, Westminster Abbey. **VII**/129
PELER, Edward de. Sackbut/shawm. **VII**/18,20,21(2),22
PELER, John de. Sackbut/shawm. **VII**/8,11,16,20,21,22,25,29
PEMBROKE. **VI**/60
PEMBROKE, Earl of. Lord Chamberlain. **IV**/222; **VIII**/323
PEMBROKE, Philip, Earl of. **VIII**/127
PEMBROKE, William, Earl of. **VIII**/95
PEMBROKESHIRE. **VIII**/46
PENCRICHE. **VII**/37,72,101
PENDELTON, Francis. Musician. **I**/92, 107
PENDERSON, William. **IV**/220
PENDRY (PENDRE(Y)), John. Trumpeter. **IV**/48; **III**/2,22(2),33,34,37,43,53,

72,78(2),79(2),137,139,140,142, 143,145,147; **VIII**/95,110
PENE, James. **V**/38
PENIALL, Anne. **I**/246
[PENIALL] PENNELL, Elizabeth. **V**/224
PENIALL (PANIALL), Captain Matthew. Gentleman of the Chapel. **I**/51; **V**/45; **VIII**/169,177
'PENMAGHNO' [PENMACHNO], Carnarvon. **VIII**/26
PENNAX (PENNOXE,PENNY,PINX), Alexander. Drummer. **VII**/86,89,111, 120,123,126,134,139,141,147,272, 274,275,276,277,279,280,282,284, 286,287,288,289,290,291,291(2), 294,295,297,300,302,303,305,307, 308,310,313,315,317,319,322; **VI**/5, 6,8,9(2),10,12,14,15,17,19,20,21, 23,25,26,27,29,30,33,35,37(2),38, 40,42(2),44,45(2),47,48,175(2), 176(2),177(2),178(2),179,180(2), 182,183,184,185,186,187,188,189, 190,192,193,195,197,199,201,202, 204,206; **VIII**/10,14,16
PENNE, Bartholomew. Drummer? **VII**/369
PENNE (PENDE), John. Gentleman of the Chapel. **VII**/1(2),5,6,14,19,26, 28,33,35,40,408
PENNE (PENDE), Robert. Gentleman of the Chapel. **VII**/19,26,28,30,32,33, 34,36,37,38(2),40,42,47,55,59,365, 408,424
PENNINGTON, Sir John. **III**/104
PENNINGTON, John. Child of the Chapel. **II**/50,51
PENNINGTON, Mrs. **II**/51
PENYCOTT, John. Bell-ringer, Westminster Abbey. **VII**/129
PEPELYNG. **VII**/408
PEPPEL, Robert. Scrivener. **II**/29
[PEPUSCH] PEPUSH, Mr. [John Christopher]. **II**/102
PEPYS, Samuel. **I**/3,56
PERENANT, Gratian. **I**/
PERINCHIEF, Dr. Richard. Prebendary, Westminster. **VIII**/213
[PERKIN] PERKYN, -. Trumpet. **VII**/161
PERKIN (PARKIN), John. Trumpeter. **VI**/44,45,46,47(2),135,137,139,140
PERKINS, Captain. **III**/50
PERKINS, Edward. **I**/167,280,282(2),

283(2)
PERKINS, Mr. **I**/55,264
PERKINS (PARKER,PARKINS), Searles (Charles). Trumpeter. **IV**/57(2),61, 63,65,66,68,69,111,113; **III**/2,6, 13,33,34,36,43(3),54,67,72(2),80, 108,113,132(3),134,137,139,140, 142,143,145,147,149,150,153,155, 156,158; **V**/2
PERKINS, William. **III**/64,89
PERKINSON, John. **II**/115
PERLL (PEARE,PEARLL,PERLE), Christian. Trumpeter. **II**/29,63, 125,129,183,186; **V**/286
PERNE, -. Priest, Westminster Abbey. **VII**/129
-. PERO. Boy [Musician? Piero Guy?] **VII**/373
PERRALL, John. Catholic preacher. **V**/86
PERREAU, Daniel (Junior). **II**/108
PERRIN, Pierre. **I**/135
[PERRY] PERY, -. Guard. **VII**/83
[PERRY] PERYE, David. **VII**/138
PERRY, Richard. messenger to the Corporation of Musick. **V**/254,259, 260(3)
PERRY (PARCY,PURY,PYRREY), Robert. Child/Gentleman of the Chapel. **VII**/78,91,93,99,102,105,109,112, 124,127,128,130,135,311,344(2), 345,346(2),347,348(2),349,350(2), 351,353,354(2),355(3),356(2),357 (2),358(2),359(3),362(4),363,364, 365(2),366,367,419,421,424; **VI**/1, 3,168,172,173(2); **VIII**/10,13,14
PERRY (PERREY), Robert. Musician. **I**/86,104,107
PERRY, William. Child of the Chapel. **II**/91(2)
PERREY, William. Player. **IV**/41
PERSONS, Martin. Sacrist. **III**/4
PERYN, Alexander. Petty-canon, Westminster Abbey. **VII**/130
PETALA, Edward. Sackbut. **VI**/7,8,9, 11,12,14,15,16,19,20,21,23,25,26, 27,29,30,33,35,37,38,39,41(2),42, 44,45(2),47,48,49,50,51,82,83,85, 86,88,90,92,93,95,97,99,102,104, 107,109,110,112,114,116,118,120, 122,124,126,127,133,136,138,139,

141,142,144,213; **VIII**/20,43
PETALA, Mark Anthony. Sackbut. **VII**/ 64,70,71,72,75,76,77,82,85,86,89, 90,91,93,97,98,106,110,112,117, 254,255,256,257,258,259,260,262, 263,265,266,267,268,270(2),271, 273,275(2),277,278,280,281,282, 284,285,286,287,288,289,290,291, 292,294,295,297,300,301,303,304, 307,308,310,312,314,317,342,366, 368(2),369,416,418,420
-, PETER. Trumpeter. [see CASA NOVA]
-, PETER. 'The new minstrel'. **VII**/187
PETER, Jacob. [Lute]. **III**/248,260
PETERBOROUGH. **VII**/52,72; **I**/98
PETERBOROUGH, Earl of. **II**/116
PETERS, John. **II**/18
PETERS, Mr. **VIII**/268,269
PETERSON, Magneus. Musician to Q. Anne of Denmark. **VIII**/71
PETIFER, Nicholas. Curate, St Olave, Hart Street. **VI**/109
PETIT, Cirick. Clerk in Chapel of Q. Catherine of Braganza. **VIII**/265,270,277
PETRE ('PITER'), Mr. **VI**/42,75
PETRE, Rt. Hon. Mr./Father. Priest. **II**/139,140
PETRE, Father Edward. **VIII**/274
PETRE, Sir John. **VI**/42
PETTOCK [see PITTOCKE]
PETWYN, John. Gentleman of the Chapel. **VII**/14,19,26,28,33
PETY JOHN. [see COCKEREN and SEVERNAC]
PETYMAN, John. **VII**/78
[**PFEIFFER**?] FYFER, Bartholomew. Drumslade. **VII**/208(2),209,210(2), 211,212(3),213(2),214(2),215(2), 216,217(2),218,219(3),220(2),221 (3),222,223(2),224,225(3),226 (2),227(2),228,229,230(2),231, 232(3),233,234,235(2),236,237 (2),238(2),239(2),240,241(3),242 (2),243(3),244(2),245,246(2),247 (3),248(2),249(3),250(2),251,252 (3) [later entries of uncertain attribution: possibly ROKENBAUGH]: 253,255,256,257,258,259,260,262, 263,265,266,267,268,270,271,272,

273,275,276,277,278,280,281,282,
284,285,286,287.290,291,292,371
[**PFEIFFER**?] FYFER, Bastian.
Drumslade. **VII**/213,214,215(2),216,
217(3),218,219(2),220(2),221(3),
222,223(2),224,225(2)
[**PFEIFFER**?] FYFER, Jacob. Drumslade.
VII/204(2),205,208(2),209,210(2),
211,212(3),213(2),214(2),215(2),
216,217(3),218(2),219(2),220(3),
221,222(2),223,224,225(2),226(2),
227,228(3),229,230(2),231(2),232
(2),233(2),234,235(3),236,237(2),
238(2),239(2),240,241(3),242(2),
243(3),244(2),245(2),246(2),247
(3),248(2),249(3),250(2),251,252
(3),253
PHEASANT, Richard. Messenger. **I**/206
PHELP(E)S, John. Flute; tabor and
pipe. **IV**/14(2),17,20,43(3),129,131
(2),133,134,135,136,137,138,139,
140,141(2),142,143,144,145(2),146,
147,148,149,150,151(2),152,153,
154,155,156,157,158,159,160(2),
161,233; **VIII**/73(2)
PHILIBERI (FELEBERI,PHILIBERE),
Giovanni/John Baptista. Italian
Musician; Gentleman of the
Catholic Chapel of Jas. II. **V**/86;
VIII/235,279
- wife of. **VIII**/279
-. PHILIP, Master. [see Philip van
WILDER]
[PHILIP I]. King of Castille.
VII/179
PHILIPS, Moses. Trumpeter. **V**/285
PHILLIPPE(S), Captain Owen. Groom/
Yeoman of the Vestry. **I**/144; **V**/70,
229
PHILIPS, Richard. Trumpeter. **V**/285
PHILLIP(S) (PHELYPES), Robert.
Child/Gentleman of the Chapel.
VII/59,62,82,84,89,91,93,99,102,
105,108,112,123,209,418,424; **VIII**/
10
PHILLIPS, Robert. Confessor to Q.
Henrietta Maria. **V**/xv
PHILLIPPS, Thomas. **I**/75
PHILLIPS, William. Yeoman of the
Vestry. **IV**/27,38
PHILPOTT, Sir George. **IV**/198

PHIPPS, Nicholas. Closet keeper.
II/72,156
PHYSON, Anne. **I**/210
PICART (PACKARD,PICKARD), Nicolas.
Violin. **I**/3,9; **III**/33,35,37,39,58
(2),59,60,61,70,73,82,108,111,113,
129,139,140,142,143,145,147,149,
150,153,155,157,159; **VIII**/100
PICKERELL, Cecily. **VIII**/19,20
PICKERELL, John. **VIII**/19
PICKERING, Arthur. **I**/91
PICKERING, Bartholomew. Scrivener.
V/50
PICKERING, Margaret. Servant in the
Catholic Chapel of Jas. II. **V**/86
PICKERING, Mr. **I**/116
PICKFORD, Elizabeth. **III**/74
PIDDLETRENTIDE, Dorset. **VIII**/47
[**PIERCE**] PEARCE (PEERS), Edward.
Gentleman of the Chapel; Master of
the Music at St Paul's Cathedral.
VI/55,62,68,160,163; **IV**/4,74;
VIII/52,319,320
[PIERCE] PEIRCE, Mrs. Singer. **I**/145
[PIERCE] PEARCE, John. **II**/11
PIERCE, Theobald. Keeper of the
Standing Wardrobe at Richmond.
III/152
[**PIERCE**] PEIRCE (PEERS,PEIRS), Dr.
Thomas [I]. Gentleman of the
Chapel. **IV**/29,38,49,59,63,65;
III/1,3,15,31,35,38,71,128,136;
VIII/322,325
[**PIERCE**] PEIRCE (PEERS,PEIRS),
Thomas [II]. Gentleman of the
Chapel. **IV**/59,64,66; **III**/1,15,32,
36,38,71,109,125,129; **I**/51; **V**/44;
VIII/131,324
PIERCE [PEERCE,PEIRCE,PIERS], Walter
Lute. **VI**/viii,54,59,67,70,72,74,
145,147,148,150,151,153,154,157,
158,159,162,163,164,166; **IV**/2,4,
73,74,76,231; **VIII**/336
PIERRE, Guillame la [Sebastian?].
Dancing master. **III**/97
PIERRE (LAPIER,LOPIER), Sebastian
la. Dancing master. **IV**/34,37,39,
46,148,150,156,168,169,171,173(2),
176(2),178,179,181(2),183,184,185,
186,188(2),189,190,191,192,227,
228,230;**III**/5,109,162,165(2),170,

174,185,188,190,193,196,199,203,
206,211,216,219,222,228,231,233,
237,252?; **V**/9,10,11,12(2),13(2),
15,16,18(2); **VIII**/65,90,108,114,
116,125
PIERS, Peter [apparently an error
  for GUY *q.v.*]
[PIERSON] PEARSON (PEIRSON,PERSON),
  Phillip. **I**/148,151
PIERSON (PEARSON,PEIRSON), Simon.
  Trumpeter. **I**/76,95,115,129,132,
  141,152,172,176,179,183,185,191,
  222,233,286; **II**/1,24,121,123,181
  (2); **V**/79,120,151,160,164,282;
  VIII/229,270,290
[PIERSON] PEARSON, William. **II**/24
PIERSON (PEARSON,PEERSON,PEIRSON,
  PERESON), William. Drummer. **IV**/10,
  11,14,15,17,24,28,36,75,77,78,79,
  82,84,86,199,200,203,211; **VIII**/57
  (2),59,67
PIETRO, Mr. Musician. **II**/102
PIGEON, Daniel. **V**/156
PIGEON (PEGEON,PEION,PYGYN), Thomas.
  Minstrel. **VII**/27,29,54,110,337
PIGOTT, -. **VIII**/259
PIGGOTT (PIGGETT), Francis. Child of
  the Chapel; organist of the
  Chapel. **I**/183,186,206,208,211
  (2); **II**/72,81,82; **V**/92,98,165,290,
  292(2),294
PIGOT, George. Clerk to the
  Corporation of Musick. **V**/260
PIGGOTT (PYGOTT), Richard. Gentleman
  of the Chapel; formerly of
  Wolsey's Chapel. **VII**/49,61,68,69,
  77,89,91,93,96(3),99,102,105,109,
  112,234,353(2),354(3),355(2),356
  (2),357(2),358,382(2),412,424
PIGOTT, William. Curate. **I**/125
PIKE (PICK(E),PYKE), Richard.
  Musician. **VII**/131,132,134(2),137,
  140,147,319,322,376; **VI**/6,7,9,10,
  12,14,15,16,19,20,22,82,83,85,86,
  88,90,92,93,95; **IV**/89; **VIII**/14,21
PIKE, Thomas. Minstrel. [Possibly an
  error for Richard?] **VII**/69
PIKE (PYKE), William. Trumpeter.
  II/59,60(2),63,74,75,76,90,127,
  129,131,188,193(2); **VIII**/291
PINCKNEY, George. Teller at the
  Exchequer. **I**/270
PINE, Hester. **II**/104
PINSON, Richard. Printer. **VII**/34
PIPER, James. Drumslade. [same as
  Jacob PFEIFFER?] **VII**/241,242(2),
  243(3),244(2),245,246(2),247(3),
  248(2),249(3),250(2),251,252(3),
  253
PIROT (PYROT), John. Rebec. **VII**/253,
  254,256
PIRRON, Mons. Great Almoner to Q.
  Henrietta Maria. **V**/xv
PITCHES (see PEACHES)
PITER (see PETRE, Mr.)
PITT, William. **IV**/125
PITTOCKE (PEDDOCK,PETOCKE), Richard.
  Trumpeter. **IV**/23(2),41(2),43,44,
  54,56,82,84(2),86,88,90,92,94,95
  (3),97,98,99,100,102(5),103,104
  (3),105,107(4),109; **VIII**/78,83
PLACE, Geoffrey. **VI**/149
PLANCHE, Peter de la. Tabret. **VII**/
  64,75,259,260,262,264,265,266,267
  (2),268,270,365(2),371
PLAYFORD, John. Publisher. **V**/110;
  VIII/216,337
PLAZE, Vincent. Servant to Innocent
  Comy. **VIII**/21
PLEASANNCE, Geoffrey. Trumpeter.
  VII/207,208,409
PLOW [= BLOW?] Elizabeth. **I**/117
PLUCKLEY, Kent. **I**/116
PLUKENETT, George. Scrivener.
  III/89; **V**/42(2)
PLUKENET, George 'Junior'.
  Scrivener. **I**/210; **V**/42
PLUKENET, Thomas. **V**/42
PLUME (PLUMB), Dr. Thomas. Vicar of
  East Greenwich. **I**/68; **V**/52,72
PLUMLEY, Richard. Gentleman of the
  Chapel. **VI**/62,68,73; **IV**/3,19,21,
  27,29; **VIII**/320,322
POLAND. **I**/161,171,172,174,188; **V**/154
  (2); **VIII**/290
POLLARD, George. Juror at Shropshire
  Assizes. **IV**/58
POLLARD (PALLARD), Hugh. Minstrel.
  VII/90,106,108,113,294,296,297,
  298,300,301,303,305,306,307,309,
  310,313,315,317,377(2),417
POLSTER, Henry. **VIII**/35

PONT, Bernard de. Harper. **VII**/107, 111,120,122,126,133,134,139,293, 294,296,298,300,302,303,305,307, 309,310,312,315,316,318; **VIII**/9
PONTISBURY. **VII**/53(2),57
POOLE, John. **III**/239
POOLE, Sir Courtney. **VIII**/200
POOLE, Richard. **III**/101,211,214,222, 235
POORTER, Oliver. **VII**/12
POPE (PAPA), Christopher de. Trumpeter. **VII**/25,29,39,44,207, 208,409
POPE, John. Groom of the Chamber. **III**/124
POPE, Richard. **V**/62
POPE (POOPE), William. Gentleman of the Chapel. **VII**/99,103,105,109, 113,419
POPELWELL, John. **V**/75
POPHAM, Lord Chief Justice. **VIII**/53
'POPPLETON'. **VIII**/48
PORDAGE, Mr. Gentleman of the Catholic Chapel of Jas. II. **II**/16,21; **V**/84,86
PORDER, Henry. **VI**/210(2),211(4),213
PORE, -. Physician. **VIII**/90
PORTE, John. **VII**/60
PORTER, -. **I**/275
PORTER, Endymion. Gentleman of the Bedchamber. **III**/13; **VIII**/98,104, 125,127
PORTER, George [I]. Trumpeter. **IV**/56(2),61,63,65,66,68,111,113; **III**/2,6,13,33,34,37,43,54,69,70, 71,108,113,132,134,137,139,140, 142,143,145,147.149,150,153,155, 156,158; **VIII**/151,158
PORTER, George [II]. Trumpeter. **III**/60,92(3),93(2),95(2),96(2), 108,113,129,153(2),155,156,158; **I**/31,41,43,45,239(3),240,241,242, 243,262,268,271,273,275(2),285; **V**/2,38,115,117,130,133; **VIII**/124 (2),127
PORTER, Henry. Sackbut. **VI**/166; **IV**/2,5,11,12,17,20,25,47(2),73,74, 76,77,79,80,82,85,87,89,90,93,94, 96,99,101,169,231; **VIII**/54,64
PORTER, Mary. Wife of George [II]. **I**/31,241,242,243,265(3),266,268 (2),271,272(2)
PORTER, Prudence. Wife of William. **I**/154,252,253,265,268(2),293,294, 295
PORTER, Walter. Chorister, Westminster Abbey; Gentleman of the Chapel. **IV**/4,39,50,55,59,64, 66; **III**/1,15,32,36,38,56(2),65,71, 109,123,125,128,160,209,228; **V**/20, 22,246; **VIII**/132,133,323
PORTER, William. Trumpeter. **III**/112, 114,129; **I**/41,43,45,94,99,154,173, 239(2),240,241,242,243,244,245, 246,247,248,249,250,251,252,253, 265,266,267,268,272,274(2),277, 279,285(2),291,293,294,295; **V**/38, 115,117,122,124,127,130,133,138, 140,144,146,150,153; **VIII**/151,158, 198
PORTINGTON, Edmund. Private Musick. **I**/219
PORTINGTON, Michael. **VI**/222
PORTLAND, Dorset. **VIII**/55
PORTMAN, George. Painter. **V**/13
PORTMAN, Sir Harry. **VIII**/77
PORTMAN, Richard. Gentleman of the Chapel. **III**/102,110,122(2),123, 156; **V**/24,25; **VIII**/132,326(2)
PORTSMOUTH. **III**/44,62,138; **I**/9,31, 32,43,57,94; **II**/20; **V**/109,112(2), 118; **VIII**/23,153
PORTUGAL. **I**/22,24,45; **V**/109; **VIII**/ 290
PORTYNARE, John. **VII**/415
POTHERO, Margaret. **I**/55
POTT, John. Messenger. **I**/104,143
POTWEYE, John. Minstrel. **VII**/21
POUNTNEY, John. Groom/Serjeant of the Vestry. **III**/71,110,122(2),123; **VIII**/326(3),333
POV(E)Y, -. Auditor. **VIII**/127
POWELL, Charles. Private Musick. **II**/15,18,22,23,25,27,28,34,35,38, 39,40,41,44,48,66,67,75,121,122, 124,127,128(2),138,158,163,164(2), 165(2),166(2),167,168(2),169,179; **V**/287,289,291,292,293,294; **VIII**/ 273,284,298
POWELL, Elizabeth. Wife of Charles. **II**/67,75,168,170,171(2),172,173(2) ,174(2),175,176(2),177,179

POWELL, George. Son of Charles. II/75
POWELL, Henry. II/177
POWELL, Hugh. Clerk to Auditor. VIII/127
POWELL, John. I/131; V/89
POWELL, Richard. Child of the Chapel. VII/422
POWELL, William. Gentleman of the Chapel. I/205; V/69
POWIS, Edward, Lord de. VII/57
POWIS, George, Lord de. VII/53(2)
POWMESTER [see BAUMEISTER]
POWNALL (DOWNALL, POWNOLL), Nathaniel. Gentleman of the Chapel. III/31,36,38,71,110,125; VIII/131,325(3),333
POYES, Richard. V/78
POYNINGS, Sir Edward. VII/197
POYNTER, Henry. III/102
POYSER, Henry. VII/78
PRASELEY (PEASELYE), Nicholas. Tailor. I/53,56
PRATT, Dr. Chaplain. II/73
PRATTE, John. VII/136
PRATTE (PRATE), John. Gentleman of the Chapel. VII/14,15,19
PRATT, William. VII/46
[PRENTICE] PRENTYCE (PRENTISSHE), Henry. Gentleman of the Chapel VII/28,33
PRESGRAVE, William. I/193
PRESTON, Christopher. Virginals. I/81165,220,231; II/30; V/57,150,156; VIII/247,270
PRESTON, James. II/30
PRESTON, Mary. Wife of Christopher. II/30
PRESTON, Mr. Singer. I/145
PRESTON, Sir Richard. VIII/58
PRESTON, William. VI/150
PRETREY (PRETRE), John. Fife. VII/86,274,275,276,277,278,279,280,281,282,284,285,286,287,288,289
PRETERY, -. Drummer. VIII/121
PRETTIMAN, William. V/222
PREVOSTE (PROVOST,PROVOTT), Camille. Musician to Q. Anne of Denmark, and Q. Henrietta Maria. IV/49,52,200,201,204(2),205; III/5,44,245,246,247,248,249,250,251; V/3(2),4,7,8,9,11,12,14; VIII/80,90,96,99,101,114,122,130
PREVOSTE, Jehan/John. Musician to Q. Henrietta Maria. III/129,246(2),247,248,249,250,251; V/3(2),4,7,8,9,11,12,14(2),16,17,19; VIII/90,96,99,102,123
PREVOSTE (PROVOE,PROVOST), Margaret. Wife of Camille; Musician to Q. Henrietta Maria. V/14(2),16,17,19; VIII/130,132
PREVOSTE, Mr. III/252
PREWER, Adam. I/126
PRICE, -. I/146,150; VIII/111
PRICE, Anne. II/9
PRICE, Barbara. II/9
PRICE, Elizabeth. II/9
PRICE, Gervais [I]. Serjeant-trumpeter. Appointment/place: I/1,22,24,216,222,230,233; II/1,30; V/33(2),85,283,284; VIII/147,150,167,274; arrears: II/204,205; VIII/184; assaulted: I/32; as attorney: I/274(4); to attend ceremony: I/134,168,169,198; collar for: I/29; coronation of Chas. II: I/13; debt to: II/31; drums & fife to obey him: I/31; drums delivered to: I/71,77,148,188,190,200; VIII/249; expenses: I/9,24,49,53,73,100(2),110,111,141,160,161(2),171,174,188,190,203; VIII/225,237; fees allowed to: I/24-5; gifts from King: I/75,82,100,174; VIII/231; horns to be delivered to: I/29,82; to impress trumpeters: I/22,24,57(2),190; VIII/181; letter to: VIII/172; livery: I/8,23,80,93,96,129,132,154,178,182,275,286(2),292,293(2),294(3),295; II/160,161; VIII/261; livery to be worn by Court trumpeters only: I/194; mace for: I/8; to be returned: II/20; payments: II/136(2),137,138; V/107,109,110,112,113,116,117(2),120,123,125,127,131(4),134(3),135(2),136(3),138(2),142(2),144(2),148(2),151(2),154(4),158(2),160(3),164(2),165(2),228(3),229,230(3),231(2),232; VIII/182,205,245,251(2),255,

262,266; petition against: **VIII**/256; petition of: **I**/56; **VIII**/147,247; subsidy: **I**/50; **V**/43; to suspend a trumpeter: **I**/54,58,133; to train boys: **I**/68; **V**/53; trumpets delivered to: **I**/67,75,148,172,200; to be returned: **II**/20; will of: **II**/9-10

PRICE, Gervais [II]. Son of Gervais [I]. **II**/9,10,31

PRICE, Herbert. **III**/192

PRICE, James. Musician. **II**/9,10; **V**/259

PRICE, Martha. Wife of Gervais [I]. **II**/9,10

PRICE, Thomas. Child of the Chapel. **I**/49,53,54,263; **V**/125

PRICHARD, John. Bailiff. **I**/102

PRICKMAN, Mr. **I**/118,119

PRIEST (PREIST), Josiah/Josias. Musician. **I**/92

PRIEST, Josiah/Josias. Child of the Chapel. **II**/86(2); **V**/292,293,294,(295); **VIII**/306

PRIEST (PREIST), Nathaniel. Child of the Chapel. **II**/86(2); **V**/292,293,294,(295); **VIII**/306

[**PRINCE**] PRYNCE, Richard. Gentleman of Q. Mary I's Chapel. **VIII**/11

PRING, -. Trumpeter. **VII**/20

PRISTE, Richard. Under-sexton, Westminster Abbey. **VII**/129

PRIOR, M. **II**/116

PRODGERS, James. Groom of the Privy Chamber. **VIII**/152

PROSSER, Luke. Vicar-choral, Hereford. **VIII**/41

PUCKERING, Serjeant. **VIII**/42(2)

PUCKLE, John. Bailiff. **I**/28

PUDSEY. **VII**/152

PULFORD, Ellen. **III**/40

PULLEN, John. [=**PAULAIN**? *q.v.*]

PULLEYN, John. Reading Chaplain. **V**/88

PULLIARD, -. Drummer. **VIII**/121

PULLIARD (POLYARD), George. Fife. **VI**/57(2),59,68,72,217,220,226,228,229,230,231,232(2),233,235,236,237(2),238,240(2),241,242(3),243,244(2),245,246 **IV**/2,18,119(2),231; **VIII**/45

PULLIARD, -. Wife of George. **VI**/228(2)

PULLIARD (PULLYARD), Henry. Drummer. **IV**/58(2),61,63,191,193,194(2); **III**/2,33,34,36,91,107,114,164(2),165,166,167,168,172,176,180(2),181,184,187,190,193,195,199,202,204,207,210,213,219,221,224,228,230,233,234,237; **VIII**/113,115,116

PULLIARD, Margaret. Wife of Henry. **III**/181,195,204; **V**/23

PULLIARD, Peter. Fife/Drummer. **IV**/7,21,26,61,63,119(2),120,121,122,123,124,125,126,127,128(2),129,130,131,132,134,135,136,137,139(2),140,141,142,143(2),144,145,146(2),147,148,149,150,151,152(2),154(2),155,156,157,158,159,160,161,162(2),163,164,165,166(2),167,168,169,170,171,172,173,174(2),175,176,177,178(2),181,182,183,185,186(2),188,189(2),190,191,192,194(2),233;**III**/2,33,34,36,107,114,164,166,167,168(2),172,176,180,181(2),184,187,190,193,196,199,202,204,207,210,213,219,221,224(2),228,230,233,235,237; **V**/24; **VIII**/113,115,116,130

PUMFRET CASTLE. **VII**/408

PURBECK, Lady. **VIII**/88(2)

[PURCELL] PURSELL, -. **VIII**/201

PURCELL, Daniel. Child of the Chapel. **I**/183,186,206

PURCELL, Edward. **V**/103

PURCELL, Elizabeth. wife of Henry [I]. **V**/49,191; **VIII**/187,188,249,251,253,260

PURCELL, Frances. Wife of Henry [II]. **VIII**/308

PURCELL, Francis. Under house-keeper at Somerset House. **I**/141,195,198

PURCELL, Henry [I]. Lutes & voices; Gentleman of the Chapel. **I**/38,39,51,58,59,90,219; **V**/40,45,49,50(2),57,191; **VIII**/166,169,187,188,192

PURCELL, Henry [II]. Child of the Chapel; composer; keeper of instruments; gentleman/organist in the Chapel Royal. Appointment/place: **I**/126,173,192,208,210,231,232; **II**/3,4,5,27,28,56,122,127;

V/79,80,82,88,92,284,287,288(2); **VIII**/276,300; coronation of Jas. II: **VIII**/261; of Wm. & Mary: **II**/25; maintenance as ex-choirboy: **I**/131,132; payments to: **II**/136(2), 137,139; **V**/155,157,159,161,162, 166,234(3); **VIII**/245,246,254,258, 263,284; payments for instrument repairs: **V**/85,273,276; **VIII**/274, 275-6; petition of: **VIII**/271,274; attended Queen when Wm. III in Holland: **II**/39,40
PURCELL, Katherine. Wife of Thomas. **I**/205; **V**/214,215
PURCELL, Matthew. **I**/195; **V**/157(4)
PURCELL, Mr. **V**/286
PURCELL, Thomas. Under house-keeper at Somerset House. **I**/141
PURCELL, Thomas. Gentleman of the Chapel; composer; violin; lutes and voices; groom of the Bedchamber. Appointment/place: **I**/38,89, 91,111,128(2),134,165,198,201,202 (2),217,219,225(2),226,227,229, 230,232(2); **V**/63(3),71(3),80,81 (3); **VIII**/167,228; arrears: **II**/203,209; appoints attorney: **I**/195; Corporation of Musick: **V**/259,260, 262,263,264(2),265(2),266(2),267, 268,269(2); expenses: **I**/109(2), 136,143,152-3,183,186; livery: **I**/40,41,132,135,144,239,240,241, 242,243,244,245,246,247,248,249 (2),250,251(3),252(3),253(3),254 (3),255(6),256(3),257(3),273,277, 284,285,286,291,293,294; **V**/69; **VIII**/158; payments: **I**/205; **V**/64 (2),122,124,129,133,137,139,140, 141,143(2),144,145,146(2),149(2), 150(2),152(2),153(2),155,157(4), 162,164(2),197,200(3),202,203,205 (2),207,208(2),211(3),212,214(2), 215,216; **VIII**/205,214,215,217,220, 221,226,228,229,234,236(2),240(2), 241,244,245,246(3),249,250,252, 338; petition of: **VIII**/176; agreement with Bernard Smith: **VIII**/218; in charge of violin group: **I**/116,141; subsidy: **I**/50 (2),51; **V**/45; **VIII**/165
PURROCK, William. **II**/101

PURSELL, John. **VII**/115
PURSELL, Nicholas. **VII**/115
PURVIS, Richard. Groom of the Vestry. **VI**/2,4,13,18,24,34,55
PURYE. William. Gentleman of the Chapel. **VII**/59
PURYFOY, Philip. **V**/42
PUVALL (PEVEYLL,PEWELL,PUAVELL), Nicholas. Minstrel. **VII**/82,86,89, 90,91,93,98,107,111,112,246(2), 247,248,250,251,253,281(2),282, 284,285,286,287,288,289,290,291, 292,294,295,297,300,301,303,305, 307,308,310,313,315,317,319,418; **VIII**/334
PYBALL, John. **I**/119
PYE, Sir Robert. **IV**/58,68; **VIII**/99
PYE (PRYE), William. **VI**/218,221,224
PYGGE, George. Singer. **VII**/108,110
PYKE [see PIKE]
PYNE, John. Hosier. **VII**/362,363,364 (3),365,366(3),367,368(2)
PYROT [see PIROT]
PYTHAM. **VII**/23

Q

QUANGELL?, Monsieur de. Dancing master? **VIII**/59
QUARLES, James. **III**/42
QUELLIN, Mrs. **VIII**/269(2)
QUINNE, Bryan. **I**
QUIN, John. Son of Walter. **III**/225, 237; **VIII**/116
QUIN, Peter. **V**/10
QUIN, Walter. Teacher of Henry, Prince of Wales; musician. **IV**/27, 34(2),36,150,151,155,160,161,167, 169,171(2),176(2),177(2),181(2), 182,184,185,186,188(2),189,191, 192,193,195,210,211(2); **III**/5,47, 162,167,168,171,178,183,184,188, 191,194,197,200,203,206,209,214, 222,225,229,231,234,237; **V**/5,9,10; **VIII**/59,71,116
QUIN, -. Wife of Walter. **V**/9

R

'RABY'. **VIII**/48

RADCLIFFE (RATCLIFF), John. Gentleman of the Chapel; Confessor. **II**/72,73,81,82,84,89,92,97,102, 107,110(2),114,117,146,155,156; **V**/93,96,236(2),238,239,241,242,243 (2),290,292,293(2),294(2),295(2), 296(2)

RADFORD. **VI**/56; **VIII**/44

RAFFE, John. Still minstrel. **VII**/21

RAGAN, Bartholomew. **III**/61?,78,82, 260

RAGOIS, Anthony. Trumpeter. **II**/14, 29,43,60,121,123,125,129,185; **V**/94,286,289

RAGOIS (BAGWAYS,RAGWAY,RAGNE,RAGNY, RAGOIES), Benigne le. Trumpeter. **I**/1,22,50,58,108,118,124(2),139, 146,216,222,230,233; **II**/2,11,14, 121,123; **VIII**/167,270,290,291,339; **V**/43,107,110,114,116,117,120,127, 135,282,283,284

RAGOIS, Magdalen. **II**/11

'RAINTON' [REIGHTON? or BAINTON?], Yorks. **VIII**/38

RAISON [see REASON]

RAMONDON, Mr. [Louis]. Singer. **II**/102

RAMPONS, Oliver. Fife. **VII**/96(2), 111,120,123,126,134,335(2),336, 337(2),338,339,340(2),341(2),342, 343(2),344; **VIII**/10
- wife of. **VII**/341,342,343(2),344

RAMSEY ('Ramesey'). **VII**/7,22,408

RAMSAY/RAMSEY

RAMSEY, Elizabeth. **I**/209

RAMSEY, Honor. **I**/209

RAMSEY, James. **I**/209,258

RAMSAY (RAMSEY), John. Trumpeter. **VI**/165,167; **IV**/5,6,9,15,16,18,21, 26,41,43,48,54,61,63,65,66,68,72, 73(2),75,77,78,79,81,84,86,88,90, 92,94,95,97,99,100,103,105(2),107 (4),109,111,113; **III**/2,6,14,16(2), 132,135(2);**VIII**/56,89,93; **V**/2

RAMSAY (RAMSEY), Robert [I]. Trumpeter. **IV**/11,15,16,21,36,41(2), 43(2),54,61,63,65,66,68,75,77,78, 79,81,84,86,88,90,92,94,95(3),98, 99,100,101,102(5),103,104(3),105, 107(2),109,111,113; **III**/6,13,33, 34,36,39,43(3),44,46,48(2),49(2), 54,55(2),61,63,65,68,69,70(2),71, 72,73,77,79,80(2),82,84,86,87(2), 88,89,91(3),93,97,99,102,103,106, 108,113,119(2),120,122,125,132,134 (2),136(2),137,139,140,141(2),143 (2),144,145,146,147,148(2),149, 150(2),152(5),153,155(2),156(4), 158(2); **I**/41,43,45,99,102(2),209, 239(3),240,241,242,243,244,245, 246,247,248,249,250,251,252,253, 254,255,256,257(2),258,265,266, 267,268,269,270,272(2),273,274(2), 275,276,277,279,285(2),287,293,295 (2); **VIII**/75,78,131,151,158,260
- widow of. **VIII**/260

RAMSAY (RAMSEY), Robert [II]. Trumpeter. **III**/92(3),93(2),108, 113,129,153,155,156,158; **I**/209; **II**/136; **V**/2,38,112,115,117,122, 124,127,130,133,138,140,144,146, 150,153,166,300 CHECK the two ROBERTS

RAMSAY (RAMSEY) Silvester. Trumpeter. **IV**/50(2),54,56,103,105,107(4), 109,111; **VIII**/81

RAMSAY (RAMSEY), William [I]. Trumpeter. **VI**/165; **IV**/5,6,9,11, 15,72,73,75; **VIII**/56

RAMSAY (RAMSEY), William [II]. Trumpeter. **III**/16(2),33,34,37,43, 54,69,70,71,108,113,122,135,137, 139,140,142,143,145,147,149,150, 153,155,156,158; **VIII**/93,131

RAMSAY, David. **VIII**/84

RAND, Humphrey. **I**/128

RANDAL(L), Peter. Private Musick. **II**/112,115,116,131,132,154,159, 176,177(2)

RANDALL (RANDOLL), William. Gentleman of the Chapel. **VI**/55,62, 68,73; **IV**/3; **VIII**/50-1,319,321

RANELAGH, Lord. **II**/129,130(3)

RATCLIFFE [see RADCLIFFE]

RATRAY, James. **IV**/234

RAVEN, William. **VI**/207

RAVERICK, David. **VIII**/273

RAWLINS, Thomas. Gentleman of the Chapel. **VI**/13,17,24,34

RAWLINS, William. **II**/51
RAWLINSON, John. Trumpeter. **IV**/11; **VIII**/59
RAWLINSON, Richard. Antiquary. **VIII**/316
RAWSON, Dr. Richard. Clerk. **VII**/29, 195,245
RAY, Patrick. Trumpeter. **I**/173,230
RAYE, John. **V**/39
RAYMENT (RAMMENT,RAYMOND), Thomas. Gentleman of the Chapel. **III**/1,31, 36,38,71,110(2); **VIII**/325(3)
RAYNES, Colonel. **VIII**/193,202(2)
RAYNOLDES, [Thomas]. Priest, Westminster Abbey. **VII**/129
RAYNTON, George. **V**/52
RAYSAYNE, John. **II**/51
REA, John. **III**/27
READ, Alexander. **I**/283
READ, Andrew. Clerk. **V**/77
READ, James. **VIII**/265
READ, [Robin]. Secretary to the Secretary of State. **III**/80
READE, Robert. Musician. **I**/112,119
READE, William. **VIII**/275
READING. **VI**/119; **IV**/201,205
[READING] REDDINGE, Bartholomew. French musician. **VIII**/125
READING, Balthasar/Valentine. Private Musick. **II**/3(2),5,12,21, 24,122,136,137(2),139; **V**/84,86, 166; **VIII**/263
READING, Joan. Wife of William. **VI**/87
READING, John. Child of the Chapel. **II**/65(2),142; **V**/290
READING, Mr. **II**/17
READING, William. Interlude player. **VI**/82,84,85
REASON (RAISON), George. Of the Stables. **I**/98,101(2),103,104
REASON, John. Trumpeter. **II**/105
RECTER [see RICHTER]
REDDINGE, Richard. **II**/11(2)
REDE, John. Clerk. **VII**/39
REDE, John. **VII**/186
'REDERITH', Surrey. **VIII**/35
REDHED, Thomas. Yeoman of the Vestry. **VII**/107
REDHODE, Thomas. **VII**/78
REESE, John. **VII**/345

[**REEVE**] REVE (REDE), Henry. Trumpeter. **VII**/87,90,92 (2),98,103,106,112,121,130,135, 142,144,145,293,295,296,299,301, 302,304,306,308,309,311,314,316, 318,320,350,421; **VI**/1,4,6,9(2),11, 12,14,15,17-23,80,81,83,84,86,87, 89,91,92,94,97,98(2),99,172; **VIII**/13
REEVE(S), Henry. Child of the Chapel. **II**/74(3),143
REICHARD, Wolf. Organ maker. **VII**/53
REITTWISER, Wolf. Instrument maker. **VII**/79
REMUS (RENNY), John. Trumpeter. **I**/63(2),77,224
RENKYN, Rowland. Servant of Wolsey. **VII**/62
RESTANES, Jenyn. Trumpeter. **VII**/83?, 87
RESTON (ROYSTON), John. Trumpeter. **VII**/74?,83?,205(2); **VI**/9(2),11,12, 14,15,17,18,19,20,21,22,23,25,26, 27,29,30(2),33,34,37,38,40(2),42 (2),44,45(2),46,47,48,49(2),50,51, 53,54,56(2),57,59,60,63,64(·2),65, 66,67,69(3),70,81,83,84,86,87(2), 89,91,92,94,97,98,107,108,110,111, 113,116,117,119,121,123,125,128, 135,137,138,140,141,143,145,146, 147,149,150,152,153,155,156,157, 159,161(3)
[**RESTON**] RESTAN (ROYSTON), Peter. Trumpeter. **VII**/83?,87
RESTON (ROYSTON), Thomas [I]. Trumpeter. **VI**/14(2),17,18(2),20, 21,22,25,26,27,29,30(2),33,34,37, 38,40(2),42(2),44,45(2),46,47,48, 49(2),50,51,53,54,56(2),57,59,60, 63,64(2),65,66,67,69(2),70,74,89, 91,92,93,94,97,98,107,108,110,111, 113,116,117,119,121,123,125,128, 129,135,137,138,140,141,143,145, 146,147,149,150,152,153,155,156, 157,159,160,162,164; **IV**/2,6,72
RESTON (ROYSTON), Thomas [II]. Trumpeter. **VI**/73,74,164,165; **IV**/6
RETFORD, John. Clerk. **VII**/22
REVE [see **REEVE**, Henry]
REVET(T), John. Brasier. **I**/115,122 (2),146; **VIII**/187

REYNOLD (REIGNOLDE), Robert.
Minstrel. **VII**/269,303,307,310,313,
317,319
REYNOLDS, Anne. **I**/117
REYNOLDS, John. **III**/88
REYNOLDS (REIGNOLDS), Maurice.
Harper. **II**/31,125,129; **VIII**/284
REYNOLDS, Thomas. Scrivener. **I**/212
RHODES, John. Gentleman of the
Chapel. **IV**/3
RICH, Sir Charles. **VIII**/78
RICH, Sir Harry. **VIII**/69,75,78
- wife of. **VIII**/58,76
RICH, Isobel. **VIII**/76
RICH, Sir Robert. **VIII**/77
- wife of. **VIII**/76
RICHARD, -. Dr. **II**/47
RICHARD, Francis. Trumpeter?.
VII/103
RICHARD, Francis [I]. Musician to Q.
Henrietta Maria. **III**/5,8
RICHARD, Francis [II]. Musician to
Q. Henrietta Maria. **III**/5,252
RICHARD (RICART,RICHARDES), Louis
(Lewis) [I & II]. Musicians to Q.
Henrietta Maria. **IV**/49,52,200,201,
204,205; **III**/5,44,59,129,191,195,
197,203,209,219,223,244,245(4),
246,247,248(2),249(2),250,251,252;
VIII/80,85,90,91,96(2),98,99,101,
104,105,107,122,123,126,127; **V**/3
(2),4,6,8,9,11,12,13,14,15(2),16
(3),17(2),19,30,46
RICHARD(S), Louis. **V**/30,46
RICHARD(S), Louis. Master of the
Music to the King of France.
V/7(2),8,10(2),11,13,14(2),16,17
(2) [relationships unclear]
RICHARDES, Mr. **VII**/416(4)
RICHARDS, Mr. 285(2),286(2),287(3)
RICHARDS, William. Clothworker.
I/84,85
RICHARDSON, Ferdinando [see
HEYBOURNE]
RICHARDSON, John. Bellringer. **III**/4
RICHARDSON, John. Chapel keeper.
II/72,156; **V**/88
RICHARDSON, Mr. **II**/25
RICHARDSON, Thomas. Child of the
Chapel. **II**/26,27,34
RICHARDSON, Thomas. Private Musick;
Gentleman of the Chapel. **I**/69,136
(2),143,153,183,186,205; **II**/34,39,
40,72,81,84,89,92; **V**/88,96,102,
235,237,240,243,287,288,289,290,
293,294,295,296; **VIII**/284
RICHARDSON, Thomas. Musician. **V**/259
RICHARDSON, Vaughan. Child of the
Chapel. **I**/183,186,206; **II**/19,20,
140
RICHARDSON, William. Child of the
Chapel. **II**/47(2)
RICHE, Francois le. Hautboy. **II**/3,4,
5,6,18(2),21,24,39,40,41,122,136,
137(2),139; **V**/166; **VIII**/263
RICHMOND, Surrey. **VII**/30,35,42,45,
50,71,144,188,196,360,379,399(2);
VI/74; **IV**/1; **III**/97,101,156; **V**/17,
18; **VIII**/111,133,329
RICHMOND, Duke of. **VII**/367; **I**/111
(3),161; **V**/135
RICHMOND (RYESMOUTE), Robert.
Gentleman of the Chapel. **VII**/84,
91,93,99,102,105,109,113,120,124,
127,128,130,137,419,421,424;
VIII/10,319
RICHTER (RECTER), John Conrad.
Trumpeter. **II**/66,74,129,131,132,
190,194,196; **V**/98
RICKARDINDE?, Richard. **V**/47
RIDGLEY, John. Private Musick. **II**/
53,56,70,78,85,124,128,130,132,
141,144,152,157,158,159,166(2),
167,168(2),169(2),170(2),171(2),
172(2),173,174(2),175,176(2),177,
178; **V**/290,292,293,294,295,296;
VIII/297,298,313
RIDLEY, Edward. **V**/85
RIDLEY, John. Gentleman of the
Chapel. **VIII**/317,318(2)
[**RILEY**] RELEY (REELYE,REGLEY,
REILEIGHE,REILIE,RELY,REYLEY,
RILEIGH,RYLY), John. Serjeant
trumpeter. **IV**/2,5,6,11,15,16,19,
26,36,41,43,48,54,61,63,65,66,68,
72(2),73,75,77,78,79,81,84,86,88,
90,92,94,95,97,99,100,103,105,107,
109,111,113; **III**/2,6,11,12,13,33,
34,36,43,53,72,80,91,92(4),93,132
(3),134(2),137,139,140,143,145,
147,149,150; **V**/2,299(2); **VIII**/59,
89,92

RIPPLINGHAM, William. Deputy Master of the Great Wardrobe. **III**/81
RIPPYS, John. Minstrel. **VII**/54
RITHER, Thomas. Gentleman Usher of the Chamber. **VII**/56
RIVERS, Earl of. **I**/199; **II**/57,60,64, 71,76,111,188
ROANE, Mr. **V**/227(3)
ROANE, Robert. Musician of Q. Henrietta Maria. **III**/5
ROBERT (ROBART), Mrs [Anne Basile]. Wife of Anthony [I]. **I**/173,244, 249,250,251,252,254,295; **V**/19(2), 76,207,211,212,214(2),216,217,222 (2),272,273(2); **VIII**/243,247,249, 253,256
ROBERT(S), Anthony [I]. Lute & voice; musician to Q. Henrietta Maria. Appointment/place: **III**/22 (2),113,129; **I**/38,185(2),217,219, 225,228,231; **II**/121?; **V**/76,77,281, 282; **VIII**/90,94,96,99,102,167; burial: **V**/77; in *Calisto*: **I**/145, 150; Corporation of Musick: **V**/246 (2),248,254,256,260,261(2),262(2), 264(2),265,267; dwelling at?: **VIII**/101,125; journey to France: **III**/127-8; **VIII**/134,135; livery: **III**/22,40,56,67; **I**/20,34,38,237 (2),238,239,240,241,242,243,244, 245,246,247,248,249,250,251,252, 254,270(2),273,284,285(2),287,292 (2),293,294,295; **VIII**/156; New Year's Gift: **III**/22; pass: **VIII**/ 135; payments: **III**/173,175,185, 188,191,193,196,199,203,207,211, 213,216,219,222,225,228,230,234, 237(2),245,246,247,248,249,250, 251,252; **V**/3(2),4,7,8,9,11,12,14 (2),15,16(2),17,18(2),19,30,46(2), 48,52,54(2),56(2),57,59,62,176, 181(2),184(2),186,192(2),200,201, 202,204,206,207,211,212,214(2), 216,217,222(2),224; **VIII**/112,115, 116,122,149,186,188,197,202,205, 206,209,215,221,224,225,230,236, 239,243,248,250,253,256,259(2), 284; petition against: **I**/12,79,80, 95; petition by: **I**/13; probate: **V**/76-7; singing teacher to Princess Mary: **III**/100; subsidy: **III**/33,109; **I**/50; **VIII**/165; provides theorbo: **III**/66; **VIII**/109; will of: **I**/172-3
ROBERT, Anthony [II]. Singer. **II**/25, 27,28,39,40,71,126,127,130
ROBERT, Balthazar. Tabret. **VII**/192 (4),193,194(2),195,196,197,198(2), 199,200,201,202(2),203,205,206,207 (3),208,209(2),211,213,214,215, 216,218,219,221(2),223,224,226, 227,228,229,231(2),233,234,235, 236,237,238,240(2),242,243,244, 245,246,247,248,249,251,252,253, 254,256,257,258,259,260,262,263, 264,266,267,268,269,407
ROBERTS, Henry. Musician. **I**/37
ROBERTS, John. Musician. **II**/94
ROBERTS, Mr. Receiver of Windsor. **VIII**/243
ROBERTS, Mr. Musician. **II**/102
ROBERTS, Mr. [Singer]. **V**/288
ROBERTS, Pat. **I**/120
ROBERTS (ROBARTS), Thomas. Private Musick. **II**/88(3),131,132,153,159, 172(2),173(2),174(2),175,176(2), 177; **V**/295,297; **VIII**/313
ROBERT(S), William. Child of the Chapel. **II**/64(2),142
-, ROBIN. Child of the Chapel. **VII**/410-12
ROBINS, Elizabeth. **II**/168,179
ROBINSON, Henry. **II**/43
ROBINSON, Sir John. **I**/64
ROBINSON, John. Child of the Chapel. **II**/80(2); **V**/290; **VIII**/304
ROBINSON, John. Linen draper. **II**/104
ROBINSON, Michel. French dancer. 114
ROBINSON, Richard. Private Musick. **I**/86,179(2),193,211,231,232; **II**/33,202,203,204,205,206,207(2),209, 210,212,213,215,216,217; **V**/74(2), 207,209,210,213,219; **VIII**/233(2), 236,238,239,245,257(2),261
ROBINSON, Thomas. **I**/78
ROBINSON, William. Alderman of York. 38
ROBSON (ROBINSON), Allen. Flute. **VII**/107,108,113,120,126,134,139, 141,147,294,296,298,300,302,303, 305,306,307,309,310,313,315,317, 319,322; **VI**/6(2),8,9,11,12,13,15,

19,20,80,82,83,85,86,88,90,91,93, 95(2); **VIII**/7,15,20
ROCH, Madame le. **I**/172
ROCHARDES (ROCHERS,ROGERS,ROWCHERS), Jacques. Tabret. **VII**/48,215,217, 218,219,22,1222,224,226,227,228, 229,231,233,234,235,236,237,238, 240(2),242,243,244,246,247,248, 249,251,252
ROCHE, Christopher. Petty canon, Westminster Abbey. **VII**/130
ROCHESTER, Kent. **III**/62; **I**/98,105
ROCHESTER, Earl of. Treasurer. **II**/5; **V**/82; **VIII**/265
ROCHFORD, Lord [see BOLEYN, George]
ROCHPOTTE, Mr. **VIII**/5
ROCK, Thomas. Notary. **I**/173
RODINGHURST, William. Gentleman of the Chapel. **VIII**/318(2),319
ROGER (ROGIER), Michael. Musician to Q. Henrietta Maria. **III**/246(2), 247,248,249,250,251; **V**/3,4,7,8,9, 11,12,14; **VIII**/90,96,99,102
ROGERS, -. Epistoler, Westminster Abbey. **VII**/130
ROGERS, Anne. Wife of John. **VIII**/338
ROGERS, Dr. [Benjamin]. Composer. **I**/162,163
ROGERS, John. Lute. **I**/2,7,10,50,137 (2),165,216,220,225,227,231; **V**/26, 31,32,40,50,71,72,169,172(2),175, 177,178(2),180,183,185,186,187, 190,192,193,198,199,201,220(2), 223(2),260,261(2),262,263(2),264 (3),265(2),266(3),267; **VIII**/148, 155,165,167,186,189,193,203,208 (2),215,221,225,228,338
ROGERS, Mr. Musician. **II**/102
ROGERS, Nicholas. Gentleman of the Chapel. **III**/1
ROKENBAUGH(E) (ROCUMBAUGH, ROOKENBAUGH), Bartholomew. Drumslade. **VII**/71,90,92,93,98 [but see under BARTHOLOMEW and PFEIFFER for other likely entries]
ROKKE, Jacques de la. Minstrel. **VII**/ 2,3,4(3),328(3),239(2) [perhaps the same as Jacques ROCHARDES?]
ROMNEY/ROMNEY MARSH. **VII**/80
ROMNEY, Lord. **VIII**/290
ROMSEY. **VII**/17

RONCHI, Messrs. In France with Jas. II. **VIII**/341(2)
RONCHI, Charles. Gentleman of the Queen's Catholic Chapel. **V**/286
RONCHI (RONCLEY), James. Gentleman of the Queen's Catholic Chapel. **II**/17,21,138; **V**/286
RONCHI, Mr. Gentleman of the Queen's Catholic Chapel. **II**/13
RONCHI, Peregrine. Gentleman of the Queen's Catholic Chapel. **II**/17,21; **V**/286
ROND, Avery. Tailor. **V**/90,91
ROODES [RHODES], Hugh. Gentleman of the Chapel. **VII**/424
ROOKE, Edward. **I**/211
ROPER, Sarah. **I**/54
ROSCOMON, Lord. **I**/168,169
ROSE, Elizabeth. **I**/78,79
ROSE, Robert. **I**/78
[**ROSSITER**] ROSSETER (ROCETER, ROSSER), Philip. Lute. **IV**/9,39,41, 42(2),76,77,79,81(2),83(2),85,86, 87(2),89(2),91(5),93(2),94,95,96, 97,98,100,101(2),103,104,106(2), 108,109,110(2),112,113,234; **VIII**/ 56,64,72
ROTHDALE, Richard. **III**/105
ROTHWEL[L], William. Vestry. **VII**/55, 59
ROUEN. **VII**/155
ROWDON (ROWDEN), Sampson. Bell-ringer. **IV**/60,64; **III**/2; **VIII**/324
ROWE, Mrs. Elizabeth. **II**/9
ROW(E), Walter. German musician. **VIII**/114
ROWE, William. **I**/283
ROW(E)LAND, Augustine. Groom of the Vestry. **V**/28
ROY, Jean Baptiste le. Hautboy. 273, 275
ROY, Mr. le. **III**/252
ROY, le. French dancer. **I**/146,150
ROYSTON, Herts. **IV**/41(2),102,104; **VIII**/38
[**RUBBIDGE**] RUBBIGE (RIBRIGE,RUBBISH, RUBRIDGE), Rowland. Violin. **VI**/ 166; **IV**/4,10,12,18,20,25,33,53,72, 74,75,77,78,80,82,84,86,88,90,92, 94,95,99,100,103,105(2),231; **VIII**/64

RUDD, John. Drum-major. III/39,43
(2),44,88,107,114,182,185,187,190,
193,195,199,202,204,207,210,213,
216,219,221,224,228,230,233,235,
241; VIII/112,113,115,116,118,254
RUDIARD (RUDYARD), Mrs. Ellen.
Seamstress/washerwoman for the
Catholic Chapel of Jas. II. V/86;
VIII/269
RUDIARD, John. Sacristan in the
Catholic Chapel of Jas. II. V/85
RUGA, Mr. [Bartelmy]. Gentleman of
the Queen's Catholic Chapel.
II/17,21; V/300; VIII/341
RUMBOLD, Mr. [William]. Clerk of the
Great Wardrobe. I/261,262
RUPERT, Prince. I/57(2),59,71(3),72,
77,123,131; V/117,118,119,(136);
VIII/168
RUSSELL, Henry. Drummer extra-
ordinary. III/87,114
RUSSELL, John. Gentleman of the
Chapel. VI/13,17,24,34; VIII/318
RUSSELL, Lord. VII/382(2)
RUSSELL, Richard. II/99
RUSTON, Nicholas. Servant of Wolsey.
VII/62
Rutland, -. Musician. I/107
RUTTER, John. II/33
RUTTER, Ralph. Messenger. I/86,91(2)
RUTTER, Richard. Drumslade. VII/204
(3),205,208(2),209,210(2),211,212
(3),213(3),214(2),215(2),216,217
(2),218(2),219(2),220(3),221,222
(2),223,224,225(2),226(2),227,228
(3),229,230(2),231(2),232(2),233
(2),234,235(3),236,237(2),238(2),
239(2),240,241(3),242(3),243(3),
244(2),245,246(2),247(3),248(2),
249(3),250(2),251,252(3),253
RYCE, William. Lute. 7
RYDELING, Hans van. Drumslade. VII/
204,205
RYE, Kent. III/127,128; VIII/134,135
RETHERLING, Hans van. Drumslade.
VII/204(2),205
RYMMINGTON, Robert. V/59
RYSWICK. II/60
RYVERS, John. VII/83

S

SACHELLI (SACHELLER), Bernadin.
Gentleman of the Queen's Catholic
Chapel. II/17,21; V/286
SACHELLI (SACHELLER), Francis.
Gentleman of the Queen's Catholic
Chapel. II/17,21; V/286
SACK, Monsieur le. II/91
SACKVILLE, Charles. 6th Earl of
Dorset. II/28,38
SACKVILLE, Sir Edward. VIII/75
SADLER, Edward. Musician. V/255
SADLER, John. I/212
SADLER, Sir Ralph. VII/117,121
[SAGGIONI] SAJONY, Signior [Guiseppe
FEBBELI]. Musician. II/102
SAGUDINO, Niccolo. VII/46,50
ST. ALBAN, Henry, Earl of. I/106,107
ST. ALBANS, Herts. VII/82; VIII/342
ST. AMANT (SANTEMANT), John.
Trumpeter. I/198,204; II/66,68,72,
74,105,131,191,193,196; V/94(2)
ST. AMANT, Mr. III/252
ST. ANDRE, Mr. French dancer. I/146
'ST. ANTHONIE CALLED SENBURIE OWD
DYNIFF'. VI/52
ST. GEORGE, John. I/250
ST. GERMAIN. VIII/341
ST. HELENA. I/173
ST. JAMES'S PALACE. IV/215,225(3);
II/73,85,86,100,104,108,111,117;
V/13,28,41; VIII/109
- Chapel. II/73,76,104,115,148,
150,159; V/7
- Music Room. II/77(2),159
- New Drawing Room. II/77
- Princess's Chapel. V/232
ST. LUC, Mademoiselle. VIII/83
ST. MERRYN, Cornwall. VIII/36
ST. OSYTH, Essex. VII/133
SALISBURY, Wilts. VII/156,178; IV/
79,201(2),202(2); III/63; I/64(2),
65,68,73,183,269; II/22; V/39,55,
131; VIII/103
- cathedral. IV/198
SALISBURY, Lord [Cecil]. IV/1,15,23,
197; I/224; VIII/70
SALLE (SALES,ZALE,ZOOLE), Noel de
la. Tabret. VII/53,64,76,244,245,
246,247,248,250,251,253,254,256,

257,258,259,260,262,263(2),264,
266,267,268,269,270,271,273(2),
274,275,276,277,278,365(2),369,
370,373
SALMESTON, Grange of. **VII**/147
SALMON, -. Musician. **I**/117
SALOP [Shropshie]. **VII**/13
SALTASH. **VII**/61
SALTER, Richard. Clerk. **VII**/53
SALVATOR, Ipolito de. Sackbut. **VII**/64,254,255,256,257,258,259,260,
262,263,265,266,267,363
SALVATOR, Francis de. Sackbut. **VII**/254
SAM, Mary. **III**/24
SAMBROKE, Francis. **I**/269; **V**/40
SAMPFORDE COURTNEY. **VII**/81
SAMPSON, Dr [Richard]. Dean of the Chapel. **VII**/415
SAMPSON, Thomas. Gentleman of the Chapel. **VII**/338?; **VI**/17,24,34,55,
62,68,73; **IV**/3,19,21,26,29,38;
VIII/317,319,323
SAMPSON, Thomas ['William']. Bellringer. **II**/34,81,156; **V**/88
SAMUELL, John. **I**/161
SAMWAYES, Jonathan. **I**/269
SANCROFT, Dr. **VIII**/234
SANDEFORD, -. Priest, Westminster Abbey. **VII**/129
SANDERS [see SAUNDERS]
SANDERSON [see SAUNDERSON]
SANDLAND, Thomas. Westminster Abbey. **VII**/129
SANDWELL, Joseph. Tobacconist. **II**/85
SANDWICH. **VII**/152
SANDWICH, Earl of. **I**/116; **II**/204,205
SANDY (SANDIE), Richard. Gentleman of the Chapel. **III**/4,32,36,38,60,
68,70,71,75,110,123,124,128; **VIII**/134,325(3)
SANDYS, John. **VIII**/121
SANSONI, Signior. Gentleman of the Catholic Chapel of Jas. II. **II**/16,
21; **V**/84,86
SARELL, William. Child of the Chapel. **I**/144
SAUNDERS (SANDERS), Ambrose. **I**/136
SAUNDERS, Gregory. Trumpeter. **III**/76
SAUNDERS, James. Musician. **V**/257

SAUNDERS, William. Child of the Chapel. **VII**/230,231(2)
SAUNDERS (SANDERS), William. Violin; sackbut. **I**/15,17,21,35,47,50,83,
88,100,133,134,136,219,221,225,226
(2),229,261; **V**/29,44,53,66,107,
111,114,121,123,126,129,132,137
(2),139(2),141,143; **VIII**/141,144,
165,167,177,191
SAUNDERSON, Martha. Daughter of Gervase Price. **II**/9
SAUNDERSON, Martha. Granddaughter of Gervase Price. **II**/9
SAUNDERSON (SANDERSON), Nicholas. Child of the Chapel. **I**/74,81;
V/135
SAUTRE, Guillaume. French musician. **I**/221; **VIII**/160(2),162
SAVAGE, Jehan. French musician to Q. Anne of Denmark. **IV**/49
SAVAGE, Peter. Viol. [Probably Peter van WILDER]. **VII**/67
SAVILL, John. Gentleman of the Chapel. **VIII**/318(3)
SAVOY. **II**/66
SAVOY, Duchess-Dowager of [Christine of Bourbon]. **I**/52(2)
SAVOY, Duke of. **IV**/34; **VIII**/66
SAWYER, Valentine. Musician to Prince Henry. **IV**/37,211,212(2)
SAXTON [see SEXTON]
SAYER, John. Priest of the Chapel. **VII**/105
SAYER, John. Gentleman of the Chapel. **I**/51' **V**/88,287,288
SAYER, Roger. Gentleman of the Chapel. **V**/45
SAYONA. **VIII**/290
SCARBOROUGH, Earl of. **II**/38,43,48,51
(2),52,60
SCARLET (SKARLET), Arthur. Trumpeter. Appointment/place: **VII**/268-9;
coronation of Ed. VI: **VII**/106; of Q. Mary: **VII**/130; of Q. Eliz.:
VI/4; funeral of Hen. VIII: **VII**/109; of Ed. VI: **VII**/124; of Q.
Eliz. **IV**/2; livery: **VII**/121,135,
142,144; **VI**/1,6,9(2),11,12,14,15,
18,19,20,21,22,25,26,27,29,30(2),
34,37,38,40(2),42(2),44,45(3),47,
48,49(2),50,51,53,56(2),57,60,63,

64(2),65,66,69(2),70,71,74; **IV**/6;
payments: **VII**/145,268-9,293,295,
296,299,301,302,304,306,308,309,
311,314,316,318,320,350; **VI**/80,81,
83,84,86,87,89,91,92,94,97,98,107,
108,110,111,113,116,117,119,121,
123,125,128,135,137,138,140,141,
143,145,146,147,149,150,152,153,
154,156,157,159,160,162,164,165,
172; **IV**/72,122,123,125,126,127;
pension: **IV**/8; **VIII**/55; subsidy:
VII/90,92(2),98,103,111,418,420,
421; **VI**/16,23,33,54,59,67,72;
VIII/13

SCARLET, John. Trumpeter. **VII**/26,29,
68,191,197,207,208,254,256,408,
409

SCARLET, John. Son of Arthur. **VI**/128
(2)

SCARLETT, John. Trumpeter. **I**/174,185

SCARSDALE, Earl of. **III**/120

SCHETTS (alias TREASOURER) (SCHETZ,
Corvinus), Edmund. Page of the
Chamber; instrument maker.
VI/viii,19,29(2),36,49,50,96,111,
115,121,126,137,143,144,145,147,
148-9,150,151,153,154,155,157(2),
158(2),160(3),162(2),163(2),165
(2),178,179(4),180,181,182,183,
184,185(4),186,189,190,192,194,
196,197,199,201,203,204,206,208,
209,210,212,213,215,217,221,223,
224,226,229,230,231,232,233,234,
235(2),237,238,239,240(2),241,242
(2),243(2),244(2),245(2); **VIII**/
22,36,42(3),52
- father of. **VIII**/36

SCHETTS, William. **VI**/29

SCOSE, Richard. Petty Canon,
Westminster Abbey. **VII**/130

SCOTLAND. **VII**/22; **VI**/7,167; **IV**/1,73,
103; **III**/54,69(2),70,71(2),73,79,
210; **I**/203; **V**/165,272; **VIII**/16,78,
79(2),138,332

SCOTT, Katherine. **II**/163(2),164(2),
165(2),166

SCOTTE, John. **VII**/57,61

SCRIVEN, Andrew. Chorister,
Westminster Abbey. **III**/4

SCROOGE, Lord. **VIII**/70

SCULL, Harry. **II**/112

SCULTHORPE, Robert. **VI**/195

SCULTHORPE (CALTHORPE,SCULTHROP),
Thomas. Trumpeter. **I**/6(2),22,44,
45,50,71(3),77,95,102,187,216,223,
230; **V**/43,107,110,114,116,117,119,
120,127; **VIII**/167

SEAGAR, Mr. **VIII**/223

SEARELL, John. Singing-man, West-
minster Abbey. **IV**/2

SEARLE, Ambrose. **II**/49

SEARLE, Ann. **I**/112

SEARLE, William. Child of the
Chapel. **I**/161(2)

SEBENICO, Giovanni (John). Master of
the Italian music. **I**/127,222;
VIII/175,187,213

SECK (SEACOE), Martin. Trumpeter.
IV/48,206; **VIII**/80(2)

SEDGRAVE, -. **V**/10

SELINGER, Sir Thomas. Keeper of
Chestenwood, Kent. **VII**/6

SENIOR (SEIGNIER,SEIGNIOR,SENNER)
John [I]. Trumpeter. **I**/199; **II**/1,
29,55,121,123,125(2),126,184; **V**/
92,282,283,285,286

SENIOR (SEIGNIER), John [II].
Trumpeter. **II**/55,64,74,87,125,
126,129,131,132,187,190,192,197;
V/92

SENNOCK, Francis. Gentleman of the
Chapel. **III**/1

SENTON, John. Clerk. **VII**/57

SENTON, Roger [see CENTON]

SERVI, Constantine de. Architect.
IV/234

SEVERNAC, Isabella. Wife of John.
VII/78

SEVERNAC (SHEVERNAK,SYVERGNAKE),
(Petit) John. Flute. **VII**/64,70,78,
82,89,90,91,93,98,107,111,112,120,
122,125,134,139,141,147,239(2),
240,242,243,244,246,247,248,249,
251,252,253,254,256,257,258,259,
260,262,263,264,265,266,267,268,
269,270,271,273(2),274,275,276(2),
278(2),279,280,282,283,284,285,
286,287,288(2),290(2),291,292,294,
295,297,299(2),301,302,304,306(2),
308,310,312,314,316,319,321,364,
367(2),368,370,371,412,418,420,
421; **VIII**/3,5,9,334

SEWLAR, John. Priest of the Chapel. **VII**/14
SEXTEN, Philip. **VII**/364,365,368(2)
SEXTON (SEXTEN,SYXTYN), Thomas. Gentleman of the Chapel. **VII**/14, 19,26,28,33,37
SEXTON (SAXTON), Thomas. Private Musick. **II**/104,105,106,131,132, 154,159,174,175(2),176(2),177
SEYMOUR, Edward. Lord Protector of Edward VI. **VII**/383,387,388(3)
SEYMOUR, Henry. **VII**/413
SEYOUR, Jane. Queen. **VII**/73,74,75
SEYMOUR, Sir Thomas. **VIII**/8
SHAA [SHAW?], John. **VIII**/1
SHADWELL, Thomas. **V**/42
SHAKELADYE, Roland. Gentleman. **VII**/115
SHALES, Charles. **V**/93
SHALES, Mr -. **VIII**/339
SHAPERO(O)NE (see CAPERON)
SHARMAN, Edward. **II**/78
SHAROLE, John Chrysostome du. Gentleman of the Chapel. **I**/205; **V**/71
SHARPE, Carew (Crew,Crue,Drue). Gentleman of the Chapel. **VI**/55,62, 68,73; **IV**/3,19,21,27,29,49,59,63, 65; **III**/1,15; **VIII**/318(2),321,325
SHARPE, Mr. **I**/211
SHARPE, Thomas. Gentleman of the Chapel. **VI**/13,17,24,34,55,62,68, 73
SHAW, Sir John. **VIII**/175
SHAW, John. Instrument maker. **II**/17, 22,30,42,46,121,122,125,140
SHAW, William. **V**/155
SHEEN, Surrey. **VIII**/24
- Priory of Jesus of Bethlehem. **VIII**/24,33
SHEFFIELD, George [I]. Gentleman of the Chapel. **IV**/29,37,49,59,63, 66; **III**/1,15,32,36,38,109,125,177; **V**/22,25; **VIII**/130,322
SHEFFIELD, George [II]. **VIII**/130,322
SHELLY, Jane. **VIII**/62
SHELLY (SHELLEY,KELLY), Matthew. Organ blower. **II**/72,81,82,85,89, 92,98,103,111,115,117,155,156; **V**/89,236,239,242,243
SHEMMAN, Thomas. **II**/11

SHEPHEARD, Mr. Singer. **I**/145
SHEPHEARD, Mrs. Singer. **I**/145
SHEPHERD, John. Gentleman of the Chapel. **VII**/124,127,128,130,147; **VI**/1,3; **VIII**/11,22
[**SHEPHERD**] SHEPARD, John. Gentleman of the Chapel extraordinary. **IV**/65
[**SHEPHERD**] SHEPPARD, John. Trumpeter. **II**/90,197
[SHEPHERD] SHEPART, Simon. Clerk. **VII**/72
SHERBORNE, William. Clerk. **VII**/81
SHERBURN (SHERBORNE), Joseph. Gentleman of the Catholic Chapel of Jas. II. **II**/16,21; **V**/84,86; **VIII**/279
SHERGOLD, Edmund. Gentleman of the Chapel. **IV**/19; **VIII**/321(2)
SHERWYN, Richard. **III**/106
SHILLING, Daniel. **I**/154
SHINGWELL (SINGWELL), John. Drummer. **VI**/48(2),55,59,68,72,207,208,211, 214,216,218,220,223,226,228,229, 230,231,232(2),233,234,235,237, 238,239,240(2),241(2),242,243(3), 245(3); **IV**/2,18,23,119,120(2),121, 122,123,124,125,126,127,128(2),130 (2),131,132,134,135,136,137,138, 139,140,231,233
SHINGWELL, Thomas. Drummer. **VI**/40 (2),43,4,197,198,200,202; **VIII**/37
SHORE, John. (a) Trumpeter/Serjeant trumpeter; (b) lute/lutenist in the Chapel; (c) musician to Prince George of Denmark. Appointment/ place: (a) **II**/19,92,93,94,121,123, 131,132; **V**/291,296,297; **VIII**/309; (b) **II**/55,59,124,127,128,130,132; **V**/99,291,292,293,294,295(2),296; **VIII**/304; arrears: **II**/70; **V**/104; **VIII**/297,298,309,310,313; collar for: **II**/95,194; expenses: **II**/65, 69,85,89,92,98,103,111,115,117; **VIII**/304; to Holland, 1691: **II**/34, 35(2),41; livery: **II**/55,78,96, 100,166,168(2),169(2),170(2),171, 172(2),173(2),174(2),175,176(2), 177,179; mace for: **II**/194; pay-ments: **II**/144,147(2),148,149(2), 150,151,153,157,158,159(2); **V**/236, 237,238,241; trumpet for: **II**/95,

195

SHORE, Matthias. Serjeant trumpeter. **I**/197,204; **II**/2,15(3),22,23,24(2), 29,30,31,34,35(2),41,45,53,55,59 (2),60,66,121(2),123(3),125,129 (2),138,140(2),141(2),142,183(4), 185,186; **V**/81,85,89,160,164,285, 286,289,291; **VIII**/274,283,285,290, 291

SHORE, William Trumpeter/Serjeant trumpeter. [?Two men.] **I**/185,191, 204(2),211,233; **II**/1,29,34,35(2), 41,51,52,56,59,60,63,66,67,68,70, 77,92,93,94,121,123,125,129(2), 131,143(3),144,145(2),146(2),157, 182(2),186,190,191(2); **V**/79,94,95, 151,160,164,286,289,292,293,295; **VIII**/291,297,305,309

SHORT, Daniel. Private Musick. **II**/ 25,39,40,44,46,48,70,78,84(2),124, 128,131(2),140,141,144,157,158,163 (2),164(2),165,166(2),167(2),168, 169(2),170,171(2),172(2),173,178; **V**/288,289,293,295; **VIII**/283,297, 298

SHRAWLEY. **VII**/47
SHREWSBURY. **VII**/115; **II**/20
SHREWSBURY, Duke of. **II**/75
SHRIDER, Christian. Organ maker. **II**/94,104,107(2),112,115,131,132, 148,149(3),150,159; **V**/295,297; **VIII**/313,315

SIBLEY, Thomas. **V**/57
SICILY. **VII**/96
SIDENHAM, Mr. Captain of *Dreadnought*. **VIII**/332
SIDNEY, Barbara. **VIII**/76
SIDNEY, Dorothy. **VIII**/76
[SIDNEY] SYDNEY, Sir Philip. **VIII**/53
SIGISWICK, Richard. **VI**/60
SIGON, -. Hautboy. **VIII**/273,275
SILION, Christopher. **II**/201
SILLERY, Chevalier de. **V**/275
SILVESTER, Henry. Child of the Chapel. **II**/76(2); **V**/290,292,293, 294,(295); **VIII**/303,305(2)
SIMMES, William. Gentleman of the Chapel. **VIII**/128,130
SIMMONDS (SIMMENS), Henry. Private Musick. **II**/108(2),131,132,152,159, 175,176(2),177

SIMON (SYMA,SYMON), Anthony. Sackbut. **VII**/82,86,87,89,90,91,93, 98,106,110,112,120,268,270,271, 272,273,275,276,277,278,280,281 (2),282,284,285,286,287,288,289, 290,291,292,294,295,297,300,301, 303,304,307,308,310,314

SIMON (*alias* MAYHOU), Pelegrine. Sackbut. **VII**/64,65(2),75,82,85,86, 116,254,255,256,257,258,259,260 (2),262,263,265(2),266,267,268, 270(2),271,273,275(2),277,278,280, 281,282,284,285,368

SIMPSON (SYMPSON), Edward. Trumpeter. **I**/11,22,45,50,68,76, 216,223(2),270; **V**/43,53,107,110, 114,116(2); **VIII**/135,167

SIMPSON, Isabell. Wife of Edward. **I**/76
SIMPSON, Matthew. **I**/270
SINGER, John. Priest of the Chapel. **VII**/76,77,81,87,89,91,93,95,99, 105,109,113,124,127,129,131,424; **VIII**/11

SINGLETON, Abigail. Wife of John. **I**/125,126,169
SINGLETON, Elizabeth. Wife of John. **II**/208,210; **V**/90
SINGLETON, John. (a) Violin; (b) sackbut; (c) lute & voice. Granted absence from his place: **I**/203; appointment/place: **I**/70,96,98,113; (a) **I**/21,88,219,221,225,226,229; **VIII**/146,150,167,191; **V**/30; (b) **I**/29,218,226,228; **V**/35; **VIII**/152; (c) **I**/23,225,227; **V**/34; arrears: **II**/202,204,206,208,210,215,217; arrest: **I**/45; appoints attorney: **V**/81; in *Calisto*: **I**/146; coronation of Chas. II: **I**/15; of Jas. II: **VIII**/261; expenses: **I**/47,100, 102,109,143; **V**/112 journey: **I**/32; informant concerning plot: **VIII**/ 230; lease: **VIII**/217; New Year's Gift: **I**/11,28,29; payments: **V**/107, 108,111(2),112,114,115,120,122, 123,124,126,127,128,129,131,132, 136,137,138,140,141(2),142,143, 144,146,149,150,152,153,154,156, 157,159(2),160,161,173,174,183, 186,188,190,192,196,197(2),199,

202,205,206,208,209,210,211,212,
213,215,218,221,223,224; **VIII**/
154,186,188,196,203,204,210,213,
215,217,221,225,230(2),236,238,
239,242,245,246,250(2),251,253,
257(2),258,270; petition against:
I/125,126,169; petition of: **I**/85,
111,171; **VIII**/177,194,209,339; to
practise with Beckett: **I**/73;
probate: **V**/90; rota: **I**/83; sackbut
for: **I**/37; **V**/141; in select band:
I/75; subsidy: **I**/50; **V**/44; **VIII**/
165; to attend theatre: **I**/59;
theorbo for: **I**/37; **V**/141; exempt
from trained bands: **I**/65; violin/
strings for: **I**/29,192; **V**/141
SIZER (SIZAR), Roger. **I**/124,182,238
(2),239,240,241,242,269,279;
II/90; **V**/55,152
SKALEHORNE, Nicholas. Clerk. **VII**/9
SKARLET (see SCARLET)
SKELTON, Bevill. **I**/110
SKELTON, Captain. **I**/121
SKERROM, Edward. **I**/228
SKETTS [see SCHETTS]
SKEYF, Sygemond. Organ maker.
VII/234
SKEYNES, Thomas. **II**/29
SKINNER, Richard. Interlude player.
VII/313,315,320
[**SKINNER**] SKYNNAR, Robert. Gentleman
of the Chapel. **VII**/59
SKINNER, Thomas. Mercer; Sheriff of
London. **VIII**/42(3),43
SKIPWITH, Bridget. Gentlewoman of
the Privy Chamber. **VIII**/19
SKIPWITH, Ralph. **V**/19
SKYRME, Ann. Wife of John. **VIII**/299
SKYRME, John. Drummer. **I**/171(2),207,
209; **II**/19(2),25,121,123,126,130,
132,143,144(2),145,146(2); **V**/82;
VIII/299,300
SLATER (SLAUGHTER), Edmund.
Gentleman of the Chapel. **V**/63;
VIII/163
SLISTED, Edward. **V**/224
SLUGGE, Robert. Collector of
Customs. **VII**/61
SMALL, John. Musician. **VI**/5
SMEATON, Luke. Scrivener. **III**/24
SMETHERMAN (SMETHMAN,SMITHMAN),

Adam. Trumpeter. **IV**/14,15,17,22,
24,28,36,48,80,82,84,86,200,201,
204,211
SMETON, Mark. Groom of the Privy
Chamber; [virginals]. **VII**/65,73,
362(2),364(4),365(3),366(3),367
(3),368(3),369(4),370(3),371(4),
372(5),373(2),412-5
SMITH, -. Serjeant drummer. **VIII**/185
SMITH, Ann (*alias* OTLY). **V**/54
SMITH, Ann. **VIII**/95
SMITH, Ann. Granddaughter of William
Gregory [I]. **VIII**/161
SMITH, Bernard. Organ maker. **I**/156,
157,158,161,195,232; **II**/25,31,33,
34,56,63(2),64(2),72,74,76,94(2),
125(2),129(2),131,142,148; **V**/92,
95(2),100,196,197(2),200,290,292,
293,294;**VIII**/214,218(2),227,243,
283,292,293,294(2),295,301,302,
303,305(2)
SMITH, Captain. Collector of
sequestered rents, Bedford.
III/126(2)
SMITH, Charles. Private Musick.
II/66,70,78,86,87,94(2),99,105,
128,131,132,144,154,157,159,170
(2),171(2),172(3),173(4),174(3),
175(3),176(3),177(2); **V**/293,294,
295,296; **VIII**/297,313
SMITH, Christian. **II**/34
SMITH, Ellen. Wife of Captain John.
V/299
SMITH. Esther. Wife of Charles.
II/94,170
SMITH, Frances. **I**/38,40
SMITH, Francis. Wind instruments.
III/99,100,101(2),103,104,108,110,
112,116,117,235,238,241,242; **I**/5,
9,220; **V**/299
SMITH, Francis. Child of the Chapel.
I/144,145,178(2); **V**/163; **VIII**/259
SMITH, Gavin (Gawen). Drummer. **VI**/
32(2),33,35,37(2),38,40,42(2),44,
45(2),47,48,49,50,51,53,54,56,57,
59,60,63,64,65,66,68,69,70,71,72,
74,189,191,192,194,196,198,199,
200,201,203,205,206,208,210,211,
213,215,217,220,222,229,232,237,
238,244,245; **IV**/2,6(2),8,18,119,
120(2); **VIII**/33,41,54,336

SMITH, -. Wife of Gavin. **VI**/208
SMITH, George. Musician. **I**/91; **V**/260
[SMITH] SMYTH, Henry. **VII**/249
SMITH, Henry. Gentleman of the Chapel. **I**/183,186,205
SMITH, Henry. Violin. **I**/30,32,45,46, 47,50,75,79,81(2),83(2),84,86,88, 92,99,100,109,152,219,221,225,226; **II**/35,44,53,59,114,116,121,123, 126,128(2),131,136,138,142,144; **VIII**/165,167,177,191
SMITH, Israel. **III**/62
[SMITH] SMYTHE, John. Petty Canon, Westminster Abbey. **VII**/130
[**SMITH**] SMYTHE, John. Gentleman of the Chapel. **VII**/26,28
SMITH, John. Interlude player. **VI**/41,82,84,85,87,89,90,92,93,95,98, 100,108,109,111,112,115,117,119, 120,122
SMITH, John [I]. Trumpeter. **VI**/39,42 (2),44,45,46,47,48,49,50,51,53,54, 56,57,59,60,63,64,65,66,67,69,70, 71,72,74,121,123,125,130,135,137, 138,140,141,143,145,146,147,149, 150,152,153,155,156,157,159,161, 162,164,165; **IV**/2,5,6,15,16,19,21, 26,36,41,43,48,54,57,72,73,75,77, 78,79,81,84,86,88,90,92,94,95,97, 99,100,103,105,107,109,111,231
SMITH, John [II]. Trumpeter to Prince Henry; trumpeter. **IV**/8,10, 12,15,16,24,28,36,48,75,77,78,80, 82,84,86,199,201,203,211; **III**/42, 69(2),79(3),98,108,113,145,147(2), 149,150,153,155,156,158; **VIII**/55, 57(2),110
SMITH, John. Petitioner. **I**/196
SMITH, John. Witness. **I**/38,40,281
SMITH, John. Witness. **V**/62
SMITH, John. Viol. **I**/2,7,11,34,36, 38,50,129,130,140,167,168,216,217, 219,225,228,238(3),240,241,242,243 (2),244,246(2),247,248,249,250, 251,252,273,278,284,289-90,292; **II**/20; **V**/33,34,64,65(2),172(2), 174(2),176,183,186,189; **VIII**/155, 156,165,167,186,189,193,202,214 (2),216,274
SMITH, John. Reading Chaplain. **V**/88
SMITH, Captain John. **V**/299

SMITH, Mr. Dancer. **I**/146,150
SMITH, Mr. Musician. **II**/102
SMITH, Ralph. Trumpeter. **IV**/2,5
SMITH, Rebecca. Wife of Henry. **I**/152; **V**/123,126,131,136,144
SMITH, Richard. Trumpeter. **VI**/14(2), 17,18(2),20,21,22,23,25,26,27,29, 30(2),33,34,37,38,40(2),42(2),44, 45(2),46,47,48,49(2),50,51,53,54, 56(2),57,59,60,63,91,92(2),94,97, 98,107,108,110,111,113,116,117, 119,121,123,125,129,135,137,138, 140,141,143,145,147,149,150,152(2)
SMITH, Richard. **III**/166,168
SMITH, Robert. **III**/166
SMITH, Robert. Lutes & voices. **I**/140,154,161,229,231; **V**/69,140, 143,145
SMITH, Robert. Witness. **V**/71
SMITH, Samuel. Trumpeter. **IV**/24,39, 41,44,53,84,86,88,90,92,94,95,97, 99,100,103,105,107(2) **VIII**/63
SMITH, Samuel. Child of the Chapel. **II**/89(2); **VIII**/308
[SMITH] SMYTHE, Thomas. **VII**/369(2), 371(2),372(3),373(2)
SMITH, Thomas. Trumpeter. **VIII**/67
SMITH, Thomas. Private Musick. **II**/79,87,88,105,131,132,152,159, 172(2),173(2),174,175(2),176(2), 177; **V**/294,295,296; **VIII**/313
SMITH, Walter. **I**/85
SMITH, William. Trumpeter. **III**/20, 21,33,34,37,43,54,72(3),85,90(4), 91,137,139,140,142,143,145,147, 149,150; **VIII**/94
SMITH, William. Collected fee of F. Cardell. **IV**/123
SMITH, William. **VIII**/197
SMITH, Mr -. [?John or William]. **VIII**/198
SMITH, William. Child of the Chapel. **I**/206; **II**/33,34,44; **VIII**/283
SMITH, William. Hautboy. **V**/104; **VIII**/309,310
SMITH, William. Witness. **II**/86,87
SMITHEMAN, Adam. Trumpeter. **VIII**/67
SMYTH(E) [see SMITH]
SMITHSBY, J. **I**/255,295
SNELL, Francis. **V**/53
SNELL, John. **II**/9

SNESBY, Gravenor. I/242(2),243,246, 281
SNODHILL CASTLE. VII/11,12(2)
SNODLAND, Kent. VIII/14
SNOW, Moses. Gentleman of the Chapel. II/26,28,39,40,72,81,126, 130,156; V/92,97,98,288,289,290, 291,293,294; VIII/283
[**SNOWSMAN**] SNOEMAN (SNOSMAN), John. Sackbut. VI/71,161,163,164,166; IV/2,10,12,17,20,25,60,62,64,67, 72,74,76,77,79,80,82,85,87,89,90, 93,94,96,99,101,103,106,108,110, 112,114,231; III/3,9,14,22,32,34, 37,80,112,114,116,133,136,137,139, 140,142,143,145,147,149,151,153, 155,157,159; V/1; VIII/50,64
SOMERSET. VI/38,59; IV/58; VIII/46, 49
SOMERSET, Countess of. VIII/73
SOMERSET, Duchess of. VII/140
SOMERSET, Earl of. VII/140
SOMERSET HOUSE. V/17
SOMNER, Robert. Draper. II/112
SONNING HILL. VII/379
SOURCEAU, Claude. Tailor. I/42
SOUTHAMPTON. VII/369(2); IV/201; VIII/49
SOUTHAMPTON, Earl/Lord. IV/200; VIII/212
SOUTHEN, -. Musician. I/117
SOUTHEY, Thomas. Interlude player. VII/313,315,320
SOUTH PETHERTON. VII/120
SOUTHWARK. II/116; V/259; VIII/6
- St George's. VI/240
- St Olave. VIII/8
- St Thomas the Apostle. III/49
- Winchester Place. VIII/68
SOUTHWELL, Mr. VII/100
SOUTHWELL, Thomas. III/58(2),60,86
SOWELL, John. VIII/125
[**SOWN**] SON (SORES), Bartholomew. Drumslade. VII/204(3),205
[**SOWN**] SON, Johannes. [Minstrel?]. VII/176,177(4),178(3),179(3),180 (4),181(3),182(3),183(3),184,185, 186,187(2),188(2),189,190(3),191, 192,193,194(2),196,197(2),198,199, 200,201,202,203,205; VIII/341-7
SOWTHE, Thomas. VII/57

SOYAN, Mr. Musician. II/91,102
SPAIN. VII/147,197; IV/226,227; II/ 83,118,144; III/111; VIII/79
SPAIN, Charles III, King of. II/83
SPAIN, Queen of. II/207
SPAIN, Earl of. VII/173
SPALATO. VIII/82,83
SPALDING, Mrs. Sarah. II/62(2)
SPALDING, Richard. Child of the Chapel. II/62(2),142
SPARKE, Humphrey. Trumpeter. VI/22, 30,40,45,49
SPARROW, Richard 'the elder'. I/212
SPECCOTT, Peter. III/26
SPEIKE, James. II/7
SPENCE (SPENCER), Thomas a. Minstrel. VII/2(2),21,26,28,54, 329,331(4)
SPENCER, Gilbert. Groom of the Robes. I/198
SPENCER, John. Sheriff of London. VIII/40
SPENCER, Thomas. I/86
SPETON, Yorks. VIII/17
SPICER, John. Violin. I/101,146,167, 222,252; V/258
SPITHEAD. I/57
SQUIBB, Arthur. IV/68,122(2)
SQUIBB, Laurence. Teller at the Exchequer. I/69
[**SQUIRE**] SQUIER, Laurence. Master of the Children of the Chapel. VII/1, 3,5,6(2),7,8(3),9(2),328(2),329
SQUIRE (SQUIER), Philip. Harper. Appointment/place: IV/47,113; I/ 10,220; VIII/78; Corporation of Musick: V/246; funeral of James I: III/3; harp for: III/146; instructor on the harp: IV/47; III/45; New Year's Gift: III/22; payments: IV/171,172,173(3),174(2),175,176, 177(2),178,179,180,181,182,183, 186,187,188(2),190,191,192(2),193, 195; III/45,164,168,169,172,174, 176,179,181,182,184,185,186,189, 192,194,195,199,202,204,207,210, 212,214,217(2),222,224,227,229, 232,235,238,241,242,243; V/4; VIII/78,114,117; subsidy: IV/61, 62; III/9,15,33,35,38,109; V/1
SQUIRE, Scipio le. IV/57

SQUIRE (SQUIER), Thomas. **IV**/205
STAFFORD, Sir Thomas. Gentleman Usher of the Privy Chamber. **III**/247,248,249,250,251; **V**/14; **VIII**/123
STAFFORDSHIRE. **VIII**/46
STAGGINS, Charles ('junior'). Private Musick. **I**/213,214,232(2); **II**/3,5(2),18,21,24,25,122,136,137(2),139; **V**/165; **VIII**/263
STAGGINS, Isaac. (a) Violin; (b) wind instruments. Appointment/place: **I**/181; (a) **I**/21,88,213,214(2),219,221,225,226,229,232; **V**/31; **VIII**/148,167,191; (b) **I**/66-7,67,72(2),92,220,226,228,232; **V**/53,58,59; **VIII**/197; arrest: **I**/45; appointed attorney: **I**/158,252(4); appoints attorney: **V**/80; in *Calisto*: **I**/146; barred from violin chamber: **I**/24; to play in the Chapel: **I**/98,113; coronation of Chas. II: **I**/16; expenses: **I**/47,70,72,100,102,109,143,147,149,152,160,166,175(2),184(2),187-8,191-2; New Year's Gift: **I**/28,29; payments to: **V**/107,111,114,116,117,121,123,126,128,130,132,136,139,141,142,144,146(2),149,152,155,157,159,161,187,190,198(3),199,200,202,203,205,208,209,210,212,213,214,215,217(2),218; **VIII**/172,199,203,205,208,215,221,226,230,236,238,239,242,244,245,248(2),249,250,251,253,255,257(2),258,338; petition of: **VIII**/177,198; Poll Tax; **VIII**/270; to practise with Beckett: **I**/73; rota: **I**/83; in select band: **I**/75; **VIII**/172; subsidy: **I**/50(2); **V**/44; **VIII**/165; to attend at Theatre: **I**/59; violin/strings for: **I**/29; **V**/141
STAGGINS, James [Probably an error for Isaac]. **I**/11
STAGGINS, John. **I**/158
STAGGINS, Mary. Wife of Isaac. **V**/80
STAGGINS, Dr. Nicholas. Wind instruments; Master of the Musick; composer. Appointment/place: **I**/110,114,122,127,140,147,148,153,171,194,230(2); **II**/xi,1(2),5,28(2),44,67,121,122,124,126,128(2); **V**/60,64,65; **VIII**/210,217; arrears: **II**/23,32,36,202,203,205(2),206(2),208,210,212,213,214,215,217; **V**/65,81,283,284,285,287,289,290; appointed attorney: **II**/10-11; **V**/81; appoints attorney: **I**/158; **II**/65; in *Calisto*: **I**/146; to attend in the Chapel: **I**/109,113; coronation of Jas. II: **VIII**/261; of Wm. & Mary: **II**/25; Corporation of Musick: **V**/265; expenses: **I**/142(2),143(2),144,147,149(2),152(2),184,186,193,198,203,207; **II**/6,12,18,21,34; funeral of Q. Mary: **VIII**/288; hire of room: **II**/9; journey to France: **VIII**/226; to Holland (1691): **II**/35(2),38(2),39,40(2); **VIII**/283; law-suit against: **II**/52; livery: **I**/153(2),251,252(4),253(2),254(2),255(4),256(2),257(2),258(2),259(4),283,285(2),286,287,290,292,295,296; **II**/47,158,160,163(2),164(2),165(2),166,167(2),168(2),179; **V**/70; **VIII**/222,223(3),298; takes oath: **II**/32; order directed to: **I**/171,182,198,204,214; **II**/15; pass for: **VIII**/224; payments: **II**/136(2),137(2),138(3),139,140(2),141(3),142(2),143; **V**/128,131,136,138,140,142,143(2),144,146(2),147(3),148,149,150,152,153,154(2),156(3),158(2),159,160,161,162,163,164,165(3),198,200(3),201(2),202(2),203(2),205(4),208(2),209(3),211(3),212(4),213(2),214(2),215,216(2),217(2),218(2); **VIII**/215,219,221,223,224(2),226,227,228,229,230,233,234(2),235,236(2),237(2),238,240(3),241,242(3),243(2),244(4),245,246(2),247,248(3),249(2),250,251,252,254,255(2),256,257(2),260,262,283,288,338; payment for music copying: **I**/155-6,191; **II**/12,46(2),52(2),55,62; for Masque: **VIII**/223; petition against: **II**/33,57; petition of: **V**/91-2; **VIII**/223,264; petition for opera: **VIII**/250; Poll Tax: **VIII**/267; signature of authority: **I**/157,192,197,199,201; **II**/8,14,22,

40(2),46,48,62,65,69; to select singing-boys for performance on Royal Birthday: **II**/50; violin for: **I**/127; mentioned in will: **V**/89
STAGGINS, Thomas. **I**/158; **II**/25; **VIII**/261
STANFORD, William. **VI**/176
STANFORD-UPON-AVON. **I**/70
'STANGRAVE', Yorks. **VIII**/22
STANHOPE, Sir John. Treasurer of the Chamber. **IV**/99; **VIII**/51,52,53
STANLEY. **VII**/18
STANLEY, Charles. **III**/80
STANTON, Venables. Gentleman. **I**/92
STANTON, William. Teller of the Exchequer. **VII**/344,347(3)
STAPLES, John. Musician. **I**/128
STAPLES, William. Musician. **I**/128
STEELE, Thomas. **III**/87
STEERE, John/Jos. **II**/96
STEFFKINS [see STOEFFKIN]
STEIFFKEN [see STOEFFKIN]
STEMP, Ellis. Gentleman of the Chapel. **VIII**/318,319
STENT, John. Scrivener's apprentice. **III**/89
[STEPHENS] STEVYNS alias TRACYE, -. Clerk. **VII**/89
STEPHENS (STEVENS), Giles. Violin. **I**/164(2),211; **II**/33; **V**/71,145,149, 152,155,157,159,161; **VIII**/245,246, 251,253,258
STEPHENS (STEVENS), Henry. Violin. **VIII**/244
STEPHENS, John. Gentleman of the Chapel. **VI**/62,68,73; **IV**/3,19,21, 27,29,37,49,59,63,65; **III**/1,15,31, 35,38,261; **V**/246; **VIII**/319(2), 325,326
STEPHENS, John. Trumpeter. [see STEPHENSON]
[**STEPHENS**] STEVENS (STEPHAN, STEPHYNS) Richard. Gentleman of the Chapel. **VII**/80,83,91,93,99, 102,105,109,113,419,424 ('John')
STEPHENS, Robert. Servant to William Treasourer. **VI**/134
STEPNEY. **VII**/413;; **V**/77
- New Gravel Lane. **I**/31
- Poplar. **V**/42,56
STERNHOLDE, Thomas. Groom of the Robes. **VII**/358
STEVENS [see STEPHENS]
STEVENSON, Barbara. Seamstress. **VIII**/126
STEVENSON, Henry. Gentleman of the Chapel. **VII**/19,26,28,33,38,55,59, 64,77,84,89,91,93,99,102,105,108, 112,353(2),354,355(3),356,357(3), 358,359(2),402,404,418,424
STEVENSON, Henry. Servant of Wolsey. **VII**/62
STEVENSON (STEPHENSON), John. Trumpeter. **I**/204,210; **II**/1,29,34, 35(2),41,43,52,59,60(2),74,111(2), 121,123,125,129,131,132,149,185, 188,191,196; **V**/90,286; **VIII**/291, 312,315
STEWARD, George. **III**/180
STEWKLY, George. **V**/222
STIRTE [see STURTE]
STIRVELL, William. **IV**/233(2)
STOCK, John. **VI**/226
STOCK, Richard. Trumpeter. **IV**/48,51 (2),52,53,54,61,63,65,66,68,105, 107(2),109,111,113; **III**/6,13,33, 34,36,39,43,46,48,53,55(2),61,63 (2),65,68,69,70,71,72,73,77,80,82, 84,85,86,87,88,89,91,93,97,99,102, 103,106,108,113,119(3),120(5),121 (3),132,134,137,139,140,141,142, 143(2),145,147,148,149,150,152(5), 153,155(2),156(4),158(2); **V**/2; **VIII**/81
STOCKDALL, John. Bellringer. **III**/4
STOCKTON, Richard. **I**/122
STOCKWELL, Mrs. **II**/148
[**STOEFFKIN**] STEFKEN (STEFFKINS, STEP(H)KINS), Christian. Private Musick. **II**/27,28,35,38,39,40,41, 44,47,70,78,90,124,127,128,130, 132,144,152,157,158,159,163(2), 164,165(2),166,167(2),168,169(2), 170(2),171,172(2),173(2),174(2), 175,176(2),177,179; **V**/287,289,290, 292,293,294,295,296; **VIII**/297,298, 313
STOEFFKIN (STEFFKINS,STEIFFKEN, STEPHKINS), Theodore/Dietrich (Dericke). Musician to Q. Henrietta Maria; viol. Appointment/place: **III**/85,87,113,129;

I/39,133,225,226,227; V/40; VIII/
102,118,157; appoints attorney:
I/86; widow appoints attorney:
I/151; attends in Chapel Royal:
I/89,91; payments: III/151,153,
155,157,159,246(2),247,248,249,
250,251; V/4,7,8,9(2),11,12,14(2),
16,17,19,48,52,54,56,60,62,108,
110,112,115,122,124,127,129,133,
135,137,140,143,146(2),150; VIII/
105,123,206,212; strings for:
III/90,93,94; subsidy: III/109;
I/50; V/44; VIII/165; bass viol
for: I/19; V/110; lyra viol for:
I/45,103; V/135
[STOEFFKIN] STEFFKINS, Frederick
William. Viol. I/39,133,145,158;
II/25,27,28,33,35,38,39,40,44,48,
68,70(2),78(2),82,85,86,87,124,
127,128,130,143,144,157,158,163,
164(2),165(2),166(2),168(2),169
(3),170(2),171,172(2),179(2);
VIII/157,245,246,251,253,258,261,
270(2),298(2)
[STOEFFKIN] STEPHKINS, Sarah. Wife
of Dietrich. I/148,151; V/137,140,
146
STOKE GIFFORD, Gloucs. VI/52; VIII/
43
STOKES, Thomas. Teller of the
Exchequer. VII/4
STONDON MASSEY, Essex. VIII/62
STONE, Henry. V/22
STONE, John. Singing-man, West-
minster Abbey. IV/2
STONE, John. III/62
STONE, John. II/95,171,172,173
STONE, Robert. Gentleman of the
Chapel. VII/99,103,105,109,113,
124,127,128,130,145; VI/1,3,12,17,
24,33,55,62,68,73; IV/3,19,21,26,
29; VIII/11,322
STONE, Thomas. Musician. I/104,107;
V/260
STONE, [?Thomas]. Musician. I/56
STONEHAM, John. II/97
STONER, Mrs. VII/414
STONLEY, William. Teller of the
Exchequer. VII/346
STORY, George. II/34
STRACHAN, John. Merchant. II/50,53

STRACHIE (STRACHON), Robert.
Minstrel. VII/110,114,337,338,340
(2),342,343
STRAINNGER, John. Dean of Prince
Edward's Chapel. VII/107
STRAKE, Elizabeth. Daughter of
William Gregory [I]. VIII/161
STRAND. V/50,77
STRANGE, Lord. VII/166
STRANSOME (STRAN(S)HAM, STRANSUM,
STRENSOME, TRANSAM, TRANSOM(E),
TRANSON), Nicholas. Trumpeter.
IV/28,36,48,61,66,67,200,201,204,
211,222,223,224,225,227,228,229;
III/4,6,7,13,22,132,134,137(2);
V/2,299; VIII/67,90,94
STRATFORD, Dr. Nicholas. V/87
'STRATFORTH' [STARTFORTH?], Yorks.
VIII/17
STRAW, Charles. I/199
STREATHAM ('Stretom'). I/142
STREME, Laurence. Child of the
Chapel. VII/5,161
STRINGER, Thomas. III/89,90
STRONG, Edward. Wind instruments;
violin. I/4,5,9(2),15,35(2),36,46
(2),47,50,52,58,123,216,218,220,
221; V/26,44,45,50,51,107,111,113,
115,118,121,129,173,193,221;
VIII/143,165(2),170,171,187,188
STRONG, John. (a) Wind instruments;
(b) violin. Appointment/place: (a)
III/80,112(2),116,129,152,164,216,
226,227,230; V/70; VIII/167,191;
(b); I/3,9,88,152,160,218,221,225,
226,229,230; arrest of: I/45;
boardwages for: I/20; V/189,228,
229; in Calisto: I/146; attends in
Chapel Royal: I/96,98,113; corona-
tion of Chas. II: I/15; Corpora-
tion of Musick: V/254,260(2),262,
263,264(2),265; expenses: I/19,46,
47,100,109,143; journey to Ports-
mouth: I/32; New Year's Gift: III/
114; payments: III/125,159; V/107,
108,110,111(2),113,115(2),117,118,
121(2),123,124,126(2),129(2),132
(2),137(2),139,140,142,143,145(3),
149,150,155(2),162,189; VIII/132,
134; petition of: I/65; to
practise with Beckett: I/73; with

Cambert: **I**/140; rota **III**/95; provides double sackbuts: **I**/12; in select band: **I**/75; subsidy: **III**/108; **I**/50; **V**/44; **VIII**/165; to attend at Theatre: **I**/59; provides bass violin: **I**/36
- wife of. **VIII**/247

STRONG, Mary. Wife of Stephen. **V**/50, 193; **VIII**/187,189

STRONG, Mary. Wife of Robert. **II**/51, 163(2),164,165(2)

STRONG, Mary. Daughter of Robert. **II**/51

STRONG, Mr. **I**/83

STRONG, Robert. (a) Wind instruments; (b) violin. Appointment/place: (a) **III**/98,104,105(2),112, 129; **I**/226,227; (b) **III**/98; **I**/3, 10,88,216,218,221,225,226,229; **II**/27,28,44,53,56,124(2),127; **V**/287-9; **VIII**/143,167,191; arrears: **II**/202,203,204,205(2), 206,207,208,210,211,212,214,216, 217; arrest: **I**/45; is appointed attorney: **I**/207; **V**/80; boardwages for: **I**/20; attends in Chapel Royal: **I**/35; coronation of Chas. II: **I**/15; of Jas. II: **VIII**/261; of Wm. & Mary: **II**/25; Corporation of Musick: **V**/254,260(2),261,263,264 (3),265(2),266(2),267(3),268(4), 269(3),deputy for: **I**/79; executor for Robert Parker: **III**/105; for Edward Strong: **I**/123; **V**/45; **VIII**/165,187; expenses: **I**/46,47,100; journey to France: **III**/128; to Portsmouth: **I**/32; livery: **II**/48, 163(2),164,165(2),166,167(2); New Year's Gift: **III**/106; payments: **III**/124,239,241,242; **V**/107,111, 113,115,121(2),123,126,129(2),132, 137,139(2),140,142(2),143,145(2), 149,152,155(3),161,172,174(2),176, 177,178,180,183,185,187,192,193, 194,197,199,201,204,206,207,209, 210,212,213,215,217,218,221,223, 224; **VIII**/132,186,187,189,196,202, 208,209,215,221,225,229,236,238, 239,242,244,245,246,250,251,253, 257,258,270,283,338; petition against: **I**/86; petition of: **I**/75;

to practise with Beckett: **I**/73; attended Queen (1691): **II**/39,40,46 subsidy: **III**/108; **I**/50; **V**/44; **VIII**/165; provides double curtals: **I**/94; provides bass violin: **I**/36; will of: **II**/51

STRONG, Stephen. Wind instruments. **III**/128; **I**/23,27,38,46,50,61,62, 66,217,218,238(3),240,241,263,264, 273,285; **V**/31,38,39,44,50(2),51, 173,175,193,221; **VIII**/149,156,158, 165,167,187,189

STROTEFURTHE [Startforth]. **VII**/144 (2),145

STROWDEWICK, Edmund. Interlude player. **VI**/82,84,85,87,89,90,92, 93,96

STUBBES, William. **VII**/128; **VI**/197, 247

STUDER, William. **I**/199

STRUTT (STRETT,STURT(E)), John. Trumpeter. **VII**/26,29,39,67,191, 200,207,208,254,256,285,408,409(2)

STUART, Sir Francis. **III**/49

STUCKEY (STACKLEY,STORCKEY, STUCKLEY), Robert. Gentleman of the Chapel. **IV**/3,19,21,26; **VIII**/47,320,322

STURDIE, Hugh. Minstrel. **VIII**/26

STURMINSTER NEWTON, Dorset. **VIII**/27

STURTE (STIRTE), Elizabeth. Wife of John. **IV**/229; **V**/2

STURTE (STIRTE), John. Musician to Prince Henry & Prince Charles. **IV**/37,39,211,212(2),217,220,222, 223,224,225,226,228,229; **V**/2,299

STURTEVANT, Simon. Prisoner. **VIII**/316

STURTON, William. Gentleman of the Chapel. **VII**/19,26,28,33

SUABIA. **I**/184

SUAREZ, Hilario. Italian Music. **VIII**/237

SUDBOROUGH (SIDBURGH), John. Gentleman of the Chapel. **VII**/14, 19,26,28,33,55,176

SUCKELEY, Sir John. **VIII**/81

SUFFOLK, Lady. **VIII**/58

SUFFOLK, Lord/Earl of. **VII**/151,362, 363; **IV**/10,233

SULLY, Hugh. Gentleman of the

Chapel. **VI**/1,3; **VIII**/318
SURLAND, Richard. Priest/Sub-Dean of the Chapel. **VIII**/3,5,6(2),7,8, 14,19,27,30,31,328,329(3)
SURREY. **VIII**/44,47
SUTTON, George. Hautboy. **II**/39,40,41
SWALLOW, Philip. **VI**/187
SWAN (SWAYNE), Henry. Minstrel. **VII**/2(2),21,329
SWAN, Robert. Merchant Tailor. **II**/9
SWAN, Thomas. **VI**/103
SWANLEY (*alias* BASSANO), Susannah. **V**/53
SWATON, Lincs. **VIII**/18
SWEDEN. **I**/108,118,124; **II**/61
SWEDEN, King of. **V**/135
SWEET, James. Child of the Chapel. **II**/68(2),142; **V**/290
SWINESTON, John. **III**/21
SWYNERTON, Staffs. **IV**/15(2); **VIII**/60
SYDNEY, Viscount. **II**/28
SYKES, Mr -. **VIII**/202
SYMCOLL, Richard. Child of the Chapel. **I**/99
SYME (SIMME,SYMME), Archibald. Trumpeter. **VI**/165; **IV**/5,6,9,15,16 (2),18,26,72,73,75,77,78; **VIII**/56
SYMONDS, John. **III**/23
SYMPSON, Mr. Musician. **II**/102
SYNGER [see SINGER]
SYNGGAR, Simon. **VII**/47

T

TABERAR, Thomas. **VII**/115
TALBOT, Sir Gilbert. **VII**/12; **I**/8
TALLARD, Count. **II**/61
TALLENTIRE, Robert. Gentleman of the Chapel. **VI**/55,62; **VIII**/48,319,320
TALLENTIRE, William. Gunner. **VIII**/48
TALLIS, Thomas. Gentleman of the Chapel. **VII**/91,93,99,103,105,109, 113,124,127,128,130,143,144,419, 421; **VI**/1,3,12,17,24,29(2),34,38; **VIII**/10,14,22,32,34,319
TAMWORTH (Thamworth; Thomworth; Tomworth). **VII**/9,16,23,58,59,63, 69,81,96
TANGIER. **I**/24,190(3)
TANKARD, Sir William. **II**/24
TANNER, Edmund. Violin. **I**/42,50,66, 82,83,85,88,100,110,221,222,225, 226,229(2); **V**/51,52,60,121,123, 126,128(2),132,136,139,144,149, 152,155,158; **VIII**/191
TANNER, Jane. Wife of Edmund. **V**/128, 132,139,144,155; **VIII**/246,259
TAPPING, Ralph. Yeoman of the Vestry. **VII**/91,93,99,103,105,109, 113,424
TASKER, James. Fife. **III**/90,114,129; **I**/21,216,224
TASSE, Captain. **IV**/73
TATHAM, John. Musician. **V**/258,259
TAVERNER, Edmund. **III**/22,27,56,58 (4),64(4),76,81(2); **V**/2; **VIII**/94, 98
TAUNTON. **IV**/29
TAYLOR, Alexander. **I**/277
TAYLOR, Daniel. Singing man. **III**/3
TAYLOR (*alias* CRESWELL), Elizabeth. **V**/156
TAYLOR, Gideon. Musician. **I**/128
TAYLOR, Gilbert. Woodmonger. **I**/82
TAYLOR, John. Master of the Children at Westminster Abbey. **VI**/94,96
TAYLOR, John. Keeper of instruments; lute & voice. **III**/29,30,88(2),90, 92,94,101,102,109,113,122(2),204, 225,226,228,230,232,237,238,240 (2),241; **I**/2,7,11,33,34,38,217, 219; **V**/4(2),6,8,9,10,11,12(2),13, 15,16,18(2),33,34; **VIII**/120,130?, 155
TAYLOR, John. Messenger. **II**/15
[TAYLOR] TAYLOUR, John. Witness. **II**/201
TAYLOR, Mr. **I**/296
[TAYLOR] TAYLOUR, Philip. Witness. **II**/58
TAYLOR, Robert. Musician to Prince Charles; lute & voice. **IV**/39,217, 218(2),220,222,223,224(2),225,226, 228,229; **III**/5,10,18(2),19,23,29, 30,56,68,88(2),90,92,94,170,173, 175,179,183,186,188,189,192,195, 199,202,204,208,211,214,216,219, 221,225,226; **I**/7; **V**/2,4,246; **VIII**/94,115,116
TAYLOR, William. Mercer. **III**/42
TEBBE, Thomas. Vestry. **VII**/19
TEBBE, William. Serjeant of the

Vestry. **VII**/14,19,34,36,45
[TEDDER] TADDER (TEDDEAR, Morrison. Of the Vestry. **VII**/124,127,129, 131; **VIII**/11
TED[D]ER, Henry. **I**/94
TEDDER, Robert. Drum-major. **IV**/66, 67; **III**/5,13,24,25,33,34,36,43(2), 48,49(3),50(2),176,180,185,187, 192,197(2),202; **I**/4(2); **V**/2
TEDESCHI (see L. CONTI)
TEDWAY [see TUDWAY]
TEMPEST, Dorothy. **VI**/43(2)
TEMPEST, Michael. **Vi**/43
TEMPLE, John. Singer; Sewer of the Chamber. Appointment/place: **VII**/124; **VIII**/11; coronation of Ed. VI: **VII**/107; of Q. Mary: **VII**/131; of Q. Eliz.: **VI**/6; funeral of Hen. VIII: **VII**/110; of Ed. VI: **VII**/126, 128; of Q. Mary: **VI**/1; grant: **VII**/146; **VI**/52; **VIII**/44; livery: **VII**/134; payment: **VII**/357; **VI**/168,172, 173(2),174(2),175(3),176(2),177 (3),180(2),181,183,184,185(2),186, 187,188,189,191,193,194,196,198, 200,201,203,208,210,212,214,216, 218,221,223,226,247(3); subsidy: **VII**/91; **VIII**/13
TEMPLE, Malina/Maline. Wife of John. **VII**/146; **VI**/181,183,184,187,188, 189,191,193
TEMPLEMAN, Francis. **II**/118
TEMPS, Monsieur le. French dancer. **I**/137
TENNISON, Dr. Bishop elect of Lincoln. **II**/41,42
TERHERDER, Roland. **VII**/78
TERRO, Guillaume. Minstrel. **VIII**/2
TESTA, Andrea. Virginal maker. **VIII**/178,184,190
TESTWOOD, Robert. Gentleman of the Chapel; formerly of Wolsey's Chapel. **VII**/64,69,73(2)
TETART, John. Dancer. **IV**/44,164
'TETTENSORE'. **VIII**/48
THACKRAY, Thomas. **VIII**/130
THACHAM, John. Lawyer. **V**/153
THAME. **VII**/1
THATCHER, John. Child of the Chapel. **I**/183,186,204(2),206; **V**/163; **VIII**/252,259

THEAKER, William. **I**/151,162
'THEKESTON', Yorks. **VIII**/27
THEOBALDS, Herts. **IV**/1,98,102(2), 104,214; **III**/152(2)
THERFIELD, Herts. **VIII**/38
THEROUENNE. **VII**/41
THETFORD. **VII**/12,58
THEWER, Henry. Trumpeter. **I**/12,50, 104,174,223(2),230
[THIRLBY] THIRLEBY (THRELBYE, THULEBYE,THYRLESBY), Walter. Of the Vestry. **VII**/124,127,129,131; **VIII**/11
THOMAS, John. Petty Canon, Westminster Abbey. **VII**/130
THOMAS, John. Drummer. **VI**/8,9,11,12, 14,15,17,19,20,21,23,25,26,27,29, 30,33,35,37(2),38,40(3),175(2), 176(2),177(2),178,179,180,181,182, 184,186,187,188,189,191,192,194, 196,197; **VIII**/16,22,37
THOMAS, Stephen. [London wait]. **IV**/234
THOMLINSON [see TOMLINSON]
THOMPSON, Albion. Trumpeter. **I**/2, 120,129,132,137,146,161,171,188, 190,204,222,233; **V**/154,283; **VIII**/290,339
THOMPSON, John. Scrivener. **II**/32
THOMPSON (TOMPSONN,TOMSON), William. **IV**/218
THOMPSON, William. Scrivener. **I**/84, 124
THOMPSON, William. Witness. **V**/35,56, 72
THORNBURGH, Gilbert. Closet keeper. **II**/156; **V**/99
THORNDALE (THORNDELL,THORNHILL), Gregory. Lute & voice; Gentleman of the Chapel. Appointment/place: **I**/3,7,16,101,134,142,145,216,217, 219,225,228; **V**/33,34,69,71; **VIII**/167,228; appoints attorney: **V**/41; Corporation of Musick: **V**/260; death: **I**/101; executor of: **I**/116; expenses: **I**/69; livery: **I**/27,32, 34,38,237(2),238,240,241,242,243, 244,245,246,247,267,269,272,273, 278,284; **VIII**/156; payments to: **V**/173,175,183,185,186,191,196(2), 221,223,224; **VIII**/154,186,189,196,

203,204,208; petition of: **VIII**/182; probate: **V**/61; subsidy: **I**/50, 51; **V**/45; **VIII**/165
THORNE, Jane. **III**/72
THORNE, Richard. Drummer. Appointment/place: **IV**/6,8,58(2),231,233; **VIII**/54; livery: **IV**/7,14,16,41,43, 55,67; payments: **IV**/120(2),121, 122,123,125(2),126,127,128(2),130 (2),131,133,134,135,136,137,139 (2),140,141,142,143(2),144,145, 146(2),147,149(2),150,151,152(2), 153,154,155,156,157,158,159,160, 161,162(2),163,164,165,166,167(2), 168,169,170,171,172,173,174(2), 175,176,177,178(2),181,182,183, 185,186,187,188,189(2),191; subsidy: **IV**/18,21,26
THORNEHURST, Stephen. **VII**/137
THORNTON, Lincs. **VIII**/18
THOROGOOD, John. Singing-man, Westminster Abbey. **IV**/2; **III**/184
THORPE, Francis. Dancing master. **I**/196
THORP(E), Thomas. Vestry. **VII**/14,19
THROCKMORTON, Sir Nicholas. **VI**/84
THROCKMORTON, Sir William. **I**/60(2)
THROOPE, George. **II**/32
THURBARNE, William. Clerk to the Corporation of Musick. **V**/264,265
THURGODDE, John. Lord of Misrule. **VII**/57
THURSTON, Mr. **VIII**/33
[THWAITES] THWAYTES, Edward. **VII**/147
THWAITES, Mark. Singer. **IV**/39
TIAS, Robert. **VI**/201
[**TILL**] TYLL, John. Gentleman of the Chapel. **VII**/55,59,61,74,252,257, 258,262,264,266
[TILL] TYLL (TILLES), Richard. Servant of the Chapel. **VII**/127, 129; **VI**/2,4
TILLOTSON, Dr. **VIII**/234
TILSLEY, Mary. **V**/86
TINKER (TINCHARE), Philip. Gentleman of the Chapel. **I**/51,109; **V**/45,62
TINKER (TYNCKER), Randolph. Vestry. **IV**/19
TINKER, Randall. Gentleman of the Chapel. **VIII**/321
TINKER, William. Joiner. **I**/64,65,66

TINKER, William. **V**/223
TIRRINGHAM, Sir Arthur. **VIII**/77
TIRWITT, Robert. Gentleman of the Chapel. **VIII**/317,319
TISSER, John. **III**/42
TITE, George. **IV**/58,68; **III**/6,164
TODD, Anthony. Gentleman of the Chapel. **VI**/55,62,68; **VIII**/318,319, 320
TOFT(E), William. Priest of the Chapel. **VII**/13,17,19,22,26,27,33, 37,43,53,55,57,63
TOFTS, Mrs. Singer. **II**/102
TOLEDO. **VIII**/28
TOLL, Charles. **VIII**/265,269,272,274, 278
TOLLETT, Charles. Private Musick. **II**/177
TOLLETT, Thomas. Private Musick. **II**/54,55(3),56,58,124(2),127
TOLLETT, William. Bagpiper. **I**/224
TOMKINS (TOMPKINS), Giles. Virginals. Appointment/place: **III**/51(2),54,55,113,129; **I**/134,142, 144,216,220,225,228; **II**/59,61; **V**/66,68(2),69; **VIII**/104,167,217-8; appoints attorney: **I**/269; **V**/39,55; Corporation of Musick: **V**/246; dispute at Salisbury cathedral: **VIII**/103(2); journey to Scotland: **III**/71; livery: **III**/51,56,68; **I**/68,74, 238(2),239,240,241,242,243,244, 245,284; **VIII**/213,214,217,338; New Year's Gift: **III**/57; payments to: **III**/188,193,196,199,200,203,209, 210,213,215,219,222,225,227,231, 232,237; **V**/179; **VIII**/113,115,145, 200,204,338; subsidy: **III**/109; **I**/50; **VIII**/165
TOMKINS, John. Gentleman of the Chapel. **III**/32,36,38,71; **V**/246; **VIII**/325(2),326
TOMKINS, Nathaniel. [Clerk of the Council to the Queen]. **IV**/38
TOMKINS, Nathaniel. B.D. Granted prebend at Worcester. **III**/42
TOMKINS, Robert. Viol. **III**/77(3), 78,82,109,113,212,216,218,221,225, 227,231,234,235,240; **I**/3,11,219; **V**/33,35; **VIII**/114,116,150,157
TOMKINS, Thomas. Organist/Gentleman

of the Chapel. **IV**/59,64,66; **III**/1,
15,29,32,36,38,109,128; **V**/246;
VIII/98,179,323
TOMKINS, Thomas. Son/executor of
Giles. **VIII**/200(2),204,338
TOMLINSON (THOMLINSON,T(H)OMLYNSON),
Richard. Private Musick. **I**/144,
147,149,152,159(2),160,175(2),184
(2),187-8,196,207(3),231; **II**/2,4,
5,6,12,18,23,25,27,28,34,35,37,38,
39,40,46,122,127,136(2),137,139;
VIII/244,245,246,248,249,251,253,
255,258,261,263,284
TOMPSON, Francis. **I**/52
[TOPFIELD] TOPPFELD (TOPPEFFELD),
William. **VII**/347,350; **VIII**/12(2)
TORPULL. **VII**/34,56
TOTA, Anthony. Painter. **VII**/369
TOTNAM, Edward. **III**/67(2),68,80,
85,88,107
TOTTENHAM, Middlesex. **VIII**/147
TOTTERIDGE, Herts. **VIII**/38
TOULOUSE (THO(U)LONS,THOLOUSE),
Pierre de. Shalm. **VII**/197(2),198,
199,200,201(2),203,205,208,209
TOUR (DELATURE,d'LATURE,LETOURE),
Alexander de la. Private Musick.
Appointment/place: **II**/28(2),44,
124,127,128,130,132; **V**/287,289,
291-5,297; arrears: **II**/70,157-9;
VIII/297,298,313; coronation of
Wm. & Mary: **II**/25; attended Queen
when Wm. III in Holland: **II**/39,40,
46; livery: **II**/48,78,163,164(2),
165(2),166(2),167,168(2),169(2),
170(2),171(2),172(2),173,174(2),
175(2),176,177,178; payments: **II**/
144,153; **VIII**/283
TOUR [LATOUR], Peter de la. Hautboy.
II/65,69,91,102; **V**/104,291,(292);
VIII/309,310
TOURNAI. **VII**/41
TOWERS, William. **I**/237(3),239,240,
261; **V**/53,221
TOWERS, Mr. Chaplain in Catholic
Chapel of Jas. II. **V**/85
TOWNSEND, James. Child of the
Chapel. **II**/33,34
TOWNSEND, (TOWNSHEND), Thomas.
Deputy Master of the Great
Wardrobe. **I**/78,79,80,93,262(2),
265(2),267(2),268(2),269(2),270
(3),271(2),274(2),282; **II**/20,68;
V/51; **VIII**/184,185(4),188,190,198,
213
TOWNSEND, Thomas [II]. **I**/267(2),275
TOWSON, Francis. Bellringer. **III**/4
TRACYE, Andrew. Priest of the
Chapel. [see also STEVYNS].
VII/84,424
TRANSON(E) [see STRANSOME]
TRASLO, Henry. Scrivener. **III**/67
TREASOURER, -. [William?]. **VI**/181
TREASOURER, Ann. Wife of William.
VII/144; **VI**/47,78,139,141,143,144,
146,147,149,150,151
TREASOURER, William. Instrument
maker. Appointment/place: **VII**/118,
123; **VI**/78; **VIII**/10,16; annuity
for wife: **VI**/47; coronation of Q.
Mary: **VII**/131; denization: **VIII**/8;
dwelling at: **VIII**/8,25,28,29,335;
grant: **VII**/120,138,144(2),145;
VI/xv,30,31,42; **VIII**/11,17,19,20,
27; materials for: **VI**/8; New
Year's gift: **VI**/3,29; payments:
VII/315,318,320,323; **VI**/81,82,84,
85,87,89,90,92,94,96,98,100,108,
109,111,112,115(2),117,119,120,
122,124,126,136,138,139; payment
for repairs: **VI**/182; reward to:
VI/175; subsidy: **VI**/15,32
TREBECK, Andrew. Gentleman of the
Chapel. **I**/136,143; **II**/72,81(2),82,
84,89,92,97,100,102,104,108,110,
111,114,117(2),155(2); **V**/98,235,
237,240,242,287,288,290,291,293,
294,295
TRENCH, Arthur. **V**/41(2)
TRENCH, John. **V**/41(2)
TRENTE. **VII**/89
TRESSHEY, William. Musician to Q.
Anne of Denmark. **IV**/49
TREY [see TRY]
TRICE, John. **VI**/181,187(3)
TRICONNELL, Earl of. **II**/15
TROCHES (TROCES,TROCHELL,TROCHINS),
Henry. Sackbut. Appointment/place:
VI/39(2),194; **IV**/45,46,231,233;
VIII/35; dwelling at: **VIII**/336;
funeral of Q. Eliz.: **VI**/1; New
Year's gift: **VI**/66,70,74,127;

IV/10,12; VIII/64; payments: VI/
194,196,198,200,201,203(2),205,
206,208,210,212,214,216,217(2),
218,219(2),221,222,223,226,228,
229,230,231,232(2),234(2),236(3),
237(2),238,239,240,241(2),242,243
(2),244(2),245,246; IV/119(2),120
(2),121,122(2),123,124,125,127(2),
128(2),129,130,131,134,135,136,
137,138,139(2),142(2),143,144(2),
145,146,147,148,149(2),151(2),152,
153,155(2),156,157,158,159(2),161
(2),162,163,164,165(2),167; sub-
sidy: VI/54,58,67,71; IV/17,20,25
TROCHES, Jacob/James. Sackbut.
Appointment/place: IV/45,46; III/
26(3); New Year's Gift: III/22;
payments: IV/168,169,170(2),173,
174,175,177,178(2),179,180,182,
184,185,186,187,188(2),190,191(2),
192,194(2); III/164,165,167,169,
172,174,177; probate: III/25;
subsidy: IV/60,62,64; III/9,14;
V/1
TROCHES, Joanne. Wife of Jacob. III/
25,165,169,172,174
TROCHES (TROCES,TROFFES,TROCHENS,
TROYSES)), William [I]. Viol;
flute. Appointment/place: VII/81,
113,123; VIII/10; boardwages for:
VII/82; coronation of Ed. VI: VII/
107; of Q. Eliz: VI/6; funeral of
Hen. VIII: VII/111; of Ed. VI:
VII/125; grant: VII/119; livery:
VII/89,120,134,139,141,147; VI/6,
8,9; payments/rewards: VII/86,268,
270,271,272,273,275(2),277,278(2),
280,281,282,283,288,290,299,306,
311,320,323,333,334(3),335(6),336
(3),337,339,340,341(2),342,343,
344(2),345,346,347,348,349,350,
351; VI/80,82,83,172,173(2),174
(3); in Privy Chamber: VII/362,
363,364(4),365(3),366,367(2),368
(4),369(5),370(4),371(4),372(3),
373,380; petition concerning
denization: VIII/17; riding gear
for: VII/65; subsidy: VII/75,90,
91,93,98,112,420,422; VIII/13,15
TROCHES, William [II]. VI/221
TROUTBECK, John. Chirugion. I/12,13,
79,80,95
TRUELOVE, James. Trumpeter. II/34,
54,126,130
TRUSSELL, Edward. VII/24
TRUSSELL, Elizabeth. VII/24
TRY [TREY,TRIE], James. Gentleman of
the Chapel; child/singing-man,
Westminster Abbey. III/4,123;
VIII/327(2)
[TRY] TREY, Jane. Wife of James.
III/123
TUCK(E) (TUKE), John. Trumpeter.
VII/68,90,92(2),98,103,106,109,
112,121,130,134,142,144,145,215,
216,218,219,221,222,224,226,228,
229,231,232,235,236,237,242,254,
256,293,295,296,299,301,302,304,
306,308,309,311,314,316,318,320,
350,417,419,421; VI/1,4,6,80,172;
VIII/13
TUCKER, Elizabeth. I/193
TUCKER, Elizabeth. Wife of William.
V/272
TUCKER, William. Gentleman of the
Chapel. I/51,69,109(2),136,138,
143,153,162,163,245; V/45,76,272
TUCKER, Walter. Dancing master.
IV/207,209
TUCKFIELD (TURFILD,TURKFIELD),
Emery. Priest of the Chapel.
VII/66,67,71,88,89,91,99,102,105,
108,112,123,130,131,424; VI/6;
VIII/10
'TUDEBURY'. VIII/343
TUDWAY, Anne. I/122
TUDWAY (TEDWAY), Thomas. Child of
the Chapel. I/87,89; V/162; VIII/
251,260,300
TUGGY, Ralph. III/24
TUKE, Sir Brian. Treasurer of the
Chamber. VII/86(3),87,95,362
TULLIE (TULLYE), Josias. III/183,
191,195,203,206
TUNBRIDGE [WELLS]. I/48,49,72(2);
V/117,130(2),134,229
TUNKES, Richard. Porter. V/86
TURBERVILL, Samuel. I/107
TURGIS (STURGIS), George. Dancing
master. III/6,164
TURNER, John. Merchant. I/120,136,
137,139,277

TURNER, Mrs Mary. **II**/84,90
TURNER, Dr. William. Lute & voice; Child/Gentleman of the Chapel. Appointment/place: **I**/74,117; **II**/3, 4,5,27,28,59,61,122,127,130; **V**/72, 89,96,282,284,287,288,289,290,291, 293,294,295,296; **VIII**/219; arrears: **II**/24,202,204,205,206, 207,209,210,211,213,214,216(2); arrest of: **II**/2; appoints attorney: **II**/36; **V**/90; coronation of Wm. & Mary: **II**/25; of Q. Anne: **II**/72; Corporation of Musick: **V**/266,267(2),268,269(2); expenses: **I**/74,76,109(2),132,136,143,153, 183,186,205; **II**/81(2),84,89,92,97, 102,110,114,117,155; **V**/148; livery: **I**/167,168,249,250,252,253, 254,255(2),256,257,258,259(2),287, 288(2),293,294,295,296; **II**/161; music by: **I**/163,164; payments to: **II**/136(2),137,139,145,146,147; **V**/165,201,203,204,205,208,209,210, 215,216,217,218,235(2),236,237(3), 238(2),240,241,242; **VIII**/221,226, 230,236,238,239,250,251,252,255, 257,263,284,338; Poll Tax: **VIII**/ 267; attended Queen: **II**/39,40; performed in Theatre: **I**/138,150
TURREN (TURRIN,TYRRYN), Robert. Trumpeter. **VII**/135,140,142,145(2), 318,320,350; **VI**/1,4,6,9(2),11,12, 14,15,80,81,83,84,86,87,89,91,92, 172
TUSON, William. Trumpeter. **VI**/34,42, 116,118,119,121,130
TWEEDYE, John. **V**/75
TWISS (TWIST), John. Violin. Appointment/place: **I**/110,170,174, 176,229(2),231; **II**/2,4,5,14,122; **V**/60,73; **VIII**/271; to attend in the Chapel: **I**/113,164; coronation of Jas. II: **VIII**/261; expenses: **I**/144,147,149,160,164,166,175(2), 187-8,191-2; **II**/12; payments to: **II**/136(2),137(2); **V**/128,132,136, 139,144,147,149(2),152(2),155(2), 157(2),158,159,161(2),165; **VIII**/ 244,245,246,248,249,251,253,255, 257,262; to practise with Grabu: **I**/168; violin bought by: **I**/131,149

TWITTY (TWITTIE), Charles. **V**/42,61
TYE, Christopher. Gentleman of Mary I's Chapel. 11
TYE, Thomas. Brewer. **II**/118,177
TYLDESLEY, William. **VII**/71
TYNDALL, Anthony. London wait. **VI**/102
TYSDALL, Richard. Musician. **VII**/131
TYTE [see TITE]
'TYTTONHANG'. **VII**/378

U

UBANKE (ENBANKE), Henry. **I**/114,120
UMMONT, William. **V**/274
UNDERHILL (UNDRELL,UNDRILL), Thomas, Trumpeter. **VI**/165; **IV**/5,6,15,16, 26,36,41(2),43(2),54,61,63,65,68, 69(2),72,73,75,77,78,79,82(3),84, 86,88,90,92,94,95(3),96(2),97(4), 98,99,100,101,102(6),103,104(4), 105,107(4),109,111(4),113,115,231; **III**/132(2); **VIII**/75,78
UNDERHILL, William. Drum-major. **II**/109
UNDERWOOD, Bernard. Scrivener. **I**/84, 199; **II**/8,11; **V**/56
UNITED PROVINCES. **VIII**/134
UPSDALE, Robert. **II**/16
URSWYK, -. Dean of Windsor. **VII**/14
UVEDALE, Sir William. Treasurer of the Chamber. **III**/25,26,40; **VIII**/ 77,91

V

VACHER [see WASSHER]
VAIT (DEAVELL,DEVAITE,DEVENTT, DEVOTE,DIENVATT,DOWET,DUVET,de VACHE,de VETTES), William du. [Also called Guilliam]. Flute. Appointment/place: **VII**/81, 123; **VI**/112; **VIII**/10,20; boardwages for: **VII**/82; coronation of Ed. VI: **VII**/107; of Q. Eliz.: **VI**/ 6; death: **VI**/109; dwelling at: **VIII**/21,25,26,29,335; funeral of Hen. VIII: **VII**/111; of Ed. VI: **VII**/125; livery: **VII**/89,120,134, 139,141,147; **VI**/6,8,9,11,12,13,15, 19,20,21,22,25,26,27, New Year's

gift: **VII**/118; payments to: **VII**/113,268,270,271,272,273,275(2),277,278(2),280,281,282,283,288,290,299,306,311,320,323,333,334(3),335(4),336,337(2),339,340,341(2),342,243(2),344,345,346,347(2),348,349,350,351; **VI**/80,82,83,85,86,88,90,91,93,95,97,99,102,103,107,109,168,173(3),174(3),175,176(2),177,178(2),179(2),180,181,182,184(2),185,187; payments in Privy Chamber: **VII**/362,363,364(4),365(3),366,367(2),368(4),369(5),370(4),371(4),372(3),373,380; reward for: **VII**/86; riding gear for: **VII**/65; subsidy: **VII**/75,90,91,93,98,112; **VI**/16,32; **VIII**/13,15
VAITE, -. Wife of William. **VI**/184
VALENTINI, Signior [Valentini Urbani]. **II**/102
VALLENS, David. Servant of Wolsey. **VII**/62
VALLETT, Adam. Violin. Appointment/place: **IV**/45,58; **III**/12,18(2),21,169; **VIII**/86; death: **III**/165; denization: **IV**/56; **VIII**/83; expenses: **III**/6,134; funeral of James I: **III**/3; grant to: **IV**/55; payments to: **IV**/164,167,168(2),169(2),173,174,175,176,178,179,180,181,183,184,185,186,187,188,189,190,191,192,193,194; **III**/164,165(2); probate: **III**/8; reward to: **IV**/44; subsidy: **IV**/60,62; **III**/9; **V**/1
VALLETT, Mary. Wife of Adam. **III**/8,20,27,165
VAN BATOM [see BATOM]
VANBRIGHT, Walter. Kettle-drummer. **I**/72(2),90,119,146,200,204,230,233,275; **V**/118,122,282,283; **VIII**/178,193,(254)
- widow of. **VIII**/249,254,256,264(2),267
VANBRUGH, Mr. **VIII**/302(2),303,304(2)
VANCE, John. **VI**/181(2),182
VANDEN (MANDEY,WANDEN), Richard. Groom of the Vestry. **VII**/105,109,113
VANDENAND (VAN DESNENDE,VENSINENDE), Cornelius. Kettle-drummer. **II**/8,31,37,45,72,74,77,105,117,121,123,131,132,149,194; **V**/95,282,283,285; **VIII**/273(2),302,312
VANDENANDE, John. Kettle-drummer. **II**/150,154,159
VAN DYCK, Anthony. Painter. **III**/65
VAN HEISEL, Sebastian. Trumpeter. **II**/181,182
VARME, Monsieur. Musician to Q. Henrietta Maria. **IV**/252
VAUGHAN, Lord. **VIII**/84
VAUGHAN, Thomas. **VI**/187,188; **III**/49
VAUX, John. **V**/65,201
VAUX, Richard. Fife. **I**/33,49,51(2),120,224,230; **V**/36,37,64,65(2),173,174,175,176,177(2),178,179,180,181,182,184,185,188,192,194,197,198(2),201,220,221,222,223; **VIII**/167,186,190,201,203,204,209,215,216(2),220
VENABLES, William. **VII**/30
VENICE. **VII**/48,77,78,94,95,280; **IV**/87,102; **III**/133;; **VIII**/29,30(2),45,82
de VENICE [see KELLIM]
VENNE, Robert. **VI**/184,185
VENNOR, John. Gentleman of the Chapel. **VII**/19
VERE, Robert. Keeper of the organs to Q. Henrietta Maria. **III**/250; **V**/11
VERMUYDEN, Cornelius. **I**/46,51
VERNEY, Ralph. **VII**/407
VESEY, John. Dean of the Chapel. **VII**/47
VESTMENT, Nathaniel. Gentleman of the Chapel. **II**/72,81; **V**/88,287,289,290,292,293,294
VIBLETT (VIOLETT), Mr. Violin. **I**/146,150
VICARY, William. Vicar-choral, Hereford. **VIII**/41
VIETTEN, Peter. Chaplain to Q. Henrietta Maria. **V**/xv
VILLIARD/VIELLARD, Nicholas. French dancing master to Prince Henry. **IV**/7,12(2)
VILLIERS, George [Duke of Buckingham]. **VIII**/75,76,77,78,82,88(4)
VINCENT, -. Wardrobe of Beds.

VIII/18
VINCENT, -. **VIII**/58
VINER, John. Goldsmith. **I**/6
[VINER] VYNER, Robert. Goldsmith.
  II/183(2)
VINES, Galzerano de. **VIII**/12
VIOLLET, John. **VIII**/273,275
VOLÉE (VOLETT), John. French
  musician. **V**/62; **VIII**/167,212
VOLLÉE, Jean de la. French musician.
  I/220,221; **VIII**/160(2),167
VRINALL, James. Bell-ringer,
  Westminster Abbey. **VII**/129

W

WAAD [see WADE]
WADDING, Michael. Hautboy. **V**/102
WADDINGTON, Lord. **IV**/214
WADE, -. **I**/66
WAD[E], John. **VII**/52
[**WADE**] WAAD, Ezechiel. Gentleman of
  the Chapel. **IV**/37,49,59,63,65;
  III/1,15,31,35,38,62,71,109,124;
  V/246; **VIII**/106(2),110,131,322
WADE, Richard. Sub-dean of the
  Chapel. **VII**/81,85,99,102,424
WADE, Susan. Wife of Ezechiel.
  III/62; **VIII**/106 CHECK rest
WADE, William. Teacher of the
  children of the Chapel. **VIII**/157
WAGGIT, Alice. Seamstress. **VIII**/108
WAGGIT, Thomas. Tailor. **VIII**/108
WAITE (WHAYT,WHYT), Thomas.
  Gentleman of the Chapel. **VII**/91,
  93,99,102,105,109,113,124,127,128,
  130,146,419,421; **VI**/1,3; **VIII**/10
WAKE, William. **VII**/190
WALDEGRAVE, Sir Edward. Master of
  the Great Wardrobe. **VII**/144
WALDEN, Lord. **VIII**/70
WALDRON, John. **V**/89
WALKER, Sir Edward. **III**/118
WALKER, George. **II**/101
WALKER, John. **III**/25
WALKER, Jarvis/Joseph. Trumpeter.
  I/66,188,197,223(2),230,233;
  II/1,10,29,34,35(2),41,59,60,74,
  121,123,125,129,131,132,184,189,
  192,197; **V**/51,81,116,117,120,123,
  126,127,131,136,138,142,144,148,
  151,160,164,286; **VIII**/291,340
WALKER, Richard. **V**/102
WALKER, Thomas. Collected fee for
  E. Schetts. **VI**/223
WALKER, Thomas. Groom of the Vestry.
  III/2,15,32,36,39; **VIII**/326(3),333
WALKER, Thomas. **III**/116
WALKER, William. Priest of the
  Chapel. **VII**/80,83,91,99,102,105,
  108,112,123,127,128,130,424;
  VIII/10,317
WALKINGTON, Yorks. **VIII**/34
WALLER, John. **II**/107
WALLEY [see WHALLEY]
WALLOPE, Sir John. **VIII**/29
WALSH, John. Musical instrument
  maker. **II**/46,83(2),87,90,93,99,
  103,106,111,115,125,129,131,132,
  145(2),146(2),147,148,149,150,154,
  159,174; **V**/293,294,295,297;
  VIII/305,308
WALSINGHAM. **VII**/180.190
WALSINGHAM, Lady. **VIII**/58
WALSINGHAM, Sir Thomas. **III**/49
WALTER. Edmond. Clerk of the Petty
  Bag. **VII**/14
WALTER, Jo. **II**/11
WALTER, Mr. Musician. **II**/102
WALTERS, Elizabeth. **V**/89
WALTHAM HOLY CROSS. **VII**/365; **III**/97;
  V/90
- Abbey. **III**/84
WALTHAM, William. **II**/51
WALTON, Isaack. **I**/85
WALTON, William. Yeoman of the Great
  Bakehouse. **I**/85
WALTON-CUM-TRIMLEY, Suffolk. **VIII**/
  71,72,74,75
WANLESSE, Thomas. Musician. **V**/255
WANLEY, Andrew. Tailor. **III**/44,49,
  57,105
WARD, Elizabeth. **I**/148,151
WARD, Nicholas. Trumpeter. **VI**/66(2),
  67,69,70,71,72,74,157,159,161,162,
  164,165; **IV**/2,5,6(2),15,16,21,41,
  43,45(2),72,73,75,77,78,79,81,84,
  86,88,90,92,94,95(2),231
WARD, Peter. Musician. **I**/41,222
WARD, Sampson. **II**/10
WARD, Thomas. **I**/148,151
WARD, William. Organ maker. **IV**/111,

114; **VIII**/322
WARD, William. Petitioner against Edward Bassano. **III**/60
WARDLOW, John. **V**/79
WARDOUR, Mr. **VIII**/199
WARDRUPP, John. Shereman. **VII**/100, 115
WARE, Herts. **IV**/214
WARE, Thomas. Trumpeter. **II**/98,195; **V**/100; **VIII**/309
WAREHAM, Dorset. **VIII**/27
WARMINSTER. **IV**/202
[WARNER] WARNAR, George. Trumpeter. **VIII**/132
WARNER, Robert. **I**/165
WARNER, Thomas. **I**/57
WARNFORD, Robert. **II**/16
WARRELLS, Elizabeth. **I**/121
WARRELLS, Humphrey. **I**/121
WARRELLS, John. **I**/121
WARREN, John. Trumpeter. **VII**/83,90, 92(2),98,103,106,109,112,121,130, 135,142,144,145,285,293,295,296, 299,301,302,304,306,308,309,311, 314,316,318,320,350,418,419,424; **VI**/1,4,6,9(2),11,12,14,15,17,18, 19,20,21,22,23,25,26,27,29,30,80, 81,83,84,86,87,89,91,92,94,97,98, 107,108,110,172; **VIII**/13
WAR[R]REN, Richard. Minstrel. **VII**/27,29
WARREN, Thomas. Violin. **IV**/34,61,62, 65,88,90,92,94,95,97,99,100,103, 105,108,109,111,113; **III**/3,9,14, 23,33,35,37,55,59,80,96,102,108, 113,122(2),125(2),133,135,137,139 (2),140,142(3),143,145,147,149, 150,153,154,155,156,157,159,160; **I**/3,10,218; **V**/1
WARREN, Thomas. Lute. **VIII**/66
WARREN, Richard. Chorister, Westminster Abbey. **IV**/4
WARREN, William. Minstrel. **VIII**/26
WARREN, William. Violin. **VI**/65(2), 66,69,72,74,156,158,159,161,162, 164,166; **IV**/1,10,12,18,20,25,72, 74,75,77,78,80,82,84,86,88(2),231; **VIII**/47,64
WARWICK. **VII**/8,9,48,58(2),73,84; **VIII**/87,343
WARWICK, Philip. **VIII**/118

WARWICK, Thomas. Gentleman of the Chapel; virginals. **III**/7,9,15,32, 36,38,109,113,136,138,139,141,142, 144,145,148,149,151,154,157,159; **I**/3,4,7,81,220; **V**/xv,1,24;**VIII**/85, 90,118,130?,324
WARWICKSHIRE. **VI**/38,60,61; **VIII**/46 (2)
 - Cibcliff mill. **VII**/7
WASHBOURNE (WASHBURNE), William. Gentleman of the Chapel. **II**/72,81, 82,84,89,92,97,103,110,114,117, 155; **V**/96,236,238,241,243,292,293, 294,295,296
WASSHER (VACHER), Gregory. Tabret. **VII**/64,254,256,257,258,259,260,261
WASSYL, -. Servant. **VIII**/6
WASTLETON, Suffolk. **IV**/15
WATERFORD, Ireland. **III**/47
WATERHOUSE, George. Gentleman of the Chapel. **VI**/55,62,68; **VIII**/319,320
WATERS, Edmund. **I**/
WATERS, John. Child of the Chapel. **I**/144,145,169(2)
WATFORD. **V**/34
WATKINS, Adam. Bellringer. **V**/61,75
WATKINS, Henry. Bellringer. **V**/75,230
WATKINS, John. **III**/165,166(2),180
WATKINS (WATKINGS), Nathaniel. Lute & voice; Gentleman of the Chapel. Appointment/place: **I**/4,7,28,216, 219,225,228; **V**/33(2),88,287,288, 290,291; **VIII**/149,167; arrears: **II**/202,204(2),205,206,207(2),209, 210,212(2),214,216,218; coronation of Q. Anne: **II**/72; expenses: **I**/69, 109(2),136,143,153,186,205; **VIII**/ 171; payments to: **V**/173,175,178, 183,185,186,188,190,192,197,199, 200,202,204,206,208,210,221,223 (2); **VIII**/151,186,189,196,203,204, 215,221,226,230,236,239,338; subsidy: **I**/50,51; **V**/45; **VIII**/165
WATKINS, Ralph. Musician. **I**/128
WATKINS, Richard. Gentleman of the Chapel. **III**/110; **VIII**/326
WATKINS, William. Indian gown maker. **I**/133
WATLING ('GWATLING') STREET. **VIII**/ 79
WATSON, Jonas. Gunner. **II**/34

WATSON, Sir Lewis. **III**/119
WATSON, Widow. **VIII**/249
WATT, -. Lute. **VII**/176
WATTEN, John. Musician. **V**/169
WATTON. **VI**/52
WATTS, Elizabeth. **III**/167
WATTS, Henry, **II**/87
WATTS, Judith. **III**/17
WATTS, Nicholas. Trumpeter. **VI**/50, 52(2),53,54,55,57,59,60,63,64,65, 66,67,69,70,71,72,74,143,145,146 (2),148,149,150,152,153,155,156, 157,159,161,162,164,165; **IV**/2,72
WEASON, Thomas. **IV**/123,124
WEAVER, William. **I**/115; **II**/82
WEBB, David. Joiner. **II**/32
WEBB, Francis. **I**/82,121; **V**/61,68,198
WEBB, Mr. **I**/86
WEBB, Mr. Attorney. **II**/52
WEBB, Needler. Servant to scrivener. **II**/10
WEBB, William. Gentleman of the Chapel. **III**/110(2),125,128; **VIII**/133,327
WEBBES, John. Minstrel. **VII**/110
WEBSTER, Maurice. Lute. **IV**/57,61,62, 112,114(2); **III**/3,9,14,23,33,35, 38,60,66,75,85,87,90(2),133,134, 136,138(2),139,140(2),142,144,145, 146,147,148,149,151; **V**/1,246; **VIII**/108,109,118
WEBSTER, Thomas 'junior'. **II**/68
WEBSTER, William. **II**/96
WEEDALL, Nicholas. Trumpeter. **VI**/165
WEELEY (WEALEY,WEELY,WHEEL(E)Y), Samuel. Child/Gentleman of the Chapel. **II**/69,70,103,111,115,117, 143,149,155; **V**/101,240,242,244, 290,296; **VIII**/301
WELDEN, Simon. Priest at Richmond. **VII**/32,35,36,42,45(2)
WELDON, Dr. Thomas. Physician. **VIII**/207
WELDON, John. Organist/Gentleman of the Chapel. **II**/103,111,115,117, 147,155; **V**/100,101,237(2),239(2), 240(2),242(2),296
WELDRE [see WILDER]
WELLEN, Miles. Clerk. **VII**/49
WELLER, Nathaniel. **I**/240,262
WELLES, Thomas. **VII**/59

WELLS
– Cathedral. **VII**/22,96
WELLS, John. **VI**/61
WELLS, Richard. Organ blower to Q. Henrietta Maria. **III**/246(2),247, 248,249,250,260,261; **V**/3,4,7(2),8, 9; **VIII**/96,99,101,102
WELLS, William. Private Musick. **II**/98(2),99,131,132,152,159,175 (2),176(2); **V**/296; **VIII**/313
WELSH (WALSH,WELCHE), Richard. Sackbut. **VII**/125,134,139,141,146, 147,312,314,317,319,322,351; **VI**/82,172; **VIII**/15
WEN(T), John. Gentleman of the Chapel. **VII**/52,55,59
WENTWORTH, -. **VII**/185(2)
WENTWORTH, Peter. **VIII**/48
WENTWORTH, Thomas. **VIII**/138
WENVO. **VII**/41
WEST, John. **III**/89
WEST, Mrs. **VIII**/76
WEST, Richard. **VI**/221
WEST, William. Gentleman of the Chapel. **IV**/19,22,27,29,37,50,59, 63,65; **III**/1,15,32,35,38,109,117; **VIII**/321,327
WESTCHESTER [Chester]. **I**/105
WEST COOKER. **VII**/77
WESTCOTE (WESTCOTT), Robert. Trumpeter. **IV**/39(2),41,44,46,92, 94,95,97,99,100; **VIII**/75
WESTCOTE, Sebastian. Master of the children, St Pauls. **VII**/382?; **VI**/84,89,91,94,98,100(2),108,109, 111,113,115,117(2),119,(121),123, 124,(126); **VIII**/12,31
WESTCOTE, Thomas. Priest of the Chapel. **VII**/57,63,67,69,424
WESTCROSSE, Robert. Trumpeter. **VI**/19,21,22,23,25,26,27,28,30(2), 33,34,37,38,94,97,98,107,108,110, 111,112,113(2),116,118,121,122,135
WESTCROSSE, Thomas. Trumpeter. **VII**/140(2),142(2),143,145,320,350; **VI**/1,4,6,7,8,9(2),11,12,14,15,17, 18,19,20,21,22,23,25,26,27,29,30 (2),80,81,83,84,86,87,89,91,92,94, 97,98,107,108,110,111,114(2),172
WEST HAM, Essex. **IV**/211; **VIII**/38
WESTMINSTER [see also WHITEHALL].

VII/89,196,245,371,399,414,422;
VI/42,115; IV/26,28,47,82,84; II/
20,32,33,49,101,102; VIII/6,95,
114,125 [see also City of]
- Abbey. IV/1,2,4,6,37,48,49,232;
  III/1-4,11,128(4); I/9,15,16,
  116(2),134; II/9,10,25,49,56,
  60,96,99,119; V/251,273,(276);
  VIII/139
- Almshouses. VIII/18
- Chaunter's House. VIII/179
- City of. IV/35,35,37,54; V/38,
  52,53,57,60,61,63,68,75,245-
  251
- Drury Lane. III/50
- Hall. I/15; VIII/241
- Hyde Park. IV/47
- King Street. IV/199; II/65
- Long Woolstaple. VIII/33
- St Anne. II/64; V/90; VIII/292
  (2)
- St James. III/16,63,97,148,152
  (2),194,244; II/41,118; V/93
-     Market Street. II/7
- St James Chapel [Queen's
  Chapel]. I/32,43,49,81
- St James's Palace [see ST
  JAMES'S PALACE]
- St James's Park. VIII/68
- St Margaret's. III/8,110,114,
  128(5); I/83,115,124,136,139
  (2),159(2),161,210,280(2);
  II/18,49,51,62,67,75,85,95,96,
  105,109,115,116; V/49,53(2),
  66,76,77; VIII/114
- St Martin in the Fields. VII/
  407; III/24,101,102; I/48,92,
  121,124,149,162,167(2),198,
  206,261,269,280,282; II/6(2),
  7(2),9,10,13,14,24,29,36,58,
  78,83,86,88,90,94,99,104(2),
  106,112,115,116; V/34,41,47,
  52,54,55(2),56,57,61,71(2),
  73,90; VIII/101,114,340
- St Martin's Lane: Cross Keys.
  I/165
- St Mary Savoy, Strand. III/50
  (2); I/162,282; VIII/101
- St Stephen's. VII/416
- Scotland Yard. VIII/258
WESTMORLAND. VI/56

WESTON, [Hugh?]. Priest, Westminster
  Abbey. VII/129
WESTON, -. Servant of Thomas
  Cromwell; lute. VII/416(2)
WESTON, -. VIII/342
WESTON, Sir Francis. VII/170,362(2),
  363,364(2),366(2),413(2),414(2),
  415
WESTWOOD, Miles. I/247
WEST WITTON, Yorks. VII/136; VIII/
  27
WETHERALL, Benjamin. II/67
WETHERLEY, Nathaniel. Musician.
  V/259
WETWODE (WETWARD,WHETWOOD), John.
  Epistoler of the Chapel. VII/34
  (3),40,43,54,55,58,73,78
WET(E)WODE, Robert. Priest of the
  Chapel. VII/31,37
WEVER, Jocas[t]a. VII/78
WEVER (WEWAR), John. Gentleman of
  the Chapel. VII/14,26,28,33
WEYE [Weyhill]. VII/32
WHALEY, Thomas. Parish Clerk. VI/103
WHALLEY, Mr. VII/73
[WHALEY] WALLEY, William. III/185
[WHALEY] WALLEY, Will. I/195
WHARTON, Edward. Drummer. I/169(2),
  170,192,207,209,224; V/82; VIII/
  232
WHATELY, William. III/213 [compare
  W[H]ALLEY?]
WHATTON, Thomas. I/160
WHEELER, Christopher. Servant to
  Robert Maugridge. VIII/286
WHEELER, Johanna. V/77-8
WHEELER, Mark. Cornett player.
  IV/205
WHEELER, William. III/125
WHEELEY, Peter. I/140
WHEELEY, Samuel [see WEELY]
WHICKER [see WHITCHER]
WHINYARD, John. I/117
WHISLER, Christopher. V/63
WHITBY. VII/61
WHITCHER (WHICHER), George. Yeoman
  of the Vestry. IV/218,220; I/144,
  153,186; V/28,45,79,229,298(2)
WHITCHURCH, Robert. II/106-7
WHITE, -. Composer. I/163
WHITE, Blaze. Priest of the Chapel.

I/109(2),136,143,151,205; II/44;
V/89,287,289,290
WHITE [BLANC], Edward. Gentleman of
the Queen's Catholic Chapel.
II/17,21; V/286; VIII/341
WHITE, Jacob. VI/231
WHITE, John. Musician. VI/5
WHITE, John. Vicar-choral, Hereford.
VIII/41
WHITE, John. II/41
WHITE, Matthew. Gentleman of the
Chapel. VIII/322(2)
WHITE, Robert. Singing man,
Westminster Abbey. III/3
WHITE, Thomas. VII/423
WHITE, William. Singing man,
Westminster Abbey. IV/2
WHITEACRE, John. VI/181
WHITEACRES, Henry. VI/180
WHITECHURCH. II/20
WHITECHURCH MANOR, dioc. Winchester.
VIII/142
WHITFIELD, Lawrence. VI/239
WHIT(E)FIELD, Thomas. I/162,282;
II/13,36; V/90,139,145
WHITEHALL PALACE. VI/42,121,124,163;
IV/1,41(3),43,75,76(2),81,85(3),
86,89,95(2),97(2),98,102,104(2),
106,109,110(2),201,208,229; III/
6,16,28,31,42,63,66,80,81(2),89
(3),93,94(2),101,106,126,134,138,
141(2),150,156(2),194; I/16,30,41,
43,60,65,81,92,134,150,158; II/22,
34,64,65,69,71-2,73,75,109,115,
142; V/19,39,62,161,172,176,177,
182,183,185,232
- Banquetting House. III/81; I/34,
49,89,156,180,208; V/119,161
- Bowling Green. I/130,147
- Catholic Chapel. II/42-3; V/83,
232,273,274(2),275
- Chapel Royal. I/15,34,35,37,47-
8,62,69,102,104,180,208-9; II/
14,15,32,42,50,64,104,142,150,
159; V/38,196,212
- Great Bakehouse. I/85
- Great Buttery. I/85
- Great Chapel. II/41
- Great Hall and Privy Lodgings.
I/34,156,157(2),180,208; V/28,
41
- Greencloth Yard. I/153
- Horse Guard. I/154
- New Chapel. II/63(2)
- Queen's Chapel. V/17,113
- Queen's Privy Chamber. V/18
- Theatre. I/135,137,140,172,176,
208
WHITING, -. VII/175
WHITLEY, William. I/95
WHITMEALE (WHITMELL,WHITMILL),
Silvester. Trumpeter. I/2,33,51,
53,223(2),230,233; V/38,44,114,
116,117,120,123,126,127,131,136,
138,142,144,148,151,160,164;
VIII/167,270
WHITTAKER, George. I/48 [see also
WHITCHER]
WIBOROUGH (WIBORAYE,WILLBROUGH,
WYBROUGH), Francis. Gentleman of
the Chapel. VI/73; IV/3,19,22,27,
29,37,49,59,63,65; III/1,15;
VIII/320,325
WIBRAHAM, Ralph. VI/226
WICKHAM, John. Messenger. I/60,112
WIDDOWE, -. Schoolmaster to the
Children of the Chapel. VII/8
WIDDOWES, Mr. Messenger. I/78
WIGGINGTON, Thomas. Scrivener. II/49
WILCOX, Thomas. Choirboy in Chapel
of Q. Catherine of Braganza. V/72
WILDE, Philip. Groom/Yeoman of the
Chamber. VII/333
WILDER, Frances van. Wife of Philip.
VII/78,88,115,119,381; VIII/34
WILDER (WELDRE), Henry van. Musician
in the Privy Chamber. VII/132,134
(2),135,138,141,147; VIII/34
WILDER (WELDRE), Matthew van. Lute.
VII/229,230,231,233,235,410;
VIII/2
WILDER (WELDRE), Peter van. Viol;
lute. Appointment/place: VII/122,
241; VI/81; VIII/9; boardwages:
VII/82; coronation of Ed. VI:
VII/107; of Q. Eliz.: VI/5;
funeral of Hen. VIII: VII/111; of
Ed. VI: VII/126; livery: VII/89,
120,134,139,141,147; payments to:
VII/241,243,244,246,247,248,250,
251,253,254,256,257,258,259,260,
262,263,264,266,267,268,269,270,

271,273,274,275,276,278,279,280,
282,284,285,286,287,288,290,291,
292,294,295,297,299,301,302,304,
306,308,309,312,314,316,318,321;
VI/78,81,82,84; to provide singing
children for the Privy Chamber:
VII/318; subsidy: **VII**/91,93,98,
112,418,420,421; **VIII**/15

WILDER, Philip van. Lute; Gentleman
of the Privy Chamber. Appointment/
place: **VII**/85,122,413,416,417;
VIII/9; to take up choristers:
VII/117; christening of child of:
VII/379; commercial activities:
VII/69,72,73,74; coronation of Ed.
VI: **VII**/107,108; denization: **VII**/
77; diet allowed: **VII**/82; dwelling
at: **VIII**/5(2),334; funeral of Hen.
VIII: **VII**/109; grant to: **VII**/78,
82,88,115,117,119; **VIII**/20,34; in
charge of instruments: **VII**/384,
385,386,387(2),388(2),389(3),390;
marriage: **VII**/374; New Year's
gift: **VII**/62,76; payments to:
VII/254,256,257,258,259,260,262,
263,264,266,267,268,269,270,271,
273,274,275,276,278,279,280,282,
284,285,286,287,288,290,291,292,
294,295,297,299,301,302,304,306,
308,309,312,314,316(2),318(2),358,
362,366,369,370,373(2),374,375(3),
376(2),378,379(3),381,415(3),420;
payments for instruments/strings:
VII/363(2),366,367,370; servant
boy of: **VII**/364(4),365,366(2);
subsidy: **VII**/75,90,98,102,417,421;
teaching princess Mary: **VII**/375

WILES (WYLIE,WYLES), Thomas.
Gentleman of the Chapel. **VI**/13,
17,24,34; **VIII**/35,317,319

WILKIE, Thomas. **II**/70

WILKYNS, Henry. Gentleman of the
Chapel. **VII**/12,14,19,26

WILLERSLEY, Gloucs. **VI**/38; **VIII**/35
WILLESBOROUGH. **VII**/137

WILLIAMS, Daniel. Gentleman of the
Chapel. **II**/72,81(2),84,89,92,97,
102,107,110(2),114,117,146,155;
V/93,97,235,236,237,238(3),240,
241,243,290,291,293,294,295,296;
VIII/308

WILLIAMS, Elizabeth. Wife of
William (Private Musick). **II**/67,
179
WILLIAMS, Sir Henry. **III**/119
WILLIAMS, Henry, Esq. **I**/107
WILLIAMS, Hugh. Yeoman of the
Vestry. **VII**/124,127,129,131;
VIII/11
WILLIAMS, Sir John. **VII**/421
WILLIAMS, John. Child of the
Chapel. **VII**/25,28
WILLIAMS, John. Priest of the
Chapel. **VII**/33
WILLIAMS, John. Yeoman of the Guard.
VII/60
WILLIAMS, John. Child of the Chapel.
II/149; **V**/296; **VIII**/311,312
WILLIAMS, Joseph. Trumpeter. **II**/43,
66,72,74,129,131,132,185,187(2),
193; **V**/95,289
WILLIAMS, Richard. 'Boy' to Benedict
Browne **VI**/128 [1582]
WILLIAMS, Richard. Bellringer. **IV**/4
WILLIAMS, Richard. Child of the
Chapel. **VIII**/102
WILLIAMS, Robert. Singing man,
Westminster Abbey. **III**/4
WILLIAMS, Thomas. Musician. **II**/127
WILLIAMS, William. Groom/Yeoman of
the Vestry. **III**/110(2),122(2),123;
VIII/326,327,333
WILLIAMS, William. Private Musick.
II/55,60,67,127,128,157,168(2),
179; **V**/94,291,292; **VIII**/297
WILLIAMSON, Sir Joseph. Secretary of
State. **I**/124,139,171,172; **VIII**/
172,174,175,232,290,291
WILLIS, Robert. Singing man,
Westminster Abbey. **III**/4
WILLOUGHBY, Lord. **VIII**/58
WILMORTH (WILLEME), Adrian. Sackbut/
shawm. **VII**/20,21
WILSON, Mrs [Ann]. Wife of John.
I/214,242,249; **V**/66,132,137,140,
201; **VIII**/229
WILSON, Diana. **I**/238,239, check 292
WILSON, Henry. Violin. **III**/41
WILSON, Dr. John. Lute & voice;
Gentleman of the Chapel. Appointment/place: **III**/83,87(2),113,117,
129; **I**/89,91,134,144,165,225,226,

227(2); **V**/66,69,71(3); **VIII**/116, 144,228; letter of attorney from: **I**/122,276(2); burial of: **I**/133-4; Corporation of Musick: **V**/246; livery: **III**/83,84; **I**/12,21,237(2), 238,239,240,241,242,243,244,245, 246,247,248,249,273,276(3),279, 284,291,292; **VIII**/146; New Year's gift: **III**/85; in Oxford: **III**/119; payments to: **III**/119,219,222,225, 228,230,232,237,239; **V**/108,112, 115,122,124,127,129,132,137,140, 143(2),146,172,173,175,177,178, 179,180,182,183,186,189,190,193, 195,196,201,221,223,224; **VIII**/ 182,196(2),201(3),204,208,212,219, 221,229,338; petition of: **I**/92?; **VIII**/137; probate: **V**/66; subsidy: **III**/109; **I**/50,51; **V**/44; **VIII**/165
WILSON, John. Messenger. **I**/84,94; **V**/125
WILSON, Robert. Sadler. **VII**/67
WILSON, Robert. **VIII**/132
WILSON (WILLSTON), Silvester. Groom/Yeoman of the Vestry. **III**/4,15,32, 36,39,42; **VIII**/324,333
WILSON, William. Clerk to Q. Henrietta Maria. **V**/xv
WILTSHIRE. **VIII**/46,49
WIMBLEDON HOUSE. **VIII**/133
WINCHCOMBE, Bennet. Recusant. **IV**/15; **VIII**/60
WINCHECOMBE. **VII**/5
WINCHESTER. **VII**/3,414; **I**/206,207; **II**/3; **V**/165,274; **VIII**/346
- Cathedral. **VIII**/142
- College. **VIII**/47
WINCKLE [see WINKLE]
WINDEBANCKE, Mr. **VIII**/50
WINDEBANK, Sir Francis. Secretary of State. **III**/80,98; **VIII**/108,119
WINDER, Alexander. **VI**/196,197(4),199
WINDSOR (town/castle). **VII**/1,6,44, 88,125,155,249,364,372; **VI**/137; **IV**/73,91(2),111,115,214; **III**/77, 80,102,104,148,154,158; **I**/18,19, 22(2),44(2),46,47,56,82,105,108-9, 110,116,136,138,140,142,143(2), 144,147,152(2),153,155,156(2),157, 164,166,167,180(2),183,184,186(2), 187,191,192(3),193,196(2),197(2), 198(2),199,200,201(4),202(4),203 (2),204,205,206,207(4),208-9,214, 262,281(2); **II**/4,6(2),9,10,12(2), 13,14(2),17,18,20,21(3),32(2),76, 80(2),81,82,83,92,97,98,102,110, 114,115,116,117,136,137,138(3), 139,140(2),144(2),145(2),147(2), 148(2),149(2),150(3),157; **V**/109 (3),113,119(2),141,147(2),148,154, 158,160(4),162(2),163(4),164(2), 165(2),166,232; **VIII**/44,69,96,328, 329
- Chapel of St George. **VII**/57,74, 75; **IV**/7,40; **III**/77,126(2); **II**/74,104,148,159; **VIII**/15, 54,72,86,112
- Prince's Chapel. **V**/18
- Private Chapel. **V**/196,200,274
WING, William. Viol. **I**/1,6,30,216; **V**/61
WINGBERRY, James. **VIII**/121
WINKE(S) (WYNKE), John. Trumpeter. **VII**/75,130,135,140,142,143,145(2), 318,320,350; **VI**/1,4,6,7,9(2),11, 12,14,15,17,18,19,20,21,22,23,25, 26,27,29,30(2),33,34,37,38,40(2), 42(2),44,45(2),46,47,48,49(2),50, 51,53,54,56(2),57,59,60,63,64(2), 65,80,81,83,84,86,87,89,91,92,94, 97,98,107,108,110,111,113,116,117, 119,121,123,125,128,135,137,138, 140,141,143,145,146,147,149,150, 152,153,154,156,157(2),158,172; **VIII**/16,335
WINKLE (WINCKLE), John [Jan] van. Sackbut. **VII**/222(2),223(3),224,225 (3),226,227(2),228(2),229(2),230 (2),231,232(3),233(2),234,235(2), 236(2),237(3),238(2),239(2),240 (2),241(2),242(2),243(3),244(2), 245,246(3),247(2),248(2),249(3), 250(2),251(2),252(2),253,255,256, 257,258,259,260,262,263,264,266, 267
WINKLE (WINCKLE), Lewis van. Sackbut. **VII**/253,255,256,257,258, 259,260,262,263,264,266,267
WINTER, John. **V**/56
WINTON, Edward. **III**/61
WISE, Michael. Child/Gentleman of the Chapel; Master of the

choristers, St Pauls. **I**/54(2),56, 62,162,163,179,193,212(2),296; **V**/70,82,120,151; **VIII**/267
WITWIKE. **VII**/408
WOKING. **III**/17; **I**/112,125-6,280; **II**/50; **V**/61
WOLFAMCOTE, Warwicks. **VII**/94
WOLMER, Walter. Clerk. **VII**/58(2)
WOLRICH, Isaac. **II**/75
WOLSEY, Cardinal Thomas. **VII**/61,62, 63,410-413
WOOD, Dr. **VIII**/124
WOOD, John. Child of the Chapel. **II**/142; **VIII**/292
WOOD, Hugh. Page of the Bedchamber. **III**/67
WOOD, Sir John. **IV**/22
WOOD, John. Singing man, Westminster Abbey. **VII**/129
WOOD, Robert. **III**/44,45,48
WOOD, William. Locksmith. **VI**/7
WOODALL (WADOLL,WEEDAL(L),WODDALL), Nicholas. Trumpeter. **IV**/5,6,9,15, 16,18,21,24,26,72,73,75,77,78,79, 81,84
WOODBURNE, William. **III**/171
WOODCOCK, -. Gentleman of the Chapel. **VIII**/327
[WOODHAM] WODDAM, Thomas. Trumpeter. **IV**/11; **VIII**/59
WOODHOUSE, Hugh. Marshal of the Minstrels. **VII**/64,110,114,330,331, 333,334(3),336,337,338
WOODHOUSE, Robert. **II**/30
WOODINGTON, Alice. Wife of John. **V**/25
WOODINGTON (WOODRINGTON), John. Violin. Appointment/place: **III**/12, 18(2),21,59,113; **I**/2,9,12,17,217, 218,219; Corporation of Musick: **V**/246; instruments bought by: **III**/66,96,154; **VIII**/109; livery: **III**/27,40,56,67; **VIII**/97; music supplied by: **III**/81,150; New Year's gift: **III**/23; payments to: **III**/124,169,172,178,181,185,188, 189,193,197,198,203,205,208,211, 213,216,219,221,225,228,230,233, 236,239,242; **V**/25; **VIII**/112; petition of: **V**/299; **VIII**/128; subsidy: **III**/14,33,37,109

WOODINGTON, Mary. **V**/25
WOODROSSE, Elizabeth. **II**/83
WOODROVE, Thomas. Tailor. **IV**/221
WOODSON (WOODESON,WOODISON), George [I]. Gentleman of the Chapel. **IV**/3,19,22,27,29,37,49,59,63,65, 91,122; **III**/1,15,32,35,38; **VIII**/320,326
WOODSON, George [II]. Gentleman of the Chapel. **III**/32,36,38,110; **VIII**/324,327?(2)
WOODSON, George. Sacrist, Westminster Abbey. **III**/4
WOODSON, Jane. Wife of Leonard. **V**/102
WOODSON, John. Gentleman of the Chapel. **IV**/19,22,27,29,37,50,59, 63,65; **III**/1,15,32,35,38,109; **VIII**/321
WOODSON, Leonard. Gentleman of the Chapel. **II**/27,28,39,40,72,81(2), 84,89,92,97,102,107,110(2),114, 117,126,130,155; **V**/79,88,97,102, 235,238,240,243,284,287,288(2), 290,291,293,294,295,296; **VIII**/283
WOODSON, Thomas. Gentleman of the Chapel. **VI**/55,62,68,73,237; **IV**/3; **VIII**/319,321
WOODSTOCK. **VII**/379; **VIII**/5
WOODWARD, Richard. Bagpiper/musician. **VII**/95,102,107,111,122, 131,134,139,140,147,294,295,297, 300,301,303,305,307,308,310,313, 315,317,319,322; **VI**/vii,5,7,9,10, 12,14,16,19,20,21,82,83,85,86,88, 90,92,93,95,97,100,105; **IV**/22,80; **VIII**/62
WOODWARD, Robert. Rebec. **VII**/121, 131,321; **VI**/6,16,22,32,41,82,83, 85,86,88,90,92,93,95,97,99,105(2), 107,109,111,112,114,116,118,120, 122,124,126,127,133,136,138,139, 141,142,144,145,147,148,150,151, 153,154,157,158,159; **IV**/88
WOOLLETT, William. **II**/16
WOOLMAR, Thomas. Choirboy in Catholic Chapel of Jas. II. **V**/85
WOOLWICH. **VII**/40,45
WOOTTON, John. **VI**/130(2)
WORCESTER. **III**/42,62; **I**/72,98,166; **II**/20; **V**/154; **VIII**/102,106,125,

138,172
- Foregate Street. **VIII**/106
- St Clements. **VIII**/106
WORCESTER, Earl of. **IV**/32,44,202,233
WORCESTER, Marquesse of. **I**/106
WORCESTERSHIRE. **VI**/52; **VIII**/43
WORDE, Wynkyn de. **VII**/115
WORLEY, Thomas. Priest of the Chapel. **VII**/2,4,12,14,15,329
WORMALL (WORMEALL,WORMWELL), Edward. Lute & voice; Gentleman of the Chapel. Appointment/place: **V**/32; **III**/19,113; **I**/2,7,27,32,34,38,217,219; **VIII**/94,150; acted as attorney: **III**/68(2); burial: **III**/128 Corporation of Musick: **V**/246(2),248; funeral of Henry, Prince of Wales: **IV**/37; of James I: **III**/5; livery: **III**/18(2),56,67; musician to Henry, Prince of Wales: **IV**/211,212(3); musician to Charles, Prince of Wales: **IV**/227-9; New Year's gift: **III**/23; payments to: **III**/125,170,173,175,177,178,181,183,185,186,189,192,195,198,201,205,206,209,212,214,217,221(2),223,227,229,233,236,238,240; **VIII**/112,115,133; subsidy: **III**/10,33,109
WOTYER, Guillaume. Servant. **VIII**/6
WRAYE, Edward. Groom of the Bedchamber. **VIII**/82
WRAY (WRAA,WREE,WRETH,WREY), Robert. Trumpeter. **VII**/26,29,38,43,44,191,200,203,207,208,209,408,409
[**WRAY**] WREY (WRETHE), Thomas. Trumpeter. **VII**/26,28,34
WREN, Sir Christopher. Surveyor of the Works. **I**/130,135,137,147(2),176,208; **II**/42,64; **VIII**/241,258,293,301
WRENCH, Jonas. Musician. **IV**/37,39,211,212(2),217,220,222,223,224,225,226,228,229; **III**/5,10,18(2),19,22(3),171,173; **I**/20,34,38,217,219; **V**/2; **VIII**/94(2)
WRIGHT, Geffrey. Groom of the Vestry. **VII**/26,28,34
WRIGHT, John. **I**/28,78(2)
WRIGHT, Peter. Gentleman of the Chapel. **VI**/62,68,73; **IV**/3,19,22,27,29,37; **VIII**/320,323
WRIGHT, Robert S. **I**/173
WRIGHT, Thomas. Gentleman of the Chapel. **VII**/93,99,103,105,109,113,124,127,128,130; **VIII**/10
WRIGHT, William. **IV**/137
WRIGHT, William. **II**/85
WROTH, Lady. **VIII**/58
WROTHE, Richard. **VI**/198,216(2),218
WROTH(E) (WRATHE), Robert. Trumpeter. **VI**/65,66,68,69,70,71,72,74,156,157,159,161,162,164,165(2); **IV**/2,5,6,15,16,21,36,41,43,48,50(2),72(2),73,75,77,78,79,81,84,86,88,90,92,94,95,97,99,100,103; **VIII**/75,81
WYATT, George. Organ blower. **I**/156,157,180; **VIII**/268(2)
WYATT, Sir Thomas. **VII**/413
WYLKYNSON, William. **VII**/329
WYLES, Thomas [see WILES]
WYNKE [see WINKE]
WYNNE, Sir Richard. **III**/51
WYNSON, Edward. Musician. **I**/95
WYNSTON, John. Singing man, Westminster Abbey. **VII**/129
WYTHURNE [Withern], Lincs. **VII**/32

Y

YARDLEY, George. Gentleman of the Chapel. **I**/51,109,136,143,205; **V**/45,89,287
YARMOUTH. **I**/108,110; **V**/135
YELVERTON, Edward. Recusant. **IV**/233
YELVERTON, Sir Henry. **VIII**/70
YERWOOD [YARWOOD?], Ed. **I**/212
YOCKNEY, [Anne]. Wife of William. **I**/87,115,118,122,127; **V**/139,155; **VIII**/247
YOCKNEY, Elizabeth. Daughter of Walter. **I**/100; **V**/121,123; **VIII**/199
[**YOCKNEY**] YOWKENEY (YOKNEY), John. Violin. **I**/11,16,21,24,28,29(2),31; **V**/31,107,111,114,141; **VIII**/148
YOCKNEY, Mrs. [perhaps Elizabeth, dau. of Walter]. **VIII**/199
[**YOCKNEY**] YORKENEY (YOWCKNEY), Walter. Violin. **I**/15,17,35,50,66,219,221,226,261; **V**/31,44,51,107,111,114,121(2),123; **VIII**/149,165,

167,199
YOCKNEY, William. Flute; violin. **I**/32,35(2),41,47,50,61,76,82,83,87(2),115,118,127,221(2),225(2),226; **V**/37,44,114,121(2),128(2),132,139,142,149,152,155; **VIII**/165,192
YORK. **VII**/18(2); **VI**/167; **IV**/73; **III**/114,115,117; **II**/30; **V**/19; **VIII**/128,129,138
- Priory of St Leonard. **VI**/60
YORK, Duke of. **I**/121
YORK, Lady [of]. **VII**/151
YORK, Lord of. **VII**/157,163,361
YORKSHIRE. **VI**/41,53,56,60,61; **VIII**/44,46(2),47,49
YOULL, Peregrine. Musician. **V**/260
YOUNG, Andrew. Priest of the Chapel. **VII**/55,58,67
YOUNG, Anthony. Child of the Chapel. **II**/66(2),142; **V**/290
YOUNG, John. Interlude player. **VII**/311
YOUNG, John. Viol. **I**/125,138,190(2),232; **V**/77,78,137,140,143,146,150,156(2),266(2),267(3)
YOUNG, John. **V**/77
YOUNG, Mr. **I**/40
YOUNG, Richard. **V**/71
YOUNG, Robert. **I**/102(2)
YOUNG, Sarah. **V**/77
YOUNG, Thomas. **I**/113,125
YOUNG, Widow. 242
YOUNG, Widow [of John]. 247
YOUNG (YUNGE), William. Flute; violin. Appointment/place: (a) violin: **I**/21,88,110,114,219,221,225,226,229; **V**/31,60; **VIII**/148,167,191; (b) wind: **I**/67,72(2),92,122,127,221,226,228; **V**/53,58,59,64,65; **VIII**/197,215; coronation of Chas. II: **I**/16; expenses: **I**/47,70,100,102; journey to Portsmouth: **I**/32; to Tunbridge Wells: **I**/72(2); **V**/117; New Year's Gift: **I**/11,29; payments to: **V**/107,111,114,117,120,123,126,128(2),130,131,136,138,141,142,187,215; **VIII**/172,199,203,210,250,251; petition of: **VIII**/177,198; to play in the Chapel: **I**/98; barred from practice by other violins: **I**/24; to practise with Beckett: **I**/73; probate: **I**/159; violin bought by: **I**/29; **V**/141; to attend at Theatre: **I**/59; in select band: **I**/75; **VIII**/172; in rota: **I**/83; subsidy: **I**/50(2); **V**/44; **VIII**/165
YOUNGER, Dr. Chaplain. **II**/73
YOW, Monsieur. 'Quirester' to Q. Henrietta Maria. 113

Z

-. ZUAN MARIA. **VII**/46
-. ZUAN PIERO [Probably John Peter de BRESCIA]. **VII**/50(2)
ZINTI (ZENTI), Girolamo. Virginal maker. 166,184

CORRECTIONS TO TEXT

VOLUME I

page		
16	April 22 and 23	for Charles I read Charles II
19	June 9	for £4O read £48
83	April 29	for Greeting read Gregory
96	March 17	add 'beginning at 29 September 1665' at end.
104	March 17	delete entry [see p.96].
137	May 6	Pecurr not Peaur; Shenan not Fenan; D'muraite not D'Muraile
189	March 17	delete entry [see p.96].
200	5 July [1st item]	add source: LC5/108, p.38
205	April 7	Wm. Hopwood not Heywood
210	16 February	add source reference: LC5/145, p.23
211	July 30	Source should read: 5/108, pp.47,280 and 282
221	last entry	Date is 18- 4-1662 not 1661

VOLUME II

22	December 8	delete as; person is John Abraham Bowmaster [BAUMEISTER]
64	April 29	for 5/153 read 5/166
66	January 5 & May 21	for 5/153 read 5/166
100	September 13	for [Francis] read [Charles]
121	LC3/29: 6-5-1686	add [II] to Robert Maugridge
	LC3/29: 10-4-1688	add [I] to Robert Maugridge
	last line	delete 'as'
123	May 6 1686	add [II] to Robert Maugridge
	April 10 1688	add [I] to Robert Maugridge
126	fourth line	add [I] to Robert Maugridge
129	last line	add [II] to Robert Maugridge
130	first entry	add [I] to Robert Maugridge
131	third line from bottom	add [II] to Robert Maugridge

VOLUME III

124	7 July 1647	read 7 April 1647
128	William Lawes	died 24-9-1645
187	Jeremy Crewes	1629/30 not 1628/9

VOLUME IV

xiv	5.	LC9/93-98
74	Flutes: Harden/Lanier	for at read and
85	seventh line from end	add [II] after Nicholas Lanyer
87	16th line from end	add [II] after Nicholas Lanyer
106	John Lanyer	Not the musician
108	Thomas Lupo	add 1:C:1621

153	John Phelps	for £16. 14. 4½ read £17. 14. 4½
213	John Ashbye	wages of £30 not £20 p. ann.

VOLUME V

62	13 August	should be 30 August
63	second line	add [*CTB IV*, p.386] at end
64	fourth line	add [*CTB IV*, p.401] at end
64	17 October	add [*CTB IV*, p.411] after both entries
65	29 December	add [*CTB IV*, p.450] after second entry
65	20 February	add [*CTB IV*, p.480] after first entry
65	20 February	add [*CTB IV*, p.481] after second entry
68	28 September	add [*CTB IV*, p.252] at end
238	Humphrey Griffith	for 'Sep 09' read 'Sep 08'
278	14 August 1702	add [*CTB XXVIII*, p.403] at end
278	18 December 1702	add [*CTB XXVIII*, p.407] at end
278	last entry	date is 19 March 1702/3. Add [*CTB XXVIII*, p.42] at end

VOLUME VI

x		for the second E351/541 read E351/542
18	22 May	is 22 April
140	1:C:1585	all four entries should be 1:C:1586
247	p.199 entries	for ½:C:1580 read ½:C:1581; for ½:A:1581 read ½:A:1582

VOLUME VII

118		delete first two words (so that the entry runs on from the previous page)
136	4 November	for G" read GW
261	f.79v	for 'fyrsy' read 'fyrst'
424		I am grateful to Fiona Kisby, who advises me that the date of this list is c.1535-1538.

VOLUME VIII

xv	LR2/124	for Charles II read Charles I
xvii	MS Malone 44	for '16' read '1666-9'
81	30 December	delete '[CHECK]'
106	last line	for £20 read £200
162	Petition of Cooke	duplicated in error on p.173
337	6th line from bottom	for 'pub;ique' read 'publique'

CORRECTIONS TO INDEX

These corrections are incorporated in the present volume

VOLUME I

300	BASSANO, Anthony.	delete 240
300	BENICO	should be SEBENICO [*q.v.*]
300	BIRKHEAD	a corruption of PICART
300	BLAGRAVE, Mary	add 112
301	BLOW	add (2) to 186
302	CHILD	add (2) to 281
302	CHRISTMAS, John	add 174
304	DORNEY, Richard [II]	for 99 read 100
305	FITZ, Theophilus	for 66 read 64
305	FLOWER, Edmund	for 201(2) read 201(3)
306	GRABU	for 170(2) read 170,171
307	HAZARD	for Henry read Thomas
307	HEYWOOD, Wm.	for HEYWOOD read HOPWOOD
307	HOPWOOD	add 205
307	HOWES, Mr. Junior	Christian name is Burgess
310	MAUGRIDGE, John	Most references are to John [I]. The following seem to refer to John [II]: 108,115(2),229 for 154 read 155
310	MOLLER	is MELLER/MILLER
311	NAU	5 and 216 seem to refer to a second Stephen
311	NEWTH	for 145 read 148
314	SEBENICO	add 127
315	TASKER	for Drummer read Fife
316	WALKER, Joseph	for 224 read 230
317	YOUNG, John	add 232
317	YOUNG, William	for 72(3) read 72(4); delete 232

VOLUME II

220	(d) neglect of duties	add I/64
222	Drummers; liveries for coronation and mourning: I/ in error for II/	
228	fourth line	for I/74 read I/75
231	ABRAHAM	surname is BAUMEISTER
231	ACKROYDE	Christian name is Samuel
232	BLOW	for 30(3) read 30(2); for 33(2) read 32(2)
233	BROOKES, John	For Kettle-Drummer read Trumpeter
233	CHEVALIER	for 53 read 52
235	ECCLES, John	for 196(2) read 106(2)
236	GIDDINS	for 184 read 183
237	GOODWIN	substitute , for (after 166
237	GREETING. Private Musick. add Thomas	
238	KEILING	delete Trumpeter. Is Musician in ordinary
240	MARSH, Richard	for 184 read 183
240	MARSHALL	for Richard read Michael

240	MAUGRIDGE, John [I]	delete 121
240	MAUGRIDGE, Robert [I]	the first 210 shoud read 201
240	MAUGRIDGE, Robert [II]	for 135 read 125
240	NEWTH	for 210 read 201
244	STEFFKINS, Christian	for 138 read 128

VOLUME III

264	FIFES	for 4 read 5
269	CHESTER	add 84,98
271	BASSANO, Edward [II]	for 94 read 95
272	BLAGRAVE, Richard	for 32 read 33
272	BOWEYE	for Samuel read James
274	DAY	replace 'm' after 196(3) with ,
274	DERING	delete (2) after 180
274	DORNEY, Richard [II]	delete 112
275	FROST, John [I]	delete 109,128
275	FROST, John [II]	add 109,128
275	GARNIER	for Andrew read John
277	HOPKINS, Christopher	for 24 read 25
277	HOPPER, John	for 112 read 113
278	LANIER, Andrea	for 42 read 41
278	LANIER, Henry	delete (2) after 47
278	LANIER, Jerome	add 166(2); for 182(4) read 182(3); at 189, 191,198 and 209, substitute) for 0
279	LAWES, William	delete 226
279	LUPO, Joseph	not the musician. Perhaps son of Thomas [I]. Perhaps the mariner. see also V/10

VOLUME IV

236	DRUMMERS	delete 10; add 61
237	HENRY, PRINCE OF WALES	Drummers of: for 9 read 10
244	BACHELOR	delete 201
246	BROOME, Josias	delete 200
246	CHANTARD	delete 200
247	COPRARIO	for 235 read 234
247	CREWES	for 32 read 32(2)
247	CUMBERLAND	for George read Francis
247	DROUGHTE	delete 199
247	EDNEY	add (2) after 162 and 174
248	FREDERICK	add 154
251	LANIER, Jerome	add (2) after 175
251	LANIER, Nicholas [I]	delete (2) after 85
251	LANIER, Nicholas [II]	add 85
253	MELLER	for 229 read 220
256	THORNE	at 178 substitute) for 0

VOLUME V

304	repairs to INSTRUMENTS	for 165 read 16<u>6</u>
315	COMEY, Henry	for 136 read 1<u>2</u>6
316	DOVE	for 79 read 7<u>1</u>
317	DUDENY	add 257
318	FITZ, Thomas	for 134,136 read 1<u>2</u>4,1<u>2</u>6
318	Add	FLEXNEY, George. 119
319	GRAND, William le	for 43 read 4<u>6</u>
319	GRANGE	add 90
322	LANIER, Jerome	for Recorder read <u>Sackbut</u>
323	LUPO, Joseph	Not the musician. Perhaps the son of Thomas [I]. see also III/44
324	MAUGRIDGE, Robert	most entries refer to Robert [I], but pp. 284,285,286 refer to Robert [II]
325	MELL, Thomas	p.1 refers to Thomas [I]; the remainder to Thomas [II]
325	NAU, Estienne	delete 21
325	NAU	p.21 refers to Simon NAU
325	NUTBROWNE	add 24
327	PULLIARD, Margaret	for Peter read <u>Henry</u>
328	ROBERT, Anne	add 272
328	ROBERT, Anthony	for 46(3) read 46(<u>2</u>); delete 272
330	STEWKLY	add 222

VOLUME VI

252	KIRKBY-FLEETHAM	add 60
255	BASSANO, Augustine	for 246 read 2<u>3</u>6
258	FERRABOSCO [II]	add 164
259	GREAVES	for vi read vi<u>i</u>
259	GREEN, Ralph	add 138
262	MEDCALF, Stephen	for the first 135 read 1<u>2</u>5
263	PETALA	add 109,138
264	READING	for John read Jo<u>a</u>n
264	REEVE	for the second 1 read 1<u>1</u>
265	TEMPLE, John	for 213 read 2<u>0</u>3
266	TROCHES, Henry	add (2) to 232 and to 244

VOLUME VII

427	CHRISTENING	of Prince Arthur. Add 3
429	INSTRUMENTS	Clavichord. Add 174
438	Bardeney	for 2 read <u>4</u>
438	Chilton Canton	for 65 read 6<u>6</u>
445	BOWNTANCE, William	for 69 read <u>70</u>
446	BUCK(E), William	for 247(2) read <u>3</u>47(2)
446	CASE	for 65(2) read 65,66
449	DUWES, Giles	delete 69(2); for 70(2) read 70(<u>3</u>)
450	FRIAR the younger	add 109
452	HALL, trumpeter	delete 424

453	HUTCHINS, drummer	for 124 read 1<u>3</u>4
454	KENT	for 30 read 30<u>1</u>
454	LAMBE	add 59?
458	PIGOTT	for 257(2) read <u>3</u>57(2)
459	PYNE	for the first 363 read 36<u>2</u>
460	ROBERT	for 210 read 20<u>1</u>
460	SAGUDINI	SAGUDIN<u>O</u>

VOLUME VIII

357	'of wind instruments'	for 185 read 18<u>4</u>
364	St Margaret Pattens	add 334
371	CARDELL, Francis	for 55 read 5<u>6</u>
371	CARDELL, Thomas	for 55 read 5<u>6</u>
371	COLEMAN, Charles [I]	add 188
372	COLEMAN, Charles [II]	delete (2) after 188
373	[CORNISH], William	for 335 read 33<u>4</u>
373	CRANE, William	for 335 read 33<u>4</u>
373	CRESWELL, Thomas	add [I] after name. Delete 290
373	Add	CRESWELL, Thomas [II]. 290
373	Add	DEWES ['Giles the lute']. 344-7
375	FROST, John [I]	delete 323 and add 326
375	FROST, John [II]	delete 326
380	LANIER, Andrea	for 132 read 13<u>3</u>
381	LUPO, Thomas [I]	delete 50,109; add 94,97?
381	LUPO, Thomas [II]	delete 94?,97; add 50,109

LIST OF VOLUMES IN THIS SERIES

Volume I: 1660-1685. Calendar of material from the Lord Chamberlain's Office; establishment lists; debenture books for liveries; papers relating to the Great Wardrobe.
[Published 1986. xviii + 317 pages. ISBN 0 9507207 2 0]

Volume II: 1685-1714. Calendar of material from the Lord Chamberlain's Office; establishment lists; Declared accounts of the Treasurer of the Chamber; debenture books for liveries; papers relating to the Great Wardrobe; Jewel House material concerning trumpets; Exchequer records of arrears from Charles II's reign.
[Published 1987. xvi + 246 pages. ISBN 0 9507207 3 9]

Volume III: 1625-1649. Calendar based on material from the Lord Chamberlain's Office, the Signet Office, and Lay Subsidy Rolls; Declared accounts of the Treasurer of the Chamber; Exchequer payments; household of Queen Henrietta Maria.
[Published 1988. xvii + 285 pages. ISBN 0 9507207 4 7]

Volume IV: 1603-1625. Calendar based on material from the Signet Office, Lord Chamberlain's Office and Lay Subsidy Rolls; Declared accounts of the Treasurer of the Chamber; Exchequer payments; music in the households of Queen Anne of Denmark, Princess Elizabeth, Prince Henry and Prince Charles.
[Published 1991. xix + 258 pages. ISBN 0 9507207 5 5]

Volume V: 1625-1714. Accounts of the Receivers General to Charles I, Queen Henrietta Maria, and the Committee of Crown Revenues during the Commonwealth; calendar based on material from the Signet Office, Exchequer, and Lay Subsidy Rolls; Declared accounts of the Treasurer of the Chamber (1660-1685); Exchequer payments (1660-1685); samples of material from the Lord Steward's department (1660-1714); Secret Service payments (1679-1710); establishment lists from Chamberlayne's *Angliae Notitiae* (1669-1710).
[Published 1991. xxi + 333 pages. ISBN 0 85967 858 X]

Volume VI: 1558-1603. Calendar based on material from the Lord Chamberlain's Office and Great Wardrobe, Signet Office, New Year's Gifts, Lay Subsidy Rolls, Privy Seal Office; Declared accounts of the Treasurer of the Chamber; Exchequer payments.
[Published 1992. xvi + 268 pages. ISBN 0 85967 859 8]

Volume VII: 1485-1558. Calendar based on material from the Lord Chamberlain's Office, Great Wardrobe, Patent Rolls, Lay Subsidy Rolls, State Papers and Privy Council; accounts of the Treasurer of the Chamber;

Exchequer payments; payments in the Court of Augmentations; Privy Purse accounts; inventories of instruments; Revels accounts.
[Published 1993. xxiv + 467 pages. ISBN 0 85967 860 1]

Volume VIII: 1485-1714. Calendar based on material from the State Paper Office, Patent Rolls, Privy Council, Office of Auditors of Land Revenue, Treasury Books and Papers; Chapel Royal register 1560-1643.
[Published 1995. xxiii + 393 pages. ISBN 0 85928 234 2]

Volume IX: Index to the series.

IN PREPARATION

A *Biographical Dictionary of English Court Musicians (1485-1714)*, by Andrew Ashbee, Peter Holman, and David Lasocki, with contributions from Fiona Kisby and others.

For Product Safety Concerns and Information please contact our EU
representative GPSR@taylorandfrancis.com
Taylor & Francis Verlag GmbH, Kaufingerstraße 24, 80331 München, Germany

www.ingramcontent.com/pod-product-compliance
Lightning Source LLC
Chambersburg PA
CBHW070302010526
44108CB00039B/1512